ÉTUDES SUR LE DIX-HUITIÈME SIÈCLE

LE PRESTIGE

DE

JEAN-JACQUES ROUSSEAU

SOUVENIRS — DOCUMENTS — ANECDOTES

PAR

HIPPOLYTE BUFFENOIR

Avec neuf Portraits et Illustrations

PARIS

ÉMILE-PAUL, ÉDITEUR

100, RUE DU FAUBOURG-SAINT-HONORÉ, 100

PLACE BEAUVAU

1909

LE PRESTIGE

DE

JEAN-JACQUES ROUSSEAU

SOUVENIRS — DOCUMENTS — ANECDOTES

PRINCIPAUX OUVRAGES D'HIPPOLYTE BUFFENOIR

POÉSIES

	fr.	c.
Les Premiers Baisers (*épuisé*)	3	»
Les Allures viriles (*épuisé*)	3	»
La Vie ardente.	3	»
Cris d'Amour et d'Orgueil (avec un portrait)	3	»
Pour la Gloire	3	»

ROMANS

Les Drames de la Place de Grève (*épuisé*)	3	50
Le Député Ronquerolle	3	»
Le Roman de Sœur Marie (*épuisé*)	1	»
Histoire de deux Amants, à la fin du XIXᵉ siècle.	3	50

HISTOIRE

Jean-Jacques Rousseau et les Femmes	1	»
Jeanne d'Arc (*épuisé*)	3	»
La Comtesse d'Houdetot, une Amie de J.-J. Rousseau (illustrations)	7	50
Jean-Jacques Rousseau et Henriette	5	»
Les Amies de Chateaubriand (*épuisé*)	1	»
Les Tombeaux de Rousseau et de Voltaire au Panthéon .	1	»
Les Beaux Jours de Weimar (*épuisé*)	1	50
La Comtesse d'Houdetot, sa Famille, ses Amis (illustrations).	10	»
Le même ouvrage sur papier vélin de Hollande.	20	»
Les Portraits de Robespierre (illustrations)	10	»

Tous droits de reproduction et de traduction réservés.

POUR PARAITRE PROCHAINEMENT :

Grands Souvenirs (littérature et histoire)	3	50
Confessions et Souvenirs	3	50
Les Beaux Jours, Poésies complètes	10	»

JEAN-JACQUES ROUSSEAU.

Portrait profil. — Buste original en terre cuite par Houdon.
Collection H. B.

ÉTUDES SUR LE DIX-HUITIÈME SIÈCLE

LE PRESTIGE

DE

JEAN-JACQUES ROUSSEAU

SOUVENIRS — DOCUMENTS — ANECDOTES

PAR

HIPPOLYTE BUFFENOIR

Avec neuf Portraits et Illustrations

PARIS

ÉMILE-PAUL, ÉDITEUR

100, RUE DU FAUBOURG-SAINT-HONORÉ, 100

PLACE BEAUVAU

1909

AVANT-PROPOS

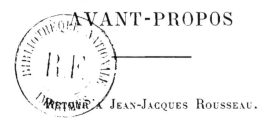

RETOUR A JEAN-JACQUES ROUSSEAU.

De tous les points de l'horizon, le nom de Jean-Jacques s'élève et retentit. Ce n'est pas seulement Genève, sa patrie, qui évoque le souvenir du philosophe, et publie d'incessants travaux sur le plus illustre de ses enfants : l'Allemagne, l'Angleterre, la Belgique, la Russie, la France s'occupent du grand homme, étudient sa pensée, ses maximes, ses principes, et cherchent à déterminer son influence et son action.

A Londres, ce sont MM. John Morley, Henry Grey-Graham, Mme Frédérique Macdonald, qui donnent de curieux ouvrages d'érudition sur l'auteur du *Contrat social*. A Berlin, M. Du Bois-Raymond, secrétaire perpétuel de l'Académie des Sciences, M. Albert Jansen, le docteur Mœbius, M. Richard Mahzenholtz, M. Schultz-Gora, l'éminent professeur, après avoir inventorié les archives des chancelleries et les bibliothèques, apportent au monde savant des documents du plus haut intérêt sur le penseur illustre. A Bruxelles, c'est M. J. Fleuriaux, qui analyse sa vie et ses œuvres dans des pages vibrantes. A Moscou, c'est M. Alexeieff, un érudit social, qui présente des aperçus nouveaux sur ses idées politiques, et jette dans le débat des documents inédits fort importants.

Et pour rentrer chez nous, ce sont nos Revues les plus importantes et nos Journaux les plus autorisés qui, presque incessamment, font paraître d'intéressants travaux sur Jean-Jacques. C'est la Sorbonne qui, semblant regretter la censure de l'*Emile* en 1762, décerne des diplômes de docteur aux professeurs, MM. Jean Izoulet, Joseph Texte, Daniel Mornet, dont les thèses récentes sont consacrées à Rousseau. Les Facultés de Droit et de Médecine abondent également en thèses nouvelles sur le grand homme.

C'est M. Edmond Dreyfus-Brisac qui publie une édition du *Contrat social*, dont les notes et la documentation constituent un monument philosophique digne de l'ouvrage célèbre qu'elles accompagnent. C'est M. John Grand-Carteret, aidé de tout un groupe d'écrivains; puis MM. Henri Beaudouin, l'abbé Théodore Delmont, L. Brédif, recteur d'Académie, Edouard Rod, le philosophe Espinas, le docteur Cabanès, le docteur E. Régis, le comte de Girardin, qui, chacun à des points de vue différents, mettent en relief le fils de l'horloger genevois.

Ce sont encore MM. Albert Metzger et François Mugnier, qui font revivre la séduisante figure de Mme de Warens, tandis que des peintres de valeur, M. Félix Bauer, de Lyon, M. François Cachoud, de Paris, ressuscitent sur des toiles remarquées les beaux jours des Charmettes, et que M. Maurice Leloir illustre les *Confessions* de dessins et d'eaux-fortes dont les salons du xviii° siècle eussent fait leurs délices.

Nous-même, en 1901 et 1905, nous avons publié, sur la comtesse d'Houdetot, deux volumes importants, dont presque toutes les pages sont animées par le souvenir de Rousseau, ce qui, à n'en point douter, a déterminé leur succès. Les dix-huit lettres inédites de Jean-Jacques que renferme notre second volume ont produit une sensation marquée dans le monde philosophique et lettré, et constituent, nous pouvons l'affirmer, ainsi que nous l'a écrit un historien de grand mérite, « une des plus riches trouvailles de ce temps dans l'ordre intellectuel ».

Fait non moins caractéristique, et qu'expliquent les exigences des programmes universitaires : Depuis quelques années, les éditeurs scolaires rivalisent entre eux dans la publication de morceaux choisis, pris dans les ouvrages du citoyen de Genève, et destinés à l'enfance et à la jeunesse.

Enfin, le Collège de France et la Sorbonne, ainsi que diverses Sociétés de Conférences, rendent hommage à Rousseau sans discontinuer par des cours qui lui sont consacrés, et sont faits par des professeurs émérites. Il y a deux ans, M. Jules Lemaître, malgré ses critiques et ses réserves, n'a abouti qu'à mettre en relief le prestige du philosophe, dont l'œuvre de granit, vainement attaquée depuis un siècle et demi, ne saurait être entamée par les facéties et les jeux de mots d'un sceptique désabusé, qui brûle ce qu'il a adoré, et perd ainsi toute autorité.

Rappelons aussi qu'à l'île Saint-Pierre, le canton de
Berne a réparé tout récemment les injustices passées
en élevant un buste à l'écrivain réformateur; qu'à
Môtiers-Travers, dans le canton de Neuchâtel, une
plaque commémorative a été posée sur la maison du philosophe, demeurée presque intacte; qu'à Chambéry,
le Conseil municipal, aidé par le Gouvernement, a pu
acquérir les Charmettes, qui sont devenues propriété
nationale et monument historique; qu'à Montmorency
enfin et qu'à Ermenonville, une statue a été élevée à
celui qui, ici, écrivit la *Nouvelle Héloïse*, la *Lettre à
d'Alembert sur les Spectacles*, le *Contrat social*,
l'*Emile*, et, là, vécut ses derniers jours. Ces divers
hommages sont le prélude de celui que le Gouvernement
de la République française prépare au grand homme
dans l'intérieur du Panthéon, où, avec Voltaire, il
aura, avant peu, un tombeau digne de sa gloire.

L'hommage le plus éloquent peut-être qu'il ait reçu
en ces derniers temps est la fondation, à Genève, de la
Société Jean-Jacques Rousseau, composée de lettrés,
d'érudits, de savants de toutes nations, et ayant pour
but essentiel le développement et la coordination des
études qui le concernent, en même temps que la publication d'une édition critique, complète et définitive de
ses œuvres.

Bref, on revient à Jean-Jacques, il y a autour de lui
un mouvement intellectuel indéniable, et c'est à qui
rappellera son souvenir. A la Chambre des Députés,
M. Jaurès semblait jadis résumer ce mouvement, en
citant devant ses collègues attentifs le mot profond de

Michelet : « Rousseau a répandu dans l'atmosphère une ardeur secrète qui a mûri des fruits nouveaux. »

Pourquoi cette faveur, ce relief, cette résurrection ? Nous allons essayer d'en donner quelques raisons.

Il faut reconnaître, d'abord, que l'écrivain de la *Nouvelle Héloïse* jouit d'un privilège envié : il a gardé le charme. Ni Voltaire, ni Diderot, ni Montesquieu, ni Buffon ne nous apparaissent avec la magie de sa parole, la force de sa logique, la chaleur communicative de sa pensée, l'éclat de son génie, et surtout l'attrait de ses malheurs.

Tous sont grands : mais ils furent heureux ; lui, connut l'infortune. De là un rayon de gloire qui lui est propre, et qui nous attire, nous retient, nous émeut.

Mme d'Houdetot a prononcé le vrai jugement. Agée de quatre-vingts ans, toujours souriante et bonne, elle répondit à un lettré l'interrogeant sur l'écrivain qui l'avait tant aimée en son radieux printemps : « Le talent de Jean-Jacques était dans son cœur ; voilà d'où naissent le charme et le secret de son style. »

Le cœur ! c'est là, en effet, la suprême puissance. Le meilleur de notre vie est renfermé dans ce mot, et qui s'adresse à nous de ce côté nous captivera toujours davantage ; instinctivement, nous écouterons sa voix, nous en garderons l'impression, et, après mille tentatives, mille essais, nous reviendrons encore à la rive où retentit son doux écho.

Buffon nous éblouit par sa magnificence, Montesquieu nous étonne et nous confond par sa profondeur,

Diderot par sa science, Voltaire par son bon sens et son esprit. Seul, Rousseau nous conquiert par les cris de son cœur aimant.

Rappelez-vous le tête-à-tête fameux avec Mme d'Houdetot, dans le parc d'Eaubonne : « Un soir, après avoir soupé, nous allâmes nous promener au jardin, par un très beau clair de lune. Au fond de ce jardin était un assez grand taillis par où nous fûmes chercher un joli bosquet, orné d'une cascade dont je lui avais donné l'idée, et qu'elle avait fait exécuter. Souvenir immortel d'innocence et de jouissance ! Ce fut dans ce bosquet qu'assis près d'elle, sur un banc de gazon, sous un acacia tout chargé de fleurs, je trouvai, pour rendre les mouvements de mon cœur, un langage vraiment digne d'eux !... Dans un transport involontaire, elle s'écria : « Non, jamais homme ne fut si aimable, et « jamais amant n'aima comme vous ! »

Dans une lettre admirable au prince Beloselski, en date du 27 mai 1775, le philosophe, évoquant ses jeunes années, s'écrie : « O lac sur les bords duquel j'ai passé les douces heures de mon enfance ! charmants paysages où j'ai vu pour la première fois le majestueux et touchant lever du soleil, où j'ai senti les premières émotions du cœur, les premiers élans d'un génie devenu depuis trop impérieux et trop célèbre ; hélas ! je ne vous verrai plus ! Ces clochers qui s'élèvent au milieu des chênes et des sapins, ces troupeaux bêlants, ces ateliers, ces fabriques, bizarrement épars sur des torrents, dans des précipices, au haut des rochers ; ces arbres vénérables, ces sources, ces prairies, ces montagnes qui m'ont vu naître, ils ne me verront plus !... Je pleure quand je pense que je n'ai plus ni parents, ni amis, ni patrie libre et florissante ! »

C'est par de pareils accents que Rousseau a conquis cette gloire qui renaît avec les générations et les âges, et brave les efforts du temps.

On revient à Jean-Jacques aussi parce qu'il est l'homme de la Nature et de la Vérité, ainsi qu'on l'a gravé sur son tombeau, dans l'île des Peupliers.

Notre époque est saturée de vie factice, d'apparences toujours trompeuses, de mensonges. Fatigués, lassés, déçus, nos contemporains appellent de leurs vœux la bonne vie simple, la réalité sincère, la noble et souriante vérité.

Au milieu de la route pénible, desséchée, brûlante où, sur la foi des oracles, ils se sont engagés, depuis un quart de siècle, avec l'ardent désir de gagner des plaines fertiles, les hommes de notre époque, convaincus maintenant qu'ils vont s'enliser dans les sables du désert, poussent des clameurs désespérées et tendent les bras vers le penseur qui a célébré l'existence paisible des champs, la joie du travail, le bonheur de la famille, les vertus domestiques.

Oui, il y a une désillusion ambiante dans notre beau pays de France. Nos espoirs, nos enthousiasmes de jadis s'éteignent devant de navrantes réalités, et les beaux rêves de ce pays semblent avoir pour longtemps replié leurs ailes. Ce n'est pas la science qui a fait faillite, comme Ferdinand Brunetière le prétendait un

jour, c'est l'action publique, c'est la vertu, suivant la
parole de Montesquieu.

Mais, comme un peuple a besoin toujours de méditer
devant de grandes figures; comme il lui faut du courage, de l'orgueil, de la gloire, une belle langue et des
idées généreuses, que fait-il pour se consoler du
présent triste et morne? Il se retourne vers les jours
lumineux du passé, il évoque d'impérissables souvenirs,
il s'arrête devant la silhouette pâle de Bonaparte, ressuscite ses victoires, le suit avec ses braves, qui furent
nos pères, sur tous les champs de bataille de l'Europe
où brille à jamais l'éclair de son regard et de son
épée, et dans le frémissement de ces luttes épiques, il
retrouve la fierté de la race qu'une série de malheurs
lui avait fait perdre.

Et, poussant plus loin encore, les hommes de pensée, ceux qui ont de la tête et du cœur, vont porter leur
hommage au philosophe des temps nouveaux, à ce Jean-
Jacques qui formula les croyances politiques et sociales
de l'homme moderne, et se fit, dans un style incomparable, l'interprète de ses aspirations vers la justice, de
ses droits et de ses devoirs, de ses désirs et de ses rêves.

Fatalement, nous revenons à nos origines d'enfants
de la Révolution. Rousseau en fut le théoricien, Bonaparte en fut le soldat. Il y a une logique irréductible qui
les enchaîne l'un à l'autre, malgré la dissemblance des
rôles. C'est parce que Rousseau a écrit que Bonaparte
a pu entrer victorieux dans toutes les capitales de
l'Europe, y jeter la semence des principes de 1789, et
devenir le héros d'une épopée sans rivale.

Il y a dix, quinze et vingt ans, les orateurs de la démocratie avaient promis à l'ouvrier des villes l'augmentation des salaires, le dégrèvement des objets de consommation, la suppression des octrois, la limitation des heures de travail, les loyers à bon marché..... que sais-je encore? A les entendre, un âge d'or allait renaître, et faire pâlir celui qu'ont chanté les poètes.

Les campagnes alors furent désertées, les champs abandonnés, la terre méprisée, et un flot incessant de prolétaires se précipita vers les cités, attirés et séduits par les promesses palpitantes d'un riant avenir.

Les infortunés! Au lieu des félicités attendues, dont le tableau enchanteur les faisait « pleurer de tendresse », combien n'ont eu en partage que la gêne, la souffrance, les privations, le chômage, la colère stérile des grèves, toutes les détresses et toutes les misères!

Beaucoup ont succombé dans la lutte, et sont enterrés dans la fosse commune des effroyables cimetières de banlieue. Ceux qui ont résisté ne songent pas sans attendrissement à leur vallée natale, et leur rêve caressé est de quitter les faubourgs empestés où ils croupissent, et d'aller reprendre la charrue paternelle, au grand air et au grand soleil de la nature.

Ce même désir des champs possède les classes plus élevées, la petite et la grande bourgeoisie, la petite et la grande aristocratie. Pour elles, comme pour le peuple ouvrier, les plaisirs des villes sont devenus un leurre. L'eau qu'on y boit, l'air qu'on y respire sont empoisonnés; l'alimentation y est falsifiée; le commerçant, le marchand, le fournisseur y sont sans scrupules; la domesticité y est impudente et viciée; les relations sociales y sont toutes de surface, et n'ont ni racines profondes, ni solidité, ni charme.

Le vœu de chacun est de fuir, de s'en aller dans les hameaux, dans les villages, les bourgs, de posséder une maison, un champ, un bois à l'abri d'un vallon, de vivre là en paix, d'élever sa famille selon ses moyens, de jouir du parfum des prés, de l'ombre des forêts, de la fraicheur des rivières, d'avoir quelques amis sûrs dans le voisinage; bref, de revenir à la nature, à la vérité, et ajoutons : à la santé.

Voilà pourquoi Jean-Jacques Rousseau retrouve la faveur et la sympathie auprès des gens qui pensent. Cette vie simple et saine, il l'a préconisée, il l'a célébrée dans des pages adorables. En relisant les descriptions où il peint les bonheurs vrais de l'homme, les affections douces et les riants paysages, on dit : Comme il a raison! Et si on ne les a point goûtés encore, on s'écrie : Fou que j'étais, je n'ai point vécu!

Notre but, en publiant ce livre, est de raviver plus fortement encore l'attention de nos contemporains autour du nom de Rousseau, et de faire naître, dans l'âme de ceux qui les ignorent, le désir de lire attentivement ses œuvres, et de méditer quelquefois sur elles. Nos pères les connaissaient mieux que nous, aussi éprouvaient-ils des joies que nous ignorons, et avaient-ils des convictions qui manquent à notre temps.

Rousseau éclaire l'intelligence et, en même temps, réchauffe le cœur. Il instruit et il console, c'est à la fois un maître et un ami ; sa pensée est profonde, sa parole est mélodieuse. Son grand art est de nous arracher aux mensonges et aux sottises de la société, de nous faire aimer l'ordre et le travail, de nous jeter dans tes bras maternels, ô Nature !

Revenez donc à lui, esprits inquiets, cœurs avides, âmes désemparées ! Il vous apprendra à ressaisir la vie, à comprendre, à sentir, à vouloir, à agir, à aimer, c'est-à-dire à être heureux !

Paris, mai 1909.

Hippolyte BUFFENOIR.

PREMIÈRE PARTIE

CHAPITRE PREMIER

LES CHARMETTES ET JEAN-JACQUES ROUSSEAU

Au Prince Constantin Radziwill.

Prince,

Je sais que le souvenir de Jean-Jacques Rousseau vous est cher.

Je sais que, si vous aviez vécu de son temps, vous lui auriez offert un asile dans ses malheurs et vous l'auriez consolé, comme le firent le prince de Conti, le prince de Ligne, le maréchal de Luxembourg, et tant d'autres personnages illustres, émus par sa destinée et captivés par son génie.

C'est pourquoi il m'est doux de vous dédier ces pages consacrées à la jeunesse du grand homme, et d'inscrire votre nom en tête de cette étude.

Recevez l'expression de mon profond et affectueux respect.

H. B.

En 1893, au mois d'août, je fis, après tant d'autres, le pèlerinage des Charmettes, la maison célèbre du coteau de Chambéry. Longtemps j'en avais eu le désir, désir à la fin devenu aigu et qui parfois m'envahissait comme une fièvre. Je voulais revivre l'idylle adorable de la jeunesse de Rousseau dans le cadre enchanteur où elle avait brillé quelques saisons. J'ai réalisé mon rêve, et je viens consacrer quelques pages à ces beaux jours.

Plus d'une fois, on m'a demandé d'écrire une étude sur ces Charmettes fameuses. Je me hâtais peu de le faire. Il est doux de se complaire, seul, dans un souvenir, une émotion lointaine cachée au fond de l'être. L'âme y puise une chaleur féconde, une joie mystérieuse qui n'a pas besoin de confidents, qui les redoute même et les éloigne.

Au milieu des foules banales, des hommes tumultueux et vains, qui forment l'insuffisante société, le philosophe, réfugié dans la Nature, se plaît à porter en lui une solitude inviolée qui le console et l'enorgueillit; c'est là sa force irréductible. Il n'a besoin de personne pour goûter jusqu'à la mort un bonheur infini.

Quand le souvenir déjà s'apaise, après avoir fortifié et embelli l'âme, et après lui avoir donné ses floraisons embaumées, il reste une dernière joie à y attacher, celle d'un récit fait à une amie chère, à des amis indulgents, qui vous écoutent avec la pensée de cueillir de semblables bonheurs, le long du chemin de la vie.

I

La grande séduction qui s'attache aux Charmettes, c'est que dans cette maison fortunée se réalisa l'idéal roman d'amour après lequel tout homme plus ou moins a soupiré dans sa vie.

Rencontrer à l'aurore de sa jeunesse une femme intelligente, belle, instruite, indépendante, pleine de douceur, d'enjouement, d'élégance, qui vous forme l'esprit, vous

fasse vivre auprès d'elle dans un vallon poétique et charmant, vous ouvre les horizons d'une existence harmonieuse, vous protège, vous aime, vous le dise et vous initie
à de mystérieuses délices... quel rêve, quelle destinée,
quelle félicité ! Ce fut le sort de Jean-Jacques.

Il se trouva qu'il était digne de ces faveurs si rares,
qu'il sut apprécier l'excellence de ces bienfaits, qu'il en profita pour améliorer son être moral et développer le germe
des facultés, des talents, du génie que la nature lui avait
donnés ; il arriva aussi que plus tard, devenu un des
grands hommes de son temps, un maître de la pensée et
du style, il raconta dans une langue inimitable l'attrait
de ces Charmettes si chères, les enveloppa dans les plis
de sa renommée, et fit apparaître ce lieu privilégié à la
postérité avec le double prestige de l'intelligence et de
l'amour.

Telle est en quelques mots l'histoire des Charmettes.
Telle est leur séduction, leur magie ; telle est la délicieuse
affinité qu'elles possèdent avec les vœux secrets de notre
âme, avec le souhait brûlant que nous formons au seuil
de la vingtième année, et qui souvent revient nous tenter
au milieu des luttes de l'existence.

Imaginez l'état d'âme d'un jeune homme bien doué,
qui, le cœur gonflé d'espoir, se présente sur la scène du
monde et vient prendre sa place au milieu de la société.
Il est avide d'inconnu, l'amour chante en lui sa divine
chanson, il ambitionne la gloire, les grands noms le rendent rêveur, il a des allures de conquérant, il veut boire
à toutes les coupes et se promener comme un roi dans la
création.

Qu'il vienne à lire les pages enchantées que Rousseau a
consacrées aux Charmettes, qu'il comprenne le rôle que
celles-ci ont joué dans son aventureuse destinée, et, involontairement, il s'écriera : Dieux ! voilà mon rêve ! voilà
mon désir, ma pensée, la félicité à laquelle j'aspire, la

maison où je veux habiter, les fleurs que je veux cueillir!

L'attrait des Charmettes, qui correspond si intimement à un besoin de notre cœur, est d'autant plus grand qu'il est plus difficile à saisir dans la réalité, pour la plupart des hommes.

Quand Rousseau rencontra Mme de Warens, il était errant, vagabond, on peut dire sans famille, bien que son père fût encore vivant. Il était maître de sa personne, de son temps, de sa destinée. Il put donc se jeter sans entraves dans la tendre aventure qu'une divinité bienfaisante fit surgir tout à coup sur sa route incertaine.

C'est ici, je le pense, l'occasion de citer un document peu connu, la lettre même de l'abbé de Pontverre, curé de Confignon, près de Genève, qui adressa le jeune Rousseau à Mme la baronne de Warens, au printemps de 1728. Bien que cette lettre soit fort antérieure aux Charmettes, elle les explique cependant, et en est la préparation initiale, le germe mystérieux. Son authenticité n'est pas établie, mais le texte en est vraisemblable. La voici :

« Je vous envoie Jean-Jacques Rousseau, jeune homme qui a déserté de son pays. Il est resté un jour chez moi; je lui ai parlé beaucoup de vous. Au reste, il me paraît d'un heureux caractère. C'est encore Dieu qui l'appelle à Annecy. Tâchez de l'encourager à embrasser le catholicisme; c'est un triomphe quand on peut faire des conversions. Je ne vous invite pas à lui procurer des secours, votre cœur m'est garant que vous ne lui en laisserez pas manquer. Outre que vous concevez aussi bien que moi que, pour ce grand œuvre auquel je le crois assez disposé, il faut tâcher de le fixer à Annecy, dans la crainte qu'il ne reçoive ailleurs quelques mauvaises instructions. Ayez soin d'intercepter toutes les lettres qu'on pourrait lui écrire de son pays, parce que, se croyant abandonné, il abjurerait plus tôt.

« Je remets tout entre les mains du Dieu tout-puissant, et les vôtres que je baise.

« Votre très humble serviteur,

« DE PONTVERRE,
« Curé de Confignon. »

J'ai relu souvent cette lettre, qui décida du sort de Rousseau, alors âgé de seize ans. Elle est le point de départ, la cause déterminante des aventures de sa vie, de ses amours, de l'éclosion de son génie, de sa carrière de gloire. Le pauvre abbé de Pontverre, esprit borné dans sa bonté, ne se doutait guère, en l'écrivant, de la longue suite d'événements importants qui allaient s'enchaîner et se développer par le fait de son épître.

Je compare volontiers celle-ci à ces sources presque infimes d'où sort une eau calme en apparence, mais douée d'une force cachée et qui bientôt devient grande rivière ou grand fleuve. Devant elles, on ressent de l'étonnement, de la curiosité et un vif intérêt.

Les questions de doctrine chrétienne et de culte professionnel, dont parle l'abbé de Pontverre, étaient peu le fait d'un jeune homme comme était alors Jean-Jacques. Il avait bien d'autres préoccupations : vivre d'abord, aimer ensuite. Aussi, lorsqu'il remit sa lettre de recommandation à Mᵐᵉ de Warens, chargée de le convertir, et qu'il s'était imaginée vieille et maussade, mais à laquelle il vit « un visage pétri de grâce, de beaux yeux bleus pleins de douceur, un teint éblouissant, le contour d'une gorge enchanteresse », il se sentit fait pour être son prosélyte, car, dit-il, « je devins à l'instant le sien, sûr qu'une religion prêchée par de tels missionnaires ne pouvait manquer de mener en paradis ».

Le cas de Rousseau est vraiment exceptionnel. Tout jeune homme, digne de rencontrer des Charmettes sur son chemin, a une famille qui le surveille, un avenir qui le préoccupe, une carrière qui le sollicite. Il faut qu'il marche en avant, qu'il travaille, qu'il suive les voies régulières de la société. Peut-il s'arrêter à mi-côte, sur le coteau embaumé, dans la maison aux volets verts, près de l'amie qui lui sourit et qu'il aime? Non, il faut qu'il passe, qu'il s'éloigne, qu'il renonce à cette douce vie qui l'attire et lui semble si harmonieuse, mais qui, si elle a ses félicités, a aussi ses périls que la fièvre des passions ne lui permet pas d'apercevoir.

Il dit adieu à tout ce beau roman, mais il en conserve l'image au fond de son être et il s'écrie, en s'éloignant : Heureux Jean-Jacques! Tu as connu des jours divins! L'ombre tutélaire de Mme de Warens et des Charmettes s'est étendue sur ta vie entière! Ah! que ne peut-elle aussi s'étendre sur la mienne!

George Sand pensait comme nous, et exprimait des idées analogues dans une préface qu'elle composa pour une nouvelle édition des *Confessions*, édition devenue rarissime, parce que, m'a-t-on affirmé, des esprits rétrogrades l'ont accaparée et détruite. Les sots prétentieux sont capables de tout, mais leur vil troupeau disparaît dans la poussière, tandis que des mains pieuses recueillent le trésor qu'ils espéraient anéantir.

L'illustre écrivain dit dans ces pages admirables : « Un voyageur de mes amis, qui a visité les Charmettes au mois dernier, m'écrivait : *L'histoire de ces Charmettes est celle de nos plus beaux jours.* Cela est bien vrai! Qui de nous n'a pas vécu en imagination, aux Charmettes, les plus beaux jours de sa jeunesse? »

II

L'amour est le fond de l'histoire des Charmettes : de là leur immortel prestige.

Le récit de Rousseau allume nos espérances ou ravive

nos souvenirs. Dans les plis les plus cachés de son être,
tout homme a une passion secrète, une tendresse eni-
vrante, une source d'affection profonde, un amour qui
déjà s'est donné carrière ou qui attend son heure.

Au contact des *Confessions*, il éprouve un frémissement, un plaisir, un émoi qui l'ensorcelle, car c'est cette
passion, cette tendresse, cet amour qui comprennent,
c'est la fibre cachée qui est atteinte.

La dernière page du livre V des *Confessions* et tout
le livre VI sont consacrés aux Charmettes. Ce sont ces
pages qu'il faut lire, relire et méditer, pour revivre les
beaux jours du grand écrivain, et se croire soi-même le
héros de son roman. Quelle fascination, quelle magie
dans ce sixième livre! Il faudrait le citer tout entier, car
tout y est essentiel. Nous nous bornerons à quelques passages qui résument l'œuvre de Rousseau, dans une certaine mesure, et dont la signification a, selon nous, une
importance spéciale.

Lorsque Mme de Warens et Jean-Jacques allèrent s'installer dans la délicieuse maison, à la fin de l'été de 1736,
le futur grand homme avait vingt-quatre ans. Il vivait
sous l'égide de l'aimable femme depuis huit années : elle
l'avait formé, élevé, aimé, comme s'il eût été son propre
enfant. Depuis deux ans environ, il était son amant.
Quand il raconta l'heureux séjour des Charmettes, il avait
cinquante-quatre ans; ce fut à Wootton, en Angleterre, et
au château de Trie, dans l'Oise, qu'il écrivit les six premiers livres des *Confessions*, dont on a pu dire justement : « C'est la raison dans toute sa maturité, avec la
fraîcheur des souvenirs de la jeunesse. »

Ce qui nous intéresse avant tout dans le récit d'un
homme qui nous parle de lui, c'est l'état de son âme au
moment des faits passés, des faits lointains de son jeune
âge. Là est la clarté qui donne à ses descriptions un accent qui nous charme, là est le rayon vermeil qui illu-

mine tout d'un reflet pareil à l'éclat d'une éblouissante
aurore.

Écoutons Rousseau :

« La maison était très logeable; au devant, un jardin
en terrasse; une vigne au-dessus, un verger au-dessous;
vis-à-vis. un petit bois de châtaigniers; une fontaine à
portée; plus haut, dans la montagne, des prés pour l'entretien du bétail; enfin, tout ce qu'il fallait pour le petit
ménage champêtre que nous y voulions établir... J'étais
transporté le premier jour que nous y couchâmes. « O ma-
« man! » dis-je à cette amie, en l'embrassant et l'inondant
de larmes d'attendrissement et de joie, « ce séjour est celui
« du bonheur et de l'innocence. Si nous ne les trouvons pas
« ici l'un avec l'autre, il ne les faut chercher nulle part. »

Rousseau, on le sent, était dans l'enthousiasme généreux de la vingtième année, qui souvent se prolonge et
dure longtemps pour les natures harmonieuses. Déjà s'affirmait nettement son goût pour la nature, qu'il préférait
à la société. Ce qu'il savait des hommes, ce qu'il avait vu
du monde, le portait à rechercher la solitude, à vivre
avec ses livres, avec les beautés de l'immense univers qui
jamais ne font défaut, et surtout avec lui-même, avec ses
sensations, ses idées, sa conscience, les conceptions de
son génie naissant.

La grande supériorité de Rousseau, c'est, dès le début,
de n'avoir attaché qu'un prix tout à fait secondaire aux
relations qu'à de très rares exceptions près on peut avoir
agréablement avec les hommes, d'en avoir percé à jour la
fausseté, la fragilité, le but intéressé, la contexture mou-
vante et décevante; c'est d'avoir placé en dehors d'eux
l'axe de son bonheur; c'est d'avoir jugé à fond leur
égoïsme, leur ignorance, leur vénalité, leur fourberie,
leur hypocrisie, leur imbécile vanité, et de n'avoir jamais

voulu se placer, en quoi que ce fût, sous leur atroce dépendance.

Non, certes, qu'il fût insensible à l'amitié, ou inaccessible à la pitié envers ceux qui souffrent, qu'il eût du mépris pour l'humanité ou qu'il se crût supérieur à elle; mais il avait compris qu'il n'y a rien à attendre pour le sage de l'abîme de misère, d'intrigues et souvent de scélératesse où s'agitent les sociétés, et il avait cherché et trouvé ailleurs son point d'appui, son refuge, son abri.

C'est là ce qu'il faut savoir et se dire, pour bien comprendre les larmes de joie de Jean-Jacques lorsqu'il s'installa aux Charmettes avec Mme de Warens et s'écria : « Ce séjour est celui du bonheur et de l'innocence. Si nous ne les trouvons pas ici l'un avec l'autre, il ne les faut chercher nulle part. »

Rousseau ne fut point déçu, il trouva sur le coteau de Chambéry ce bonheur innocent qu'il ambitionnait et espérait avec tant d'ardeur.

Bonheur innocent! Non, peut-être, d'après les préjugés et les sottes et prétentieuses conventions sociales, qui veulent tout marquer à leur estampille, mais d'après la sainte voix de la Nature qui sourit des légalités caduques, en vertu desquelles tant d'infortunés traînent une vie misérable et désenchantée.

L'écrivain des *Confessions* s'exprime ainsi au début du livre VI :

« Ici, commence le court bonheur de ma vie; ici, viennent les paisibles mais rapides moments qui m'ont donné le droit de dire que j'ai vécu. Moments précieux et si regrettés! Ah! recommencez pour moi votre aimable cours; coulez plus lentement dans mon souvenir, s'il est possible, que vous ne fîtes réellement dans votre fugitive succession. Comment ferais-je pour prolonger à mon gré ce récit si touchant et si simple, pour redire toujours les

mêmes choses, et n'ennuyer pas plus mes lecteurs en les
répétant que je ne m'ennuyais moi-même en les recom-
mençant sans cesse? Encore si tout cela consistait en
faits, en actions, en paroles, je pourrais le décrire et le
rendre en quelque façon; mais comment dire ce qui
n'était ni dit, ni fait, ni pensé même, mais senti, sans que
je puisse énoncer d'autre objet de mon bonheur que ce
sentiment même? »

Qu'ajouter à cette profonde analyse? Elle est si claire,
si lumineuse, que tout commentaire ne peut que l'affaiblir. Rousseau vient d'écrire le grand mot qui révèle le
secret de son génie : sentir.

C'est là sa force, sa puissance, son originalité. Il est,
dans son siècle, le représentant le plus autorisé du sentiment, comme Voltaire est la plus haute personnification
de l'esprit. Si l'un plaît et captive l'intelligence, l'autre
émeut et conquiert le cœur.

Jean-Jacques énumère ses occupations aux Charmettes :
lectures, promenades, soins donnés au jardin, courses à
travers les bois, les coteaux, les vallons, et il ajoute : « Le
bonheur me suivait partout : il n'était dans aucune chose
assignable, il était tout en moi-même, il ne pouvait me
quitter un seul instant. »

Ames désabusées, cœurs arides et sceptiques, que rien
n'attire, ni ne séduit, et qui promenez partout un prétentieux ennui et une stérile ironie, méditez cette parole,
et dites-vous que vous devez vous réformer vous-mêmes,
vous assainir, et vous guérir des futiles vanités pour
retrouver la joie perdue, pour attacher du prix au monde
extérieur, pour renaître à la simplicité, au plaisir de
vivre, de respirer, d'embrasser du regard l'ensemble harmonieux de la création!

Ah! quand un doux sentiment règne en nous; quand
une tendre sympathie, un sincère amour échauffent

notre cœur, comme le cadre où nous vivons s'anime et
resplendit, comme notre activité se dépense avec allégresse, comme l'air est pur et léger! Comme tout chante
en notre mémoire et retentit mélodieusement autour de
nous!

> Aime, et tu renaîtras! Fais-toi fleur pour éclore!

Ce vers d'Alfred de Musset se réalise alors. On vit dans
une éclosion féconde, dans une renaissance entraînante,
dans une résurrection pleine d'espérances nouvelles.

Tel était Rousseau aux Charmettes. L'ensorcellement
dut être tout-puissant, puisque, trente années après, il
écrivait ce qui suit :

« Rien de tout ce qui m'est arrivé durant cette époque
chérie, rien de ce que j'ai fait, dit et pensé tout le temps
qu'elle a duré n'est échappé de ma mémoire. Les temps
qui précèdent et qui suivent me reviennent par intervalles. Je me les rappelle inégalement et confusément;
mais je me rappelle celui-là tout entier comme s'il durait
encore. Mon imagination, qui, dans ma jeunesse, allait
toujours en avant et maintenant rétrograde, compense
par ces doux souvenirs l'espoir que j'ai pour jamais perdu.
Je ne vois plus rien dans l'avenir qui me tente; les seuls
retours du passé peuvent me flatter; et ces retours, si
vifs et si vrais dans l'époque dont je parle, me font souvent vivre heureux malgré mes malheurs. »

On se sent attendri devant ces aveux du grand homme,
et involontairement on se rappelle le mot de Chateaubriand proclamant « l'inutilité du talent pour le bonheur ».

A l'apogée de sa gloire, à l'heure où il marchait le rival
de Voltaire, après le succès sans précédent et peut-être
sans égal, depuis, de la *Nouvelle Héloïse*, après l'éclat du
Contrat social et de l'*Emile*, après la foudroyante réponse

à l'Archevêque. Rousseau, parvenu sur les cimes étince-
lantes, comptait pour peu de chose tout ce fracas de renommée, et n'y puisait point l'intime consolation dont
avait besoin son cœur aimant.

Pour rafraîchir sa pensée, pour oublier les bassesses et
le fiel de l'envie dont on l'avait abreuvé, — car, au fond
des persécutions qu'il eut à subir, je découvre surtout les
machinations des envieux, des jaloux, des médiocres, —
pour trouver de l'attrait encore au sein de l'humanité,
Rousseau retourne la tête en arrière, remonte le cours des
années jusqu'aux Charmettes lointaines, et s'y arrête avec
une volupté infinie.

« Je ne vois plus rien dans l'avenir qui me tente! »
C'est le mot fatal que tout homme prononce tôt ou tard,
lorsqu'il descend le second versant de la vie et aperçoit les
landes stériles de la vieillesse. Le principe de l'activité
morale alors est le souvenir. L'être se dédouble, et le
vieillard se revoit tel qu'il était au début de sa carrière,
quand, jeune et hardi, il s'élançait dans le vaste monde,
poussé par l'aiguillon de l'espérance.

Qui n'a vu les portraits de quelque personnage célèbre
aux différents âges de l'existence, à vingt ans, à trente,
à quarante, à soixante? Il est facile de lire sur les images
diverses du même visage les impressions, les émotions,
l'état d'âme dont parle Rousseau, en racontant sa propre
histoire ; l'élan, l'essor en avant dans les yeux du jeune
homme ; la réflexion, le retour en arrière, le long regard
vers le passé dans ceux du vieillard. Heureux celui qui,
touchant au terme, peut reposer son regard mélancolique
sur un coteau verdoyant, pareil à celui des Charmettes!

III

Bien que devenu tout à coup souffrant, Rousseau fut
heureux sans mélange et sans nuage aux Charmettes, pen-

dant ce premier séjour qui dura jusqu'à l'arrivée de l'hiver de cette même année 1736, c'est-à-dire pendant quatre ou cinq mois. Ami des champs, il s'efforçait de les faire aimer à Mme de Warens. Celle-ci, d'une nature active, y prenait goût sérieusement et s'intéressait fort au jardin, à la basse-cour, aux pigeons du colombier, aux vaches de l'étable.

Il y eut là, de la part des deux amants, une vraie prise de possession, un entraînement délicieux vers la vie champêtre, vers les occupations agréables et saines qu'elle comporte, vers les plaisirs charmants qu'elle fait naître.

« Les vendanges », dit Rousseau, « la récolte des fruits nous amusèrent le reste de cette année et nous attachèrent de plus en plus à la vie rustique, au milieu des bonnes gens dont nous étions entourés. Nous vîmes venir l'hiver avec grand regret, et nous retournâmes à la ville comme nous serions allés en exil; moi surtout qui, doutant de revoir le printemps, croyais dire adieu pour toujours aux Charmettes. Je ne les quittai pas sans baiser la terre et les arbres, et sans me retourner plusieurs fois en m'éloignant. »

On peut juger, par ces dernières lignes, de l'épanouissement de bonheur du philosophe. Il faut éprouver un bien grand chagrin, quand sonne l'heure du départ, pour baiser la terre et embrasser les arbres. Rousseau a de ces traits saisissants qui révèlent son âme entière. Ce coin de terre, il en avait foulé le gazon dans l'allégresse, dans l'amour, dans la poésie; ces arbres, il s'était reposé sous leur ombre, leur avait confié ses espoirs juvéniles, leur avait parlé comme un ami. Ils incarnaient pour lui les beaux jours qui venaient de s'écouler, et il s'attendrissait en se séparant d'eux.

Pendant cet hiver passé à Chambéry, il continua à s'instruire, à faire de grandes lectures et à soigner sa santé dont il désespéra un peu moins. Mme de Warens et lui habitaient alors une maison appartenant à M. de Saint-Laurent, intendant des finances. Cette maison existe encore. Elle est située rue des Portiques, n° 13, dans la cour, au fond, et porte le n° 44. L'hiver disparut, le printemps de 1737 annonça son retour. Les amants songèrent à émigrer.

« Le printemps », dit Rousseau, « que j'avais cru ne pas revoir, étant proche, je m'assortis de quelques livres pour les Charmettes, en cas que j'eusse le bonheur d'y retourner. J'eus ce bonheur et j'en profitai. La joie avec laquelle je vis les premiers bourgeons est inexprimable. Revoir le printemps était pour moi ressusciter en paradis. A peine les neiges commençaient à fondre que nous quittâmes notre cachot, et nous fûmes assez tôt aux Charmettes pour y avoir les prémices du rossignol. »

Le printemps, l'été s'écoulèrent dans une félicité parfaite. Il faudrait citer ici cinq ou six pages exquises, où Rousseau décrit ses occupations, ses études, ses tendresses. Il en était arrivé à la haute culture de son esprit, et il pénétrait avec ravissement dans les régions élevées des lettres et des sciences. Il s'assimilait petit à petit le vaste ensemble des connaissances humaines, et, ne se sentant inférieur à aucune, il prenait conscience de sa supériorité.

Moment admirable dans la vie d'un jeune homme! Il marche de découverte en découverte, de chef-d'œuvre en chef-d'œuvre; il s'engage dans la région profonde des systèmes inventés par l'antiquité ou les temps modernes pour expliquer l'origine et les fins de l'humanité et résoudre l'énigme du monde; il comprend les invocations, les rêveries, les descriptions, la mélancolie, le lyrisme épique des poètes, les méditations des philosophes, l'éloquence des orateurs, les récits des historiens, les calculs

des savants, la prière des humbles, les cris de révolte
des âmes fières, le stoïcisme des grands cœurs; bref,
l'univers est à lui, et il s'avance comme un conquérant
au sein de la Nature. Tels Adam et Eve aux jours purs
de l'antique Eden.

Est-il un spectacle plus beau que celui d'une noble
intelligence qui se donne ainsi carrière, et qui atteint les
cimes! Quelle force dominatrice elle acquiert pour s'élan-
cer dans la vie et traverser la mêlée des hommes! Quel
solide mépris, quelle pitié profonde entrent en elle pour
l'intrigue, la bassesse, les viles besognes et les malheureux qui s'y livrent! Quel trésor de science, quelle réserve
d'émotions l'enrichissent et lui permettent de se suffire
à elle-même jusqu'au tombeau! De quel sublime orgueil
elle se pare, bouclier irréductible contre lequel viendront
se briser tous les flots impurs et malfaisants de ce
monde!

Rousseau raconte comment pour lui commençait la
journée; il est impossible de ne point citer cette page si
caractéristique :

« Je me levais avant le soleil. Je montais par un verger voisin dans un très joli chemin qui était au-dessus
de la vigne et suivait la côte jusqu'à Chambéry. Là, tout
en me promenant, je faisais ma prière, qui ne consistait pas
en un vain balbutiement de lèvres, mais dans une sincère élévation de cœur à l'auteur de cette aimable nature,
dont les beautés étaient sous mes yeux. Je n'ai jamais aimé
à prier dans la chambre : il me semble que les murs et
tous ces petits ouvrages des hommes s'interposent entre
Dieu et moi. J'aime à le contempler dans ses œuvres,
tandis que mon cœur s'élève à lui. Mes prières étaient
pures, je puis le dire, et dignes d'être exaucées. Je ne
demandais pour moi, et pour celle dont mes vœux ne me
séparaient jamais, qu'une vie innocente et tranquille,

3

exempte du vice, de la douleur, des pénibles besoins, la mort des justes, et leur sort dans l'avenir. Du reste, cet acte se passait plus en admiration et en contemplation qu'en demandes, et je savais qu'auprès du dispensateur des vrais biens, le meilleur moyen d'obtenir ceux qui nous sont nécessaires est moins de les demander que de les mériter. Je revenais en me promenant, par un assez grand tour, occupé à considérer avec intérêt et volupté les objets champêtres dont j'étais environné, les seuls dont l'œil et le cœur ne se lassent jamais. Je regardais de loin s'il était jour chez maman : quand je voyais son contrevent ouvert, je tressaillais d'aise et j'accourais; s'il était fermé, j'entrais au jardin en attendant qu'elle fût réveillée, m'amusant à repasser ce que j'avais appris la veille, ou à jardiner. Le contrevent s'ouvrait, j'allais l'embrasser dans son lit, souvent encore à moitié endormie; et cet embrassement, aussi pur que tendre, tirait de son innocence même un charme qui n'est jamais joint à la volupté des sens. »

Dans ma visite aux Charmettes, j'ai fait à mon tour la promenade matinale du philosophe. Le verger, la vigne, le chemin sont toujours là, comme la maison, la chambre de la baronne, le contrevent si amoureusement surveillé par Rousseau, la terrasse, le jardin, toute l'habitation en un mot. C'est un site vraiment plein de poésie par lui-même, et le voyageur qui s'y arrête ne peut que l'admirer, même s'il ignore le roman d'amour qui s'y développa en 1736 et 1737.

Pour celui qui sait l'histoire du passé, le charme redouble. La pensée qu'un grand homme, qu'un écrivain, un philosophe illustre a vécu sur ce coteau répand dans l'âme je ne sais quelle fermeté bienfaisante et donne à tous les vestiges des jours lointains une signification touchante.

Certes, j'étais ému en franchissant le seuil de la demeure, en visitant, au rez-de-chaussée, la salle à manger
et le salon; au premier étage, la chambre de Mme de
Warens, la chambre de Rousseau, et, entre les deux, l'oratoire où un autel est dressé encore, car on disait la messe
à certains jours, et les amants s'y agenouillaient.

Oui, ces lieux consacrés, ces souvenirs m'intéressaient
au plus haut point, et ma visite fut longue. Douze années
se sont écoulées, et je vois encore distinctement — tant
mon attention fut grande — chaque partie, chaque détail
de l'habitation, chaque meuble, chaque porte, chaque
portrait... Par un sort heureux, sauf le toit, rien n'a
changé depuis Jean-Jacques.

Mais, le dirais-je? ce qui m'impressionna davantage,
ce fut le « joli chemin qui est au-dessus de la vigne et
suit la côte jusqu'à Chambéry ». Il a moins changé encore que tout le reste. Je m'y promenai longtemps, bien
longtemps, évoquant les amours de Rousseau, avec une
intensité plus forte, et comprenant mieux peut-être et sa
sensibilité et son génie.

A quoi tout cela tient-il? Quelle loi mystérieuse règle
nos sensations et préside aux mouvements internes de
notre esprit et de notre cœur? C'est évidemment mon
culte pour la Nature, développé, nourri, grandi depuis
l'enfance, qui me fit éprouver en ce chemin champêtre,
silencieux et solitaire, une des plus vives et aussi des
plus douces émotions de ma vie.

C'était le matin, un matin d'été plein d'ivresse et de
volupté; l'air frais et embaumé de verdure agitait les
feuilles larges des champs de vigne; le firmament était
pur et azuré, avec cette réverbération particulière des
cieux de la belle Italie; j'avais devant mes yeux les hauteurs imposantes des Alpes et tous les monts audacieux
de la Savoie illuminés de lumière : le pic du Nivolet, la
Dent du Chat, le Lemenc, les rochers de Chanaz et d'Apre-

mont, la montagne de Thoiry, le roc majestueux du
Chaffardon...

Ce grandiose spectacle s'harmonisait, comme je l'avais
souhaité, avec le souvenir génial de Rousseau qui
m'échauffait l'âme, et je me sentais transfiguré. Et dans
mon transport je songeais à ma propre destinée, à ma
vie libre et indépendante, à mes fiévreux attachements, —
en est-il d'autres, hélas! — à la splendeur de mes rêves,
aux vivants soleils de ma jeunesse où j'avais commencé
à comprendre et à aimer le puissant penseur d'*Emile* et
du *Contrat social*. Je m'applaudissais d'avoir choisi comme
point d'appui moral dans la vie, en dehors de la Nature,
de l'Art et du Juste, l'étude et le culte de quelques grands
hommes : Lucrèce, Molière, Racine, Gœthe, Mozart et
cet incandescent Jean-Jacques...

Après m'être longtemps promené, je finis par m'asseoir sur le rebord d'un vieux mur clôturant une vigne,
et lâchant toute bride à mon imagination et à mon enthousiasme, je sentis délicieusement que je m'anéantis-
sais, corps et âme, au sein des beautés de la Nature et,
en même temps, dans la réverbération du génie.

IV

Je dois exprimer mon affectueuse reconnaissance à
M. Albert Metzger, l'écrivain érudit bien connu, qui habite
Chambéry, et qui veille avec un soin éclairé sur les sou-
venirs et la mémoire de Mᵐᵉ de Warens et de Rousseau.
Membre de l'Académie des Sciences, Belles-Lettres et Arts
de Savoie, M. Albert Metzger a publié sur l'amie de Jean-
Jacques quatre volumes précieux, qui sont depuis long-
temps épuisés en librairie. On lui doit aussi plusieurs ou-
vrages sur l'histoire de Lyon et de la Savoie pendant la
Révolution, ouvrages remplis de documents d'un haut in-

térèt, qui font comprendre une fois de plus le mot de
Michelet : l'Histoire est une résurrection.

Doué d'un caractère affable et doux, philosophe dans le
beau et noble sens du mot, vivant avec la nature et avec
lui-même, simple dans ses goûts, M. Albert Metzger me
toucha par l'aimable réception qu'il me fit à Chambéry. Il
fut mon mentor dans le pèlerinage que j'accomplissais,
et je lui dois d'avoir compris la Savoie, aspect, climat et
habitants, dès le premier jour de mon arrivée.

Je n'oublierai jamais que, dans la salle à manger des
Charmettes, il fit venir une bouteille de vin blanc de la
vigne de Rousseau ; je vois encore ce vin généreux et doré
pétiller dans nos verres, tandis que nous évoquions l'âme
des deux amants.

Que cet ami dévoué, que ce sage soit ici affectueuse-
ment remercié pour m'avoir ainsi guidé, et pour avoir
éclairé mon admiration sur les grands souvenirs et les
beautés de la Savoie.

                              V

Nous nous contentons de mentionner les épisodes charmants où Rousseau parle de sa manière d'apprendre la
géométrie et le latin, de soigner les abeilles, d'observer
les astres, d'étudier dans le jardin où il oubliait ses livres,
de faire l'épreuve de son salut ou de sa damnation, que
sais-je encore ? Ces épisodes sont dans toutes les mémoires, et, depuis quelques années, la jeunesse les apprend dans les manuels classiques de nos lycées et col-
lèges.

Nous tenons cependant à faire une dernière citation :
elle est d'une importance capitale aux yeux du psychologue, car elle marque l'apogée du bonheur de Rousseau
aux Charmettes. Ce passage est peut-être celui qui a le

plus fait rêver les amants, quand ils ont lu les *Confessions* et ont voulu être heureux de la même façon.

Parmi les félicités qu'il est permis de goûter en ce monde, quelle est la plus chère au cœur de l'homme? Jean-Jacques va nous l'apprendre. Après avoir énuméré diverses occupations agréables, il parle des promenades solitaires qu'il faisait avec Mme de Warens et qui le ravissaient, parce qu'elles favorisaient les tendres confidences, les aveux, les baisers, les caresses dont il était avide. Écoutez :

« Un jour de Saint-Louis, dont maman portait le nom, nous partîmes ensemble et seuls de bon matin, après la messe qu'un carme était venu nous dire, à la pointe du jour, dans une chapelle de la maison. J'avais proposé d'aller parcourir la côte opposée à celle où nous étions, et que nous n'avions point visitée encore. Nous avions envoyé nos provisions d'avance, car la course devait durer tout le jour. Maman, quoique un peu ronde et grasse, ne marchait pas mal : nous allions de colline en colline et de bois en bois, quelquefois au soleil et souvent à l'ombre, nous reposant de temps en temps, et nous oubliant des heures entières, causant de nous, de notre union, de la douceur de notre sort et faisant pour sa durée des vœux qui ne furent pas exaucés... Notre dîner fut fait chez un paysan, et partagé avec sa famille qui nous bénissait de bon cœur. Ces pauvres Savoyards sont si bonnes gens! Après le dîner, nous gagnâmes l'ombre sous de grands arbres, où, tandis que j'amassais des brins de bois sec pour faire notre café, maman s'amusait à herboriser parmi les broussailles, et avec les fleurs du bouquet que chemin faisant je lui avais ramassé, elle me fit remarquer dans leur structure mille choses curieuses qui m'amusèrent beaucoup, et qui devaient me donner du goût pour la botanique... Dans un transport d'attendris-

sement, j'embrassai cette chère amie. « Maman, maman »,
lui dis-je avec passion, « ce jour m'a été promis depuis
« longtemps, et je ne vois rien au delà : mon bonheur,
« grâce à vous, est à son comble ; puisse-t-il ne pas dé-
« cliner désormais ! Puisse-t-il durer aussi longtemps que
« j'en conserverai le goût ! Il ne finira qu'avec moi ! »

Se promener ainsi en toute liberté avec la femme
aimée, par un beau jour d'été, à travers les monts, les
champs, les bois, quel destin fortuné, quelle ivresse infinie ! C'est renaître à la joie perdue de l'Eden primitif ;
c'est retrouver les naïves délices de nos premiers parents ;
c'est apaiser cette nostalgie mystérieuse que nous avons
toujours de la verdure et des fleurs, des arbres magnifiques, des ruisseaux jaseurs, des plantes embaumées, d'un
immortel jardin baigné de lumière douce, et empli d'une
brise fraîche et légère.

Une journée passée de la sorte se grave dans la mémoire et prend date parmi les moments les meilleurs de
notre vie. Evoquez votre jeunesse, interrogez vos souvenirs ; le meilleur, le plus cher, le plus attendrissant n'est-
il pas celui qui vous rappelle quelque promenade solitaire
comme celle de Rousseau, quelque course champêtre avec
une amie tendrement aimée, gracieuse tourterelle avide
de roucouler à l'ombre des grands bois, de se désaltérer
aux sources claires, et de se perdre avec son ramier fidèle
dans l'immensité des paysages ensoleillés !

Un jour pareil à celui qu'a raconté Jean-Jacques est
peut-être, beaucoup diront : est certainement le plus beau
de toute une destinée.

En dehors du philosophe de Genève, j'en prends à
témoin les trois plus grands poètes du xixe siècle, Alfred
de Musset, Lamartine, Victor Hugo. Chacun d'eux a
consacré un poème au souvenir d'une journée semblable
à celle des amants des Charmettes, et tous trois ont écrit

un chef-d'œuvre, Victor Hugo avec la *Tristesse d'Olympio*, Lamartine avec le *Lac*, Alfred de Musset avec la pièce simplement intitulée *Souvenir*. Quelle puissance de vie, quelle intensité de bonheur, quels regrets du passé, quelle perfection de forme dans ces trois poèmes qui marquent le point culminant de trois génies lyriques! Là seulement ils ont trouvé des accents aussi pénétrants, des cris aussi humains et aussi sincères.

En cette fête de Saint-Louis, le bonheur de Rousseau, nous l'avons dit, atteignit son apogée, son zénith. Il eut pu durer, se maintenir à cette hauteur, s'étendre, se consolider. Il arriva, hélas! qu'il déclina à quelques jours de là, qu'il s'évapora comme un brouillard léger des montagnes où il s'était affirmé, et que jamais plus les Charmettes ne le virent renaître.

La Saint-Louis tombe à la fin d'août : au commencement de septembre, étant ou se croyant malade, mais poussé avant tout par sa jeunesse, Rousseau quittait Mme de Warens, afin de se faire soigner à Montpellier.

Fatal voyage! Quand il embrassa sa maîtresse au moment du départ, le charme était rompu. Il devait bien revenir, mais il ne devait plus retrouver toute à lui la femme qu'il aimait, et avec laquelle il venait de goûter ce qu'on peut appeler l'idylle des Charmettes : celle-ci avait duré environ dix mois, pris dans les années 1736 et 1737.

Pourquoi Jean-Jacques s'éloigna-t-il de Mme de Warens? Pourquoi cette dernière le laissa-t-elle partir? Comment, après les joies si douces, si vives qu'ils venaient de cueillir au cours de deux années, le long des coteaux de Chambéry, comment ces amants purent-ils se séparer pour un court intervalle, même devant le prétexte d'un malaise à guérir?

Rousseau dit qu'il était dans un grand état de faiblesse, et décrit les effets de sa maladie avec sa clarté et sa pré-

cision habituelles. Quant au principe même du mal, il
le fait consister un peu gratuitement dans un polype au
cœur. Mais si malade qu'il fût, était-il nécessaire d'aller
jusqu'à Montpellier pour se faire soigner?

Il y avait des médecins à Chambéry, notamment Salo-
mon, médecin de Mme de Warens. Son cas n'était pas
désespéré, aucune vraie consultation n'avait eu lieu et il
pouvait mener, quoique souffrant, son train de vie
ordinaire.

Nous touchons ici à l'analyse délicate d'une passion,
d'une liaison, d'un attachement qui a jeté sa flamme, et
qui se ralentit, s'apaise, en attendant qu'il s'éteigne.
Rousseau était trop clairvoyant pour se faire illusion, et
bien qu'il ne nous dise pas tout dans les *Confessions*, il
en écrit assez pour nous éclairer.

Après avoir indiqué les effets de sa maladie, il ajoute :

« Il est certain qu'il se mêlait à tout cela beaucoup de
vapeurs. Les vapeurs sont la maladie des gens heureux :
c'était la mienne; les pleurs que je versais souvent sans
raison de pleurer, les frayeurs vives au bruit d'une feuille
ou d'un oiseau, l'inégalité d'humeur dans le calme de la
plus douce vie, tout cela marquait cet ennui du bien-être
qui fait pour ainsi dire extravaguer la sensibilité. Nous
sommes si peu faits pour être heureux ici-bas, qu'il faut
nécessairement que l'âme ou le corps souffre, quand ils
ne souffrent pas tous deux, et que le bon état de l'un gâte
presque toujours celui de l'autre. »

« L'ennui du bien-être! » Pesez ce mot : il vous expli-
quera le départ pour Montpellier et la longue absence de
Rousseau. Quant à Mme de Warens, quelle fut son attitude en présence de ce voyage? « Maman », dit Jean-
Jacques, « loin de m'en détourner, m'y exhorte; et me
voilà parti pour Montpellier. » Pesez encore ces paroles,
et vous comprendrez, d'une part, l'aventure de Rousseau

avec Mme de Larnage, le long de la route, et d'un autre
côté, la chute si attristante de la baronne entre les bras
d'un homme inférieur comme Vintzenried.

La vérité ici apparaît clairement à tout esprit qui a
observé et étudié la nature humaine. La grande raison
qui mit fin à l'idylle des Charmettes, c'est que Rousseau
et Mme de Warens n'en étaient pas au même degré de
longitude de l'amour, au même stade de la passion.

Rousseau n'avait que vingt-cinq ans en 1737. Il s'élançait dans la vie avec la naïveté, l'enthousiasme, les rêves
printaniers et charmants de la jeunesse. Sorti des vulgaires sentiers où la pauvreté et l'abandon l'avaient con-
traint de passer, son esprit, son cœur, tout son être était
dans la période ascendante; ses facultés atteignaient leur
plus haut développement par un travail intellectuel inin-
terrompu et méthodique; sa conscience s'épurait, entre-
voyait la beauté morale et ambitionnait les sommets;
bref, il n'était en réalité qu'au début du voyage de sa vie
d'homme. De plus, au fond de son âme simple et timide,
il sentait confusément s'allumer le foyer de son génie.

Toute autre était Mme de Warens. Agée alors de trente-
sept ans, l'automne pour une femme, elle avait passé la
saison des idylles printanières; elle n'en était plus aux
délices des débuts, où, pour que l'âme soit ensorcelée, il
suffit d'un sourire, d'un regard, d'une main pressée, d'un
baiser furtif, d'un mouchoir parfumé, d'une rose donnée,
d'une promenade aux étoiles, d'un bleu myosotis envoyé
dans une lettre brûlante, bref, de toutes ces petites
attentions délicates qui révèlent le grand bonheur et le
grand amour de deux jeunes amants, et qui eussent ravi
l'âme de Jean-Jacques.

Certes, elle avait encore et elle conserva jusque sous
les rides le charme d'une nature aimante et bonne; elle
était sensible toujours à la douceur des aveux, et, gracieuse, elle se complaisait dans les préliminaires harmo-

nieux et fleuris; mais, quoi qu'en dise Rousseau, elle était
sensuelle et voluptueuse, — du moins, c'est mon sentiment,
— et les amants qu'elle avait eus, notamment M. de
Tavel, le sophiste lettré, lui avaient donné une expérience
et un entraînement qui devaient parfois dérouter un
novice comme le timide Jean-Jacques.

Si j'ai bonne mémoire, il est dit dans l'Évangile : « Ce
ne sont pas ceux qui crient : Seigneur! Seigneur! qui
doivent posséder le royaume des cieux! Ce sont les violents, ce sont les énergiques qui l'enlèvent de force, et
qui en jouissent! »

Mme de Warens en était là. Sans doute, les tendres
soupirs, les belles déclarations ne lui déplaisaient pas,
car elle savait, par le fait de son éducation, apprécier
toutes les délicatesses; mais elle avait parcouru déjà une
vaste carrière, et j'ai l'intime conviction qu'elle préférait
les actes aux paroles.

Loin de moi, juste ciel! la pensée de lui en faire un
reproche, de la condamner, de lui jeter l'anathème. Je la
comprends avec son tempérament rapide, exigeant et
facile, comme je comprends Rousseau avec son idéal
printanier, aussi brûlant peut-être, sinon davantage,
mais plus juvénile, plus langoureux, plus idyllique.

Combien ils étaient différents dans le mystérieux et intime domaine des sens et de la volupté! Rousseau n'était
qu'à l'aurore des amours; Mme de Warens en traversait le
midi brûlant. Pouvaient-ils de la sorte vivre longtemps
dans la solitude des Charmettes? Non. Dix mois d'idylle
avaient épuisé le charme, éclosion première pour Jean-
Jacques, tendre nouveauté ou douce réminiscence pour sa
séduisante maîtresse.

Telle est à nos yeux la cause profonde, essentielle et
fatale de la séparation. Il est des raisons secondaires, bien
qu'importantes encore. Mme de Warens mettait peu
d'ordre dans ses affaires; elle n'avait jamais su compter.

Elle le savait confusément. Pour remédier au mal et combler les déficits d'argent qu'elle sentait sous ses pas, elle se lançait dans des entreprises industrielles mal assises, des spéculations minières, espérait des gains rapides, et, étourdie par des espérances problématiques, s'enfonçait davantage dans les embarras de toute sorte. De là, de constantes préoccupations qui l'éloignaient des loisirs de l'amour idyllique.

Rousseau, au contraire, était un esprit ordonné et clairvoyant. Il devait trop à Mme de Warens, qui l'avait recueilli et élevé, pour prendre avec elle le ton d'un maître. Il se contentait de l'aimer et de la conseiller tendrement, mais il voyait, navré, s'accroître le désordre, et son essor amoureux en était troublé de même.

Ah! si ces deux cœurs s'étaient ouverts ensemble au frémissement d'une tendresse irrésistible; si leurs sens s'étaient allumés dans la même saison de la vie; s'ils étaient partis, pour se rencontrer, d'horizons moins différents; si, comme des fiancés, ils se fussent désirés de la même volupté et serrés l'un contre l'autre de la même étreinte juvénile, nul doute que l'idylle des Charmettes n'eût duré plus longtemps, et que cette liaison, basée alors sur l'harmonie de la nature, ne fût devenue indissoluble.

Telle que Rousseau nous la révèle, elle ne pouvait avoir la durée que, seules, les choses ordonnées ont en ce monde.

Je trouve un curieux passage dans une lettre attribuée à Mme de Warens, et que, jeune fille encore, elle aurait écrite à une de ses amies :

« Tu m'as souvent répété, chère amie », disait-elle, « que l'amour ferait tous mes malheurs; que les nuits entières que je donnais aux lectures romanesques préparaient mon cœur à la tendresse, que la musique et les concerts seraient funestes à mon repos. Je riais, je folâ-

trais quand tu cherchais à m'instruire : maintenant qu'il
n'est plus temps, je voudrais l'avoir écoutée. »

Ces lignes jettent une clarté précieuse à travers l'âme
de cette aimable femme. Elle était née pour l'amour, son
éducation l'y prépara, et comme elle avait perdu sa mère
en naissant, et avait épousé un mari qu'elle n'aima point
et dont elle n'eut pas d'enfant, elle se lança généreuse-
ment dans la carrière.

VI

L'observateur, l'historien des mœurs et des passions
humaines ne doit pas s'arrêter trop longtemps à l'analyse
des événements qui se dressent sur sa route. C'est la
besogne du moraliste, qui distribue le blâme ou l'éloge, et
vise à enseigner la sagesse.

Loin de moi cette tâche attristante et cette prétention.
Pareil au voyageur qui, dans une ville étrangère, s'arrête devant un beau monument et l'admire tel qu'il est,
sans se perdre dans l'histoire de son passé ou les conjec-
tures de son avenir, je me suis arrêté devant les dix mois
d'amour que Rousseau passa aux Charmettes de Chambéry, et j'ai admiré de toute la force de mon âme cette
idylle embaumée de la jeunesse d'un grand homme.

Qu'importe ce qui a précédé et ce qui a suivi? C'est le
lot de la misère humaine. Mais je dis : là, sur ce coteau,
deux êtres ont vécu solitaires et libres, ils se sont aimés,
ils ont connu des jours resplendissants, ils ont cueilli
les fleurs de l'idylle et chanté la chanson du plaisir; oubliant tout, ils n'ont vu qu'eux dans l'univers... En faut-
il davantage pour offrir un spectacle digne de vivre dans
la mémoire humaine, un exemple consolant pour les races
futures, avides, elles aussi, d'une félicité pareille?

Admirons ces amants : il en est peu qui, au cours de leur existence, aient connu de pareilles ivresses. Les siècles infinis toujours les verront enlacés dans le jardin des Charmettes, et ne cesseront point de célébrer et de bénir leur mémoire.

VII

Rousseau partit pour Montpellier au commencement de septembre 1737. Sa piquante aventure avec Mme de Larnage donna à son voyage un attrait inattendu. Que ceux qui l'auraient oubliée la relisent au livre VI des *Confessions*. Il resta absent pendant plusieurs mois, et ne revint aux Charmettes que dans le courant de janvier 1738. Il se faisait une fête de revoir Mme de Warens et l'avait prévenue de l'heure de son retour. Mais elle ne l'attendait point. Pendant l'absence de Jean-Jacques, elle avait pris un autre amant; l'hiver était venu, adieu les chansons du printemps si chères à Jean-Jacques.

Racontant son arrivée, le philosophe écrit :

« De tout loin, je regardai si je ne la verrais point sur le chemin, le cœur me battait de plus en plus à mesure que j'approchais. J'arrive essoufflé, car j'avais quitté ma voiture en ville. Je ne vois personne dans la cour, sur la porte, à la fenêtre; je commence à me troubler; je redoute quelque accident. J'ouvre, tout est tranquille. Des ouvriers goûtaient dans la cuisine; du reste, aucun apprêt. La servante parut surprise de me voir, elle ignorait que je dusse arriver. »

Est-il possible de mieux peindre un désastre du cœur! La catastrophe morale ressort davantage encore devant l'indifférence de ces ouvriers attablés qui se reposent, de cette servante qui n'a reçu aucun ordre, et qui sans doute croyait Rousseau parti pour toujours.

Plus loin, parlant de sa maîtresse qu'il va retrouver dans sa chambre, il dit ce mot qui tombe comme un glaive : « Un jeune homme était avec elle. » Ah! l'idylle ancienne était bien morte.

Cependant, l'arbre était si fortement enraciné qu'il fallut près de quatre années encore pour l'arracher complètement du sol de la Savoie. Rousseau essaya de vivre isolé à côté du couple nouveau. Mais il ne put se faire à cet isolement, et se rendit à Lyon, où, pendant une année, il fut précepteur des enfants de M. de Mably.

« Je partis pour Lyon », dit-il, « sans laisser ni sentir le moindre regret d'une séparation dont auparavant la seule idée nous eût donné les angoisses de la mort. »

Quelle leçon dans cet aveu terrible! L'homme fort regarde en face et froidement la destinée; sa philosophie stoïcienne jette un tranquille défi à la faiblesse comme à la sottise humaine : il ne connaît point les stériles regrets, et s'éloigne en secouant vigoureusement la poussière de ses souliers.

Tourmenté cependant par le souvenir de son bonheur passé, frémissant encore à la pensée des voluptés disparues, Rousseau ne pouvait se plaire à Lyon. « Ce qui me rendait mon état insupportable », écrit-il, « était la comparaison continuelle que j'en faisais avec celui que j'avais quitté; c'était le souvenir de mes chères Charmettes, de mon jardin, de mes arbres, de ma fontaine, de mon verger, et surtout de celle pour qui j'étais né, et qui donnait de l'âme à tout cela. »

Un beau jour, n'y tenant plus, il quitte M. de Mably, et revient tenter la fortune une dernière fois auprès de Mᵐᵉ de Warens. Vain espoir! Elle ne ressentait plus pour lui qu'une paisible amitié. Il écrit à ce propos, dans les *Confessions*, ces paroles poignantes :

« Affreuse illusion des choses humaines! Elle me reçut toujours avec son excellent cœur qui ne pouvait mourir qu'avec elle : mais je venais rechercher le passé qui n'était plus, et qui ne pouvait renaître. » Avant de partir pour Lyon, il avait constaté « qu'elle prenait peu à peu une manière d'être dont il ne faisait plus partie ».

Une année d'absence n'avait fait qu'étendre, que fortifier cette indifférence.

Cette fois, c'était bien la fin. Il se raidit contre l'affreuse vérité, en prit courageusement son parti, et tourna ses yeux pensifs vers un autre horizon. Pendant l'été de 1741, il quittait Chambéry et prenait la route de Paris, où plus tard devait éclore et resplendir son étonnant génie.

Les habitants de la vieille cité savoisienne, qui virent ce jeune homme modeste monter, sans grand équipage, dans la diligence, ne se doutaient guère que les principes de la Révolution faisaient le voyage en sa compagnie, et qu'un jour sa plume réformerait les mœurs, ferait frissonner les âmes, et, comme l'a dit lord Byron, « mettrait l'univers en feu et bouleverserait des empires ».

Ces braves gens paisibles ne pensaient point non plus que leur ville s'enorgueillirait dans l'avenir d'avoir abrité sa jeunesse, que les savants et les érudits publieraient des études sans nombre sur son séjour, et que les Charmettes deviendraient un lieu de pèlerinage pour le monde entier.

L'esprit souffle où il veut.

Et lui, quelle était sa pensée, à cette heure toujours inquiète du départ? Il avait le cœur bien gros, j'en suis sûr, et devait faire un violent effort pour contenir son émotion et ses larmes. Lorsque la voiture s'ébranla sur

le pavé, quitta les murs de Chambéry, et s'engagea sur
la grande route, il dut se retourner une dernière fois,
jeter les yeux sur le coteau verdoyant qui fait face au pic
du Nivolet, et s'écrier du fond de son âme : O Charmettes,
adieu, adieu pour toujours !

VIII

Dans les pages rapides qui précèdent, j'ai tenté d'exprimer les pensées et les souvenirs qui me venaient à
l'esprit lorsqu'au mois d'août 1895 je visitais les Charmettes dans le recueillement et dans l'allégresse.

Nul plus que moi n'est avide de ces promenades solitaires, de ces visites pacifiques, de ces respectueux pèlerinages que vivifie la mémoire d'un grand homme, d'un
grand écrivain, d'un grand poète. Chaque année, j'accomplis un de ces voyages intellectuels, qui me donnent
une joie sans mélange, et élargissent l'horizon de mes connaissances historiques et de mon enthousiasme littéraire.

Rousseau, jusqu'ici, a été le préféré. Montmorency,
Ermenonville, Chambéry, Neuchâtel m'ont vu sur leurs
rivages où résonne à jamais le nom du penseur illustre.
J'ai visité aussi Genève, l'île Saint-Pierre, Annecy, Môtiers-Travers. Jadis, j'étais quelquefois seul en ces excursions si chères; maintenant, j'ai un compagnon fidèle,
mon jeune fils, que j'initie ainsi au culte immortel des
lettres.

La maison des Charmettes, comme je l'ai dit, a eu un
sort heureux : les hommes et le temps l'ont respectée.
Elle est là toujours sur le coteau, caressée par l'air pur et
vif des montagnes, ayant l'aspect mélancolique et débonnaire des choses anciennes, mais cependant coquettement
conservée dans sa simplicité et dans ses souvenirs, en un
mot, pleine d'un attrait indéfinissable.

4

Nous vivons à une époque où l'on aime les détails précis et documentaires : bien que cette étude soit surtout une causerie de philosophe et de poète, nous allons présenter quelques renseignements propres à satisfaire la curiosité du lecteur et, au besoin, à le guider dans un voyage à Chambéry.

Il faut donc une bonne demi-heure pour aller à pied de Chambéry aux Charmettes, en suivant le chemin montant dont parle Rousseau, chemin bordé à gauche par un ravin, et à droite par des terrains surélevés dont les talus sont garnis de haies, de plantes et de fleurs, pervenches, véroniques, aubépine, violettes, roses des buissons, petits géraniums des bois.

« A mesure qu'on avance », dit M. Raymond, un des anciens possesseurs, « le paysage devient plus agreste : il prend même une légère teinte sauvage, qui pourtant ne déplaît pas. On entrevoit bientôt, par derrière les arbres, sur la droite, la pointe du toit de la maison ; voici le verger à droite du chemin, et la vigne au-dessus du verger.

« La maison est un peu élevée au-dessus du chemin ; au devant est une terrasse environnée d'un parapet à hauteur d'appui ; ce parapet est coupé par une grille à deux battants qui ferme l'entrée de la terrasse, sur laquelle on monte par six marches de pierre. La face principale de la maison est tournée au levant et parallèle au chemin. C'est un petit bâtiment régulier, de forme rectangulaire ; il est couvert d'un toit rapide, en ardoises, à quatre pans, et surmonté de deux aiguilles. Les rustiques sont au midi et sont attenants à la maison ; le jardin est du côté nord. »

Ainsi que je l'ai mentionné plus haut, sauf le toit qu'il a fallu absolument remplacer, rien n'a été changé, ni la grille basse de l'entrée, ni les portes, ni les volets ou contrevents, ni l'escalier, ni les meubles essentiels, ni le

jardin en terrasse, ni la vigne, ni les sentiers, ni le chemin qui suit la côte.

La maison n'est pas habitée, mais elle est soigneusement entretenue dans son état d'autrefois. Un fermier,
qui loge dans les dépendances avec sa famille, en est le
gardien. Il me sembla, lors de ma visite, que Rousseau
et Mme de Warens étaient allés passer la journée dans les
environs, et que le soir on devait les voir revenir de
quelque village, rapportant des fleurs.

Ce qui frappa mon regard dès le seuil, ce fut un vieux
pied de glycine et un jasmin de Virginie, qui contournent
la maison du côté du jardin, à la hauteur de l'étage. De
l'avis général, ce jasmin est certainement antérieur à
Rousseau. Ses branches abondantes et vigoureuses, sa
verdure luxuriante, ses belles fleurs rouge-orange, en
forme de calice évasé, retombaient, en ce moment, en festons magnifiques. J'eus le sentiment que cet arbuste était
très vieux et avait vu de nombreuses générations, et je
me rappelai cette parole touchante de Voltaire au marquis d'Argens : « Les arbres qu'on a plantés demeurent,
et nous nous en allons! » Je cueillis une branche, que
j'ai rapportée de mon voyage et qui a pris place au milieu
de mes souvenirs sur Jean-Jacques[1].

---

[1] A propos de ce jasmin, nous avons reçu, par l'entremise obligeante de
M. Albert Metzger, la note suivante qui émane de M. Maurice Dénarié,
avocat, et botaniste émérite de la Savoie :

« Il existe actuellement aux Charmettes, contre le mur de la maison de
Jean-Jacques Rousseau, au levant, une glycine dont les branches font
presque le tour de la maison, et un jasmin de Virginie, sans parler d'un
grenadier dont les rameaux encadrent l'inscription de Hérault de Séchelles,
de deux vieux rosiers, et d'un chèvrefeuille aujourd'hui desséché, mort sans
doute de vieillesse sans avoir vu l'aurore du xxe siècle.

« La glycine n'existait certainement pas du temps de Rousseau. En effet,
cette plante, à laquelle les botanistes donnent les beaux noms de *Wisteria
sinensis*, *Apius sinensis*, *Glycine sinensis*, ne fut introduite à Paris qu'en 1825,
par Boursault. Ce ne fut que quelques années après qu'elle fut connue en
Savoie, où elle ne tarda pas à détrôner le vieux jasmin de Virginie qui était
alors l'ornement classique de nos anciennes maisons de campagne.

« Le jasmin de Virginie (*Zecoma radicans*, *Bignonia radicans*) est depuis

Je m'arrêtai aussi pour regarder, au-dessus de la porte d'entrée, les armoiries mutilées des anciens et premiers propriétaires. La date seule, 1660, a été épargnée. Sur la droite, je vis la pierre encastrée dans la muraille, qui fut placée par ordre de Hérault de Séchelles en 1792, et qui porte l'inscription suivante, devenue historique :

> Réduit par Jean-Jacques habité.
> Tu me rappelles son génie,
> Sa solitude, sa fierté,
> Et ses malheurs et sa folie.
> A la gloire, à la vérité
> Il osa consacrer sa vie,
> Et fut toujours persécuté
> Ou par lui-même ou par l'envie !

L'inscription complète, paraît-il, comprenait encore les deux vers suivants, qui ne furent point gravés, faute de place :

> Contemplons, au flambeau de la Philosophie,
> Un grand homme et l'Humanité !

Quelques écrivains ont prétendu, et on a répété depuis, que Mme d'Epinay avait composé ces vers. Cette opinion ne repose sur aucune preuve. Mme d'Epinay, après le départ de Rousseau, avait fait mettre à l'Ermitage de Montmorency une inscription qui est connue et authentique, et que voici :

> O toi, dont les brûlants écrits
> Furent créés dans cet humble Hermitage,
> Rousseau, plus éloquent que sage,
> Pourquoi quittas-tu mon pays ?

---

longtemps connu en France, où il a été importé de l'Amérique du Nord. Il suffit de voir le vieux pied de cette plante qui se trouve aux Charmettes pour se convaincre qu'il existait déjà au siècle dernier.

« Chambéry, mai 1901. »

C'est à la suite d'une lettre de M. Victorien Sardou, qui voulait bien s'intéresser à mes études sur Jean-Jacques Rousseau, que j'ai obtenu cette consultation de botaniste qui ne manque pas d'intérêt.   H. B.

Toi-même avais choisi ma retraite paisible ;
Je t'offrais le bonheur, et tu l'as dédaigné :
    Tu fus ingrat, mon cœur en a saigné,
Mais, pourquoi retracer à mon âme sensible?...
Je te vois, je te lis, et tout est pardonné!

On a dû raisonner par analogie pour attribuer à l'aimable femme l'inscription des Charmettes. Mais on s'est trompé, car Mme d'Epinay mourut en 1783. Il y a tout lieu de supposer que les vers cités plus haut ont été composés par Hérault de Séchelles lui-même, qui était un écrivain et un lettré.

Quand il les fit placer aux Charmettes, il était commissaire de la Convention, avec Jagot et l'abbé Simon, dans le département du Mont-Blanc. Admirateur de Rousseau, imbu des idées philosophiques nouvelles, et représentant du peuple, Hérault de Séchelles avait tous les titres pour honorer celui que la Convention regardait comme l'apôtre des temps nouveaux, le rénovateur de la société, le père de la Révolution.

Le rez-de-chaussée est composé d'un vestibule, puis, à gauche, d'une petite cuisine qui n'avait pas cette destination autrefois; ensuite, à droite, d'une première pièce, la salle à manger, où était jadis la cuisine, et d'un salon communiquant directement avec le jardin, enfin de quelques autres petites pièces qui servaient de « retirages », comme on dit en Savoie.

Aux murs sont trois portraits de Mme de Warens, d'après les originaux de Lausanne, de Londres et de Boston en Amérique. Le portrait de Londres est attribué à La Tour, celui de Boston est sûrement de Largillière. C'est l'érudit M. Albert Metzger qui a offert ces portraits au musée des Charmettes. Il en a tracé d'ailleurs l'historique avec compétence dans un de ses ouvrages. On lui doit aussi d'autres souvenirs, notamment des extraits de

la mappe de Chambéry de 1730, document précieux qui
permet d'établir une comparaison avec l'état actuel de ces
parages.

Rousseau, lui, est représenté par deux portraits qui
ornent le salon : l'un, assez grand et peint à l'huile,
constitue un souvenir historique. Pendant la Révolution,
la municipalité de Chambéry, à l'occasion d'une fête pa-
triotique, voulut rendre hommage à Rousseau, dont la
mémoire était partout exaltée, et fit placer cette peinture
aux Charmettes.

L'autre portrait, peint à la gouache, d'après l'original
qui est à Annecy, par M. Charles Coppier, représente
Jean-Jacques adolescent; du moins, on l'a toujours cru. Il
est coiffé d'une sorte de toque qui involontairement fait
songer au bonnet d'Arménien que le philosophe porta
plus tard.

Nous avons examiné ce portrait avec une attention
particulière, et tout nous fait croire que c'est bien là
Rousseau. Qu'on le compare, en effet, avec celui que fit
Ingouf dans la suite, et qui est si caractéristique : on
constatera, malgré la différence des âges, les mêmes
traits, le même air, les mêmes yeux, le même fond de
physionomie. Ici, c'est la jeunesse; là, c'est l'âge mûr
confinant à la vieillesse; mais, dans les deux images,
c'est toujours Jean-Jacques pensif, sérieux, le regard plein
de méditations et de rêves.

D'autres portraits gravés se remarquaient autrefois aux
murs du salon; ils représentaient des contemporains
illustres de Rousseau : Voltaire, Diderot, Buffon, Helvétius, d'Alembert, le grand Frédéric...

Un registre est déposé sur la table du salon : les visiteurs peuvent y écrire leurs noms et les réflexions que
leur inspire le souvenir des deux amants. Il y aurait de

curieuses citations à prendre dans les pages de ce registre complaisant[1].

En revenant au vestibule, on monte à l'étage par un escalier intérieur construit en pierres de taille, et composé de deux rampes. Sur le premier palier, à gauche, se trouve l'entrée d'une chambre et d'un cabinet pratiqués sur un caveau et sur la cuisine actuelle, et qui autrefois étaient dans un état différent. Sur ce palier aussi est une porte extérieure qui s'ouvre sur une petite esplanade derrière la maison.

C'est à propos de cette esplanade que Rousseau dit dans les *Confessions* : « Deux ou trois fois la semaine, quand il faisait beau, nous allions derrière la maison prendre le café dans un cabinet frais et touffu, que j'avais garni de houblon, et qui nous faisait grand plaisir pendant la chaleur. Nous passions là une petite heure à visiter nos légumes, nos fleurs, à des entretiens relatifs à notre manière de vivre et qui nous en faisait mieux sentir la douceur. »

La seconde rampe conduit à deux portes : l'une donne accès dans un vestibule transformé en chapelle ou oratoire. Du temps de Mme de Warens et de Rousseau, on y célébrait la messe. Dans le retable de l'autel, on aperçoit

---

[1] Arsène Houssaye avait relevé là plusieurs citations, celles-ci notamment :

« Tu étais si bien ici, ô Jean-Jacques! Pourquoi n'y es-tu pas resté? — *Marius, sergent-major décoré.* »

« Tu y serais encore et bien heureux; mais, comme Napoléon, tu as voulu avoir ton Sainte-Hélène. — *Un capitaine.* »

« O Rousseau! Tu as aimé sur la terre comme on aime dans le ciel. — *Madame X.* »

« Etant venu à Chambéry pour y faire procéder à une rectification de nom à propos de mon mariage avec Mlle Croquefer (Caroline), je n'ai pas voulu quitter cette charmante ville sans avoir vu l'heure à la montre de Jean-Jacques. — *Léonard.* »

« Simple bourgeois de Paris, je suis venu avec mon épouse pour visiter les Charmettes, et, joignant l'utile à l'agréable, faire de cette promenade une leçon sur les égarements d'un cœur trop tendre. — *Arthur Dubosc.* »

la pieuse image de Notre-Dame d'Einsiedeln, lieu de pèlerinage très populaire en Suisse, dont la baronne, comme
on le sait, était originaire.

Avant elle, la chapelle se trouvait installée en dehors
de l'habitation, dans un petit bâtiment voisin, situé sur
le bord du chemin d'arrivée. On croit généralement que
ce fut Mme de Warens qui transforma cette petite con-
struction en laboratoire pour ses expériences et prépara-
tions chimiques et pharmaceutiques, et en four approprié
à ce genre d'exercices qu'elle affectionnait. Sous le règne
galant de Louis XV et de Mme de Pompadour, ces petites
chapelles privées étaient fort à la mode.

De cet oratoire on passe dans la chambre à coucher de
la baronne : elle est à peu près carrée, assez vaste, et très
éclairée par trois fenêtres, une au levant et deux au nord,
avec une vue étendue et fort agréable. Cette chambre
occupe tout l'angle de la maison au nord-est. « Elle est
bien telle qu'elle fut habitée en 1736 », dit une notice
locale. « Le plancher, le plafond, les portes, la cheminée
portent le cachet irrécusable de l'époque. Le plancher a
même un cachet d'usure et de vétusté qui demanderait
une réparation urgente, si ce n'était un plancher historique. Les attiques des portes sont ornés, comme au rez-
de-chaussée, de dessins japonais. Les papiers peints qui
garnissent les murs, en partie décollés par le fait du
temps, ont une solidité remarquable; les fleurs qui les
couvrent sont très bonnes comme dessin et comme couleurs. Mme de Warens logeait en maison meublée aux
Charmettes, et son bail, découvert dernièrement, dit que
la liste du mobilier sera annexée à l'acte.

« La plupart des meubles datent de cette époque; les
rares pièces d'ameublement qui avaient été apportées par
les propriétaires successifs depuis Jean-Jacques Rousseau
ont été éliminées avec soin. »

La liste du mobilier de Mme de Warens n'a jamais pu

être retrouvée. L'état de conservation du papier dont il
vient d'être question est surprenant, et cependant il a
plus d'un siècle et demi. L'objet qui retint davantage
mon attention dans la chambre de la baronne fut son miroir. Que de fois, me disais-je, cette glace a réfléchi son
aimable visage, quand elle arrangeait pour la nuit, ou
pour le matin, ses beaux cheveux cendrés ! « Il était impossible », dit Rousseau, « de voir une plus belle tête, un
plus beau sein, de plus belles mains et de plus beaux
bras. »

Un corridor conduit à la chambre de Rousseau, qui se
trouve directement au-dessus du vestibule du rez-de-
chaussée : elle est située au levant, et a deux fenêtres,
ainsi que deux alcôves. Le meuble de cette pièce qui m'a
surtout intéressé est une chaise longue sur laquelle Jean-
Jacques avait l'habitude de se reposer, quand il se trouvait fatigué ou malade. La porte de cette chambre a encore la chatière, la serrure, la peinture et les ferrures du
temps.

Il y a quelques années, les visiteurs du Salon des
Champs-Elysées remarquèrent un tableau charmant représentant Jean-Jacques Rousseau et Mᵐᵉ de Warens, au
temps de leurs amours, pendant l'idylle troublante de 1737.
Il avait pour auteur un peintre lyonnais, M. Félix Bauer,
dont le talent déjà remarqué s'affirma éloquemment par
cette composition. C'est une scène sentimentale qui se
passe dans la chambre même de Rousseau, et qui résume
admirablement tout ce que nous avons pu écrire en cette
étude sur ce thème délicat. Une reproduction de cette
œuvre gracieuse figure dans le petit musée des Charmettes. Il faut avouer que c'est bien là sa place.

Après avoir parcouru les appartements, le visiteur descend dans le jardin « si intéressant (comme l'a écrit
M. Caumont-Bréon, un de mes compatriotes de Bourgogne) par les heureux moments qu'y passa Jean-Jacques

à cultiver les fleurs, à soigner les abeilles, à étudier la philosophie, la géographie, l'algèbre, l'astronomie, le latin, et en scandant presque tous les vers de Virgile ».

C'est un rectangle assez long divisé par une allée centrale : celle-ci est coupée à angles droits dans son milieu par une autre allée, et le terrain se trouve partagé de la sorte en quatre carrés égaux, avec des plates-bandes garnies de fleurs. A l'extrémité du jardin, à la place où sans doute étaient les ruches affectionnées par Rousseau, les possesseurs actuels ont dressé un berceau de chèvrefeuille et de clématites sous lequel il est agréable de s'asseoir et de méditer. Au-dessus du jardin apparaît la vigne, limitée par le chemin fameux que le philosophe a immortalisé.

Le propriétaire des Charmettes, du temps de Mme de Warens, était M. Noirey, gentilhomme savoyard. Elles passèrent ensuite entre les mains de la famille Mollard, puis un chanoine de la cathédrale de Chambéry en devint acquéreur : il s'appelait l'abbé Jean-Baptiste-Gabriel Deregard (de Vars). Celui-ci les céda à M. Bellemin, sous-préfet de Saint-Jean-de-Maurienne, qui les vendit en 1810 à M. Raymond, érudit, lettré et savant, qui publia de nombreux ouvrages, notamment des éloges de Blaise Pascal et de Joseph de Maistre, et un livre curieux intitulé : *Métaphysique des études.* Dans ce travail, l'auteur examine l'état des méthodes dans la culture des lettres et des sciences, et parle de leur influence sur la solidité de l'érudition. Il a laissé aussi une notice sur les Charmettes. Nous en avons cité un passage.

Le petit domaine resta jusqu'en 1905 dans la famille de M. Raymond. Son fils d'abord en hérita. En mourant, celui-ci le laissa à son gendre, le docteur Dénarié, puis ce furent les enfants de ce dernier qui possédèrent la retraite du philosophe et de son amie, abri modeste qui est devenu plus célèbre que le palais des empereurs et des rois. Récemment mises en vente à l'amiable, les Charmettes ne trouvèrent point d'acquéreur. Le prix demandé était 150,000 francs.

M. Raymond et les membres de sa famille se sont toujours montrés respectueux des souvenirs attachés à leur demeure. Elle fut maintenue, grâce à eux, ainsi que nous l'avons dit, dans son état ancien, et fut accessible à tous ceux qui voulurent la visiter et y faire un pèlerinage.

Les disciples de Rousseau, les fidèles du grand homme, et, du reste, les philosophes et les lettrés en général, doivent à la famille Raymond la même reconnaissance qu'au prince Constantin Radziwill, possesseur actuel du domaine d'Ermenonville, ami des lettres et des arts, et soucieux, lui aussi, de conserver dignement les souvenirs de l'auteur d'*Emile*.

En fin de compte, les propriétaires des Charmettes abaissèrent leurs prétentions à la somme de 50,000 francs, et ce fut la ville de Chambéry, aidée par le Gouvernement, qui, en 1905, acheta la maison fameuse. Elle est aujourd'hui propriété nationale et monument historique. M. Antoine Perrier, sénateur de la Savoie, déploya un grand zèle dans ces circonstances ; c'est grâce à lui qu'elle fut sauvée de la démolition et de la ruine : son nom et sa mémoire resteront chers aux amis et admirateurs de Rousseau. .

Les Charmettes ! Ermenonville ! Les deux points extrêmes de la carrière de l'écrivain ! Ici, le berceau de son génie, l'asile de sa jeunesse amoureuse ; là, le dernier abri où il reposa sa tête sublime, et où il mourut ! Ici, les jours ignorés, mais heureux ; là, le terme de l'orageux voyage et un tombeau plein de gloire !

En ces dernières années, le mausolée d'Ermenonville, qui, nul ne l'ignore, est un monument d'art élevé dans l'île des Peupliers, commençait à s'affaisser et à s'effriter sous l'injure du temps. Le prince Constantin Radziwill fit faire avec soin les réparations nécessaires, et le tombeau aujourd'hui a repris sa splendeur première.

On se rappelle sans doute qu'à ce moment (on était à la fin de 1897) des doutes s'étant élevés sur le transfert réel des restes de Rousseau au Panthéon pendant la Révolution, le prince ordonna des fouilles dans les profondeurs du monument. On n'y trouva point le cercueil du philosophe, qui fut découvert quelques semaines plus tard (18 décembre 1897) dans le sarcophage du Panthéon, en même temps que celui de Voltaire. Deux problèmes historiques se trouvèrent résolus ce jour-là. On constata d'abord que les cendres des deux écrivains n'avaient jamais été profanées, comme on l'avait répété longtemps; ensuite, que Rousseau ne s'était point suicidé d'un coup de pistolet, ainsi que ses ennemis l'avaient fait croire, car on retrouva son crâne absolument intact. J'étais là, j'ai vu, et je parle avec une certitude absolue.

Comme les Charmettes, comme le tombeau d'Ermenonville, l'Ermitage de Montmorency, pendant longtemps, fut de même soigneusement conservé et entretenu; mais, en 1898, un malheur s'abattit sur lui : il devint la propriété d'un étranger barbare, qui, pour de futiles considérations, ne trouva rien de mieux que de faire démolir à moitié cette maison célèbre que l'univers entier avait visitée, et poussa l'impiété littéraire jusqu'à vouloir la débaptiser. Je suis étonné qu'il n'ait pas fait savoir au monde que désormais Rousseau serait oublié à Montmorency, et que personne ne devrait y prononcer son nom.

C'est un devoir sacré pour les pouvoirs publics, pour l'Etat, ainsi que pour les départements et les communes, de veiller sur les maisons historiques, de les acquérir, de les entretenir, de les orner, d'en faire des lieux de pèlerinage intellectuel, et de les léguer intactes avec leur gloire aux générations de l'avenir.

IX

De nombreux écrivains ont consacré aux Charmettes des pages émues. Tous s'attendrissent sur la destinée de Mme de Warens, et rendent hommage au génie de Jean-Jacques qui a fait vivre à jamais ces lieux dans la mémoire des hommes.

L'âme tendre de Michelet se plaisait à errer sur le coteau de Chambéry. Qui, mieux que le grand historien, pouvait en ressusciter le poétique attrait?

« Rousseau », dit-il, « est l'âme de la jeunesse. On ne sait d'où cela vient, mais depuis que cette parole ardente s'est répandue dans les airs, la température a changé; c'est comme si une tiède haleine avait soufflé sur le monde; la terre commence à porter des fruits qu'elle n'eût donnés jamais. Qu'est-ce que cela? Si vous voulez que je vous le dise, c'est ce qui trouble et fond les cœurs, c'est un souffle de jeunesse : voilà pourquoi nous cédons tous... Les *Confessions*, qui paraissent après la mort de Rousseau, semblent un soupir de la tombe. Il revient, il ressuscite, plus puissant, plus admiré, plus adoré que jamais, dans la divine montagne des Charmettes. »

Lamartine fit plus d'une fois le pèlerinage, et, comme il le raconte dans *Raphaël*, il mena Elvire dans la maison consacrée. Il y a des pages exquises dans ses récits, notamment ce passage :

« J'aime à me rappeler ma première visite aux Charmettes. Nous montions, en discourant de cet amour de Jean-Jacques, le sentier rocailleux au fond du ravin qui mène aux Charmettes. Nous étions seuls. Les chevriers même avaient quitté les pelouses sèches et les haies sans feuilles. Le soleil brillait à travers quelques nuages rapides; ses rayons, plus concentrés, étaient chauds dans les flancs abrités du ravin. Les rouges-gorges sautillaient presque sous nos mains dans les buissons. Nous nous arrêtions de temps en temps, et nous nous asseyions sur la douve du sentier, au midi, pour lire une page ou deux des *Confessions*, et pour nous identifier avec le site. »

Sainte-Beuve, ce maître dans l'analyse du sentiment, ne pouvait oublier d'arrêter sa pensée sur les Charmettes. Parlant du talent prodigieux de Rousseau pour peindre ses émotions passées, il écrit :

« Le moment où il fut donné à ce cœur neuf encore de s'épanouir pour la première fois est le plus divin des *Confessions*, et il ne se retrouvera plus, même quand Rousseau sera retiré à l'Ermitage... Rien n'égalera comme légèreté, comme fraîcheur et allégresse, la description de la vie aux Charmettes. Le vrai bonheur de Rousseau, celui que personne, pas même lui, ne sut lui ravir, ce fut de pouvoir évoquer ainsi et se retracer, avec la précision et l'éclat qu'il portait dans le souvenir, de tels tableaux de jeunesse jusqu'au sein de ses années les plus troublées et les plus envahies. »

Il y a plus de vingt ans, j'ai lu le livre qu'Arsène Houssaye a consacré aux Charmettes. J'avais noté alors une page qui est restée dans ma mémoire. J'ai relu récemment cet ouvrage, et le même passage m'a ému profondément comme autrefois. Il s'agit des derniers jours de Mᵐᵉ de Warens, au faubourg Nezin, jours de navrante misère. Arsène Houssaye s'exprime ainsi :

« Elle ne voyait plus le bleu des Charmettes, ni les vignes qui montent plus haut, ni ces bêtes qui pâturaient plus haut encore, à qui tant de fois, avec Jean-Jacques, elle donnait une poignée d'herbe toute fraîche dans sa blanche main. Héroïque et résignée, elle a souffert les mille morts de la misère. Et à la fin, on l'a couchée dans le cercueil, et on l'a portée dans le petit cimetière de Lémenc, où les Saint-Preux et les Werthers de l'avenir chercheront vainement son épitaphe. »

A côté de ces noms illustres dans les lettres, je veux citer en terminant un auteur peu connu, M. Frédéric Thomas, qui a exprimé jadis une idée originale au sujet des Charmettes :

« O privilège du génie! » dit-il, « un vagabond passe dans la rue ; il entre sous votre toit, y dresse sa tente, ou y fait son nid pour quelques jours à peine. C'est assez. Votre maison n'est plus à vous, et ne sera plus désormais à personne. Il vous la confisque en la consacrant ; il en fait une relique et un temple. A l'instant, tous les propriétaires antérieurs et tous les propriétaires futurs sont expropriés pour cause d'immortalité publique, si l'on peut ainsi dire, et par qui sont-ils dépossédés? Par un pauvre diable qui n'a ni feu ni lieu, et qui pourtant devient le propriétaire éternel et incommutable de leur domicile. Qui ose prétendre encore que les hommes de génie sont pauvres! »

M. Chantelauze, l'historien du cardinal de Retz, mort en 1888, avait fait, lui aussi, le pèlerinage des Charmettes. Dans une lettre à Mme de Valazé, en date du 24 mai 1885, lettre complètement inédite, il s'exprime ainsi :

« Non, je n'ai point oublié nos délicieuses promenades en Savoie et en Suisse ; non, je n'ai point oublié les Charmettes, et toutes les fois que j'ai relu les *Confessions*, ce qui m'arrive une fois l'an, je me suis souvenu avec mélancolie de la belle journée que nous avons passée dans la maisonnette qui abrita les étranges amours de Jean-

Jacques et de Mme de Warens. J'ai fait une collection de toutes les vues des Charmettes, ainsi que de toutes les gravures qui se rapportent aux *Confessions*, et je trouve un charme infini à les contempler en lisant le chef-d'œuvre de Rousseau. »

Parmi les écrivains contemporains qui ont parlé des Charmettes, je me ferais scrupule de ne pas citer M. François Mugnier, conseiller à la Cour d'appel de Chambéry, à qui je dois d'ailleurs une sincère reconnaissance pour un portrait rarissime d'une amie de Jean-Jacques qu'il a bien voulu m'envoyer, le portrait de Mlle Lard, des *Confessions*, devenue Mme Fleury. Nous en donnons une reproduction.

M. François Mugnier, dans son beau livre : *Madame de Warens et J.-J. Rousseau*, a écrit quelques pages attendries. Ainsi, parlant du dernier logis de la baronne, il dit :

« Les épaves des temps meilleurs, dont elle put parer ce logis, ne furent ni nombreuses, ni bien riches ; mais le soleil l'inondait de ses premiers rayons. Elle y réchauffait aux ardeurs du midi ses membres perclus ; et, le soir, après avoir parcouru le lointain horizon des montagnes blanches et roses, ses yeux se reposaient sur le coteau des Charmettes. Quelles étaient ses pensées à ces heures de solitude et de recueillement ? Dans le malheur, avait-elle le souvenir poignant et doux aussi des temps heureux ? »

Plus loin, il rappelle le voyage que Rousseau fit à Chambéry à la fin de juillet 1768, et il s'exprime ainsi :

« Rousseau n'a raconté nulle part, croyons-nous, ce court voyage d'environ vingt jours. Il n'est pas difficile, cependant, de s'en rendre compte. Certainement, il accepta l'hospitalité que M. de Conzié lui avait offerte si souvent. Ils firent ensemble le pèlerinage au cimetière de Lémenc ;

et dans les tièdes nuits de juillet et d'août, au pied des Charmettes, ils causèrent de la morte et de leur jeunesse. Dès l'aube, Jean-Jacques put aller herboriser sur ces monts où Claude Anet, trente-cinq ans auparavant, lui avait enseigné les éléments de la botanique, cette science qu'il méprisait alors, et à laquelle il s'adonnait maintenant avec tant d'ardeur. Il eut des heures d'oubli du présent et de ressouvenir; mais sa gloire l'avait suivi et ne lui permettait plus le repos. »

Ce sont là de belles paroles. Je suis heureux de les rapporter.

Nous pourrions multiplier ces citations, car les historiens, les poètes, les romanciers, les moralistes, à l'étranger comme en France, ont parlé des Charmettes. Celles que nous venons de faire nous paraissent suffisantes pour le cadre de cette étude. Elles résument, d'ailleurs, les différents aperçus qu'ont fait naître le séjour de Rousseau, et le récit, unique au monde, qui remplit le sixième livre des *Confessions*.

X

En s'embarquant pour Paris, Jean-Jacques avait emporté avec lui le prestige des Charmettes. Ce n'est que longtemps plus tard que son nom et sa gloire devaient l'y faire renaître. Mme de Warens y séjourna encore jusqu'en 1749. Ses entreprises industrielles périclitèrent; la malheureuse femme fut la dupe de nombreux aventuriers, et le désordre de ses affaires alla en s'accentuant. Par bonheur, elle rencontra un vieux seigneur, le marquis d'Allinges, qui la prit en amitié. Il la logea à Chambéry, dans une maison qui lui appartenait, au faubourg Reclus, n° 13. Cette maison existe encore et on peut la visiter.

Après la mort du marquis d'Allinges, Mme de Warens se trouva dans une situation tout à fait précaire, et vécut dans une gène confinant à la misère. Maintes fois, Rousseau lui vint en aide, en lui envoyant des sommes d'argent, et en acceptant les petites lettres de change que, de temps à autre, elle tirait sur lui. Elle finit par aller habiter dans le faubourg Nezin, n° 62, et c'est là qu'elle mourut, à l'âge de soixante-trois ans, le 29 juillet 1762.

Quant à Jean-Jacques, nous n'avons pas ici à raconter sa vie. Tous savent que les étapes en sont marquées par des chefs-d'œuvre. Les Charmettes ne cessèrent jamais d'être chères à son cœur. Il n'évoque jamais leur souvenir sans attendrissement. C'est ainsi qu'il dit, après son installation à l'Ermitage : « Au milieu des biens que j'avais le plus convoités, ne trouvant point de pure jouissance, je revenais par élans sur les jours sereins de ma jeunesse, et je m'écriais quelquefois en soupirant : « Ah! ce ne sont « pas encore ici les Charmettes! »

A la fin des *Confessions*, parlant de son séjour à l'île Saint-Pierre, il raconte ses excursions champêtres, et dit qu'il éprouvait une grande joie à cueillir des fruits, car « cet amusement lui rappelait la douce vie des Charmettes ».

Durant les beaux jours de son idylle, Rousseau avait écrit un petit poème intitulé : *Le Verger des Charmettes*; les vers en sont médiocres. Ils furent composés sans doute pour être montrés au roi de Sardaigne, Victor-Amédée, protecteur de Mme de Warens. On comprend, par ce que dit le poète, que sa bienfaitrice et lui étaient fortement calomniés, et que les envieux cherchaient à leur nuire activement. Ce poème est une sorte de plaidoyer contre de venimeux fripons.

On devine aisément tout ce que ceux-ci pouvaient dire et faire. A ce titre, les vers de Rousseau ont un intérêt spécial. J'aurais été bien étonné si la calomnie eût épar-

gné les deux amants, et n'eût dressé contre eux des em-
bûches criminelles. La bassesse est partout, et son rôle
est d'attenter sournoisement au bonheur qui passe en
souriant. Couples heureux, dérobez vos félicités à tous
les regards!

Voici quelques vers du *Verger des Charmettes* :

> Verger, cher à mon cœur, séjour de l'innocence,
> Honneur des plus beaux jours que le ciel me dispense,
> Solitude charmante, asile de la paix,
> Puissé-je, heureux verger, ne vous quitter jamais!

> Sans crainte, sans désirs, dans cette solitude,
> Je laisse aller mes jours exempts d'inquiétude :
> Oh! que mon cœur touché ne peut-il à son gré
> Peindre sur ce papier, dans un juste degré,
> Des plaisirs qu'il ressent la volupté parfaite!

S'adressant à Mme de Warens, Jean-Jacques s'écrie :

> Oui, si quelques douceurs assaisonnent ma vie,
> Si j'ai pu jusqu'ici me soustraire à l'envie,
> Si, le cœur plus sensible et l'esprit moins grossier,
> Au-dessus du vulgaire on m'a vu m'élever,

> Enfin, si chaque jour je jouis de moi-même,
> Tantôt en m'élançant jusqu'à l'être suprême,
> Tantôt en oubliant dans un profond repos
> Les erreurs des humains, et leurs biens et leurs maux ;

> Si, dis-je, en mon pouvoir, j'ai tous ces avantages,
> Je le répète encor, ce sont là vos ouvrages,
> Vertueuse Warens; c'est de vous que je tiens
> Le vrai bonheur de l'homme et les solides biens!

Rousseau retourna-t-il visiter la maison qu'il avait tant
aimée? Il ne nous le dit pas, mais nous avons tout lieu
de le croire. En 1754, il revint à Chambéry et rendit visite
à la baronne, qu'il trouva dans une situation lamentable.
« Je la revis... dans quel état, mon Dieu! Quel avilisse-

ment! Que lui restait-il de sa vertu première! Etait-ce la même Mme de Warens, jadis si brillante, à qui le curé Pontverre m'avait adressé? Que mon cœur fut navré!... » Il lui remit une partie de sa bourse. Nul doute que, pendant son séjour, il ne soit allé rêver aux Charmettes.

Il y retourna certainement encore en 1768, six années après la mort de la pauvre femme, dont il célébrait fidèlement l'anniversaire. Pendant l'été de cette année 1768, il se trouvait à Grenoble. Il quitta cette ville le 25 juillet, à trois heures du matin, pour arriver à Chambéry le 30, à la première heure, et pour aller méditer dans le cimetière de Lémenc, à la place où elle dormait son dernier sommeil.

« Mon principal objet », écrit-il à Thérèse, « est bien, dans ce petit voyage, d'aller sur la tombe de cette tendre mère, que vous avez connue, pleurer le malheur que j'ai eu de lui survivre. »

Ne fut-il pas tenté de revoir les sentiers de sa jeunesse, le poétique coteau, la maison aimée? N'en doutez pas, il y retourna, et il y pleura.

Tout à fait à la fin de sa vie, le philosophe évoquait, dans le dernier ouvrage sorti de sa plume, l'image des impérissables Charmettes. Quels accents que ceux de la Dixième Promenade des *Rêveries d'un Promeneur solitaire*! Quels cris du cœur! Quelle humanité!

« Le goût de la solitude et de la contemplation naquit dans mon cœur avec les sentiments expansifs et tendres faits pour être son aliment. Le tumulte et le bruit les resserrent, le calme et la paix les raniment et les exaltent. J'ai besoin de me recueillir pour aimer. J'engageai maman à vivre à la campagne. Une maison isolée, au penchant d'un vallon, fut notre asile, et c'est là que, dans

l'espace de quatre ou cinq ans, j'ai joui d'un siècle de vie
et d'un bonheur pur et plein, qui couvre de son charme
tout ce que mon sort présent a d'affreux. »

Me voici arrivé à la fin de la causerie que je voulais
consacrer à Mme de Warens et à Jean-Jacques. Pour
l'écrire, je me suis figuré que je venais rendre visite à
quelque fidèle amie depuis longtemps éloignée de moi, et
ma plume a pris son envolée.

Pour clore ces pages, je veux me rappeler les beaux
jours où j'écrivais des vers, et reprenant ma lyre délaissée,
je veux consacrer quelques strophes aux riantes Charmettes. Que chanterait le poète, si les souvenirs d'un pareil lieu ne faisaient vibrer son âme?

O Rousseau, maintes fois tes récits m'ont charmé!
Ta jeunesse souvent revit dans ma mémoire!
En parcourant ton œuvre, en lisant ton histoire,
Qui n'admire, attendri, combien tu fus aimé!

Adolescent naïf, tu pars à l'aventure,
A travers les cités, les bourgs, les grands chemins...
Novice explorateur des sentiments humains,
Ton cœur suit en chantant la voix de la Nature!

Un gîte heureux planait sur le flanc d'un coteau :
Le sort t'y pousse un jour, puis l'amour t'y convie ;
Là bientôt s'illumine et resplendit ta vie,
Et ton naissant génie y trouve un doux berceau!

Quel éclatant matin! Quelle brillante aurore!
Qui jamais, au printemps de ses jours incertains,
Par un plus beau soleil, eut de meilleurs destins,
Et sous de tels rayons vit ses vingt ans éclore!

Temps béni, moments chers, enivrantes amours!
La vie a des apprêts de fête et de victoire,
Et l'entrain généreux d'une chanson de gloire ;
Un bruit de baisers fous y retentit toujours!

Oh ! qui n'a souhaité la maison familière
Où Jean-Jacques, ravi, moissonna tant de fleurs,
Et dont, malgré les ans, la gloire et ses malheurs,
Il ne cessa d'aimer la rive hospitalière !

Quand il revint au port, ainsi qu'un grand vaisseau
Dont la mer saluait les allures hautaines,
Combien de fois on vit l'infortuné Rousseau
Pleurer au souvenir des Charmettes lointaines !

Leur toit prédestiné brillait devant ses yeux,
Il revoyait les champs, les arbres, la vallée,
Et, dans la vision de ce séjour heureux,
Il croyait ressaisir sa jeunesse envolée !

Rousseau a immortalisé tous les lieux où il a vécu : ils
sont parés à jamais d'un rayon de sa gloire, et les amants
se plaisent à les visiter. Mais ils affectionnent surtout les
Charmettes : c'est que ces lieux fortunés ont le privilège
de posséder à jamais l'attrait divin de la jeunesse et de
l'amour.

Mlle LARD, DE CHAMBÉRY, DEVENUE Mme FLEURY.

Portrait inédit, d'après une peinture du temps.
J.-J. Rousseau lui donna des leçons de musique. Voir les *Confessions*, livre V.

CHAPITRE II

JEAN-JACQUES ROUSSEAU ET LES FEMMES

XVIIIᵉ ET XIXᵉ SIÈCLES

LETTRE DE M. BERTHELOT.

Au sujet de l'étude qui suit sur *Jean-Jacques Rousseau et les Femmes,* le savant et sympathique M. Berthelot, secrétaire perpétuel de l'Académie des Sciences, membre de l'Académie française, adressa jadis à l'auteur la lettre suivante :

A Monsieur Hippolyte Buffenoir.

MONSIEUR,

Je suis extrêmement sensible au témoignage de votre sympathie, je devrais dire de notre sympathie commune pour Jean-Jacques Rousseau.

J'ai lu, avec un vif plaisir, les pages émues que vous avez consacrées à ce grand écrivain, et où vous avez parlé surtout du côté féminin de sa vie et de sa grande influence sur les femmes de sa génération.

Ce fut l'un des traits dominants de son génie, et vous l'avez admirablement exprimé.

Veuillez, cher Monsieur, agréer l'assurance de mes sentiments tout dévoués.

M. BERTHELOT.

M. Berthelot fut un des plus fervents admirateurs de Jean-Jacques. Voici un jugement porté sur l'auteur des *Confessions* par l'ancien Ministre de l'Instruction publique :

« Ce qui a fait pénétrer le nom de Rousseau plus avant dans les esprits que ceux de la plupart des philosophes du xviiie siècle, c'est d'abord son génie d'écrivain et le caractère passionné de ses livres. Nulle grande réputation, en France, ne se fonde et ne subsiste sans un certain mérite littéraire : la magie du style de la *Nouvelle Héloïse* a été pour beaucoup dans la vogue de Rousseau. Si Diderot n'est pas resté au premier rang, c'est que ses ouvrages sont écrits d'une façon trop imparfaite; ils contiennent d'ailleurs trop de brutalité pour plaire aux âmes délicates. Mais le style ne suffit pas à soutenir une renommée; il y faut aussi la passion, et elle éclate dans Rousseau...

« Tel n'est pourtant pas le motif qui a donné à son nom un si grand retentissement. C'est surtout le fond de son œuvre qui a fait sa gloire; ce sont les idées agitées dans le *Contrat social* et dans l'*Emile*, les thèses qui y sont proclamées et le rôle qu'elles ont joué dans l'histoire de la France et du monde. »

I

Jean-Jacques Rousseau a fait les délices des femmes charmantes du xviiie siècle, des jolies pécheresses qui mettaient un amour dans leur écusson de marquise ou de comtesse, et consacraient leur vie aux soins touchants du cœur. Ses livres furent l'aliment de leurs mystérieux désirs, de leurs élégances, de leur idéal passionné.

Aimer! Tel est le grand mot qui résonne incessamment dans l'âme des femmes, et celui qui le prononce les intéresse toujours. Or, ce mot sublime palpite à chaque page des principales œuvres de Jean-Jacques, et lui arrache les cris les plus éloquents de l'*Emile*, des *Confessions*, de la *Nouvelle Héloïse*, des *Rêveries*. En Rousseau, l'imagination domine et échauffe la raison ; une chaleur bienfaisante accompagne sa pensée, et l'émotion ressentie vivement, même sur le terrain de l'argumentation, est la caractéristique de son génie. Il est donc naturel qu'il séduise la femme, être de sentiment avant tout, né pour les aveux, les baisers, les mélancoliques espérances, les tendresses infinies.

Quand son nom commença à sortir de l'obscurité, quand il publia ses premières œuvres, empreintes déjà de cette flamme de l'idée et de cette magie du style qui devaient enfanter sa gloire et faire de lui un grand homme, toute la belle société philosophique et lettrée du xviiie siècle fut attentive, et reconnut qu'un astre nouveau se levait à l'horizon du monde intellectuel.

Les femmes ne s'y trompèrent pas. Bien que ses travaux du début fussent consacrés à des questions d'économie sociale et morale, elles reconnurent qu'une âme puissamment aimante les avait inspirés, et elles s'inquiétèrent de ce Jean-Jacques qui célébrait la simplicité, la vertu, la joie de l'affection, qui chantait la poésie de la Nature et semblait accablé sous le poids de l'injustice et du malheur.

Le *Devin du Village* fut l'harmonieux prélude qui prépara sérieusement les sympathies féminines en faveur de Rousseau. Songez quelle émotion durent ressentir les

belles mondaines de la Cour de Fontainebleau et de l'Académie royale de Musique, lorsqu'elles virent, sur la scène,
le désespoir des abandonnées, personnifiées dans Colette!

> Si des galants de la ville
> J'eusse écouté les discours,
> Ah! qu'il m'eût été facile
> De former d'autres amours!
>
> Mise en riche demoiselle,
> Je brillerais tous les jours;
> De rubans et de dentelles
> Je chargerais mes atours!
>
> Pour l'amour de l'infidèle,
> J'ai refusé mon bonheur :
> J'aimais mieux être moins belle,
> Et lui conserver mon cœur!

Voyez-les applaudir, de leurs fines mains, le volage
Colin qui revient à son trésor :

> Quand on sait aimer et plaire,
> A-t-on besoin d'autre bien?
> Rends-moi ton cœur, ma bergère,
> Colin t'a rendu le sien!

Plus d'une sans doute portait à ses yeux son mouchoir
de dentelle, et, dans la salle, échangeait un doux regard
avec un brillant chevalier!

*
* *

La *Nouvelle Héloïse* fut l'œuvre attendue et détermina
le triomphe suprême de Rousseau dans les cœurs fémi-
nins. Jamais écrivain n'avait parlé encore de l'amour
avec cette ardeur communicative, ces images brûlantes,
cette fièvre de l'être entier, transfiguré par la passion et
calciné dans ses feux.

Le titre seul de l'ouvrage, tel qu'il parut d'abord, à

Amsterdam en 1760, et à Paris en 1761, renferme une séduction. Le voici :

JULIE

Ou la Nouvelle Héloïse
Ou Lettres de deux Amants
Habitants d'une petite ville aux pieds des Alpes,
Recueillies et publiées par Jean-Jacques Rousseau.

Je me souviens qu'à Naples, dans ma toute jeunesse, j'aperçus cette édition d'Amsterdam à la vitrine d'un libraire. Le premier volume était ouvert, et le titre m'attira par son mélange de caractères noirs et rouges. En lisant ces mots magiques : *Lettres de deux Amants,* en contemplant cette édition ancienne, j'éprouvai une sensation extraordinaire, et, remontant le cours des années, je crus avoir la perception nette de l'attrait que ce livre fameux avait exercé sur les contemporains de Rousseau, sur les femmes qui étaient, en 1760, dans la fleur de leur jeunesse et l'éclosion de leurs amours.

Vous vous les représentez, n'est-ce pas, ces femmes adorables, à la fois sentimentales et spirituelles, élégantes et tendres, attirées par les Lettres et les Arts, saluant le mérite, quelle que fût son origine, sachant par cœur *Phèdre* et *Andromaque* de Racine, et se reconnaissant avec bonheur dans l'ineffable Araminte des *Fausses Confidences* de Marivaux. Emportées par le courant philosophique du siècle, elles admiraient Voltaire et Diderot, et s'intéressaient à Rousseau. Mme d'Epinay, Mme d'Houdetot, d'autres encore étaient, il est vrai, les protectrices attitrées du philosophe, mais toutes les amantes — et Dieu sait si le nombre en était respectable — avaient pour lui de l'amitié.

Elles sentaient bien que c'était son âme à lui qui vibrait dans la *Nouvelle Héloïse,* et elles lui savaient gré d'avoir pénétré si loin dans la profondeur des passions, et, en définitive, de n'avoir vécu que pour aimer.

L'histoire de Julie, c'était plus ou moins la leur. Chacune d'elles avait un Saint-Preux dans son existence, et ne connaissait que trop ses fascinations et son empire. Au fond de leurs hôtels et de leurs châteaux, repliées sur elles-mêmes, ne trouvant pas, ou n'éprouvant plus, dans la foi religieuse, le contentement rêvé, avides d'inconnu, assaillies de désirs inassouvis, elles dévoraient avec volupté ces *Lettres de deux Amants,* qui leur rappelaient leurs propres souvenirs et faisaient éclore leurs espérances.

Durant les beaux jours, elles s'égaraient sous l'ombrage de leurs parcs magnifiques, elles gagnaient la retraite embaumée des bois, et, devant la statue de quelque déesse, Diane, Vénus ou Pomone, elles méditaient longtemps sur le charme d'une confidence, la félicité d'un rendez-vous, d'un regard cher, d'une première étreinte, sur le vivant poème enfin d'un attachement qui se déclare, grandit, se développe, et va absorber une vie entière.

Choisir pour héros un jeune homme et une jeune fille qui s'aiment; raconter, jour par jour, tous les petits événements de leur liaison, les progrès de leur penchant, les phases de leur fougueux entraînement, leur naïve allégresse, leurs chansons de victoire, leurs défis jetés aux cruautés du Destin, leurs insomnies, leurs amertumes et leurs désespoirs, c'était conquérir sûrement ces fières aristocrates, prêtes à se jeter dans l'amour avec frénésie, et à y goûter les inénarrables délices que leur imagination avait caressées.

Les moindres faits, un sourire inattendu, une subite pâleur, un coup d'œil irrité, revêtent, aux yeux des amants, une importance capitale. Pour eux, une entrevue manquée devient d'une gravité plus considérable qu'une bataille perdue, et les intérêts des Etats ne sont que des jeux d'enfants, comparés au plus faible témoignage de la tendresse qui les unit.

Rousseau l'avait compris, et c'est ce qui fait de la *Nouvelle Héloïse* un chef-d'œuvre. Ce livre a pour point d'appui l'exclusivisme éternel et fatal de ceux qui aiment; de là son succès sans précédent, lorsqu'il fut publié, et de là aussi sa survivance à travers les âges.

Certaines parties de l'ouvrage ont vieilli, peut-être, mais le fond, le début surtout, ont conservé leur fraîcheur et leur éclat, parce que le cœur humain reste le même dans tous les temps et sous toutes les latitudes.

Ouvrons, au hasard, cette *Héloïse,* qui fut, dans le domaine du sentiment, un événement de premier ordre, dont le contre-coup se fit longtemps sentir sur nos mœurs, et dure peut-être encore. Telles les étoiles du ciel, qui continueraient à briller pendant des centaines d'années, si leur foyer lointain pouvait tout à coup s'éteindre.

Je tombe sur une lettre de Julie. Elle donne un rendez-vous à Saint-Preux, malgré mille dangers. « Loin de rebuter mon courage », dit-elle, « tant d'obstacles l'ont irrité; je ne sais quelle nouvelle force m'anime, mais je me sens une hardiesse que je n'eus jamais, et, si tu l'oses partager ce soir, ce soir même peut acquitter mes promesses, et payer d'une seule fois toutes les dettes de l'amour... Viens donc, âme de mon cœur, vie de ma vie, viens te réunir à toi-même; viens sous les auspices du tendre amour recevoir le prix de ton obéissance et de tes sacrifices; viens avouer, même au sein des plaisirs, que c'est de l'union des cœurs qu'ils tirent leur plus grand charme. »

Saint-Preux n'a garde de manquer à ce divin appel : il vient, et, seul dans la chambre de celle qu'il adore, il s'écrie en l'attendant : « En ce mystérieux séjour, tout flatte et nourrit l'ardeur qui me dévore. O Julie! il est

plein de toi, et la flamme de mes désirs s'y répand sur
tous les vestiges... Oui, tous mes sens y sont enivrés à la
fois. Je ne sais quel parfum insensible, plus doux que la
rose et plus léger que l'iris, s'exhale ici de toutes parts.
J'y crois entendre le son flatteur de ta voix. Toutes les parties de ton habillement éparses présentent à mon ardente
imagination celles de toi-même qu'elles recèlent... ce
déshabillé élégant et simple, qui marque si bien le goût
de celle qui le porte; ces mules si mignonnes, qu'un pied
souple remplit sans peine; ce corset si délié, qui touche et
embrasse... Quelle taille enchanteresse! Au devant, deux
légers contours... O spectacle de volupté! la baleine a
cédé à la force de l'impression... Empreintes délicieuses,
que je vous baise mille fois!... Dieux! Dieux, que sera-ce
quand... O viens, vole, ou je suis perdu! »

Ces citations suffisent pour rappeler, à ceux qui l'auraient oublié, le ton enflammé de l'ouvrage et leur expliquer le succès triomphal qu'il obtint dans toute l'Europe.
Les périodes incandescentes de Rousseau, pareilles à la
lave du Vésuve et de l'Etna, illuminaient le cœur des
femmes de clartés fortunées, et toutes souhaitaient avec
fureur d'entendre d'une bouche aimée ce langage divin
de l'abandon et de la volupté.

*
* *

A l'apparition de l'*Emile*, ce ne fut plus seulement les
mondaines et les grandes dames qui apportèrent à Rousseau leurs suffrages et leurs applaudissements, il eut,
pour l'admirer, toutes les épouses et toutes les mères.

Pouvaient-elles refuser leur hommage à celui qui savait
si bien peindre leurs transports, leur enthousiasme, leurs
inquiétudes et leurs angoisses, à celui qui, voulant décrire la félicité d'un jeune couple que l'hyménée attend,
trouvait ces paroles sublimes : « Albane et Raphaël, prê-

tez-moi le pinceau de la volupté! Divin Milton, apprends
à ma plume grossière à décrire les plaisirs de l'amour et
de l'innocence! Mais non, cachez vos arts mensongers
devant la sainte vérité de la nature! Ayez seulement des
cœurs sensibles, des âmes honnètes, puis laissez errer
votre imagination sans contrainte sur les transports de
deux jeunes amants, qui, sous les yeux de leurs parents
et de leurs guides, se livrent sans trouble à la douce
illusion qui les flatte, et, dans l'ivresse des désirs,
s'avançant lentement vers le terme, entrelacent de fleurs
et de guirlandes l'heureux lien qui doit les unir jusqu'au
tombeau. Tant d'images charmantes m'enivrent moi-
mème!... »

Jamais Diderot, jamais Voltaire n'ont trouvé de pareils
accents! Aussi, jamais ils ne furent chers, comme Jean-
Jacques, au chœur mélodieux des mères, des épouses, des
amantes!

* * *

Dans le grand mouvement d'idées de la seconde moitié
du xviiie siècle, dans la savante et laborieuse préparation
des droits et des libertés modernes, les hommes de pensée
commençaient à prendre, au sein de la société, la place
prépondérante qui leur est due. La naissance, le rang, la
richesse, les titres des aïeux ne suffisaient plus pour
donner de la valeur. Il fallait affirmer son talent, prouver
soi-même sa supériorité, afin de conquérir l'influence
et d'illustrer son nom. Le Tiers Etat sortait de l'ombre,
les enfants de la bourgeoisie et du peuple devenaient les
rivaux des membres du clergé et des fils de la noblesse;
bref, l'éclosion d'un monde nouveau s'affirmait chaque
jour, et déjà apparaissaient, dans les mœurs, les principes
que 89 devait solennellement proclamer.

Les femmes prenaient part à ce mouvement salutaire,

elles suivaient les travaux des penseurs, et encou-
rageaient les poètes, les nouvellistes, les philosophes, les
musiciens, les artistes et les écrivains de tout genre. Que
n'auraient pas fait ceux-ci pour leur plaire, pour mériter
leurs encouragements, leurs grâces, leurs faveurs?

Doucement émues par le *Devin du Village*, ensorcelées
par l'*Héloïse* et l'*Emile*, elles s'étaient demandé quel sort
avait l'auteur de ces captivants ouvrages; elles savaient
qu'il était pauvre, malheureux, accablé d'ennuis, et leur
affection s'en augmentait encore.

La calomnie, les malentendus avaient beau s'acharner
sur l'infortuné Jean-Jacques, ceux qui l'avaient lu ne
pouvaient oublier sa sensibilité profonde, et restaient les
amis du grand homme.

Quant à ses lectrices, elles s'apitoyaient sur ses malheurs, et elles croyaient l'entendre s'adresser à elles,
dans l'admirable lettre où il fait pousser à Saint-Preux,
quittant Julie et Mme d'Orbe, ce cri désespéré : « Il faut
finir, je le sens! Adieu, charmantes cousines! Adieu,
tendres et inséparables amies, femmes uniques sur la
terre! Chacune de vous est le seul objet digne du cœur de
l'autre. Faites mutuellement votre bonheur! Daignez
vous rappeler quelquefois la mémoire d'un infortuné qui
n'existait que pour partager entre vous tous les sentiments de son âme, et qui cessa de vivre au moment où il
s'éloigna de vous! Si jamais... J'entends le signal et le
cri des matelots; je vois fraîchir le vent et déployer les
voiles; il faut monter à bord, il faut partir! Mer vaste,
mer immense, qui doit peut-être m'engloutir dans ton
sein, puissé-je retrouver sur tes flots le calme qui fuit
mon cœur agité! »

C'était bien Rousseau, hélas! qui poussait ce cri per-
çant! Chateaubriand devait plus tard lui répondre avec
René, Gœthe avec *Werther,* Senancour avec *Obermann,*
George Sand avec *Lélia,* Alfred de Musset avec la *Coupe*

et les Lèvres, Lamennais avec les *Paroles d'un Croyant,* tous les poètes, tous les écrivains du xix⁰ siècle avec un chant de désespoir, ou une page pleine d'amertume, car tous, plus ou moins, nous sommes les fils de son génie.

*
* *

L'engouement des femmes pour Rousseau lui survécut. Pendant la Révolution, le Directoire, l'Empire, et jusqu'en 1830, le village d'Ermenonville fut un lieu de pèlerinage pour les âmes tendres, les amants, les fiancés, les époux.

C'était dans cette solitude qu'il avait écrit ses dernières pages, qu'il avait passé ses derniers jours, et que, le 2 juillet 1778, il avait rendu le dernier soupir. La main d'un ami généreux lui avait élevé un tombeau dans l'île des Peupliers, ornement de ce séjour champêtre.

Un charme indéfinissable attirait là tous les couples que sa prose étincelante avait émus et consolés. Sa mémoire évoquée portait bonheur à leurs attachements voluptueux, et, lorsque de loin ils considéraient son tombeau caressé, sous le mobile feuillage, par le flot paisible du lac, ils s'étreignaient la main avec une ferveur plus intime, et il leur semblait qu'un dieu tutélaire les encourageait dans leurs tendresses.

J'ai souvenance de quelques vers que m'inspira jadis ce riant séjour d'Ermenonville. C'est peut-être l'occasion de les rappeler :

ERMENONVILLE

C'est ici que Rousseau mourut! Ce lac paisible,
Ces beaux arbres, ce parc immense, ces forêts,
Lieux de calme et d'oubli pour une âme sensible,
Furent les confidents de ses derniers secrets !

6

C'est ici que, battu par la tempête humaine,
Accablé par le sort, d'amertume abreuvé,
Contre l'envie obscure et l'éclatante haine.
L'infortuné grand homme avait enfin trouvé

Un abri consolant, des amis, le silence !
— Mais il y vint trop tard : la gloire et le malheur,
De nombreux ennemis la perfide insolence
Avaient de son génie égaré la chaleur.

La paix, les jours heureux, quand la vieillesse arrive,
Ne ressuscitent point nos viriles ardeurs,
Et n'éclairent nos pas que vers la sombre rive
Dont il faut traverser les noires profondeurs.

Malgré ton charme exquis, séjour d'Ermenonville,
D'un grand siècle tu vis s'éteindre le flambeau ;
Mais bientôt en échange, ô poétique asile,
De ton hôte immortel tu gardas le tombeau !

Des plis de son linceul, de ses restes funèbres
Pour toi surgit soudain la popularité.
Et, grâce à lui, ton nom, émergeant des ténèbres,
S'impose lumineux à la postérité !

Il semble qu'une étoile éclaire la vallée
Où Jean-Jacques Rousseau vécut ses derniers jours,
Et projette sur l'île où dort son mausolée
Un pâle et doux rayon qui le berce toujours !

Je suis venu m'asseoir sur ces rives boisées.
Affamé de justice et de nobles pensées !
Sous ces arbres peuplés d'échos retentissants.
Je suis venu chercher d'harmonieux accents !
— O Rousseau, quel frisson éveille ton génie !
Quel charme en ton bon sens et dans ton ironie !
De quelle émotion le cœur est agité,
Quand tu peins la Nature avec la Liberté.
Quand tu montres l'Amour devenant notre maître,
Et petit à petit envahissant tout l'être !

Devant ton froid tombeau je me suis rappelé
De tes illusions l'édifice écroulé.
Le feu qui dévora ton âme chaleureuse.
Ton admirable orgueil, ta vie aventureuse !

Je me suis rappelé tes récits attachants,
Ta joie en revoyant la verdure et les champs,
En t'égarant dès l'aube à travers les prairies,
Ou jusqu'au fond des bois cachant tes rêveries!
Les lieux où tu vécus semblent t'appartenir,
Et toujours le penseur y trouve un souvenir!

Aimé, dans sa première jeunesse, par Mme de Warens, devenu plus tard l'ami de Mme d'Epinay et de Mme d'Houdetot, Jean-Jacques Rousseau a été cher à toutes les femmes de son époque. Aucune de celles qu'il connut ne lui garda rancune de son caractère porté à la misanthropie, et en proie à la manie de se croire persécuté.

L'admirable passage suivant d'une lettre de Mme d'Houdetot révèle toute la sympathie qu'il inspirait :

« Ne me demandez pas quelle est ma vie », lui écrivait-elle le 2 décembre 1757. « Je remplis indifféremment les devoirs de la société, auxquels je ne fais que me prêter; je vois mes deux amies pour ma satisfaction particulière; je vais aux spectacles pour mon amusement et ma dissipation. Mais mon occupation la plus chère, la plus continue, la plus délicieuse, c'est de me livrer aux sentiments de mon cœur, de les méditer, de m'en nourrir, de les exprimer à ce qui me les donne. Voilà ce qui compose ma véritable vie, et qui me fait sentir le plaisir d'exister. »

Parmi les admiratrices ferventes de Rousseau, il faut citer Mme de Staël et George Sand, c'est-à-dire les deux femmes qui sont les plus hautes incarnations de leur sexe dans la littérature du XIXe siècle. « L'on se sent entraîné par lui », dit la première, « comme par un ami, un séducteur ou un maître. » George Sand a paraphrasé cette belle parole dans maints passages de son œuvre immense.

Ce n'est pas une mince gloire de conquérir ainsi toutes les femmes remarquables qui se succèdent de génération en génération, et ces amitiés célèbres, qui s'attachent au souvenir d'un penseur, vengent mieux sa mémoire attaquée que tous les panégyriques.

II

De nos jours, quel est le sentiment des femmes à l'égard de Rousseau? Ont-elles pour lui de la sympathie, de l'indifférence ou de la répulsion?

Nous affirmons d'abord que, parmi celles qui parlent de lui, très peu ont lu ses œuvres, même superficiellement. Leur jugement n'a donc pas une véritable importance. Celles qui professent pour lui de l'antipathie ne le font que parce qu'elles ont entendu dire que les *Confessions* renfermaient des passages qualifiés abominables; que, d'autre part, Rousseau avait porté ses enfants aux Enfants-Trouvés, et qu'il n'avait pas craint de raconter ses aventures galantes, en donnant le nom de ses maîtresses.

N'essayez pas d'expliquer ses fautes et ses malheurs, l'originalité de son caractère et de son génie; n'alléguez pas que si nous connaissons ses faiblesses, c'est qu'il nous en fait lui-même l'aveu, que, d'ailleurs, il les a rudement expiées; n'allez pas insinuer qu'uni à une femme inférieure, il n'a peut-être renoncé aux enfants mis au monde par Thérèse que parce qu'ils n'étaient pas de lui, comme le croyait George Sand; bref, ne prenez pas sa défense trop chaudement, sans quoi vous passeriez, auprès de certaines, pour être affligé de tous les vices et capable de toutes les ignominies.

Une dizaine de pages des *Confessions*, mal comprises, lues souvent en citations tronquées, et dénaturées par la

malveillance des critiques, voilà, pour beaucoup de
femmes modernes, la base du jugement sans appel
qu'elles portent sur Rousseau, si toutefois on peut appeler
jugement un commérage incohérent, qui confine à la
criaillerie. Le reste ne compte pas; les dix-huit volumes
in-quarto qui vont du *Discours sur le Rétablissement des
Sciences* aux *Rêveries* et à la *Correspondance* sont non
avenus.

Qu'on ne parle pas de Rousseau à ces dames! C'était
un misérable, et ceux qui l'admirent ne méritent, comme
lui, que le mépris.

Rousseau a le privilège spécial d'exciter la bile de certaines viragos humanitaires, égarées dans les Lettres.
Elles comprennent toutes les misères, elles veulent se
sacrifier pour tous les malheureux, apporter une consolation à toutes les souffrances, elles se réclament de tous
ceux qui ont lutté pour la Justice, la Liberté, le Droit;
leur cœur est une ambulance où gémissent tous les
blessés de la vie... Vous êtes touché par tant de compas-
sion, et passant en revue les militants du Progrès, le
nom de Jean-Jacques Rousseau vous vient naturellement
sur les lèvres, lui dont l'*Emile* fut brûlé par la main du
bourreau, lui qui souffrit pendant sa vie entière!

A ce nom de Rousseau, une fureur épileptique s'empare
de nos consolatrices au cœur si large, leurs yeux s'allument de rage, leur visage pâlit, leur bouche se tord,
une écume y apparaît, et des imprécations en sortent à
flot précipité. Elles excusent les crimes des plus grands
scélérats, mais elles ne pardonneront point la moindre
peccadille à l'auteur des *Confessions*.

L'une vous dira qu'il n'avait pas de cœur, et ne savait
pas aimer. Vous ouvrirez les *Rêveries*, et vous lirez ce
passage : « Aujourd'hui, jour de Pâques fleuries, il y a
précisément cinquante ans de ma première connaissance
avec Mme de Warens... Quels paisibles et délicieux jours

nous eussions pu couler ensemble! Nous en avons passé
de tels, mais qu'ils ont été courts et rapides, et quel
destin les a suivis! Il n'y a pas de jour où je ne me rappelle avec joie et attendrissement cet unique et court
temps de ma vie où je fus moi-même pleinement, sans
mélange et sans obstacle, et où je puis véritablement
dire avoir vécu... J'ai besoin de me recueillir pour
aimer... J'engageai *maman* à vivre à la campagne. Une
maison isolée, au penchant d'un vallon, fut notre asile,
et c'est là que, dans l'espace de quatre ou cinq ans,
j'ai joui d'un siècle de vie et de bonheur pur et plein,
qui couvre de son charme tout ce que mon sort présent a
d'affreux! »

Vous demanderez à votre interlocutrice si le plus élé-
giaque des poètes a parlé de l'amour en termes aussi
pénétrants. Elle ne vous écoutera pas, et vous répondra :
« Je vous dis que c'était un homme indigne! »

Une autre ne craindra pas de vous affirmer effronté-
ment, et avec une ignorance crasse, qu'il n'a point compris la Nature, qu'il n'a jamais « regardé s'ouvrir une
fleur, ni écouté chanter un oiseau, ni contemplé la mort
du soleil se noyant dans l'horizon ».

Rousseau n'a point compris, n'a point aimé la Nature!
Vous croyez rêver en entendant ces insanités, et, prenant
les *Confessions*, vous citez cette page : « L'aurore un
matin me parut si belle que, m'étant habillé précipitamment, je me hâtai de gagner la campagne pour voir lever
le soleil. Je goûtai ce plaisir dans tout son charme : c'était
la semaine après la Saint-Jean. La terre, dans sa plus
grande parure, était couverte d'herbe et de fleurs; les
rossignols, presque à la fin de leur ramage, semblaient
se plaire à le renforcer; tous les oiseaux, faisant en con-
cert leurs adieux au printemps, chantaient la naissance
d'un beau jour d'été, l'un de ces beaux jours qu'on ne
voit plus à mon âge... »

Vous pouvez citer cent passages aussi étincelants que celui-ci.

« Votre Rousseau n'était qu'un laquais! vous répondra une voix éraillée où se révèlent l'alcool et la folie.

— Un laquais! Madame, celui qui écrivait à Frédéric II, roi de Prusse, ces fières paroles, le 30 octobre 1762 : « Vous voulez me donner du pain, Sire. N'y a-t-il aucun « de vos sujets qui en manque? Otez de devant mes yeux « cette épée qui m'éblouit et me blesse; elle n'a que trop « fait son devoir, et le sceptre est abandonné. »

— Ne parlons plus de Rousseau, reprendra l'impudique mégère au paroxysme, Robespierre l'avait en vénération particulière! »

C'est là l'argument final, le trait de Parthe sans réplique. Robespierre aimait Jean-Jacques, la cause est entendue, celui-ci ne peut être que le dernier des scélérats. A ce compte, il faudrait aussi condamner Racine, car le grand conventionnel l'admirait de même, et se plaisait, le soir, à lire les vers de *Phèdre* et d'*Iphigénie* aux amis qui l'entouraient.

*
* *

A côté de ces femmes ignorantes, mal élevées, mal embouchées et souverainement injustes, il y en a d'autres, par bonheur, qui savent, qui sentent, qui s'expriment avec grâce, et qui jugent avec bonne foi. Celles-là admirent aussi Rousseau, même en compagnie de Robespierre et de Saint-Just, le plaignent dans ses malheurs, et lui pardonnent ses travers et ses fautes. Sans doute, elles ne sont plus passionnées à son égard comme les belles marquises de 1760. A un siècle de distance, on ne prend plus feu pour un écrivain, comme de son vivant. Quel esprit s'enflamme aujourd'hui pour Diderot, Voltaire, Buffon, Beaumarchais? Pourtant, qui ne s'incline devant ces maîtres? De même pour Jean-Jacques.

Depuis une vingtaine d'années que j'observe la société parisienne, j'ai toujours constaté que les femmes véritablement distinguées, possédant le charme, ayant de la tête et du cœur, dignes d'être aimées enfin, évoquaient la mémoire de Rousseau avec attendrissement. Il en est encore qui s'arrêtent aux Charmettes, qui vont en pèlerinage discret à Ermenonville, et qui s'y enivrent, au printemps, du parfum des roses, de l'odeur érotique des bois, de la poésie d'un beau paysage consacré par un souvenir immortel.

*
* *

La poésie! — Ce mot magique me fait songer au récit qui me fut conté naguère par un poète qui m'est cher. C'est un fidèle de Jean-Jacques, et il a consacré au grand homme les plus attrayantes méditations de sa jeunesse. Ce récit rentre dans le cadre de cette étude, et c'est par lui que je la terminerai.

En 1877, — c'est mon ami qui parle, — j'avais fait lire les *Confessions* à une femme du monde que nous appellerons, si vous voulez, la comtesse d'Orgelin. Elle commençait à partager mes sympathies pour Rousseau, pourtant elle faisait encore de nombreuses réserves. Je lui proposai d'aller passer une journée à Montmorency et de visiter l'Ermitage. Elle accepta.

Par une riante matinée du mois de mai, dès huit heures, je l'attendis dans une des avenues qui avoisinent l'Arc de Triomphe. Ce n'était pas chose facile pour elle de quitter sa maison à cette heure, et toute une série de jolis mensonges avait dû être imaginée pour colorer son absence. Rien n'était sûr. Je me promenais inquiet,

fiévreux, l'œil sondant toutes les directions, m'arrêtant
tout à coup, sans motif, tirant ma montre à chaque mi-
nute, et ne voyant pas l'heure. Elle apparut enfin. Je la
reconnus de loin à sa démarche, à son chapeau d'été,
large de bords, relevé d'un côté. Elle enfilait ses gants, et
le nœud rouge de son ombrelle voltigeait à la brise.

Je ne fus tranquille que lorsque le sifflet de la locomo-
tive annonça le départ du train; mais alors, vogue la
galère, et après nous le déluge! comme disait le tyran
Louis XV.

Nous visitâmes, avant le déjeuner, ce logis fameux de
l'Ermitage que Mme d'Epinay avait offert à Rousseau, pour
qu'il pût y travailler en paix. Silencieux, nous rendions
un secret hommage à l'hôte illustre qui y écrivit la *Nouvelle Héloïse*, et notre pensée, remontant vers le passé,
ressuscitait les beaux jours du xviiie siècle.

C'est à propos de ce séjour que Rousseau a écrit une de
ses pages les plus vivantes. Rappelant son installation à
Montmorency, il dit : « On voyait des violettes et des
primevères, les bourgeons des arbres commençaient à
poindre, et la nuit même de mon arrivée fut marquée par
le premier chant du rossignol qui se fit entendre presque
à ma fenêtre, dans un bois qui touchait la maison... Mon
premier soin fut de me livrer à la délicieuse impression
des objets champêtres dont j'étais entouré. Au lieu de
commencer à m'arranger dans mon logement, je commençai par m'arranger pour mes promenades, et il n'y
eut pas un sentier, pas un taillis, pas un bosquet, pas un
réduit autour de ma demeure que je n'eusse parcouru dès
le lendemain. »

J'avais les *Confessions* dans ma poche, et nous lûmes ce
passage et les pages qui suivent. Nous regardions l'habitation, les bois, les champs, la vallée, et nous cherchions
à y saisir les sensations qu'y avait cueillies notre héros.

O Rousseau, va-nu-pieds de génie, avais-tu le pressen-

timent de ta gloire future lorsque, plongé dans les pensées profondes, tu te promenais à travers ces riants
paysages, lorsque tu te reposais sous les châtaigniers de
cet Ermitage qui t'ont survécu, lorsque tu allais cueillir
la pervenche dans les sentiers de ces forêts qui parlent de
toi, et sont consacrés à jamais par ton souvenir?

Pensais-tu que plus tard les âmes tendres et aimantes
viendraient en pèlerinage en ces vallons fortunés, et sen-
tiraient s'accroître leur mutuelle affection en évoquant
ton image, en s'entretenant de ta sensibilité, en se racontant les aventures de ta vie orageuse?

.   .   .   .

Nous fîmes un déjeuner champêtre, dehors, sous une
tonnelle. Je demandai un vin généreux de Bourgogne, vin
chargé d'années, qui nous mit en belle humeur. Les
rayons du soleil nous arrivaient à travers le feuillage, et
la liqueur sacrée, fraîche et parfumée, avait la transpa-
rence des rubis les plus purs.

Nous nous attardâmes à bavarder, quand le café fut
servi. Le chat de l'hôtelier daigna nous présenter ses
devoirs. Il grimpa d'abord sur une chaise, puis, voyant
qu'on lui faisait bon accueil et qu'il avait affaire à des
amis, il escalada la table, et vint en ronronnant se cares-
ser les oreilles contre le corsage de la comtesse d'Orgefin.
Le bon apôtre, comme tous les représentants de sa race,
adorait les parfums, et il saisissait avec empressement
l'occasion de satisfaire son vice.

La charmante femme passait la main sur la tête et le
dos du gracieux animal, et lui adressait des paroles aimables et tout un petit discours affectueux qu'il semblait
comprendre.

Le reste de la journée s'acheva en courses à travers les
bois. Nous nous perdîmes sous leur ramure, respirant à
pleins poumons les senteurs voluptueuses qu'exhalent les

chènes, les buis, les plantes et les fleurs. Nous fîmes une
longue halte sous un vieux châtaignier, et notre causerie
revint à Rousseau.

« Il s'est sans doute reposé là où nous sommes, dit
Mme d'Orgefin. Quel y fut son rêve?... »

Et elle parla de Mme d'Epinay, de Mme d'Houdetot. Je
l'écoutais, la comparant secrètement à ces riantes et spirituelles figures, et j'aurais voulu que le soleil s'arrêtât et
que la journée ne finît jamais !

CHAPITRE III

JEAN-JACQUES ROUSSEAU ET SES CORRESPONDANTES

Si quelqu'un pouvait douter de la tendresse profonde que les contemporaines de Rousseau ressentirent pour lui, il n'aurait qu'à feuilleter, à la Bibliothèque de Neuchâtel[1], les dossiers manuscrits qui renferment les lettres touchantes adressées à l'auteur d'*Emile* par Mme d'Epinay, Mme d'Houdetot, la maréchale de Luxembourg, la duchesse de Montmorency, la comtesse de Boufflers, Mme de Chenonceaux, la marquise de Créqui, la duchesse de Saxe-Gotha, la marquise de Verdelin, etc., etc.

C'est là qu'il faut chercher les preuves de la puissance et de la magie de Jean-Jacques. L'homme qui a su inspirer tant de sympathie, tant d'adorable amitié aux femmes les plus remarquables de son temps par leur beauté, leur grâce, leur intelligence, leur nom et leur naissance, cet homme-là a connu l'indicible joie des grands triomphateurs et des conquérants superbes.

---

[1] En quittant Môtiers-Travers, le 8 septembre 1765, Rousseau confia sa correspondance à son ami Dupeyrou. Celui-ci la conserva longtemps, puis la légua à la Bibliothèque de Neuchâtel.

Auprès de ces épîtres, remarquables à tous égards, et
par la science de l'amour, et par l'intensité du sentiment,
et par l'abandon charmant du cœur, et par le souci prédo-
minant des choses de l'esprit, et par la clarté du langage,
et par l'élégance du style, que pèsent, je le demande, les
diatribes de quelques ravaudeuses littéraires dont la mâ-
choire édentée achève de s'user en grignotant la gloire du
plus ardent des penseurs?

Nous tenons à citer ici quelques fragments — les plus
caractéristiques au point de vue de l'amitié — de la correspondance de cette pléiade de femmes admirables, dont
le souvenir colore le xviiie siècle d'un reflet enchanteur.

Mme DE WARENS.

Avant elles, pour être méthodique, il importe d'évoquer
l'image de Mme de Warens, dont la grâce et l'esprit enjoué
formèrent la jeunesse de Rousseau. Que fut leur correspondance? Tant que le futur grand homme demeura auprès d'elle, et fut l'hôte des Charmettes, ils n'avaient pas
besoin de s'écrire, leur amitié se donnait carrière dans les
délices de la vie commune, et si Jean-Jacques prenait parfois la plume, c'était pour servir de secrétaire à son amie.

Rousseau, qui avait le goût, la passion même des
aventures et des voyages, quitta plus d'une fois les Charmettes : pendant ces absences, il écrivait à sa bienfaitrice, et nous avons une partie de ses lettres. Mme de
Warens lui répondait; mais que sont devenues les épîtres
de cette aimable femme? Rousseau ne les a point fait
connaître. Elle devait l'entretenir de ses affaires, de ses
entreprises, et aussi lui parler avec tendresse, car le fond
de sa nature était la bonté, la douceur et l'abandon.

Il n'est peut-être pas inutile d'interroger la correspondance de Rousseau pour deviner ce que lui écrivait
Mme de Warens.

« 18 mars 1739. — Ma très chère maman, vous m'avez
fait dire qu'à l'occasion de vos Pâques, vous voulez bien
me pardonner. Je n'ai garde de prendre la chose au pied
de la lettre, et je suis sûr que quand un cœur comme le
vôtre a autant aimé quelqu'un que je me souviens de
l'avoir été de vous, il lui est impossible d'en venir jamais
à un tel point d'aigreur qu'il faille des motifs de religion
pour le réconcilier... Il n'est pas nécessaire, je crois, de
vous assurer que je languis depuis longtemps dans l'impatience de vous revoir. »

Le 26 août 1748, Rousseau, à la veille d'entrer dans la
célébrité, trace une lettre désolée ; il dépeint les chagrins,
les inquiétudes, les peines qui l'accablent, et ajoute : « Et
vous, ma chère maman, comment êtes-vous à présent ?
N'êtes-vous point apaisée au sujet d'un malheureux fils,
qui n'a prévu vos peines que de trop loin, sans jamais les
pouvoir soulager ? Vous n'avez connu ni mon cœur, ni ma
situation. Permettez-moi de vous répondre ce que vous
m'avez dit si souvent : vous ne me connaîtrez que quand
il n'en sera plus temps. »

En 1753, Mme de Warens est dans une situation précaire. Rousseau commence à sortir de l'ombre et à affirmer son génie. Quoique pauvre, il vient en aide à celle
qui lui fit jadis si bon accueil.

« Paris, 13 février. — Vous trouverez, ci-joint, ma chère
maman, une lettre de 240 livres. Mon cœur s'afflige également de la petitesse de la somme et du besoin que vous
en avez : tâchez de pourvoir aux besoins les plus pres-
sants ; cela est plus aisé où vous êtes qu'ici, où toutes
choses, et surtout le pain, sont d'une cherté horrible. »

Qui ne s'attendrirait sur les dernières années de cette
femme sensible et charmante ? Comme nous l'avons dit,
elle mourut à Chambéry, dans la misère et le dénûment,

elle qui avait connu l'aisance, sinon la fortune; elle qui
avait eu un radieux printemps, et avait goûté d'indicibles
bonheurs sous le toit ensoleillé des Charmettes; elle qui
avait abrité, dans sa fleur première et son éclosion juvénile, un homme de génie, un maître de la pensée et du
style; elle qui par lui allait devenir immortelle!

Nous n'avons jamais pu songer à Mme de Warens sans
être profondément remué. Il y a dans son destin je ne sais
quelle émotion poignante qu'on ressent mieux qu'on ne
l'exprime. C'est ce qui a fait dire à M. Albert de Montet,
érudit de grand mérite : « Quand le solitaire de l'Ermitage de Montmorency voulut profiter de l'attention que lui
accordait le public européen, et mettre au jour ce qu'il
savait écrire de plus captivant, il ne put que jeter sur le
papier les souvenirs que lui avaient laissés la vie idyllique
qu'il avait menée chez Mme de Warens, les rêves plus
beaux encore qu'il avait faits auprès d'elle, et les sédui-
sants paysages qui entouraient la ville natale de Mlle de
la Tour.

« Un succès sans pareil accueillit son roman la *Nouvelle Héloïse*. Celle qui l'avait inspiré, vieille, appauvrie,
oubliée, en entendit-elle parler, et put-elle le lire? On
l'ignore, et qu'importe au fond? L'imagination humaine
s'était enrichie par elle... Toute sa jeunesse avait refleuri,
ses beaux jours ne s'étaient pas écoulés inutiles, ils
avaient donné leur fruit. »

Quel sujet de méditation pour les cœurs tendres, que
cette vieillesse malheureuse de Mme de Warens, son isolement, sa pauvreté, après l'éclat enchanteur de sa jeunesse, après l'ardent soleil de sa trentième année!

Rousseau a trouvé des termes éloquents pour peindre
cette détresse morale et physique. En 1754, au mois de
juin, se trouvant à Lyon, il voulut revoir l'amie de son
adolescence, et se dirigea vers la Savoie. Il avait alors
quarante-deux ans, et Mme de Warens cinquante-quatre.

Ecoutons le grand homme : « Je la revis... dans quel
état, mon Dieu! Quel avilissement! Que lui restait-il de
sa vertu première? Etait-ce la même Mme de Warens, jadis
si brillante, à qui le curé Pontverre m'avait adressé?
Que mon cœur fut navré! Je ne vis plus pour elle
d'autre ressource que de se dépayser. Je lui réitérai vivement et inutilement les instances que je lui avait faites
plusieurs fois dans mes lettres de venir vivre paisiblement avec moi, qui voulais consacrer ma vie et celle de
Thérèse à rendre ses jours heureux... elle ne m'écouta
pas. Pauvre maman! que je dise encore ce trait de son
cœur : il ne lui restait pour dernier bijou qu'une petite
bague; elle l'ôta de son doigt pour la mettre à celui de
Thérèse, qui la remit à l'instant au sien, en baisant cette
noble main qu'elle arrosa de ses pleurs! »

N'est-ce pas navrant? Que de cruauté dans la vie! Que
de rigueurs parfois dans le sort de l'humanité!

Il est temps de revenir aux correspondantes que Rousseau eut dans la seconde moitié de sa vie. Ses ouvrages
enflammés, son ardente pensée, son style plein d'images,
son culte de la nature les tenaient captivées; elles étaient
ses amies, ses protectrices, ou ambitionnaient de le devenir, et leurs lettres constituent le plus beau titre de gloire
qu'un écrivain puisse envier.

DE Mme D'EPINAY.

« Janvier 1757. — ... Adieu, mon cher et malheureux
ami. Que je vous aime, que je vous plains! Si vous vou-
liez venir passer vingt-quatre heures avec moi, et ne voir
uniquement que moi, je vous enverrais mon carrosse
lundi matin à Montmorency, qui vous ramènerait le
mardi matin. C'est que je prévois que ma mère sera bien
encore huit jours sans que je puisse la quitter. »

« 12 avril 1757. — Je suis encore bien souffrante, mon

7

cher ami, mais j'ai au moins la tête un peu plus libre,
et j'en profite pour vous dire que je compte incessamment avoir le plaisir de vous embrasser... »

« Août 1757. — Je vous avertis, mon cher ami, que
tous vos confrères dînent ici aujourd'hui, et vous attendent, mais pas avec plus d'impatience que moi. Je ne
veux point de vous demain, parce que vous ne voudriez
point de nous; nous aurons des femmes. Je ne sais où
M. d'Ep... a appris que je devais aller dîner avec vous. »

« Été 1757. — Mon cher ami, est-ce là ce dont nous
étions convenus? Qu'est donc devenue cette amitié, cette
confiance? Et comment l'ai-je perdue; qu'ai-je donc fait?
Est-ce contre moi ou pour moi que vous êtes fâché? Quoi
qu'il en soit, venez dès ce soir, je vous en conjure; souvenez-vous que vous m'avez promis, il n'y a que huit
jours, de ne rien garder sur le cœur, et de me parler sur-
le-champ. Mon cher ami, je vis dans cette confiance... »

« Automne 1757. — ... Ah! laissons, laissons ce commerce de misères à tous ces cœurs vides de sentiments
et à ces êtres sans idées; cela ne va qu'à ces petits amants
vulgaires qui n'ont que les sens agités, et qui, au lieu de
cette confiance et de ces délicieux épanchements, lesquels,
dans les âmes fortes telles que la vôtre, augmentent les
sentiments par la vertu et la philosophie même, mettent
à la place de petites querelles qui rétrécissent l'esprit,
aigrissent le cœur et rendent les mœurs plates, quand
elles ne les rendent pas ridicules... Je veux être toujours
comme une ombre heureuse autour de vous, qui vous
entraîne au bonheur malgré vous. »

Mme d'Epinay, on s'en souvient, avait donné l'hospitalité à Rousseau dans une propriété qu'elle possédait près
de Montmorency et qui s'appelait l'Ermitage. C'est là

qu'il écrivit la *Nouvelle Héloïse*. Leurs relations, très ami-
cales d'abord, finirent par se refroidir, s'altérer, et une
rupture eut lieu. On a beaucoup écrit à ce sujet, les uns
pour accuser Rousseau d'ingratitude, les autres pour
accuser Mᵐᵉ d'Epinay. Ce sont là des discussions stériles.

Quelle que fut la raison de la rupture, cette femme d'esprit ne garda aucune rancune à Rousseau; nous n'en
voulons pour preuve que ces jolis vers qu'elle adressa au
philosophe et fit graver au bas de son buste, dans le jardin de l'Ermitage, vers que nous avons cités déjà :

> O toi, dont les brûlants écrits
> Furent créés dans cet humble Hermitage,
> Rousseau, plus éloquent que sage,
> Pourquoi quittas-tu mon pays?
> Toi-même avais choisi ma retraite paisible ;
> Je t'offrais le bonheur, et tu l'as dédaigné :
> Tu fus ingrat, mon cœur en a saigné,
> Mais, pourquoi retracer à mon âme sensible?...
> Je te vois, je te lis, et tout est pardonné !

Si Mᵐᵉ d'Epinay parlait ainsi de l'auteur de l'*Héloïse*,
qu'on juge quelles étaient les sympathies de ses autres
contemporaines qui n'avaient eu avec lui aucun démêlé
d'amour-propre, aucun froissement de jalousie.

DE Mᵐᵉ D'HOUDETOT.

« 3 mars 1757. — J'apprends que vous êtes dangereu-
sement malade, mon cher citoyen ; mon amitié pour vous
vous répond de mon inquiétude et de ma peine. Au nom
de Dieu, ne rejetez pas les secours qui pourraient vous
être nécessaires. J'envoie exprès savoir de vos nouvelles,
faites-m'en donner. »

« Paris, été 1757. — ... Je ne puis trop vous exprimer
ma joie de vous voir rentrer au sein de vos amis. Vous

n'étiez pas fait pour en être séparé; ils sont dignes de
vous, vous l'êtes d'eux. Je vous vois avec plaisir reprendre
des chaînes qui font qu'on aime la vie, et par lesquelles
seules elle est douce.

« Votre cœur est également fait pour l'amitié et pour
la vertu; qu'elles embellissent toutes deux jusqu'à vos
derniers jours! Le bonheur n'est placé pour vous qu'auprès d'elles. Mais, en vous retrouvant auprès de vos amis,
ressouvenez-vous que j'essayai la première de vous réunir
à eux; que c'est la première marque que vous reçûtes de
mon amitié, et qu'elle doit m'assurer la vôtre pour toujours. J'ose me placer dans votre cœur auprès de vos
amis... »

« 26 octobre 1757. — Vous avez vu comme nous savons
aimer (elle et Saint-Lambert), et notre amitié n'est pas
indigne de vous. Croyez, mon ami, que rien n'est échappé
de ce qui était en vous à ce cœur si sensible aux vertus et
aux sentiments tendres et honnêtes; il est aussi incapable
de manquer à l'amour qu'à l'amitié.

« La vôtre ajoute au bonheur de ma vie, que l'amour
faisait déjà; je jouis du plaisir de les voir réunis pour
embellir mes jours, et pour me faire goûter toute la félicité dont une âme sensible puisse être susceptible. Si
j'avais pu former encore quelque désir, ç'aurait été sans
doute, après un amant tel que lui, d'avoir un ami tel que
vous, à qui je pusse parler, qui sût m'entendre, qui l'ai-
mât, qui sentît tout ce qu'il vaut, et à qui je pusse faire
comprendre que l'amour, tel qu'il est dans mon âme, ne
peut la dégrader, et n'est capable que d'ajouter à ses
vertus...

« Ne méprisons pas, mon ami, un sentiment qui élève
autant l'âme que le fait l'amour, et qui sait donner tant
d'activité aux vertus. L'amour tel que nous en avons
l'idée ne peut subsister dans une âme médiocre, et il ne

peut jamais avilir celle qu'il occupe, ni lui imposer rien
dont elle ait à rougir...

« Songez à moi dans votre solitude, écartez la mélancolie; que le souvenir de vos amis et le mien ne vous
donnent que des plaisirs... J'attends de vos nouvelles, et
je vous en demande; interrompez quelquefois vos occupations pour vous livrer à l'amitié. »

« Le 1ᵉʳ novembre 1757. — Comptez à jamais sur moi,
mon ami, et puisque cette amitié vous est chère, croyez
que je ne suis pas plus capable d'y manquer qu'à l'amour;
je vous l'ai déjà dit, et toute ma vie vous le prouvera.
Croyez aussi que mes sentiments sont très indépendants
de ceux de vos autres amis, s'ils pouvaient jamais vous
manquer. Je puis vous répondre pour toujours de deux
cœurs que vous vous êtes attachés par tout ce qui est en
vous de tendre et de vertueux. Un ami tel que vous ajou-
tera toujours à l'estime que nous faisons de nous-mêmes
et à notre bonheur. »

« Paris, 2 décembre 1757. — Je m'occupe beaucoup de
ma santé, mon cher citoyen; elle est trop chère à tout ce à
quoi mon cœur s'attache pour n'y pas donner tous mes
soins; c'est par eux que j'aime la vie, et c'est pour eux
que je la veux conserver. O amour! O amitié! Tant que
vous existerez pour moi, vous embellirez mes jours, et
vous me les rendrez chers! »

« 28 janvier 1758. — Avez-vous quelque nouvelle de
Diderot? Je l'ai rencontré l'autre jour chez le baron (d'Hol-
bach). Il m'a fui, je le crois; j'avais un panier et des dia-
mants; malgré tout cela, j'avais en vérité aussi un cœur
bien fait pour sentir l'amitié, le mérite des bonnes choses,
et surtout des bonnes actions et des belles âmes, et il
aurait bien pu m'aborder. »

« Paris, le 12 février 1758. — Quant au scrupule, cher

citoyen, qui vous tourmente sur le secret que je fais à
mon mari de notre liaison, je vous dirai franchement la
chose. Et comme philosophe, et comme bel esprit, votre
commerce lui déplairait également, et tout ce qui a fait
votre réputation dans le monde serait pour lui un sujet
d'éloignement. Je ne doute pas qu'il ne voulût m'éloigner de vous voir, s'il savait que je vous vois. J'ai cru,
sans me rien reprocher, pouvoir conserver et former une
liaison d'une innocente amitié avec un homme que j'estime et qui ne lui déplairait que par une très injuste
prévention... »

On sait quel rôle prépondérant Mme d'Houdetot joua
dans la vie de Rousseau, quelle passion profonde elle lui
inspira, quelles pages admirables il lui consacre dans
les *Confessions*.

Si jamais femme fut faite pour plaire à un écrivain, ce
fut bien celle-là. Elle avait la douceur, l'enjouement, la
grâce, l'intelligence, le don d'aimer incarné dans toute sa
personne. Arrivée à la fin de sa carrière, qui fut harmonieuse et fortunée, elle résuma son existence dans ces
vers exquis :

> Jeune, j'aimai. Ce temps de mon bel âge,
> Ce temps charmant, l'amour seul le remplit.
> Quand arriva la saison d'être sage,
> Encor j'aimai, tout mon cœur me le dit !
>
> Las ! Je suis vieille ! Et le plaisir s'envole...
> Mais le bonheur ne me quitte aujourd'hui,
> Car j'aime encor !... Et l'amour me console !
> Rien n'aurait pu me consoler de lui !

Adorable femme, qui préférait le bonheur intime à la
célébrité, l'affection à la gloire : elle eût pu se faire un
nom dans les lettres, et briller] parmi les beaux esprits ;
les quelques poésies qu'elle a laissées l'attestent, mais son
ambition était dans la tendresse, et elle dédaigna la re-

nommée. « Tendre et point vaine, étant aimée, elle ne
désirait rien de plus », a dit une de ses amies.

Elle n'y perdit rien, elle fut heureuse, et, à celle-là
aussi, par surcroît, Rousseau a donné l'immortalité. C'est
elle, en définitive, qui reçut le plus bel hommage de son
génie, et toujours, lorsqu'il sera question d'eux, on verra
Jean-Jacques à ses genoux, sous l'acacia légendaire, dans
le parc d'Eaubonne.

DE LA MARÉCHALE DE LUXEMBOURG.

« Paris, mars 1760. — ... Non, jamais il n'y aura rien
de si bien écrit, de si touchant (que la *Nouvelle Héloïse*).
Je meurs d'envie de vous voir, je suis à la mort d'une
absence si longue. Comment peut-on aimer les gens qu'on
voit si peu, ou, pour mieux dire, comment peut-on voir si
peu les gens qu'on aime? Car certainement je vous aime
de tout mon cœur... Adieu, Monsieur, personne ne vous
honore, ne vous estime et ne vous aime plus que moi... »

« Paris, juin 1761. — D'aujourd'hui en quinze, nous
nous reverrons; j'en meurs d'impatience. M. Coindet vous
voit à tout moment; je le trouve bien heureux. Il est
occupé de vous, il vous aime de tout son cœur... Nous ne
voyons point dans les ouvrages de Voltaire l'élévation, la
force de génie qui est répandue dans cette charmante
Julie. Adieu, le plus aimable de tous les hommes et le
plus aimé. »

« Paris, mercredi, septembre 1761. — Oui, Monsieur,
j'ose le dire, mon cœur est digne du vôtre, il n'y a point
de sentiment tendre qu'il ne sente pour vous. Il est impossible d'être plus affligée que je ne le suis de notre
séparation. Je voudrais passer ma vie avec vous; vous ne
nous en trouvez pas digne. Je crois à votre supériorité, je
la respecte et je l'admire.

« Il faudrait être Julie pour habiter Clarens. Je sais bien que l'hôtel de Luxembourg ne lui ressemble pas; ainsi je ne vous dis pas qu'il y a un petit appartement qui serait trop heureux de vous recevoir. Vous le savez, cela suffit, jamais vous ne serez importuné de mes demandes. Vous ne défendez pas les désirs, heureusement; j'aurais bien de la peine à vous obéir... Il n'y a plus de moments dans ma vie où je ne vous regrette, ne vous désire et ne vous aime! »

« Paris, jeudi, octobre 1761. — Nous ressentons tous les jours avec délices le prix d'une amitié aussi rare que la vôtre, et je vous aime avec toute la tendresse que vous méritez. Il n'y a pas de cœur plus tendre que le mien... »

« Paris, novembre 1761. — Ne connaîtrez-vous jamais les sentiments que j'ai pour vous? Il faut donc vous dire pour la centième fois que je vous aime de tout mon cœur, et que je ne changerai point tant que je vivrai. Vous serez vénéré avec la même tendresse et la même fidélité... Je ne vous écrirai point des lettres aussi spirituelles que les vôtres : vous vous contenterez de mon cœur, qui n'a pas tant d'esprit que vous, mais qui est bien plus tendre. »

La maréchale de Luxembourg, sœur du duc de Villeroi et veuve en premières noces du duc de Boufflers, était une nature ardente, se plaisant au milieu des fêtes et des grandes réceptions. Elle réalise bien le type de la grande dame au xviiie siècle. « Elle domine partout où elle se trouve », disait d'elle Mme du Deffand, « et fait toujours la sorte d'impression qu'elle veut faire... Elle est pénétrante à faire trembler, et plus crainte qu'aimée. Elle le sait, et ne daigne pas désarmer ses ennemis par des ménagements qui seraient trop contraires à la vérité et à l'impétuosité de son caractère. »

Cette grande dame, arbitre des élégances de son temps, avait voué à Rousseau une sorte de culte. Les lettres que nous venons de citer l'attestent éloquemment. Les peintures incandescentes de la *Nouvelle Héloïse* et l'orgueil du philosophe avaient captivé cette âme de feu, que la passion dévorait sans cesse. Elle comprenait les tourments, les désirs qui ravageaient le cœur de Jean-Jacques; aussi elle l'admirait et l'aimait.

DE LA DUCHESSE DE MONTMORENCY.

« Paris, 25 juillet 1761. — Je vous avertis, Monsieur, que je tremble en vous écrivant; mais j'ai une telle confiance dans la bonté de votre cœur et dans votre indulgence, que quoique je remarque qu'il y a bien des mots répétés dans cette lettre, je ne la recommencerai point. Vous y verrez un style un peu long, et peu agréable, mais c'est le cœur qui conduit ma main en vous écrivant...

« Rendez justice aux sentiments les plus sincères; permettez aussi que je vous embrasse, comme si j'étais à Montmorency. »

Cette duchesse de Montmorency était la belle-fille de la maréchale de Luxembourg, chez qui Rousseau la rencontrait souvent. Elle aussi s'était engouée de Julie, de Saint-Preux et de celui qui les avait créés. Rousseau, reconnaissant, lui adressa cette lettre :

« 21 février 1761. — J'étais bien sûr, Madame, que vous aimeriez la *Julie*, malgré ses défauts; le bon naturel les efface dans les cœurs faits pour le sentir. J'ai pensé que vous accepteriez des mains de Mme la maréchale de Luxembourg ce léger hommage que je n'osais vous offrir moi-même. Mais, en m'en faisant des remercîments, Madame, vous prévenez les miens, et vous augmentez l'obligation. J'attends avec empressement le moment de vous faire ma cour à Montmorency, et de vous renouveler, Madame la Duchesse, les assurances de mon profond respect. »

Comme il était séduisant, quand il le voulait, ce Jean-Jacques! Comme il savait parler aux femmes! Une lettre curieuse de la duchesse de Montmorency est celle où elle s'apitoie sur la mort d'un chien, Turc, qui appartenait à Rousseau, et dont elle s'était chargée.

De la comtesse de Boufflers.

« Été 1761. — Je suis charmée que le miel que je vous ai apporté vous ait paru bon. Il y en a de deux espèces, je voudrais savoir lequel vous préférez. Ce sont de ces présents qu'on peut accepter sans déroger aux lois les plus sévères, et véritablement je n'ai rien mangé de plus agréable en ce genre. »

« 24 juin 1762. — Que le malheur n'altère pas votre vertu, c'est une épreuve dont les âmes comme la vôtre doivent sortir victorieuses... Que parlez-vous, Monsieur, d'opprobre et d'humiliation? Votre gloire et votre réputation seront immortelles, et ne dépendent point des coutumes locales. »

Cette amie de Rousseau était célèbre par sa beauté et son esprit. Attachée d'abord à la duchesse d'Orléans, elle passa à la cour du prince de Conti, dont elle devint l'amie intime, et brilla là d'un vif éclat. Elle favorisait les arts et les lettres, et elle-même composa une tragédie qui fit beaucoup de bruit. Elle avait pour Rousseau un dévouement à toute épreuve. Elle le défendit contre ses adversaires, et lui rendit tous les services que son ombrageuse fierté voulut bien accepter.

DE LA MARQUISE DE CRÉQUI.

« Janvier 1759. — Votre ouvrage *(Lettre sur les Spectacles)* a eu un plein succès. M. de Marmontel vous réfute, en ne vous répondant point. Les femmes sont un peu furieuses. Laissez dire tous ces oisons-là, et pensez que jamais vous ne donnez quatre lignes qu'elles ne fassent sensation. »

« Montflaux (Bas-Maine), 8 août 1764. — J'envoie ma lettre pour l'affranchir à Paris jusqu'à Pontarlier, car ici nous n'avons qu'un postillon à pied qui va porter nos lettres à Mayenne et nous rapporte nos réponses. Il est souvent saoul de poiré, mais d'ailleurs bon enfant, et conservant sa boîte de bois dans nos précipices et dans ses rafraîchissements.

« Adieu encore une fois, Jean-Jacques! Plût à Dieu de nous revoir bientôt! »

Les salons de la marquise de Créqui furent pendant longtemps le rendez-vous de la belle société. Ses lettres ont été publiées en partie; elles prouvent son esprit, son bon sens et son savoir. Elle professait une dévotion assez originale, et se sentait attirée vers Jean-Jacques. Elle le recherchait avec insistance. A son gré, il ne lui répondait point assez souvent, et elle le harcelait, en lui faisant de doux reproches. Il lui écrivit un jour qu'il renonçait à toute correspondance, et qu'elle ne devait plus compter sur ses lettres. Elle en fut navrée.

« Adieu, Madame », lui disait-il. « L'amitié dont vous m'avez honoré me sera toujours présente et chère; daignez aussi vous en souvenir quelquefois! Bien loin de vous oublier, je fais un de mes plaisirs de me rappeler les heureux temps de ma vie. Ils ont été rares et courts, mais le souvenir les multiplie... »

DE Mᵐᵉ DE VERDELIN.

« Brenne (Indre), 24 août 1771. — Vous savez ce que
je vous ai dit, et ce que je penserai et, qui mieux est,
sentirai toute ma vie. Je vous admire avec enthousiasme,
et je vous aime comme le cœur le plus sensible et le plus
vrai qui ait jamais existé.

« Je voudrais pouvoir vous donner des preuves de tous
ces sentiments, mais je connais si bien les vôtres que,
pour vous servir à votre mode, je m'en tiens à vous être
inutile... Mais non, j'ose croire que je ne suis pas inutile
à votre bonheur. Le premier, le seul pour un cœur tel que
le vôtre, c'est de savoir qu'il en existe un bien vrai, bien
sensible, sur lequel vous pouvez compter à la vie et à la
mort, et vous avez en moi ce cœur... C'est ici où j'ai
commencé à vous lire, où je formai le désir de vous
connaître. Que j'ai de plaisir à vous l'écrire ! »

Au milieu de ce chœur, de cette théorie de femmes
dont nous citons les lettres, la marquise de Verdelin
représente la bonne âme que rien ne rebute, qui aime
avec simplicité et solidement, et qu'on est sûr de retrouver après les absences, les voyages, les oublis, les infi-
délités. « C'est la ferme en Beauce », comme disait
Alexandre Dumas père. Quoi qu'il arrive, toujours elle
vous fait bon accueil, trop heureuse encore qu'on veuille
bien penser à elle.

DE LA DUCHESSE DE SAXE-GOTHA.

« Gotha, 4 mai 1765. — Je profite avec empressement,
Monsieur, d'un avis de milord Maréchal pour vous assurer
que si vous avez besoin de retraite, vous n'en trouverez
jamais de plus sûre et de plus tranquille que chez nous ;
que vous trouverez ici tous les soins et toutes les conso-

lations que vous désirerez; qu'en un mot vous serez reçu
avec des transports de satisfaction et par les mains de
l'amitié. Soyez persuadé, Monsieur, que je partage véritablement vos peines, que je voudrais les soulager, et que
je suis avec estime votre affectionnée amie. »

Il s'agit ici de la femme de Frédéric III, duc de Saxe-
Gotha. Elle voulait faire de son duché un foyer intellectuel, et y attirer les beaux esprits de son temps. Elle
était en correspondance avec Voltaire, qui lui dédia un de
ses ouvrages. Elle lisait avec passion les œuvres de Rousseau, et le sachant malheureux, persécuté, elle lui offrit un
asile. Il n'accepta point, mais se montra reconnaissant.

En effet, dans une lettre adressée à son ami Klupffel, à
Berlin, — mai 1765, — nous remarquons ces lignes :
« Un autre motif encore m'eût attiré dans votre ville,
c'eût été le désir d'être présenté par vous à Mme la duchesse de Saxe-Gotha, et de voir de près cette grande
princesse qui, fût-elle personne privée, ferait admirer son
esprit et son mérite. »

. . . .

. . . .

Nous pourrions multiplier longtemps des citations
analogues à celles qu'on vient de lire, et qui prouvent
combien Rousseau fut aimé. Ces fragments suffisent. Ils
disent éloquemment la puissance de fascination de cet
homme extraordinaire, qui exprima l'ivresse des cœurs
aimants avec une éloquence que nul n'a égalée.

En présence de toutes ces lettres émanant des femmes
les plus séduisantes d'une époque, un regret saisit l'âme :
on voudrait les avoir connues, les avoir admirées et les
avoir aimées; on s'attriste à la pensée que leurs séduc-
tions, leur absence de préjugés, leur curiosité intellectuelle ne revivront jamais, et on enveloppe leur souvenir
de la plus affectueuse des caresses.

Prestige incomparable du génie! Sans Rousseau, la plupart de ces femmes charmantes seraient ignorées de nous ; leur trace gracieuse aurait été recouverte par la poussière du temps et de l'oubli, et, depuis longtemps, nul n'en parlerait plus. Il leur a suffi de témoigner quelque sympathie à l'écrivain de la *Nouvelle Héloïse* pour que leur mémoire fût sauvée du naufrage.

Elles n'ont rien perdu en s'intéressant à l'infortuné Jean-Jacques! « Un rayon de sa gloire est tombé sur elles », suivant le mot de Sainte-Beuve, et, paré de cette clarté magistrale, leur nom ne périra jamais!

CHAPITRE IV

JUGEMENT D'UNE PARISIENNE DE NOS JOURS SUR J.-J. ROUSSEAU

Afin de compléter le chapitre qui précède, l'idée nous est venue de nous adresser à une femme de notre temps, remarquable, elle aussi, par la culture de son esprit, et de lui demander son appréciation sur Rousseau. Elle a bien voulu nous envoyer quelques pages que nous sommes fier de publier. Le lecteur pourra ainsi comparer le jugement d'une Parisienne toute moderne avec les sentiments qu'éprouvaient pour Jean-Jacques les femmes les plus captivantes du xviiie siècle, et il constatera que, sous des formes différentes, toutes rendent le même hommage à son génie consolateur.

Voici l'intéressante réponse de notre correspondante :

« Paris, août.

« Que pensez-vous de Rousseau? me demandez-vous, Monsieur. Porter un jugement sur quelqu'un, surtout sur un grand homme, m'a toujours semblé chose fort grave; car on doit tenir compte du milieu où il a vécu, des idées de ses contemporains, enfin et surtout, de ses intentions et des conséquences qu'ont eues ses actes et ses doctrines. Je vais cependant essayer de vous répondre.

« En dehors de l'admiration absolue de son œuvre, Rousseau, être sincère et complexe, ne peut, à mon avis, inspirer à notre époque que des sentiments complexes, comme ses sensations, comme lui-même.

« Attaqué par ses amis, qui l'appelèrent « Déserteur de « la Philosophie », alors qu'il venait de sauver la Philosophie, en l'arrêtant sur le chemin du matérialisme et du doute absolu, Rousseau sut forcer ses ennemis eux-mêmes à proclamer son génie.

« L'apparition de l'*Émile*, qui restera, avec le *Contrat social*, son œuvre fondamentale, souleva des haines et de violentes critiques, mêlées à des admirations profondes. Le sceptique d'Alembert, malveillant pour l'homme, mais judicieux avant tout, avoua que ces livres « mettaient « Rousseau à la tête de tous les écrivains ».

« Rousseau, en effet, était animé d'un souffle génial, que ses détracteurs les plus acharnés n'ont jamais pu lui dénier ; mais, aussi, il était doué d'un esprit paradoxal, qui lui faisait souvent chercher la contre-partie de la thèse proposée et des opinions généralement admises. On connaît ses débuts, au célèbre concours de l'Académie de Dijon. Le sujet était le suivant : Le rétablissement des sciences et des arts a-t-il contribué à épurer les mœurs ? — Rousseau s'attacha à démontrer qu'il n'y avait rien de plus pernicieux, pour les masses, que la propagation des arts et des lettres, et que cette propagation avait eu, de tous temps, une influence néfaste sur les mœurs. Pourtant, il obtint le prix, sur de nombreux concurrents.

« Il s'était senti, a-t-il raconté par la suite, tout à coup illuminé d'une flamme surhumaine, éclairant à ses yeux les hommes et les choses d'une manière toute nouvelle.

« Depuis cet instant, il se crut appelé à un véritable apostolat, et, avec l'orgueil immense qui était en lui, il s'étonna que tous ses contemporains ne reconnussent pas à son front la marque d'un élu de la divinité.

« Amoureux passionné de la justice, peut-être parce qu'il se croyait juste entre tous, le contraste frappant, qu'il avait sous les yeux, du luxe des grandes villes et de la misère des campagnes rendit très excusable la colère avec laquelle il maudit les capitales. Son axiome démocratique est comme la négation de l'axiome monarchique de Louis XIV, dont les conséquences avaient été terribles avec ses successeurs. Louis XIV avait dit : « L'Etat, c'est « moi. » Rousseau écrivait : « Toute loi que le peuple n'a « pas sanctionnée est nulle. »

« En religion, il eut contre lui, en même temps, les dévots et les athées. Les dévots, car il affirmait que la religion officielle n'était plus celle de Jésus, et que les hommes ne lui avaient fait subir autant de transformations que pour en faire un instrument de despotisme gouvernemental. Les athées, car il disait : « Jamais Etat ne « fut fondé que la religion ne lui servît de base. »

« Les erreurs même de Rousseau prennent leur source dans de hautes aspirations, et dans sa soif de la justice et de l'égalité, surtout peut-être dans sa haine de l'injustice et de l'inégalité; son impitoyable logique l'entraîne à admettre les plus impitoyables théories, entre autres celles de Platon, condamnant à mort les athées.

« En dépit de sa misanthropie, Rousseau ne put empêcher les plus illustres amitiés d'aller à lui, dans ce xviiie siècle si fécond en esprits éclairés. Nous citerons : le maréchal de Luxembourg, le prince de Conti, M. de Malesherbes, chargé pourtant de la censure; enfin et surtout, les femmes : Mme de Warens, qui lui pardonna toutes ses fautes; Mme d'Houdetot, Mme d'Epinay, Mme de Chenonceaux, la maréchale de Luxembourg, pour ne parler que des plus célèbres.

« En effet, ce Jean-Jacques devait intéresser plus parti-

8

culièrement les âmes délicates et sensibles, par la magie
de son talent, le charme de son esprit et la passion qui
résidait en son âme et débordait dans ses écrits.

« Peu de femmes qui n'aient tressailli d'émotion à la
lecture des lettres brûlantes de Saint-Preux à sa maîtresse, et qui ne se soient senties attendries par les confidences de ces parfaits amants.

« On a reproché à Rousseau certaines indiscrétions à
l'égard de ses admiratrices; mais on a trop oublié qu'il
avait défendu de publier ses *Confessions* avant le commencement du xixᵉ siècle, époque à laquelle il pouvait
croire que tous ses contemporains auraient disparu. Pour
le rendre plus sympathique à ses amis et aux femmes de
toutes les époques, Jean-Jacques eut ses malheurs immé-
rités, les persécutions exagérées dont il fut l'objet, enfin
l'espèce de maladie noire qui en fut la conséquence, et
permit presque d'oublier ses fautes.

« Eprouvé, dès son enfance, par une santé chancelante,
sans famille, — il ne s'en créa une que pour le regretter
amèrement, — quelles ne durent pas être ses souffrances
intimes, en face de cette Thérèse indigne, de ce doute qui
plana sans cesse sur la naissance de ses enfants, doute
qui, d'après la croyance de George Sand, s'était changé en
conviction douloureuse. Cela, du reste, semble expliquer
la façon dont il se conduisit à leur égard.

« On l'accusa d'égoïsme, d'ingratitude, de fausseté,
d'exagération mensongère; on cita des preuves, qui en
eussent été s'appliquant à tout autre; mais la lyre que
chacun de nous porte en son être immatériel vibrait chez
Rousseau avec une intensité dix fois plus forte que chez la
généralité; il ne peut donc être jugé de la même manière.
Si son éducation lui avait appris à maîtriser sa sensibilité excessive, il eût sans doute été malheureux, car les
êtres trop puissamment doués quant à la passion et à
l'idéalité ne peuvent échapper au malheur ici-bas; mais

il eût été moins torturé par ces misères fantastiques de toutes les heures, qui finirent par rompre l'équilibre de ses facultés.

« Parfois, venait s'ajouter à ses souffrances le sentiment de cette situation anormale. Il écrivait en effet, en mars 1768 : « Quelque altération qui survienne à la tête, « le cœur restera le même. » Plus tard, il avoua à son ami Corancez qu'il avait quitté l'Angleterre dans un véritable accès de folie, se croyant poursuivi, jusque dans son exil, par les agents du ministre Choiseul.

« Revenu en France, dans ce coquet et riant ermitage d'Ermenonville, Rousseau eût dû enfin se trouver tranquille, sinon heureux : mais, hélas! l'hypocondrie, due en grande partie aux causes morales que nous avons développées plus haut, et aussi à des souffrances physiques qui exaltaient sa sensibilité nerveuse, l'hypocondrie avait exercé sur son organisme d'effrayants et irrémédiables ravages.

« Bien loin de s'exagérer, comme tant d'autres, l'influence qu'il exerçait sur son siècle, il s'exagéra son isolement. S'il entendit les échos répondant à sa voix puissante, qui allait donner une nouvelle impulsion au monde, il les crut menteurs ou railleurs ; il méconnut la sincérité des disciples qui affluaient vers lui, et n'eut pas cette suprême satisfaction, pour un superbe de son tempérament, de voir sa doctrine mise en œuvre, le vieux monde s'écrouler sous ses coups, des hommes nouveaux surgir de toutes parts, en se recommandant de son nom, une société tout autre succéder à cette société vieillie qu'il avait condamnée, et la marche vers le progrès accomplie, pour ainsi parler, sous son patronage.

« Rousseau, en effet, a été l'instigateur des idées, bonnes ou mauvaises, de la génération qui a suivi la sienne ; son influence se fait sentir partout et jusque dans les arts. La peinture avec David, la musique avec Méhul

et Grétry lui rendent hommage en revenant vers la simplicité, trop oubliée au milieu des mignardises du commencement du xviiie siècle. Aussi, quelque réserve que
l'on fasse sur le caractère de l'homme, on ne peut oublier
sa gloire, son génie; et l'admiration reste sincère pour
cette organisation merveilleuse qui lui permit d'être à la
fois poète, romancier, législateur, philosophe, musicien,
tout en restant, par-dessus tout, l'Amant de la Nature et
de la Vérité.

« Comtesse Louise de ..... »

Tous ceux qui liront ces pages diront, comme nous,
que l'aimable femme qui les a écrites aurait eu sa place
marquée dans le salon de la sémillante Mme d'Epinay, et
eût été l'amie de la bonne et pimpante Mme d'Houdetot.

CHAPITRE V

UNE ÉLÈVE DE JEAN-JACQUES ROUSSEAU

Le prince de Conti, l'ami de Rousseau, le grand seigneur fastueux du Temple et de l'Isle-Adam, eut une fille naturelle de la duchesse de Mazarin. Elle vint au monde vers la fin de l'année 1762. Par la suite, bien qu'elle ne fut point légitimée, elle prit le titre de princesse, et, dans l'histoire, elle est connue sous le nom de Stéphanie-Louise de Bourbon-Conti. C'est elle que Gœthe a voulu peindre dans sa pièce *La Fille naturelle*.

Cette princesse a laissé des Mémoires, très peu connus, il est vrai, et rarissimes en librairie, mais qui, cependant, ne manquent pas d'intérêt et sont utiles à consulter. Elle y raconte son enfance fortunée, puis sa vie troublée et malheureuse, et présente des aperçus piquants sur les fêtes éblouissantes données par son père, ainsi que sur la Cour et les personnages en vue de l'époque.

A l'âge de douze ans, elle eut l'occasion de voir Voltaire à Ferney. Le patriarche de la philosophie fit sur elle une impression qui ne s'effaça jamais. Plus tard, évoquant sa mémoire, elle écrivit : « Malgré sa vieillesse, ses yeux brillaient encore du feu de son génie. On me fit voir tout

ce qu'il y avait de curieux chez lui; mais, en sa présence,
rien ne pouvait fixer l'attention que lui-même : je fus
cependant frappée de l'aspect de son tombeau, placé au
milieu d'une allée où il se promenait de préférence. Cette
idée me semble plus philosophique qu'aucun de ses ouvrages. Sa maison était simple, son jardin uniforme, sa
salle de bains, en très beau marbre, d'une blancheur
éclatante. Il fit charger ma voiture des plus brillantes
fleurs et des plus beaux fruits. »

Le prince de Conti donna pour précepteur à sa fille le
philosophe illustre qui avait écrit l'*Emile*, Jean-Jacques
Rousseau. Celui-ci était revenu à Paris en 1770, après
une absence de quatorze années; sa gloire alors n'avait
pour rivale que celle de Voltaire, mais ils touchaient,
hélas! tous deux au terme de leur carrière. Quelques
années encore, et ces brillants flambeaux, qui avaient
illuminé tout le xviii° siècle, allaient s'éteindre à peu de
semaines de distance.

Dans ses Mémoires, la princesse Stéphanie consacre
quelques pages à Jean-Jacques : il nous a paru intéressant de les mettre en relief. Le témoignage d'un élève vis-
à-vis de son maître mérite toujours l'attention; quand il
émane d'une femme, et que le maître s'appelle Rousseau,
il revêt une importance exceptionnelle.

* *

Au début de son ouvrage, la fille du prince de Conti
rend hommage à la mémoire de son père, qui, on le sait,
fut grand prieur du Temple. « Il n'épargna rien », dit-elle,
« pour augmenter la beauté de son palais. Il devint lui-
même l'ordonnateur de ses jardins et de ses fêtes. Le
Temple fut l'asile des talents et du goût. Le nouveau
grand prieur, jaloux de les fixer près de lui et de se placer
comme au centre de l'esprit et des lumières, offrit à plu-

sieurs gens de lettres des appartements au Temple, imi-
tant à cet égard la magnificence royale qui leur en donnait au Louvre. C'est au Temple, c'est sous le toit de mon
père que Jean-Jacques Rousseau trouva un refuge, quand
il fut inquiété pour son *Emile*; et il ne le quitta que pour
aller dans son château de Trye, qui plaisait davantage à
cet amant de la nature. »

C'est ainsi que notre princesse est amenée à prononcer
pour la première fois le nom du grand homme. Un peu
plus loin, elle écrit : « Ami, protecteur des beaux-arts,
dont il était environné, mon père n'eut qu'à jeter les yeux
autour de lui pour me donner, dans tous les genres, les
maîtres les plus célèbres, qui s'empressèrent à l'envi de me
procurer la plus belle parure de l'enfance, de la jeunesse,
et même de tous les âges, des talents agréables et des
connaissances utiles. Jean-Jacques alors remplissait l'univers du bruit de son nom et de l'éclat de sa gloire : l'immortel instituteur du genre humain, le précepteur d'Emile,
celui dont le style enchanteur fit adorer Sophie, fut invité
par mon père à diriger la raison naissante de sa fille. Le
prince ne négligea rien pour obtenir du philosophe cette
faveur insigne. Il était plus facile de déterminer cet ami
des hommes à rendre un service qu'à recevoir un bienfait; cependant, il ne fallut rien moins que la reconnaissance et l'amitié qu'il portait à mon père pour l'engager à
se charger de ces soins vraiment paternels. »

Si Rousseau accepta cette tâche de précepteur, ce dut
être évidemment pour marquer sa gratitude au prince
qui, à Montmorency d'abord, puis à Paris et au château
de Trye, et enfin en Dauphiné, lui avait si délicatement
prouvé son affectueuse admiration.

Dans ses *Confessions,* Jean-Jacques écrit : « Au milieu
de tous ces petits tracas littéraires, je reçus le plus grand
honneur que les lettres m'aient attiré, et auquel j'ai été
le plus sensible, dans la visite que M. le prince de Conti

daigna me faire par deux fois : l'une au petit château et l'autre à Mont-Louis (à Montmorency, 1760). Il choisit même, toutes les deux fois, le temps que M. et Mme de Luxembourg n'étaient pas à Montmorency, afin de rendre plus manifeste qu'il n'y venait que pour moi. Je n'ai jamais douté que je ne dusse les premières bontés de ce prince à Mme de Luxembourg et à Mme de Boufflers, mais je ne doute pas non plus que je ne doive à ses propres sentiments et à moi-même celles dont il n'a cessé de m'honorer depuis lors. »

C'est dans une de ces visites que le prince et Rousseau jouèrent aux échecs dans un petit pavillon appelé le Donjon[1], et que le philosophe lui gagna impitoyablement deux parties.

Mais revenons à la princesse. Avant de parler des leçons que Rousseau lui donna, elle éprouve le besoin de lui témoigner sa reconnaissance ; elle s'attendrit à son souvenir, et elle s'écrie :

« O mon maître, je n'oublierai jamais tes sages leçons ; tu n'as pu prévoir les affreux malheurs qui devaient pleuvoir sur ton infortunée pupille, tu avais jeté dans mon jeune cœur les germes de cette douce philanthropie qui rend heureux tout ce qui l'entoure, je te paraissais née pour faire le bonheur des autres. Ah ! si je n'ai pu mettre en pratique la morale sublime que ton âme sensible prêchait à la mienne, ombre céleste ; si je ne puis me présenter devant toi entourée de cœurs reconnaissants, dont le bonheur soit mon ouvrage ; si je ne puis te faire hommage des heureux que je te promis de faire ; si mes larmes et celles des miens sont le seul tribut que je puisse offrir à ta mémoire, ô Jean-Jacques, n'accuse point ton élève,

---

[1] Le Donjon subsiste encore intégralement : l'intérieur est tel que du temps de Rousseau.

ne regrette point le temps précieux que tu passas à la
former!

« J'eusse été digne de toi dans la prospérité, j'eusse
réalisé les rêves de ta sensibilité, de ta douce philosophie;
le ciel m'a éprouvée par les plus tristes revers; je t'aurais
dû de savoir être heureuse du bonheur de mes semblables; mais je te dois davantage : c'est de toi que je
tiens cette âme intrépide et forte, qui, s'élevant au-dessus
de l'adversité, a supporté, jusqu'à ce jour, avec courage
et sans accuser la Providence, des malheurs dont le
nombre et le caractère effrayeront l'âme la plus stoïque...
Que ne m'as-tu donné la même fermeté pour les malheurs
qui ne me sont pas personnels; ce papier ne serait pas si
souvent arrosé de mes pleurs. »

Cet élan de gratitude honore à la fois l'élève et le
maître : il prouve aussi que Rousseau savait avant tout,
dans une jeune âme, cultiver l'énergie et développer la
volonté. Est-il beaucoup de maîtres capables d'inspirer
de pareils accents aux intelligences qu'ils eurent à former? On sent le cœur du moins dans ces apostrophes,
dans cet enthousiasme, dans ce lyrisme du souvenir.

*
* *

Mais nous allons voir Rousseau à l'œuvre, et bien vite
nous reconnaîtrons à la pratique le savant éducateur
d'Emile.

« Ce n'est pas seulement », écrit la princesse Stéphanie, « dans les connaissances abstraites que Jean-Jacques
voulut être mon mentor; non seulement il mit tous ses
soins à développer les qualités morales et intellectuelles
de son élève, non seulement il voulut former son esprit
et son cœur, mais il s'attacha particulièrement, dans les
premières années de ma vie, à me créer un tempérament

robuste, à développer mes forces physiques, à m'accoutumer à supporter sans incommodité les intempéries de l'air, la fatigue, la soif, la faim, à coucher sur la dure, à manger de tout sans dégoût, à ne souffrir d'aucune privation.

« Lui seul dirigeait à la maison tout ce qui regardait mon éducation physique et morale. Il ne permettait pas qu'on me servît des viandes; ce n'était que par une espèce de condescendance et de transaction qu'il souffrait que je fisse usage de leurs sucs, encore n'était-il véritablement satisfait que lorsqu'il me voyait prendre du lait froid pour potage, des légumes verts dans la pleine saison et des fruits bien mûrs. Il avait proscrit les petits pains mollets, et défendait expressément qu'on me donnât autre chose que du pain de pâte ferme, le plus grossier et le plus rassis. Mais, comme il n'était pas présent à tous mes repas, mon institutrice, qui aimait beaucoup les petits pains de la rue Notre-Dame-des-Victoires, m'avait secrètement formée à son goût, et m'aidait à tromper le bon Jean-Jacques. J'étais plus docile pour le vin, que je n'ai jamais beaucoup aimé; il voulait qu'on ne m'en servît qu'en très petite quantité, une ou deux fois au plus par semaine; je n'en aurais peut-être pas fait du tout usage, s'il ne m'eût été en quelque sorte interdit.

« Il exigeait surtout que l'on variât mes aliments à l'infini, afin d'éviter que je ne prisse des goûts de préférence pour quelques-uns, ou de l'aversion et du dégoût pour quelques autres. »

La femme qui rappelle ainsi les leçons qui lui furent données eut une existence pleine de luttes et d'infortunes. Bien qu'issue d'un sang illustre, elle connut, par le fait de l'irrégularité de sa naissance, les tourments de la pauvreté et des privations de toute sorte. Elle sut leur opposer un courage stoïque et se montra plus forte que le malheur.

En rédigeant ses Mémoires, elle comprit qu'elle devait
à celui qui dirigea ses jeunes ans cette fermeté d'âme,
supérieure à une mauvaise destinée.

« Tombée », dit-elle, « par une suite d'événements
inouïs, dans la plus affreuse misère, j'ai eu l'occasion d'apprécier l'importance des précautions de Rousseau, minu-
tieuses en apparence, et dont les détails faisaient quelquefois sourire de pitié mon institutrice. Après les maladies,
les accidents, les opérations qu'il m'a fallu souffrir, je ne
vivrais pas aujourd'hui si, d'avance, mon corps n'avait été
accoutumé à se contenter de la nourriture la plus simple
et la plus grossière. Aussi, chaque jour qui s'écoule, je
me dis : « C'est aux soins prévoyants de Jean-Jacques que
« je dois de l'avoir vu, ce jour; il est encore un bienfait
« de mon illustre instituteur. »

Femme accablée, elle s'émeut en songeant à son enfance heureuse, entourée de tendresse et de soins; devant
ses yeux passent des images gracieuses, de douces réminiscences montent à son cœur, et elle trace ce joli
tableau :

« Mon père était autant porté d'inclination que par
estime pour Jean-Jacques à sanctionner ce que ce sage
proposait pour mon éducation. Il assistait souvent à mes
leçons; il me semble encore le voir debout derrière nous,
appuyé sur sa haute canne, son seul remède contre la
goutte; vêtu de noir, ou avec un modeste habit gris sans
aucune broderie, aussi attentif aux leçons que me donnait son ami qu'il l'eût été à une séance du Parlement;
souriant avec bonté aux efforts que je faisais pour le satisfaire par mon application, mon intelligence et ma doci-
lité, ne portant ses regards sur Jean-Jacques qu'avec ce
respect et cette vénération qu'inspirent la vertu et un génie
transcendant. Quelquefois, ses yeux se fixaient sur une

glace, il nous observait encore, se regardait lui-même et
semblait se dire avec attendrissement : Que je suis heureux d'avoir une telle fille et un tel ami! »

Voilà, certes, tout indiqué, un intéressant sujet de
tableau pour un peintre comprenant et aimant le
xviiie siècle.

* *

Rousseau, dans son *Emile,* s'efforce de persuader aux
parents que, pour former leurs enfants au physique
comme au moral, ils doivent leur faire affronter et vaincre
des résistances, des obstacles, des difficultés de toute nature. Aussi, c'est sans étonnement que nous avons lu le
passage suivant sous la plume de la princesse Stéphanie :

« Mon père et mon institutrice étaient souvent en contradiction avec Jean-Jacques relativement à la pluie ; ce
dernier voulant que, sans y faire aucune attention, on
nous laissât faire nos exercices comme si l'air eût été pur,
la terre ferme et le ciel serein. « Dès que vous voulez »,
disait-il à mon père, « accoutumer votre fille à tout, il
« ne faut pas l'enfermer pendant l'orage ni la mauvaise
« saison; il faut qu'elle brave la pluie, la grêle et les
« frimas. » Mon père n'avait que sa tendresse à opposer
à ce raisonnement, aussi ne le combattait-il que faible-
ment. Il n'en était pas de même de mon institutrice qui,
ne se souciant nullement de quitter sa bergère et un bon
feu, d'aller braver la pluie et le froid pour me voir faire
l'exercice, répondait à Jean-Jacques avec tant de chaleur
et de vivacité, que celui-ci, qui cédait toujours facilement
aux femmes, regardait mon père en souriant et disait :
« Alors, je n'ai plus rien à répliquer. » Il fallait rester à la
maison, ce qui me déplaisait fort, craignant bien moins
la pluie que je n'aimais l'exercice. »

Le prince de Conti faisait étudier à sa fille le latin, le grec, l'italien : elle y réussissait, comme en tout ce qui était art et littérature. Aussitôt que l'enfant avait appris quelques mots d'une langue étrangère, elle se hâtait d'exprimer dans ce nouvel idiome les sentiments d'une fille sensible pour un père adoré, et elle envoyait au prince ses premiers essais.

Les sciences abstraites avaient pour elle moins d'agrément et la fatiguaient sans l'attacher. Rousseau s'efforçait de lui enseigner les mathématiques, et y montrait même une patience à toute épreuve : c'était en vain. Elle laissait le philosophe tracer ses figures, raisonner sur les x et les y, et rêvait à ses promenades et à ses jeux.

Ce que Jean-Jacques excellait à enseigner, c'était la science de la vie. Quel homme, en effet, observa davantage l'humanité, et acquit une expérience plus féconde et plus riche!

« Rousseau aimait beaucoup à me faire jaser », dit notre princesse, « et je remarquais qu'il ne perdait pas une syllabe de ce que je lui disais. C'est dans ces conversations familières qu'il se plaisait à me donner, sous mille prétextes, et sans paraître en avoir le dessein, les leçons les plus fortes et les plus utiles. C'était moins en me parlant de mes défauts, qu'en m'en faisant remarquer l'inconvénient et le ridicule dans quelques exemples que j'avais sous les yeux, ou qu'il me citait comme par hasard, qu'il m'inspirait le désir de m'en corriger. »

Que ceux qui s'occupent de l'enseignement de la jeunesse méditent sur cet éloquent passage, et fassent leur profit de la méthode de Rousseau. Les parents et les maîtres ont recours souvent aux paroles acerbes, aux reproches violents, quand s'affirment les défauts des enfants : ils les humilient sans les corriger, et allument dans leur cœur froissé des rancunes qui parfois deviennent de la haine. Qu'ils suivent l'exemple de l'ingénieux et sensible Jean-Jacques, et ils transformeront le caractère de leurs élèves sans cesser de se faire aimer. Plus tard, leur mémoire sera bénie par ceux dont ils auront ainsi fait des hommes et des citoyens.

.˙.

La jeune élève du grand écrivain était curieuse : c'est le moindre défaut de l'enfance. Elle posait à son précepteur des questions embarrassantes. Voici, à ce propos, une page curieuse de ses Mémoires :

« Jean-Jacques m'appelait ordinairement : Madame la Comtesse, mais, dans nos entretiens familiers, il me nommait quelquefois : ma belle enfant! et je le révérais, je l'aimais, en effet, comme un second père. Il était peu caressant, parce qu'il observait presque toujours, mais il était très sensible aux témoignages d'attachement que je lui donnais. Un jour que j'avais joué plus que de coutume avec lui, je m'avisai de lui demander : « Monsieur Jean-« Jacques, avez-vous des enfants? » Cette question le surprit, il me regarda d'un air étonné, je vis ses yeux se remplir de larmes, et il se leva pour nous les dérober.

« Mon institutrice me regarda d'un œil sévère; j'ignorais comment j'avais pu l'affliger en lui faisant cette question, mais je ne me pardonnais point d'avoir fait couler ses larmes. Mᵐᵉ Delorme, ma gouvernante, parla de cette scène à mon père, qui dit en soupirant : « Je lui dois « d'être le plus heureux des pères, et je mourrai sans « avoir la consolation de lui rendre ses enfants. — Il a « redouté pour eux, dit Mᵐᵉ Delorme, la misère et la ven-« geance de ses ennemis. — Il devait compter davantage, « répliqua mon père, sur le zèle et le cœur de ses amis; « *mais il ne croit pas qu'on puisse l'aimer comme il aime.* »

Nous soulignons à dessein les dernières paroles du prince de Conti : dans leur brièveté, elles expliquent admirablement le caractère de Rousseau et donnent la clé des malheurs de sa vie. L'infortuné grand homme, avide d'affections, rêvant des amours sublimes et des amitiés idéales, se sentait capable d'atteindre, dans la réalité, à la hauteur et à la perfection de son rêve, mais ne croyait pas qu'on pût l'aimer comme il aimait lui-même. De là ses tourments, ses craintes, ses soupçons, son désespoir; de là les angoisses de son cœur, les orages de sa jeunesse et de son âge mûr; de là cette pensée si souvent développée par lui « qu'une âme sensible et aimante est un fatal présent du ciel ».

La princesse Stéphanie, comme tous ceux qui approchèrent Rousseau, mentionne les refus qu'il opposait presque toujours aux cadeaux qu'on voulait lui offrir, aux présents même de peu de valeur : il redoutait plus que tout au monde le rôle d'obligé, et ne voulait, dans cet ordre d'idées comme dans le reste, donner barre sur lui à personne. La fierté de son caractère sous ce rapport était irréductible. C'est ainsi qu'il refusa des bijoux du prince de Conti, après avoir jadis refusé son gibier, et ne voulut point accepter un don sans importance de son élève.

Celle-ci en éprouva une véritable peine. « Ah! Jean-Jacques », dit-elle, « vous n'avez pas su combien cet orgueilleux refus a humilié et désespéré votre pupille! Mon père y parut aussi sensible que moi; mais ne voulant point vous affliger, il fit un effort pour dissimuler le chagrin qu'il en ressentait. »

Quel était le cadeau offert par la jeune princesse et refusé par l'auteur du *Contrat social*? La postérité veut tout savoir, quand il s'agit d'un grand homme. Ce don féminin consistait dans une douzaine de paires de bas en soie.

La fille du prince de Conti raconte beaucoup de petits

faits de son éducation où Rousseau se trouve mêlé.
Chaque fois qu'elle prononce son nom, c'est pour l'exalter, et pour s'enorgueillir d'avoir eu un tel maître.

Le passage suivant des Mémoires nous paraît caractéristique pour faire comprendre la fierté de l'écrivain :

« Quoique Jean-Jacques parût prendre un véritable
plaisir à diriger mon éducation, cependant, par suite de
son caractère libre et indépendant, il ne s'asservissait
point à venir tous les jours ni à des heures marquées ; il
faisait même quelquefois d'assez longues absences, dont
nous ignorions les causes ; car, quoiqu'il fût souvent incommodé, il n'aimait point qu'on le fatiguât de questions
sur sa santé, non plus que sur la manière dont il avait
disposé de son temps.

« On poussait si loin à la maison la crainte de l'importuner et de le contrarier sur ce point, qu'on tombait quelquefois dans un excès opposé, ce qui lui faisait demander
à ma gouvernante s'il était un homme ridicule, pour user
de tant de ménagements à son égard. On craignait bien
moins de le fâcher encore que d'affliger mon père, qui
ressentait vivement tous les chagrins imaginaires ou fondés que ce grand homme pouvait éprouver.

« Il aurait souhaité de pouvoir connaître ses désirs,
pour avoir la satisfaction de les prévenir, mais Rousseau
ne paraissait former aucun vœu, et refusait toujours de
rien accepter.

« — Votre amitié, disait-il à mon père, l'intérêt et
l'estime des cœurs honnêtes, voilà tout ce que j'ambitionne ; vous faites, en m'honorant de votre attachement,
tout ce que vous pouvez pour ma félicité. Ne m'est-il pas
plus doux de vous nommer mon ami que mon protecteur ? »

Le prince de Conti était digne d'être traité de cette
façon, c'est-à-dire en homme. Véritable grand seigneur,

non seulement par la fortune, la naissance et le rang, mais, ce qui vaut mieux, par les dons de l'esprit et du cœur, et le goût des arts et des lettres, il comprenait, il admirait Rousseau, et se faisait gloire d'être son ami. Au moment des indignes persécutions amenées, en 1762, par la publication de l'*Emile*, ce livre incomparable, trésor de tous les sages, il avait veillé sur Jean-Jacques avec la sollicitude d'un frère aîné, et l'avait sauvegardé de tous les dangers. Il avait montré un rare courage, qu'on ne saurait trop rappeler à nos contemporains, en prenant seul sa défense dans les conseils du roi. Cette défense du prince de Conti constitue, selon nous, son plus beau titre à la reconnaissance des lettres et de la philosophie.

Il faut lire aussi les épîtres du prince à l'écrivain, heureusement retrouvées. On les peut citer comme des modèles de la plus noble affection et de l'admiration la plus sincère. Le prince de Conti ne pouvait supporter la pensée que Rousseau fût malheureux, et rien ne l'arrêtait pour tenter de venir à son aide et d'écarter les pierres de sa route. N'est-ce point touchant? Pourrait-on citer de nos jours de pareils dévouements?

« Mon père », écrit la princesse Stéphanie, « n'était point de ces hommes que le poids de la reconnaissance fatigue ; il ne laissait échapper aucune occasion de parler des grandes obligations qu'il avait à Jean-Jacques, duquel il recevait, aussi bien que sa fille, d'excellentes leçons.

« Mon père lui rapportait un jour que Louis XV l'ayant pressé de renoncer à ses prétentions sur la ville de Neufchâtel, conformément aux derniers traités, il lui avait répondu : « Sire, la souveraineté est une si belle chose « à mes yeux, que si j'étais souverain de mon lit, je ne « le quitterais pas. » — « Vous ne seriez pas », répliqua Rousseau, « le premier esclave qui vous croiriez souverain. »

**

La princesse Stéphanie fut brusquement arrachée à sa destinée heureuse, par le fait d'intrigues de Cour que nous n'avons point à examiner dans cette étude. Une existence agitée succéda aux beaux jours de son enfance; elle ne revit plus Rousseau, à qui on fit croire, paraît-il, que sa jeune élève était morte.

Eloignée de Paris, confiée à des mains mercenaires, elle espérait toujours retrouver son maître, mais elle n'eut point cette joie. Le 2 juillet 1778, il expira à Ermenonville; elle avait alors seize ans.

Voici la belle page que, plus tard, lui inspira cette mort :

« Hélas! je ne devais plus le revoir. Quel dut être le désespoir de ce cœur aimant et sensible lorsqu'il apprit la fatale nouvelle de ma prétendue mort? Oh! mon maître! Si ta douleur a égalé celle que ton élève a ressentie lorsqu'elle apprit que tu avais cessé de vivre, qu'elle a dû être amère et cuisante! Comme j'eus besoin alors d'appeler à mon secours ce dogme consolateur de l'existence d'une vie plus heureuse, où les âmes tendres et sensibles doivent s'aimer éternellement.

« C'est dans tes leçons que j'ai trouvé le courage de supporter tant de peines cruelles. Combien de fois j'ai eu besoin de me les rappeler, pour survivre à mes parents, à mes protecteurs et à mes amis. Non, l'espérance du juste opprimé ne saurait être trompée. Non, ce n'est point en vain qu'en versant des larmes sur ta tombe, toujours présente à mes yeux, je me dis à moi-même que tout n'a pu périr avec un si grand homme, et que nos âmes seront à jamais unies dans le séjour de l'innocence et du bonheur!

« Ne regrette point les larmes que tu donnas à mon
prétendu trépas; j'étais, en effet, déjà morte pour toi, et
mes pleurs, qui n'ont cessé de couler toutes les fois que je
me suis rappelé ton souvenir et ton attachement, prouvent
que j'étais digne de tes regrets! »

Cette page termine harmonieusement les extraits des
Mémoires que nous voulions donner. Ce sont là, à notre
avis, de précieux documents, qui jettent une lumière
féconde sur certains « états d'âme » au xviii° siècle : ils
mettent en même temps en relief, par des détails précis,
la personnalité d'un homme qui a joué, au siècle dernier,
un rôle prépondérant dans le mouvement des émotions,
des sentiments et des idées, et par conséquent des faits,
devenus pour nous de l'histoire.

Ces émotions, ces sentiments, ces idées de Jean-Jacques
ont déterminé une influence qui dure encore, et que nous
ne cessons de subir, en politique comme en littérature.
Telle l'attraction d'une planète se fait sentir pendant des
siècles et à jamais sur les mondes placés dans son orbite.
« A des titres divers », a dit un critique moderne, « nous
sommes tous les fils de Rousseau. » Il est, en effet, plus que
tous les autres le créateur, le père des temps nouveaux.

La princesse Stéphanie de Conti avait trente-six ans
lorsqu'elle écrivit et publia ses Mémoires. Elle avait reçu
de la nature les dons les plus heureux; son témoignage à
l'adresse de Rousseau a, selon nous, une importance toute
spéciale, puisque, enfant, et au milieu d'un cadre propice, elle vécut dans l'intimité du philosophe, reçut ses
leçons, entendit ses préceptes, recueillit directement sa
morale. A vrai dire, les pages qu'elle lui consacre sont les
plus intéressantes et les meilleures de son ouvrage. Elle
retrouva, en les écrivant, un peu de la flamme sacrée qui
animait son illustre précepteur.

Bref, le meilleur souvenir de ses jeunes années, la

gloire et l'orgueil de son âme, la suprême consolation de
sa pensée, le ressort vital de tout son être, c'était d'avoir
eu Jean-Jacques pour maître. Il y a là matière profonde à
réflexion pour ceux de nos contemporains qui ambitionnent le beau titre d'éducateurs de l'enfance et de la
jeunesse.

La fille du prince de Conti, pour clore ses réminiscences
sur son maître, écrit : « Non seulement j'avais entre les
mains plusieurs cahiers de musique de la composition de
l'auteur du *Devin du Village*, écrits de sa main, mais il
avait rédigé, pour mon usage, des principes élémentaires
de mathématiques, au commencement desquels on lisait :
« Dédié à Son Altesse sérénissime par Jean-Jacques Rous-
« seau, citoyen de Genève. »

Que sont devenus ces précieux manuscrits, le dernier
surtout? Quel chercheur favorisé mettra la main sur ces
Principes de Mathématiques, rédigés et écrits par celui
qui avait recopié avec soin, pour la maréchale de Luxembourg, les lettres brûlantes de la *Nouvelle Héloïse*?

O Rousseau, quelle gloire est la tienne! Tous ceux qui
l'approchèrent et te connurent n'ont parlé de toi qu'avec
respect et t'ont considéré et honoré comme un sage; tu
fus aimé par les femmes les plus séduisantes de ton
époque, les marquises, les duchesses et les maréchales; tu
eus pour amis sincères et vrais des princes qui étaient des
esprits supérieurs, tels le prince de Conti et le prince de
Ligne; les ennemis même, tes adversaires, l'archevêque
de Paris en tête, se sont inclinés devant ton génie...

Il t'arriva de former le cœur et l'esprit d'une jeune fille,
et voici que nous découvrons qu'elle te fut reconnaissante
pendant toute sa vie, et son témoignage, à elle aussi, est
plein d'éloquence!

Et tu te plaignais des hommes de ton temps! O ciel,
qu'aurais-tu dit de nos contemporains?

J.-J. ROUSSEAU LISANT SA PIÈCE : *L'Engagement téméraire.*
AU CHATEAU DE CHENONCEAUX.
DEVANT MADAME DUPIN, AUTOMNE DE 1747.

Peinture à l'huile sur bois, par Emilie Leleux, née Giraud, née à Genève 1824-1885.
Scène inédite. — *Collection H. B.*

CHAPITRE VI

UNE FILLE DE JEAN-JACQUES ROUSSEAU

Madame Roland.

MM. Camille de Sainte-Croix et Emile Bergerat, les auteurs de *Manon Roland,* drame joué avec succès à la Comédie-Française, il y a quelques années, nous montrent au début l'héroïne de la pièce vivant à la Platière, près de Lyon, dans le culte philosophique de Jean-Jacques Rousseau, et animant le parti de la Gironde par sa correspondance enflammée. Le buste de l'auteur d'*Emile* orne son salon, en compagnie de celui de Voltaire, et des guirlandes de fleurs y sont entrelacées, en signe de vivante admiration.

Dans un moment d'exaltation, Mme Roland s'écrie, en s'adressant à Rousseau :

Comme ils t'en veulent tous, grand homme! Eux qui, demain,
Béniront ton génie, et vivront de ton verbe,
Prêtre de la Nature, ami du genre humain.
Toi qui semas le grain dont ils auront la gerbe!
On leur apprend à te maudire, aux pauvres gens,
Que le servage enduit de ténèbres opaques!
Fils du peuple comme eux, pardonne-leur. Jean-Jacques,
　　A tous ces Jacques et ces Jeans!

Cette apostrophe est bien dans le caractère de Mme Ro-

land, et les deux auteurs dramatiques n'ont point forcé
la note. La fière Girondine était, en effet, une fanatique
de Rousseau, comme, d'ailleurs, presque toutes les
femmes intelligentes de son temps, et la meilleure
preuve que nous en puissions donner, c'est de mettre en
relief certains passages caractéristiques des ouvrages
qu'elle a laissés, sa Correspondance et ses Mémoires.

Après avoir lu ces extraits, on se rendra mieux compte
du rôle qu'elle a joué dans la Révolution, de sa vie agitée
et de sa mort stoïque. Elle avait le feu sacré dans l'âme;
mais le foyer où elle l'avait allumé et où elle l'entretenait, c'était Rousseau, ce génie incandescent qui a été
dans son siècle, et n'a pas cessé d'être dans le nôtre, le
principe moteur de tant d'énergies et de tant d'enthousiasmes.

* *

Jeune fille, Manon Phlipon s'était liée d'amitié à Paris,
au couvent des dames de la Congrégation, avec les demoiselles Cannet, d'Amiens, Henriette et Sophie, avec cette
dernière surtout. Se trouvant séparées, les trois amies
s'écrivirent, et, plus tard, les lettres nombreuses de celle
qui devait s'appeler Mme Roland furent découvertes et
mises en lumière.

Certes, lorsqu'elle les écrivait, dans l'éclosion de son
printemps enjoué, elle ne se doutait pas qu'elle serait
appelée à occuper une place importante dans les événements tragiques qui s'apprêtaient. Elle se laissait aller
aux douces confidences de l'amitié, aux causeries de la
jeunesse, avec un abandon charmant, et c'est là surtout
ce qui donne de l'importance et de l'attrait à cette correspondance, aux yeux du résurrecteur du passé, du philosophe avide de pénétrer dans les mystères de la pensée
humaine et de surprendre sa force.

C'est dans une lettre datée du 30 janvier 1774 que la jeune Manon Phlipon parle incidemment, pour la première fois, de Rousseau à Sophie Cannet. Elle a vingt ans. Voici le passage :

« Il y a déjà longtemps que je voulais t'écrire, et que j'ai posé les premières lignes de cette lettre ; j'ai été interrompue pour faire le métier de Jean-Jacques : je n'ai fait que copier de la musique depuis plus de huit jours. J'ai été engagée, je ne sais comment, à pincer de la guitare dans une maison ; on m'a prêté des recueils où j'ai pris plusieurs airs : voilà ce qui m'a occupée. J'appelle cela le métier de Jean-Jacques parce que, il y a deux ans, c'était celui dont il s'occupait ici. Il a actuellement un revenu modique et honnête, qui lui laisse le loisir de cultiver la botanique. Il veut tâcher d'épargner à nos Européens les voyages des Indes, en découvrant dans les plantes de nos pays les vertus qui nous font chercher celles qui croissent au delà des mers : l'entreprise est digne de lui. Il a découvert une plante dont la pesanteur intrinsèque équivaut à celle de l'or. Nos chimistes n'ont qu'à faire des épreuves : voilà qui peut réveiller leurs espérances. »

A ce moment, Manon n'avait pas encore lu Rousseau, mais on sent qu'il lui est sympathique et qu'elle est attirée par son prestige. Il faut parcourir la Correspondance jusqu'au 6 décembre 1775 pour retrouver le nom du grand penseur. La jeune fille vient de lire l'*Histoire philosophique* de l'abbé Raynal. Elle est enthousiasmée, et écrit à son amie :

« Je n'ai pas couru trop vite, et j'ai fait de nombreux extraits, suivant mon habitude, pour les livres qui me plaisent. Je n'en connais pas de plus fortement écrit. Avec son style plein de noblesse et de chaleur, ses images de toute beauté, Raynal est un Rubens parmi les écrivains.

La plume de feu du divin Jean-Jacques n'est pas plus éloquente : elle ne s'est point exercée sur tant d'objets
divers. »

Ce passage est caractéristique. Il indique que Manon a
eu entre les mains les œuvres du philosophe et a été con-
quise par lui. C'est un abbé Legrand qui lui fit faire cette
lecture. Il faut ici abandonner la Correspondance et citer
les Mémoires. Racontant sa jeunesse, Mme Roland écrit :

« L'abbé Legrand eut l'esprit de juger qu'il fallait
beaucoup me parler de ma mère pour me rendre capable
de songer à autre chose; il m'entretint d'elle et m'amena
insensiblement à des réflexions, à des idées qui, sans lui
être étrangères, éloignaient la considération habituelle de
sa perte. Dès qu'il me crut en état de jeter les yeux sur
un livre, il imagina de m'apporter l'*Héloïse* de Jean-
Jacques, et sa lecture fut véritablement ma première distraction. J'avais vingt et un ans; j'avais beaucoup lu; je
connaissais un assez grand nombre d'écrivains, historiens, littérateurs et philosophes: mais Rousseau me fit
alors une impression comparable à celle que m'avait faite
Plutarque à huit ans : il sembla que c'était l'aliment qui
me fût propre et l'interprète de sentiments que j'avais
avant lui, mais que lui seul savait m'expliquer.

« Plutarque m'avait disposée pour devenir républicaine; il avait éveillé cette force et cette fierté qui en font
le caractère; il m'avait inspiré le véritable enthousiasme
des vertus publiques et de la liberté; Rousseau me montra le bonheur domestique auquel je pouvais prétendre et
les ineffables délices que j'étais capable de goûter. Ah!
s'il acheva de me garantir de ce qu'on appelle des faiblesses, pouvait-il me prémunir contre une passion? Dans
le siècle corrompu où je devais vivre, et la Révolution
que j'étais loin de prévoir, j'apportai de longue main tout
ce qui devait me rendre capable de grands sacrifices et

m'exposer à de grands malheurs. La mort ne sera plus
pour moi que le terme des uns et des autres. »

Dans les Mémoires, il y a encore un passage relatif à
Rousseau; il précède celui que nous venons de rapporter;
le voici :

« J'ai bien envie de faire remarquer que, dans cette
foule d'ouvrages que le hasard ou les circonstances
avaient déjà fait passer dans mes mains, et dont j'indique vaguement ceux que les lieux ou les personnes me
rappellent les premiers, il n'y a point encore du Rousseau : c'est qu'effectivement je l'ai lu très tard, et bien
m'en a pris; il m'eût rendue folle; je n'aurais voulu lire
que lui; peut-être encore n'a-t-il que trop fortifié mon
faible, si je puis ainsi parler.

« J'ai lieu de présumer que ma mère avait pris quelque soin pour l'écarter; mais son nom ne m'étant pas
inconnu, j'avais cherché ses ouvrages, et je n'en connaissais que ses *Lettres de la Montagne* et celle à Christophe
de Beaumont, lorsque je perdis ma mère, ayant lu alors
tout Voltaire et Boulanger, et le marquis d'Argens, et
Helvétius, et beaucoup d'autres philosophes et critiques.
Probablement, mon excellente mère, qui voyait bien
qu'il fallait laisser exercer ma tête, ne trouvait pas grand
inconvénient que j'étudiasse sérieusement la philosophie,
au risque même d'un peu d'incrédulité; mais elle jugeait
sans doute qu'il ne fallait pas entraîner mon cœur sensible, trop près de se passionner. Ah! mon Dieu! que de
soins inutiles pour échapper à sa destinée! »

* *

Ces deux passages des Mémoires de Mme Roland font
saisir quel fut, dès le début, le prestige de Rousseau sur
les imaginations, sur les cœurs. Les autres captivaient

l'intelligence, lui s'emparait de l'âme. Aussi, Manon Phlipon, après avoir lu la *Nouvelle Héloïse,* parle de « la
plume de feu du divin Jean-Jacques ». Son enthousiasme
est allumé et ne s'éteindra plus. Nous allons voir quelle
place le célèbre écrivain va prendre dans sa vie, maintenant qu'elle a goûté au fruit presque défendu que lui
cachait sa mère. Revenons à la Correspondance.

A la fin de sa lettre du 6 décembre 1775, Manon dit :

« L'abbé Legrand, que tu as vu ici, est logé au même
étage que moi. Il vint dîner ici il y a quelque temps. Il
arriva de bonne heure; j'étais seule. La conversation
tomba bientôt sur ce chapitre (les principes de conduite
dans la vie). Il est assez éclairé et ne manque pas de bon
sens; nous causâmes longtemps; il me fit sa confession
de la meilleure foi du monde; elle ne ressemble pas mal
à celle du Vicaire savoyard. A propos de cela, en réflé-
chissant sur toutes ces choses, je trouvai dernièrement
que Rousseau n'était pas si ridicule qu'on voulait bien le
dire, de prétendre mettre son élève à même de choisir une
religion plutôt que de s'ingérer de lui en donner une. Je
trouve le procédé assez raisonnable de la part de quelqu'un qui est de bonne foi et qui n'est pas trop sûr de ce
qu'il faut croire. N'y a-t-il pas une certaine répugnance,
pour une âme droite, à représenter comme ce qu'il y a de
plus respectable, de plus sacré, des choses qu'intérieure-
ment on doute être des fables? »

Manon a lu Jean-Jacques, le philtre enchanteur la possède, allume son enthousiasme et va la faire agir. Dans
une lettre du 19 février 1776, elle dit à Sophie :

« Je crois que je vais écrire à Jean-Jacques Rousseau :
[notre ami] le philosophe républicain était chargé auprès
de lui d'une commission dont il s'est démis en ma faveur,
pour me procurer le plaisir de voir ce grand homme.

Comme on ne lui parle pas aisément, j'ai envie d'exposer ma commission par écrit, et d'aller ensuite chercher la réponse rue Plâtrière. »

Rousseau alors vivait assez paisiblement à Paris, à un quatrième étage de cette rue Plâtrière, la même qui porte aujourd'hui son nom. Son existence était des plus modestes, car il était resté pauvre, malgré le succès prodigieux de ses livres, qui, comme on l'a dit de Corneille, n'enrichissaient que notre littérature et aussi les éditeurs et les libraires. Il était âgé de soixante-quatre ans, et avait encore deux années à vivre.

Chacun désirait le voir, l'approcher, l'entendre, lui parler, grandes dames, grands seigneurs, étrangers de marque, princes même, et parmi ceux-ci le prince de Ligne, qui a laissé une narration si intéressante de sa visite. Rousseau, obsédé, avait fini par consigner sa porte, et il n'était pas facile d'arriver jusqu'à lui.

Le 29 février 1776, Manon Phlipon raconte à son amie sa tentative. Nous en donnerons les détails dans un des chapitres qui suivent.

Mlle Sophie Cannet n'avait pas le même tempérament ardent. Elle jugeait Jean-Jacques d'après les critiques banales des ignorants, et ne l'avait sans doute point lu. Elle dut jeter un seau d'eau froide sur la ferveur de Manon, car celle-ci lui répond à la date du 21 mars :

« Je suis presque étonnée que tu *t'étonnes* de mon enthousiasme pour Rousseau : je le regarde comme l'ami de l'humanité, comme son bienfaiteur et le mien. Qui peint donc la vertu d'une manière plus noble et plus touchante ? Qui la rend plus aimable ? Ses ouvrages inspirent le goût du vrai, de la simplicité, de la sagesse. Quant à moi, je sais bien que je leur dois ce que j'ai de meilleur. Son génie a échauffé mon âme ; je l'ai senti m'enflammer, m'élever et m'ennoblir.

« Je ne nie point qu'il n'y ait quelques paradoxes dans son *Emile*, quelques procédés que nos mœurs rendent impraticables. Mais combien de vues saines et profondes! Que de préceptes utiles! Que de beautés pour racheter quelques défauts! D'ailleurs, j'avoue que l'observation m'a conduite à approuver des choses que j'avais traitées d'abord de folles et chimériques. Son *Héloïse* est un chef-d'œuvre de sentiment. La femme qui l'a lue sans s'être trouvée meilleure après cette lecture, ou tout au moins sans désirer de le devenir, n'a qu'une âme de boue, un esprit apathique : elle ne sera jamais qu'au-dessous du commun.

« Son discours sur l'origine de l'*Inégalité* est aussi profondément pensé que fortement écrit : cette seule production lui eût mérité le titre de philosophe de premier ordre. Celui sur les Sciences et les Arts, tels étrangers que paraissent les principes qu'il avance, est mieux en preuves que tout ce qu'on a écrit contre. Le *Contrat social* est sagement raisonné : les seules *Lettres de la Montagne* contiennent mille vérités intéressantes relatives aux gouvernements. Sa *Lettre sur les Spectacles*, qui n'est déjà plus écrite de cette manière serrée, concise et forte, admirée dans ses autres ouvrages, étincelle encore de mille beautés. Enfin, dans tout ce qu'il a fait, on reconnaît non seulement l'homme de génie, mais encore l'honnête homme et le citoyen.

« Les reproches qu'on adresse à son caractère personnel se réduisent à l'accusation vague d'être insociable; mais voyons un peu : est-il juste d'exiger qu'un homme qui travaille beaucoup dans le cabinet fréquente les sociétés comme nos oisifs? Il y a de l'absurdité à vouloir dans un même homme des qualités contradictoires. Un auteur réfléchi, appliqué, profond, n'est pas un être à figurer dans les cercles. Je ne suis rien, je ne fais rien pour le public, je vois peu de monde, et je sens qu'il me plairait fort d'en voir encore moins : à l'exception de deux ou trois personnes, toutes les autres me volent un temps que j'aurais mieux employé sans elles. Tu sens l'application.

« Mais bien plus, les persécutions, les injustices des hommes ont presque donné à Rousseau le droit de ne plus croire à leur sincérité. Tourmenté dans tous les pays, trahi par ceux qu'il croyait ses amis d'une manière d'autant plus pénétrante que son âme sensible voyait leur noirceur sans pouvoir délicatement la dévoiler ; persécuté par son ingrate patrie, qu'il avait illustrée et servie ; en butte aux traits d'une méchanceté jalouse, est-il étonnant que la retraite lui paraisse le seul asile désirable ? Dans son obscure solitude, il voyait encore quelques amis ; eh bien, il a perdu l'an passé Lenieps, son plus intime, persécuté comme lui pour l'avoir voulu défendre contre l'animosité des magistrats de Genève.

« Il s'en est peu fallu qu'on n'élevât un échafaud pour cet homme, à qui dans un autre siècle on dressera peut-être des autels !

« Il a présentement environ soixante-quatre ans ; sa mauvaise santé, ses infirmités justifieraient sa retraite, quand il n'aurait pas d'autres raisons. Hélas ! il sent déjà cette décadence qui remet les hommes supérieurs au niveau de tous les autres ! Le philosophe républicain me disait dernièrement : « Sa mémoire faiblit beaucoup ; il « n'écrit plus qu'avec une sorte de peine. »

Ne croirait-on pas entendre la voix d'un philosophe qui a pâli sur les livres, après avoir traversé les orages des passions, qui connaît les désillusions et les décadences de la vie, et songe à finir ses jours loin du tumulte des hommes et de la vanité du monde ?

Et pourtant, c'est une jeune fille de vingt-deux ans qui tient ces sérieux propos, et porte ces jugements marqués déjà au coin de la sagesse ! L'exemple d'une telle profondeur de pensée est rare dans la première jeunesse d'une femme. En parcourant ces épîtres, on se rend compte de l'influence qu'exercera plus tard celle qui les écrit d'une plume facile, comme de simples causeries.

Rousseau reçut d'elle plusieurs lettres. En effet, au mois d'août, elle dit à Sophie :

« L'union, l'amour universels, voilà ma folie ; si j'avais vu le bon abbé de Saint-Pierre, je crois que j'aurais embrassé ses genoux en pleurant, comme j'aurais fait peut-être ceux de Rousseau, si sa femme m'avait permis de lui parler. Aussi je lui écrivais dans ma seconde lettre : « Si « je n'avais fait que vous admirer, je n'aurais pas attaché « un si haut prix au bonheur de vous voir ; mais je chéris « en vous l'ami de l'humanité, son bienfaiteur et le « mien : c'est à ces titres que vous me paraissez mériter « mon hommage, et que j'aime à vous le rendre. »

Jean-Jacques conserva-t-il les lettres de Manon Phlipon ? Les a-t-on cherchées et retrouvées dans ses papiers ? Nous pensons que le philosophe les détruisit, avec beaucoup d'autres papiers jugés par lui superflus, sinon inutiles, lorsqu'au mois de mai 1778, il quitta Paris pour aller demeurer à Ermenonville.

Il y a lieu de le regretter : quel document précieux pour l'histoire constituaient ces épîtres !

* *

L'année 1776 s'écoule : Manon désire toujours voir l'auteur d'*Emile*. Le 2 janvier 1777, elle écrit à Sophie :

« Je n'ai besoin pour le moment que de délassement, les ouvrages d'esprit me conviennent mieux que les productions scientifiques, qu'une méditation profonde ; je n'ai pas le temps de raisonner, je ne puis être philosophe qu'en action. A propos de philosophe, Rousseau n'est pas mort, comme on l'avait publié : j'aurais été bien piquée qu'il délogeât ainsi, sans que je fusse parvenue à le voir. Si mes tracasseries pouvaient me laisser quelque relâche, je tenterais certains moyens ; je ne lui écrirais pas, puisque Madame sa femme ne veut pas que je sois l'auteur des lettres que je lui ai adressées ; mais... mais... il faut renvoyer ces projets à d'autres temps. »

La nouvelle de la mort de Rousseau avait couru en effet, à la suite d'un accident qui fit sensation dans Paris. Manon le relate dans sa lettre du 15 janvier :

« Ce qu'il y a de vrai dans les bruits répandus au sujet du bon Jean-Jacques, c'est qu'il a été renversé par un chien qui courait devant l'équipage de M. de Saint-Fargeau. Il y a dans le dernier *Mercure* une lettre intéressante : elle est écrite par quelqu'un qui pense et sent comme moi sur le compte de M. Rousseau. »

On connaît la réponse du philosophe à un ami de M. de Saint-Fargeau, venu de sa part pour prendre de ses nouvelles, et lui demander ce qu'il désirait : « Dites à M. de Saint-Fargeau de faire attacher son chien ! »

Le 14 avril, Manon entretient son amie de questions relatives au mariage et au divorce, et incidemment elle lui dit :

« Je m'interromps ici pour te faire remarquer à ce sujet une particularité qui me passe dans l'esprit : tu sais, ou tu apprendras que Jean-Jacques a une femme, c'est-à-dire que Mlle Levasseur, son ancienne et fidèle gouvernante, s'appelle Mme Rousseau, et le nomme son mari depuis que, faisant ensemble un petit voyage, ils s'arrêtèrent près de Lyon, et que là M. Rousseau ayant assemblé quelques amis, lui déclara qu'il la prenait pour femme. Cette façon toute simple de se marier me paraît conforme à celle dont je parlais tout à l'heure, et que Justinien avait autorisée pour les personnes de la dernière classe. »

C'était à Bourgoin, le 30 août 1768, qu'avait eu lieu, à l'auberge de la *Fontaine d'Or*, la cérémonie du mariage de Rousseau avec Thérèse Levasseur, en présence du maire, M. Champagneux, et de M. de Rosière, capitaine d'artillerie, cousin de celui-ci. M. Champagneux a laissé, dans ses Mémoires, un récit curieux de ce mariage. Dans la Correspondance de Rousseau, on ne trouve qu'une seule lettre où il parle de cet acte de sa vie. Cette lettre, adressée à son ami Lalliaud, le 31 août 1768, renferme ce passage : « Cet honnête et saint engagement a été contracté dans toute la simplicité, mais aussi dans toute la vérité de la nature, en présence de deux hommes de mérite et d'honneur... »

Revenons à Manon. Elle a si bien parlé de Rousseau à Sophie que celle-ci éprouve à son tour le besoin de connaître ses œuvres. Elle demande des renseignements, et reçoit cette réponse (9 août 1777) :

« Je me souviens que tu me demandais dernièrement le catalogue des œuvres de Rousseau; voici les noms de celles que je connais : le *Contrat social*, l'*Emile*, la *Nouvelle Héloïse*, le *Discours sur les Sciences et les Arts*, avec les défenses qu'on y a faites, les défenses dont il l'a soutenu; il ne faut pas négliger sa préface de *Narcisse*. La *Lettre à M. d'Alembert sur les Spectacles*; surtout son *Discours sur les causes de l'inégalité parmi les hommes*; *Lettre sur la Musique française*, l'excellent *Discours sur l'économie politique* : je ne me remets pas autre chose. Adieu, l'on m'étourdit... »

Le 4 septembre, lettre à Henriette Cannet, sœur de Sophie :

« Si j'avais dirigé tes lectures, je ne t'aurais pas donné M. de Paw, ni rien qui y ressemble; il y avait dans les

belles-lettres assez d'aliments pour amuser ton esprit,
sans attaquer ce que chérit ton âme sensible ; mais puisque tu en es là, je t'invite à lire, à méditer le Discours
de Jean-Jacques sur l'origine de l'inégalité parmi les
hommes. C'est plein de feu et de nerf. »

Sophie a formulé des reproches contre le citoyen de
Genève ; Manon lui répond, le 4 octobre :

« Je suis fâchée que tu n'aimes pas Rousseau, car je
l'aime au delà de toute expression, et je n'entends pas
bien les reproches que tu lui fais. Personne ne fut plus
conséquent et plus ferme dans sa conduite. La prévention, la sottise, la haine et la méchanceté l'ont persécuté
avec un acharnement et une violence dont on voit peu
d'exemples : il s'est défendu en homme sensible à l'estime
publique, et qui cherche à la mériter, mais à la fois en
homme supérieur aux vaines attaques de l'envie ; et il a
fini par se soustraire à sa propre célébrité, en choisissant
une vie obscure et paisible, digne d'un sage, et bien éton-
nante pour un homme qui pouvait attendre les plus
grandes distinctions, si elles étaient le prix des lumières
et de la vertu. Quelle est donc cette cause juste, soutenue
par ses adversaires ? Il faut que tu l'expliques : je porte
Rousseau dans mon cœur, et je ne souffre pas qu'on
l'attaque d'une manière vague. »

Elle prend, on le voit, la défense de l'écrivain, comme
s'il s'agissait d'elle-même. Son admiration se transforme
en une sorte de culte : jamais Rousseau ne fut défendu
avec plus d'ardeur et de sincérité. Ce n'est pas une mince
gloire d'inspirer tant de dévouement désintéressé à une
des femmes les mieux douées de son époque.

*
* *

Elle veut pousser Sophie dans ses derniers retranche-
ments, et la réduire au silence, puisqu'elle ne peut lui

10

faire partager sa ferveur. Voici les beaux passages de sa
lettre du 17 octobre :

« J'ai passé la journée d'hier chez Mme Trude. M. de
Buffon vient assez souvent dans la maison, pour voir le
petit abbé bossu. J'ai causé avec ce dernier : c'est un ado-
rateur de Jean-Jacques. Je lui ai demandé s'il l'avait vu ;
cette question m'a valu le récit d'une petite anecdote.
Animé du plus vif désir de parler à Rousseau, l'abbé
n'imagina d'autre moyen que de faire une lettre et quelques vers qu'il fut porter lui-même ; le Cerbère fit tapage,
refusa même de remettre la dépêche, sans savoir ce
qu'elle contenait, et ne s'y résolut enfin qu'à force d'instances. Le porteur voulut attendre : ce ne fut pas sans
fruit ; après un intervalle, Rousseau parut. La conversation s'engagea, et tous deux furent tellement émus que
leurs yeux devinrent humides, et qu'ils se quittèrent en
s'embrassant avec le plus grand attendrissement. « Je le
« voyais », me dit l'abbé, « pour la première et dernière
« fois. Ma mère, connaissant mon enthousiasme, per-
« suadée que je mettrais tout en œuvre pour parvenir
« jusqu'à lui, m'avait fait promettre, mue par des prin-
« cipes sages et modérés sans doute, que je ne verrais
« Jean-Jacques qu'une seule fois. J'avouai à Rousseau
« que j'étais résolu à tenir ma promesse, quoique cette
« soumission filiale me coutât beaucoup. Il parut m'en
« estimer davantage, ajoutant qu'après cet engagement
« je gagnerais plus à ne pas le voir. »

« Je peindrais difficilement, ma chère Sophie, le plaisir
que j'ai goûté en trouvant un homme de plus à estimer :
je crois acquérir un nouveau bien quand je fais pareille
rencontre.

« J'estime plus que tu ne fais la manière dont Rousseau a traité l'existence de Dieu. Il me paraît inutile,
incertain et même injuste de forcer les expressions d'un

auteur pour deviner les pensées qu'il n'a pas eu dessein de publier. Qu'importe que Rousseau soit athée ou déiste, s'il est vrai que ses ouvrages renferment et font aimer les principes qu'il est utile d'adopter? Assez de théologiens et de philosophes ont établi l'existence de Dieu par des raisonnements métaphysiques : le docteur Clarke a poussé les preuves de ce genre jusqu'où l'esprit humain pouvait les porter; Newton les a étayées de celles qui peuvent se tirer de la considération de l'ordre et des lois admirables qui régissent l'univers; Descartes... et que sais-je?... Mille autres, anciens et modernes, ont traité cette matière en raisonneurs profonds et abstraits.

« Les preuves, suffisantes pour beaucoup d'esprits, ne détruisent pas des objections insolubles qui font douter quelques autres, ou les conduisent plus loin encore : dans l'impossibilité d'anéantir toutes les difficultés, celui qui veut faire valoir un parti doit employer le sentiment en sa faveur. C'est le moyen qui restait à un esprit juste, à un écrivain habile, énergique et éloquent : c'est celui dont Rousseau s'est servi. Je le goûte beaucoup; c'est, selon moi, le plus propre à persuader et le plus digne d'être employé par un homme de bonne foi qui chérit ses semblables.

« Chaque esprit a son genre de preuves dont il est particulièrement affecté; les subtilités échappent à beaucoup de personnes et les raisonnements n'entraînent que le petit nombre; mais le sentiment parle à tous. C'est toujours lui, définitivement, qui nous détermine et qui demeure victorieux, soit que l'illusion ou la vérité le produise. Aussi, vous n'avez qu'à suivre et à presser les défenseurs de la religion, vous les verrez revenir à l'utilité de ses dogmes et de sa morale, aux avantages qu'elle donne et promet, etc... Ils cherchent à mettre le cœur dans leurs intérêts, et ils ont raison : une fois le cœur gagné, tout le reste suit; c'est également vrai dans tous les cas.

« Qui mieux que Rousseau a su manier ce ressort pour
faire adopter et chérir l'idée d'un Dieu puissant et bon,
la foi de l'immortalité et la vertu appuyée de ces puissants mobiles? Assurément, si je n'avais lu que ses
ouvrages, je serais moins sceptique. Vois son *Emile*, son
Héloïse, sa *Lettre sur l'Optimisme*, etc.! Tout ce qui sort
de sa plume vous embrase, vous inspire l'humanité, la
bienveillance; en faisant connaître les hommes, il donne
aussi de l'indulgence pour eux; il éveille et fortifie toutes
les affections qui nous réconcilient avec l'existence.

« Comment peut-on imaginer qu'il ait voulu abolir
dans les cœurs la croyance d'un Dieu? S'il ne la possède
pas, il a fait au moins de son mieux pour la soutenir
chez tous ceux à qui il importe de la conserver. Eh!
laissons dans le silence des idées particulières qu'il n'a
pas voulu nous révéler : il n'en est comptable à personne. »

Nous sommes dans les hautes questions philosophiques.
Manon s'y complaît et ne craint pas d'y revenir souvent.
Sa correspondance est variée et animée comme un beau
paysage; mais ce qui ne cesse d'étonner le lecteur, c'est
la profondeur de ses aperçus, et c'est l'idée que les personnes qui reçoivent ses lettres et provoquent ces discussions sont, comme elle, deux gracieuses jeunes filles
dans tout l'éclat de leur printemps. Le 30 octobre, elle
revient à la rescousse :

« Ma chère Sophie, je suis assurée qu'avec ton sens et
ta pénétration, tu ne pourras t'empêcher de relire le discours de Jean-Jacques, et de l'étude de ses idées, tu verras
en naître pour toi de nouvelles; je ne sais pourquoi ni
comment tu trouves que son raisonnement ébranle l'existence de Dieu; dans son *Contrat social*, il n'a nullement
discuté cet objet, et il ne traite que de la religion civile.
L'idée d'une volonté qui nécessite et d'une puissance qui

fasse agir, soutenue dans l'*Emile*, est bien l'idée la plus
simple, la plus distincte et la meilleure que l'on puisse
se faire du premier Etre; tous nos subtils théologiens ou
métaphysiciens ne pourront jamais rien dire de plus
précis et de plus sage.

« Enfin, les avantages du théisme ne peuvent être
mieux développés que dans l'*Héloïse*. Henriette se fâche
de ce que Volmar est athée; mais, dans tous les romans
ou les drames, les personnages diffèrent par leurs caractères, pour l'intérêt de la vraisemblance et le plaisir du
lecteur. Rousseau nous a peint, dans un homme sans
religion, le modèle que doivent suivre ceux qui ont le
malheur de n'en pas avoir, et dans Julie dévote, il nous
fait aimer et désirer les charmes de la persuasion. Il résulte de tout cela que son ouvrage est d'une utilité plus
générale et qu'il inspire la vertu à chacun, malgré la diversité des opinions. Je voudrais que vous lussiez l'arrêt du
Parlement qui condamne son *Emile* et le mandement de
l'archevêque contre lui : je ne connais pas de contraste plus
propre à faire ressortir le mérite et le ridicule, chacun de
leur côté; il faut lire aussi sa lettre à M. de Beaumont...

« O mes amies! nourrissez-vous de cet auteur, aucun
n'est plus propre à éclairer l'esprit au profit du cœur et
de la félicité! »

Henriette Cannet devait être fort raisonneuse, et se laissait convaincre moins facilement encore que sa sœur
Sophie. Manon lui écrit le 17 novembre :

« Je suis fâchée que tu trouves mes raisons mauvaises,
mais je ne ferai pas les frais d'en chercher d'autres; je
suis fort éloignée de regarder l'*Héloïse* comme un roman
ordinaire, j'y mets beaucoup d'importance par les vérités
qu'il présente, et surtout à cause des sentiments qu'il
inspire, mais je n'en approuve pas davantage le procès
que tu intentes à Rousseau sur son volume.

« S'il arrivait qu'il eût exposé ses principes dans ceux de ce personnage, je ne pourrais prendre sur moi de le blâmer, parce que je conclurais, d'après sa façon d'écrire sur le contraire, qu'il a jugé que certaines vérités n'étaient pas faites pour tout le monde, et je ne trouverais là que ma pensée. Ceci en dit peut-être beaucoup sur mon compte, tu le sens, et c'est un travers de plus à me pardonner.

« Je voudrais bien revoir encore toutes les œuvres de ce bon maître; au défaut des autres, je lis et relis ses discours, et son *Contrat social*, que je ne me flatte pas d'entendre d'un bout à l'autre. C'est un livre à étudier, non pas qu'il ne soit clairement écrit, mais parce qu'il renferme trop de choses pour que l'ensemble et la liaison puissent être saisis sans effort.

« En parlant de cet excellent Jean-Jacques, mon âme s'anime, s'émeut et s'échauffe; je sens renaître mon activité, mon goût pour l'étude, pour le vrai et le beau en tout genre. Le tableau s'égaye, la vie me sourit, j'approche, j'attends l'enthousiasme, cette plénitude de sentiments d'où renaissent épurées les affections sans nombre qui font le bonheur de nos jours. »

Peut-on faire un plus bel éloge de Jean-Jacques? Manon caractérise bien l'action qu'il exerce sur l'âme du lecteur, la chaleur croissante qu'il lui communique, le frémissement fortuné dont il la pénètre et l'enveloppe. Ceux qui ont éprouvé ces vibrations de l'intelligence et du cœur admireront ces beaux passages, et se reconnaitront dans ces accents de sincère enthousiasme.

⁎

La personnalité de Rousseau prend une place de plus en plus grande dans la correspondance de Manon. Elle envoie à ses amies d'Amiens de véritables dissertations, dignes de figurer dans un ouvrage de métaphysique.

Le 29 novembre, elle écrit une longue lettre où elle
s'adresse alternativement à Henriette et à Sophie.

« En voilà bien long », dit-elle à Henriette, « et j'ai
encore à traiter l'article de Jean-Jacques; mais que veux-
tu? je ne prétends pas affirmer ce qu'il pense de certains
objets : je le répète, il me paraît incertain, inutile de
chercher à découvrir les opinions d'un homme, lorsqu'il
s'occupe à les déguiser, ou de prétendre qu'il les déguise,
lorsqu'on n'en a pas les preuves. Je t'avoue que ces deux
choses sont également étrangères à mon tour d'esprit.

« J'aime en Rousseau l'honnête homme et l'habile écrivain, j'admire en lui le génie, le talent, et j'applaudis à
l'usage qu'il a fait de l'un et de l'autre; il a ramené les
esprits aux objets qu'il leur importe le plus de connaître,
il s'est occupé des mœurs et de ce qui pouvait les améliorer. Touché du malheur de ses semblables, il les rappelle au vrai, à la nature, à la vertu; si dépravé qu'on
soit avant de le lire, on sort meilleur de sa lecture.

« Je ne sais si Rousseau fut athée dans quelques moments de sa vie, mais je me persuade que quand il l'était,
il n'aurait pas travaillé à se faire des prosélytes. L'idée d'un
Etre juste et bon, la foi dans une Providence aimable lui auraient paru trop essentielles au bien général des hommes,
trop indispensables pour nourrir les imaginations ardentes,
consoler les cœurs sensibles, maintenir le vulgaire, pour
qu'il employât ses talents à ébranler une croyance utile,
ne fût-elle qu'une erreur. Il se peut que son active sensibilité lui ait donné le besoin de cette créance, dont ses
lumières lui faisaient connaître les fondements incertains.
Le plus hardi systématique n'est jamais constamment sous
le même point de vue; on varie sur ses degrés d'assurance
selon l'aperçu des raisons. Il n'y a que la crédulité qui demeure toujours la même, parce qu'elle ne raisonne plus
sur les objets qu'elle a une fois jugé bon d'admettre...

« Rousseau a pu défendre la cause de Dieu comme une
opinion chère à son cœur et nécessaire à ses semblables;
Rousseau a pu se peindre dans Volmar, lorsque le flegme
du raisonnement faisait évanouir l'illusion favorite du
sentiment. Il n'y a pas un esprit juste, libre et exercé qui
ne soit choqué des bizarreries et des contrariétés du Dieu
théologique, s'il vient à considérer ce fantôme avec les
yeux de la raison; mais il n'y a pas non plus de cœur
tendre et d'imagination vive qui n'aime à se représenter
un Être sensible, intelligent, puissant et bon...

« J'aime comme une autre cette douce chimère; elle
m'attendrit, et je me plais parfois à m'en repaître, mais
je n'y crois pas, et je ne m'en inquiète guère. Avec tout
cela, si j'avais le génie et la plume de Rousseau, j'écrirais comme lui, je prêcherais la Divinité, et à force de la
peindre aimable, je pourrais bien me persuader.

« Tu as voulu que je déraisonne, me voilà en train, et
si je ne me pinçais pour m'arrêter, je défilerais longuement un chapelet bien indévot. — Minuit sonne, mon
papier s'avance, et, rappelée par les contraires, je vais
m'adresser particulièrement à Sophie. »

Manon, on le voit, savait raisonner : on peut même
dire, pour employer une expression du temps, qu'elle
était « un esprit fort ». Quel horizon, quelle perspective
elle ouvre sur le vaste problème de l'existence de Dieu!
Son intelligence l'en éloigne, mais son cœur l'y ramène.

.*.

Nous arrivons à l'année 1778. Le 1ᵉʳ janvier, l'aimable
et savante Manon reçoit des cadeaux : parmi ceux-ci, il
en est un qui lui est plus spécialement cher. Nous allons
le connaître par la lettre que le jour même, à onze heures
du soir, elle adresse à Sophie :

« Hier, je me réjouissais du projet de t'entretenir avant

de me coucher, lorsqu'il m'arriva certain vieillard véné-
rable, commissionnaire du républicain, avec une lettre
et un paquet. Ayant ouvert la première, j'y vis le plus
ingénieux mensonge, inventé pour me faire accepter ce
que contenait le second : c'était une édition complète des
œuvres du bon Jean-Jacques. Emue plutôt que surprise;
flattée, mais incertaine; presque fâchée d'une attention
touchante et généreuse qui me paraissait exiger trop,
parce qu'elle m'obligeait beaucoup, je cédai, vaincue par
la délicatesse; et je répondis sans remercier, en grondant
d'y être contrainte.

« Avoir tout Jean-Jacques en sa possession, pouvoir le
consulter sans cesse, se consoler, s'éclairer et s'élever
avec lui à toutes les heures de la vie, c'est un délice, une
félicité qu'on ne peut bien goûter qu'en l'adorant comme
je fais. Dans le moment de l'enthousiasme, mes mains,
prenant tous les volumes les uns après les autres, gar-
dèrent, je ne sais comment, un tome de l'*Héloïse* : avec
ce précieux dépôt, je m'enfuis au coin de ma cheminée,
et je m'y tapis en silence, dans le plus grand recueillement.

« J'en étais à cette lettre où Saint-Preux entretient
Julie des effets de la musique qu'il avait entendue chez
mylord Edouard, lorsque, par un à-propos que tu trou-
veras ressembler à une fable, le son flatteur de plusieurs
instruments vint frapper mon oreille; étonnée, hors de
moi, j'arrive près de la fenêtre; j'écoute une sérénade
charmante, composée de clarinettes, de cors de chasse et
de bassons; et je distingue, à la lueur des réverbères, les
joueurs groupés au bas de la maison voisine. Captivée par
une harmonie qui me trouvait si bien disposée, je tom-
bai sur une chaise, dans un saisissement de plaisir; je
pleurais en écoutant (car il faut jeter des larmes sitôt que
les sensations acquièrent une certaine vivacité). Je de-
meurai longtemps attentive après que la musique eût

cessé. Au délire enchanteur succédèrent des réflexions douces et tranquilles; je voulus reprendre ma lecture: mon père arriva, et nous soupâmes. »

Les amis des lettres, les amoureux du livre, les fervents de la vie intellectuelle, les poètes avides d'idéal seront émus par ces confidences, ces aveux, cette grande joie que font naître de beaux volumes d'un auteur aimé, donnés en cadeau, caressés des yeux et de la main, et lus avec un sublime bonheur.

Du 23 janvier :

« Je ne suis plus au courant de rien; je n'ai plus de livres; mais j'ai mon bréviaire, mon excellent Jean-Jacques; lorsque j'aurai pu lui joindre pour toujours Plutarque et Montaigne, ces trois bons guides feront ma société journalière. »

Du 6 mars :

« J'ai dîné chez Mme Trude, en grande assemblée, avec l'abbé Bexon. Il est aussi aimable en compagnie, aussi facile en conversation qu'il est habile et savant, la plume à la main dans son cabinet. Nous étions voisins, et dans notre enthousiasme commun pour le bon Jean-Jacques, nous avons fait, sans changer de place, un petit voyage à Clarens. La politesse et la nécessité nous ont bientôt rappelés dans notre société, où Mme Trude nous paraissait mériter le nom de Claire. »

Du 15 mai :

« Je disais hier à un homme aimable, dont Mme Trude m'a donné la connaissance, et qui me surprit l'*Emile* à la main, que j'avais choisi Rousseau pour mon bréviaire, Plutarque pour mon maître, et Montaigne pour mon ami; ce dernier n'est pas sans défauts, mais ce nom d'ami dit tout : c'est un homme auquel il faut passer ses fantaisies. »

Un passage curieux à rapprocher de ce fragment, c'est celui des Mémoires de Buzot, où cet ami si cher de Mme Roland écrit :

« Avec quel charme je me rappelle encore cette époque heureuse de ma vie (sa jeunesse) qui ne peut plus revenir, où le jour je parcourais silencieusement les montagnes et les bois de la ville qui m'a vu naître, lisant avec délices quelques ouvrages de Plutarque et de Rousseau !... »

On sait qu'ils s'aimèrent : quand de telles affinités existent entre deux êtres, peuvent-ils ne point s'aimer?

Le 2 juillet 1778, Rousseau meurt à Ermenonville, chez le marquis de Girardin. Manon dit à Sophie, le 18 :

« J'ai pleuré notre bon Jean-Jacques, de la meilleure foi du monde, avec un de ses disciples, petit bossu, petit abbé, qui est tout âme, tout feu, tout esprit, tout savoir... Cette lettre n'est qu'un *mémento* tracé négligemment dans un moment de loisir. »

Du 6 octobre, à Henriette :

« Je ne répondis pas à ta remarque sur Jean-Jacques, parce que je me souvenais d'avoir traité ce chapitre fort long dans une lettre adressée aux deux amies, et qu'il me semblait fort inutile de me répéter, chose qui peut arriver assez souvent. Je te renvoie à cette lettre par la même raison, et je dirai seulement ici, pour ta satisfaction plus prompte, que je ne mêle pas Rousseau au nombre des athées. Je crois que son génie perçant sut distinguer tous les nuages qui environnent l'existence de Dieu. L'impossibilité de le prouver incontestablement, par le raisonnement, lui fut évidente; s'il eût été plus froid, il serait au moins demeuré sceptique. Il voulait une Providence. La foi d'un être puissant et bon était nécessaire à son bonheur. Il sentait d'ailleurs combien cette créance était

utile pour le commun des hommes ; il la soutint de tout
son pouvoir, il ne la prêcha pas, il s'efforça de la persuader aux autres comme à lui-même. »

*   *

La correspondance touche à sa fin : les beaux jours de
la jeunesse s'envolent, et avec eux les longs loisirs et le
besoin des confidences ; bientôt, Manon Phlipon sera
Mme Roland, le cadre de sa vie s'élargira, et elle n'aura
plus le temps d'écrire à ses amies ces longues et fréquentes lettres, admirables à tous égards, où nous avons
pris seulement les passages qui ont trait à Rousseau.

Nous avons encore une dernière gerbe à cueillir, au
sujet du philosophe. Le 10 janvier 1779, Manon écrit à
Sophie :

« J'avais formé le projet de joindre à ma première
missive le commencement des Extraits de physique, mais
je n'ai pas eu le temps de les faire ; je mettrai à la place
une petite pièce, qui ne ressemble à rien, et dont la création s'est faite plaisamment. J'avais beaucoup causé de
l'excellent Jean-Jacques avec le bon Genevois ; celui-ci
me témoignait, dans l'amertume de son cœur, combien
il regrettait pour sa part que ses compatriotes eussent été
injustes envers le plus illustre de leurs concitoyens. « Je
« voudrais », ajoutait-il, « leur adresser succinctement mes
« réflexions, si j'avais l'art de les exprimer correctement ;
« vous devriez (reprenant avec vivacité) leur écrire quel-
« que chose sur ce sujet : l'instant est favorable, Rous-
« seau est mort, et le silence de sa patrie sur cet événe-
« ment est une occasion de lui faire des observations. »

« Son air de bonne foi, son ton sérieux et plein de
persuasion me divertirent ; je ris beaucoup, et je finis
par lui représenter que les meilleures réflexions du

monde, écrites par l'homme le plus éloquent, ne produiraient aucun effet sensible chez les Genevois, parce que le corps de magistrature, le souverain qui décréta Rousseau, ne voudrait jamais revenir sur ses pas, et qu'un gouvernement ne conviendrait pas qu'il avait eu tort.

« Après de longues discussions, nous nous séparâmes, et j'oubliai bientôt la conversation que nous avions tenue. Huit ou dix jours après, j'étais seule et triste, je pris l'*Emile*, et je m'attendris sur son auteur; alors, sans projet et sans préparation, je pris négligemment ma plume, et j'écrivis ce qui suit :

OBSERVATIONS AUX GENEVOIS.

« Rousseau n'est plus. Cet homme vrai, sensible et juste, a disparu du milieu de ses semblables, qu'il éclaira par ses lumières, qu'il aurait dû rectifier par son exemple, si celui de la vertu même était toujours efficace. Ses écrits lui survivent, pour faire à jamais son éloge, et pour consoler les honnêtes gens de sa mort. Mais ceux auxquels la nature fit présent d'une âme tendre ne peuvent refuser des larmes à la perte d'un sage, qui, dans l'obscurité d'une vie commune, faisait le bien sans faste, après l'avoir prêché avec chaleur.

« La satire venimeuse et la jalouse envie exercèrent en vain contre lui leur odieuse malignité, ses talents et ses mœurs demeurèrent sans aucune atteinte. Il fallut admirer son génie, même en lui reprochant des erreurs, et les ennemis que lui donna son extrême supériorité furent réduits à taxer d'orgueil et de misanthropie la sagacité, la franchise et la noble intrépidité qui perçaient le voile imposteur sous lequel marchaient en silence le vice et la tyrannie.

« Que dis-je? la haine et la persécution ne l'ont pas inutilement poursuivi : il eût été le premier apôtre de la

vérité qui n'en fût pas resté la victime. Si le disciple et
l'émule de Socrate ne reçut point comme lui, de ses concitoyens, le poison qui devait abréger sa vie, il en éprouva
du moins l'ingratitude et les traitements qui pouvaient
obscurcir ses jours, et pénétrer son cœur du chagrin le
plus vif. Cette patrie qu'il aima, qu'il servait, et dont il
faisait la gloire, le rejeta de son sein, comme si elle eût
été oppressée de son mérite et indignée de ses vertus.
Ainsi les compatriotes d'Aristide haïssaient en lui la justice, et bannissaient le censeur qui les forçait de se voir
coupables.

« Des ouvrages lumineux, éloquents, touchants et profonds, dont la méditation éclaire, attendrit et fait devenir
meilleurs ceux qui ne sont pas des monstres, flétris publiquement, à la honte des juges, dans un pays de liberté,
obligent leur auteur à fuir, pour avoir joui des droits de
l'homme qui pense, et rempli les devoirs du citoyen
instruit.

« Accueilli, tourmenté tour à tour par une nation aimable et savante, mais légère et quelquefois dominée par
la cabale et l'esprit de parti, ce n'est qu'après des années
d'orage qu'il peut mener paisiblement une vie laborieuse,
à la faveur d'une espèce d'oubli que la postérité ne pourra
croire. Cependant, Genève lui était chère (entre les affections sociales, toutes extrêmes dans une âme forte, l'amour
de la patrie est la première et peut-être la plus vive);
Rousseau avait déjà bien prouvé son attachement pour
elle, en lui faisant connaître, aux dépens de sa tranquillité personnelle, ses véritables intérêts et les moyens de
soutenir ou de réparer sa constitution affaiblie.

« Il fit de plus une tentative généreuse, dans la vue
d'obtenir un retour qui eût été pour la République beaucoup plus nécessaire, et même plus glorieux que pour lui.
L'homme timide ou sage, dépositaire de ses vœux, jugea
que les vérités dont leur expression était accompagnée ne

pouvaient être publiées sans danger. La prudence craintive, qui souvent n'évite de petits maux qu'en perdant des avantages considérables, fit soustraire le témoignage des souhaits du célèbre exilé, et Rousseau continua de vivre sur une terre étrangère, loin de la ville dont il aurait été le législateur dans un siècle plus heureux.

« Aujourd'hui que les prétextes de la calomnie et les craintes de la politique doivent s'évanouir et s'éteindre près de la tombe où repose l'ami de l'humanité, le défenseur de ses droits, ne verra-t-on pas les Genevois, ardents à célébrer sa mémoire, s'empresser d'effacer, par les honneurs qu'ils lui doivent rendre, la honte d'avoir sacrifié sa personne aux prétentions ambitieuses de quelques-uns de leurs chefs? L'Europe, attentive à cette époque, demeure en suspens pour juger, par leur démarche ou par leur inaction, si elle doit confirmer à ces républicains judicieux et honnêtes l'estime qu'ils avaient paru mériter, ou bien gémir et les plaindre de les voir dégénérés au point de se taire sur un outrage fait au patriotisme, sans profiter du moment favorable pour le réparer.

« Il est sans doute indifférent au nom vénéré de Jean-Jacques que ces citoyens ingrats lui dénient la justice et la reconnaissance qu'ils lui doivent, mais peut-être ne l'est-il pas à un petit Etat, environné de voisins puissants ou avides, de prouver qu'il sait tôt ou tard honorer les vertus et reconnaître les talents exercés à son profit.

« Toi qui, du sein de l'avenir, t'avances lentement pour juger les peuples et les rois, équitable postérité, avec quel enthousiasme je t'aperçois élever ce génie brûlant, cet homme simple et bon, au nombre des bienfaiteurs du genre humain, décorer son humble tombeau, chercher sa douce image d'un œil inquiet et surpris sur les bords qui l'ont vu naître, et, pénétrée de son excellence, formée par ses préceptes, lui faire hommage des vertus que tu devras à ses écrits! »

Manon éprouvait un plaisir intime à faire ainsi des copies de ses travaux, et à les expédier à Amiens. C'est bien là la jeunesse. On est plein d'ardeur, d'enthousiasme, de bonne foi; on croit à l'amitié, on dit tout ce qu'on éprouve, on se livre, on se donne, et on est heureux. Plus tard, au contact de la vie et des hommes, dans la bataille des intérêts, le cœur se resserre, se concentre, devient moins expansif, et finit par rester silencieux et fermé. Age fortuné, où on passe les heures de la nuit à écrire à ceux qu'on aime, où on entasse les pages, où on court jeter à la poste tout un flot de confidences, ... attendues là-bas avec l'impatience de l'affection!...

Du 23 février, à Sophie :

« Tu lis donc le bon Jean-Jacques, et tu le lis dans *Julie*? Oh! sévère Sophie, prenez garde de devenir une petite pervertie, précisément comme cette amie profane dont le commerce ne vous a pas fait grand bien! Il faut avouer du moins que l'avertissement est bien désintéressé. »

Nous voici arrivé à la fin de la correspondance, et tel est le dernier passage où Manon parle de Rousseau à ses amies. Au mois de février 1780, l'admiratrice, la fille intellectuelle de Jean-Jacques épouse Roland, et cesse d'écrire régulièrement et longuement aux demoiselles Cannet. Leur correspondance avait commencé en 1772. Comme nous l'avons dit, elles s'étaient connues à Paris, au couvent des dames de la Congrégation (1765). Manon avait alors onze ans; elle s'était surtout attachée à Sophie, qui avait quatorze ans; Henriette en avait dix-huit. Elles s'aimèrent toutes trois jusqu'à la mort.

Mᵐᵉ Roland mourut la première, en novembre 1793, on sait de quelle façon tragique. Elle avait trente-neuf ans. Détail touchant : lorsqu'elle fut prisonnière à Sainte-Pélagie, Henriette vint la trouver avec la pensée d'un

sacrifice héroïque. Elle était veuve et sans enfants.
« Mme Roland », raconta-t-elle plus tard, « avait un mari
déjà vieux, une petite fille charmante, et tous deux ré-
clamaient ses soins d'épouse et de mère. Quoi de plus
naturel que d'exposer ma vie inutile pour sauver la
sienne! Je voulais changer d'habits avec elle et rester
prisonnière, tandis qu'elle aurait essayé de sortir à la
faveur de ce déguisement. Toutes mes prières, toutes mes
larmes n'ont rien pu obtenir. « Mais on te tuerait », me
répétait-elle sans cesse; « ton sang versé retomberait sur
« moi. Plutôt souffrir mille morts que d'avoir à me re-
« procher la tienne! »

Dans ses Mémoires, l'amie de Buzot rappelle la générosité d'Henriette Cannet. « Henriette », dit-elle, « toujours vive et affectueuse, est venue me voir dans ma
captivité, où elle aurait voulu prendre ma place pour
assurer mon salut. » Cette amie si dévouée vécut jusqu'en 1838, et atteignit l'âge de quatre-vingt-neuf ans.
Quant à Sophie, elle fut emportée par une maladie de
poitrine, à l'âge de quarante-quatre ans, en 1795.
La correspondance de Mme Roland avec les demoiselles
Cannet forme deux forts volumes. Les extraits que nous
en avons donnés, bien qu'exclusivement consacrés à
Rousseau, en attestent éloquemment l'intérêt général.
« Quelle abondance », dit un historien à ce sujet, « quelle
variété, quelle vigueur, quelle franchise de touche!...
Sous cette plume, il y a la chaleur d'un cœur jeune, énergique, débordant d'enthousiasme et d'amour; il y a une
imagination brillante et saine, il y a une intelligence
merveilleuse qui ne se fixe pas sur un sujet sans le pénétrer, sur un être sans le scruter, et qui ferait admirer un
ciron par le talent qu'elle mettrait à le décrire. »
Pour en revenir au point spécial de cette étude, on
peut comprendre, en s'appuyant sur les passages que

11

nous avons mis en relief, quelle énergie d'âme, quelle
noblesse de passion Jean-Jacques Rousseau avait com-
muniquées à Mme Roland. Cette énergie, cette noblesse
trouvèrent leur cadre prédestiné dans la Révolution, qui
déjà grondait dans les esprits, et allait s'affirmer dans
les faits, en 1789, à la convocation des États généraux.
Il était tout naturel que la jeune fille qui avait fait de
Rousseau « son bréviaire » fût la Muse d'un parti politique et devînt l'âme de la Gironde.

Nous avons encore deux fragments à donner. Le premier est extrait d'un ouvrage de Mme Roland, intitulé :
OEuvres de loisir. Elle peint le feu sacré, « le sentiment
désordonné » qui s'empare de l'être tout entier devant les
beautés de la nature, ou à la lecture d'un grand écrivain.

« Pareille chose m'est souvent arrivée en lisant Rousseau. Quiconque eût alors aperçu mes gesticulations, eût
entendu mes accents inarticulés, m'aurait crue dans un
accès de folie. A dire vrai, je ne sais trop si ce n'en est
pas une. Je m'écriais quelquefois : « Ah! divin Rous-
« seau!... tu es digne que je t'admire... C'est ainsi que
« j'ai toujours pensé... Tu remplis toutes mes idées sur
« cet objet... Tu me ressembles... Je me retrouve en toi,
« mais tu m'embellis, tu m'élèves!... Oh! je te valais, il
« ne me manquait que de parler comme toi, je sentais
« tout cela avant que tu ne l'eusses dit; mais tu es mon
« interprète à moi-même... tu me fais sentir mon âme!
« Ah! tu me transformes *en toi, ou tu n'es autre* que
« moi-même! »

« Assurément, me disais-je dans des moments tranquilles, il faut que cet homme ait une magie de style
surprenante, ou que nos deux âmes soient analogues,
pour que je me trouve si parfaitement d'accord avec lui!...

« Tel est sur le cœur humain l'empire du vrai : il enchaîne, il transporte, il enlève, il ravit; vous n'êtes plus vous-même, mais tout ce qu'il plaît au poète, au philosophe, à l'écrivain de faire de vous. »

Quelle âme de feu! Ah! je comprends qu'elle ait enflammé toute la Gironde, l'admirable Vergniaud, le brave Barbaroux, l'intrépide François Buzot, Gensonné, Fonfrède, les 22, et combien d'autres! Ils l'aimaient tous : qui ne l'aurait aimée? Son pauvre mari l'adorait, il ne put lui survivre, et quand il apprit sa mort, il se perça le sein, comme un stoïcien de Sparte.

Voici le dernier passage de ses œuvres où elle parle de Rousseau. Il est extrait d'une lettre adressée à son ami dévoué, Bosc, à la date du 7 juin 1784.

« Il y a bien longtemps, notre bon ami, que je n'ai eu le plaisir de m'entretenir avec vous; mais j'ai tant à faire et tant à me reposer, que je fais toujours sans finir de rien. Les jours passés à Crespy-en-Valois ont été très remplis par l'amitié d'abord, puis la représentation et les courses. Parmi ces dernières, celle d'Ermenonville n'a pas été la moins intéressante; fort occupés de vous et des choses, nous avons joui de celles-ci en vous souhaitant pour les partager.

« Le lieu en soi, la vallée qu'occupe Ermenonville, est la plus triste chose du monde; sables dans les hauteurs, marécages dans les fonds; des eaux troubles et noirâtres; point de vue, pas une seule échappée dans les champs, sur des campagnes riantes; des bois où on est comme enseveli, des prairies basses : voilà la nature. Mais l'art a conduit, distribué, retenu les eaux, coupé, percé les bois; il résulte de l'une et de l'autre un ensemble attachant et mélancolique, des détails gracieux et des parties pittoresques.

« L'île des Peupliers, au milieu d'un superbe bassin

couronné de bois, offre l'aspect le plus agréable et le plus intéressant de tout Ermenonville, même indépendamment de l'objet qui y appelle les hommes sensibles et les penseurs. L'entrée du bois, la manière dont se présente le château et la distribution des eaux qui lui font face forment le second aspect qui m'ait le plus frappée. J'ai trouvé avec plaisir quelques inscriptions gravées sur des pierres placées çà et là; mais les ruines, les édifices, etc., élevés en différents endroits, ont généralement le défaut que je reproche à presque toutes ces imitations dans les jardins anglais; c'est d'être faits trop en petit, et de manquer ainsi la vraisemblance, ce qui touche au ridicule. Enfin, Ermenonville ne présente pas ces beautés éclatantes qui étonnent le voyageur, mais je crois qu'il attache l'habitant qui le fréquente tous les jours; cependant, si Jean-Jacques n'en eût pas fait la réputation, je doute qu'on se fût jamais détourné pour aller le visiter.

« Nous sommes entrés dans la chambre du maître, elle n'est plus occupée par personne; en vérité, Rousseau était là fort mal logé, bien enterré, sans air, sans vue. Il est maintenant mieux placé qu'il ne fut jamais de son vivant; il n'était pas fait pour ce monde indigne. »

Ces extraits, ces citations, ces pensées, cette admiration persistante, disons le mot, le culte de ce noble esprit, de ce grand cœur qui, dans l'histoire, s'appelle Mme Roland, constituent peut-être le monument le plus éloquent qui soit élevé à la gloire du citoyen de Genève.

D'abord, c'est l'hommage d'une femme, d'une jeune fille dans la floraison de ses vingt ans. Elle exprime l'enthousiasme de toutes les lectrices de Jean-Jacques dans un style et avec une logique qui feraient honneur à un écrivain de profession, et, nous le répétons, à un philosophe blanchi dans les méditations et la solitude.

Ensuite, cet hommage est rendu avec le plus pur désintéressement, sans souci de la renommée ou d'un autre avantage. Manon Phlipon — nous insistons sur ce point — ne songeait guère que sa correspondance juvénile serait publiée un jour, qu'elle deviendrait elle-même un personnage célèbre, et que la moindre lettre, le plus petit billet écrits par sa main charmante acquerraient une valeur, au regard de l'historien.

Elle écrivait à ses amies avec la sincérité si belle de la jeunesse, et n'avait d'autre but que de soulager sa pensée et d'ouvrir son âme. De là, aux yeux du psychologue, le prix inestimable de ces brûlants transports, que, seul, Rousseau, peut-être, a fait naître à un tel degré dans le cœur des femmes.

Je ne crois pas que dans aucun temps, et dans aucun pays, pareil culte ait été rendu au génie d'un penseur et au prestige d'un poète.

CHAPITRE VII

UNE AMIE INCONNUE DE JEAN-JACQUES ROUSSEAU

JULIE BONDELI.

Parmi les femmes qui se passionnèrent, au xviiiᵉ siècle, pour les œuvres et la personne de Jean-Jacques Rousseau, il convient de citer Julie Bondeli ou de Bondeli, jeune Bernoise enthousiaste et sympathique, dont la figure, presque inconnue, surtout en France, mérite d'être mise en relief.

Nous avons découvert sur ses relations avec le philosophe quelques documents que nous croyons intéressants. Nous allons les faire passer sous les yeux du lecteur : auparavant, toutefois, nous tenons à donner quelques détails sur cette femme intelligente, dont l'âme, pleine de poésie et d'idéal, se sentait entraînée vers les penseurs les plus illustres de son temps.

Julie Bondeli naquit à Berne, en 1731, d'une famille patricienne. Son père, Frédéric de Bondeli, occupa pendant longtemps des charges publiques. Il finit par se retirer dans les environs de Berne, à Kœnitz. C'était un homme fort instruit, ainsi que sa femme; ils s'appliquèrent à former de bonne heure l'esprit et le cœur de

leur fille, et la firent élever à la française, suivant l'usage
des riches familles bernoises.

Celle-ci avait un goût inné pour l'étude. Elle y apportait une véritable passion; elle s'adonna non seulement
aux lettres, mais aussi aux mathématiques. Absorbée,
tourmentée sans cesse par le désir d'apprendre et de connaître, on la voyait, au milieu des livres, dévorant tout,
s'exaltant l'imagination, vivant dans le monde sublime des
idées, des chimères et des rêves.

Ses parents voulurent refréner cette ardeur et faire
goûter à leur enfant les plaisirs du monde, si attrayants
parfois pour une jeune fille. Elle obéit presque malgré
elle, ses goûts étaient ailleurs. Les distractions mondaines
lui parurent vides, elle les délaissa bientôt, et, à vingt ans,
elle se mit à étudier la philosophie et l'histoire.

Elle voyait chez son père des savants, des lettrés; elle
s'attacha à eux et rechercha leurs entretiens. Sa première
éducation reçut ainsi un utile complément. C'est un bienfait précieux de pouvoir de la sorte, à l'heure de la belle
jeunesse, fréquenter les gens de mérite et mesurer par
eux ce qui donne de l'attrait, de la valeur et du prestige à
l'homme. Quel guide plus sûr et plus éloquent pour diriger ses pas dans la vie!

Julie Bondeli eut pour professeur le savant Samuel
Henzi. Il exerça sur elle une grande influence, l'encou-
ragea dans son attachement aux lettres et aux sciences, et
lui fit apercevoir les grands horizons de l'histoire. Aussi,
sous sa direction, devint-elle un véritable esprit philosophique, ce mot étant pris ici dans son meilleur sens. Elle
lisait Platon, Aristote, Leibnitz, Locke, Wolf, et connaissait à fond les littératures française, anglaise et allemande.

En 1761, elle perdit son père. La fortune et le bien-être
de la famille se trouvèrent restreints par cette mort, mais
la considération et l'estime dont elle jouissait n'en furent
point diminuées. Les personnages les plus influents et les

plus distingués de la société bernoise continuèrent à rechercher et à voir Julie. Sa maison devint un foyer, un
centre intellectuel.

Elle avait les qualités propres à attirer l'élite et à créer
ce qu'on appelle *un salon*, c'est-à-dire le don d'amener et
d'entretenir la conversation sur des sujets chers à toutes
les personnes cultivées qu'elle recevait et qui étaient liées,
grâce à elle, et par l'amitié et par la ressemblance des goûts.

Elle ne possédait pas une grande beauté physique, mais
la beauté de son âme rayonnait dans toute sa personne.
C'était par l'esprit avant tout qu'elle exerçait et répandait
son attraction. Jamais femme n'eut plus de vivacité naturelle, de gaîté, de simplicité morale. Par nature, elle était
passionnée et impétueuse : elle dut lutter avec énergie pour
assouplir son caractère. Ses connaissances, ses attraits,
l'empire de son esprit furent le résultat de sa volonté.

Elle avait un front noble, de beaux cheveux noirs, des
yeux expressifs, une voix pleine d'âme. Ce fut par toutes
ces qualités rassemblées, esprit, grâce, savoir, qu'elle fut
une des premières à créer, à former, à réunir la belle
société de Berne, qui, avant elle, n'avait point de centre et
vivait sans contact. Est-il une plus noble tâche pour une
femme instruite, dévouée au culte de l'art et de la pensée?

* *

Amie de Wieland, ce Voltaire de l'Allemagne, de Zimmermann, le grand médecin philosophe de la Suisse,
d'Usteri, le savant de Zurich, et en correspondance avec
ces puissants esprits, Julie Bondeli s'enthousiasma en
lisant les ouvrages de Jean-Jacques Rousseau. Elle prit
aussitôt la défense de ses principes et manifesta haute-
ment à son entourage l'admiration qu'elle en ressentait.
Les plus belles lettres qu'on a recueillies d'elle ont pour
but d'amener des sympathies et des amitiés au citoyen de

Genève. Bref, Rousseau fut pour cette femme, avide de grandeur, une révélation inattendue, un événement moral d'une importance capitale. C'est dire déjà quelle était sa supériorité.

Elle prit feu surtout pour la *Nouvelle Héloïse*. Ce qui la frappait et la séduisait, c'était le réveil des sentiments vrais, renaissant sous la plume magique de Rousseau, et succédant aux manifestations artificielles de l'époque.

Nous allons passer en revue les appréciations et les jugements de Julie contenus dans sa correspondance en partie retrouvée. Ils attestent, plus que de longues dissertations, l'influence et le prestige du philosophe. Cette correspondance, écrite en langue française, renferme des incorrections de style, bien excusables chez une étrangère, mais la pensée est toujours nette, claire, pleine de franchise.

C'est surtout dans ses lettres à Zimmermann, qui vont de 1761 à 1775, qu'il y a à glaner pour les recherches et les conclusions qui nous intéressent.

A la date du 29 juillet 1761, elle écrit à cet homme éminent :

« La rapidité avec laquelle je lus *Héloïse* ne put me garantir de l'enthousiasme. Mlle Curchod[1] en vit les effets : bientôt le raisonnement succéda à cette première effervescence de l'imagination et du sentiment. — Il faut que le prestige de ce livre soit bien fort, puisqu'il a pu me faire agir en sens contraire d'une habitude qui est aussi ancienne que ma faculté de raisonner. Un reste d'enthousiasme me donna de l'humeur contre tous ceux qui ne pensaient pas comme moi au sujet d'*Héloïse*. »

Dans cette lettre à Zimmermann, Julie Bondeli parle des appréciations qu'elle a soumises précédemment à

---

[1] Amie de Julie Bondeli.

Mlle Curchod, son amie, sur le roman de Rousseau. Il y a
intérêt à connaître cette critique. En voici les principaux
passages :

« 15 mars 1761.

« *A Mademoiselle Curchod.*

« J'ai entendu parler de la nouvelle préface d'*Héloïse.*
Si Rousseau avait le cœur prophétique et le cœur reconnaissant, il m'en aurait envoyé tout un ballot pour m'in-
demniser de la bile que je me fais en soutenant son livre.
Si mes antagonistes, ou plutôt les siens, étaient des man-
geurs de sapience, des gens à gros principes, ou de ces
âmes sublimes et innocentes, que la simple apparence du
mal fait frémir, je respecterais leurs préjugés et les lais-
serais dire.

« Mais non, ce sont des fats et de petites maîtresses ;
c'est cet essaim sémillant, qu'on connaît sous le nom géné-
rique de bon ton, qui ose élever ses clameurs contre *Héloïse.* Et le moyen de ne pas me fâcher? Si encore ils se
contentaient de la trouver ridicule, un sourire moqueur
me vengerait suffisamment de leur jugement; mais ils
osent la trouver coupable et faire briller à ses dépens une
délicatesse dont on leur voit faire peu d'usage ailleurs.

« Aussi, malheur à ceux qui m'en parlent dans ce goût-
là! J'ai bientôt fait avec les femmes : un air ironique et
des sourcils sévèrement froncés sont toute ma réponse.
Mais les hommes, plus courageux et plus raisonneurs, ne
se paient pas de mine, il faut disserter; quel embarras !
Comment affirmer ce que peu de femmes osent à peine
laisser entrevoir, crainte des conséquences. Mais, Dieu
merci, j'ai du courage et de la malice aussi; je prends un
ton et un air si imposant que, jusqu'ici, il ne m'est point
arrivé encore d'entendre quelque mauvais propos. »

Ces citations prouvent combien la *Nouvelle Héloïse*
remua profondément les cœurs et les esprits. Ce fut pour

les contemporains une source d'émotion considérable, un fait sans précédent. Chacun se passionnait pour ou contre l'œuvre de Rousseau, non seulement en France, mais dans toute l'Europe.

Dans une seconde lettre à Mⁱˡˡᵉ Curchod, en date du 30 avril 1761, Julie Bondeli revient sur le livre fameux et le défend avec énergie.

« Je viens », dit-elle, « d'en voir une critique intitulée : *Prédiction tirée d'un vieux manuscrit*. J'admire combien on peut avoir d'esprit lorsqu'on veut seulement être méchant; combien on peut étaler de grands principes lorsqu'on ne veut pas remonter jusqu'à ceux des autres; combien on peut voir de conséquences dangereuses lorsqu'on possède le rare talent d'extraire le venin d'un ouvrage; combien tout ouvrage de morale peut devenir venimeux lorsqu'on change de place ce qui a été écrit dans un ordre déterminé, lorsqu'on omet les idées intermédiaires, et lorsqu'enfin on perd de vue le but dans lequel le tout a été composé! »

L'enthousiaste Bernoise entre ensuite dans l'analyse des caractères peints par Rousseau : Julie, Saint-Preux, Volmar, et raisonne comme un philosophe de profession. On reconnaît, en la lisant, qu'elle a des idées arrêtées sur les grandes questions morales de l'humanité, et qu'elle s'est exercée à raisonner sur la logique des passions. Au milieu de l'admiration qui l'entraîne, elle sait faire des réserves, et ses critiques sont pleines de justesse. Bref, par ses jugements restrictifs ou élogieux, elle montre l'élévation de son esprit et affirme la noblesse de son âme.

**

En 1762, Rousseau publie l'*Emile*, son chef-d'œuvre. Aussitôt, comme on le sait, les persécutions s'abattent

sur lui, le livre est censuré et brûlé par la main du bourreau, et le philosophe est obligé de quitter la France.
A Genève, sa patrie, on procède avec la même rigueur;
l'ouvrage et l'auteur sont condamnés et proscrits comme
à Paris. C'est alors que l'illustre écrivain se réfugie dans
la principauté de Neuchâtel, gouvernée à cette époque
par le roi de Prusse, Frédéric II. Il y trouve par bonheur
un peu de repos, après l'orage, et en jouit délicieusement.
L'accueil de milord Keith, au nom du roi de Prusse, dit
Sayous, les lieux pittoresques où il trouvait une retraite,
l'air des montagnes, les promenades, les longues herborisations dans ces vallées paisibles, adoucirent d'abord
l'amertume de ses sentiments.

Julie Bondeli tressaille à la nouvelle que Jean-Jacques
s'est rapproché de sa ville natale. Pouvait-elle ne point
s'intéresser à ses malheurs, elle qui vivait de sa pensée,
défendait ses livres et travaillait à sa gloire?

Rousseau avait quitté Montmorency le 9 juin : le 29,
elle écrit à Zimmermann :

« On dit Rousseau à Iverdun. Si cela est, MM. Tscharner
et Fellenberg veulent y aller; moi, je n'irai pas, je suis
trop fâchée contre lui, non à cause du livre d'*Emile* en
lui-même, mais parce qu'il a poussé sa sottise au point de
dire des choses qui le priveront, partout où il sera connu,
d'un asile, même en Hollande. Pour Genève, il n'en est
plus question, le livre y a été brûlé, et le clergé y excom-
munierait jusqu'à son cordonnier. On prétend que, dans
sa dernière maladie, il s'est repenti amèrement de sa sottise, mais le livre était déjà publié. »

Ainsi, c'est par une sorte de dépit affectueux qu'elle ne
se rendra point à Iverdun. Elle brûle du désir de voir son
grand homme, mais elle le voudrait parfait. Toutefois, elle
songe à lui sans cesse, elle veille de loin sur son sort,
comme une sœur dévouée, elle en parle chaque jour à ses

amis. Pendant plusieurs années, Rousseau va l'absorber tout entière.

Le 7 juillet, elle dit à Zimmermann :

« Je suis au second volume d'*Emile,* je ne puis le lire qu'en courant, et suis obligée de réserver une lecture plus réfléchie à une autre fois. J'y ai cependant vu des idées neuves et vraies, et surtout des observations sur l'enfance comme jamais aucun écrivain sur l'éducation n'en a fait...

« L'arrêt du Sénat de Genève n'est que trop vrai, et j'en suis doublement affligée, d'abord pour Rousseau et ensuite pour ceux qui l'ont provoqué : ce sont mes amis, j'ai honte, et d'autant plus honte que leur vrai motif n'est pas celui de la religion surprise qui peut, en quelques façons, excuser les excès auxquels elle porte. Les premiers coups se sont portés à Genève, par la cabale de Ferney; cette cabale a influé jusqu'à Berne : je crève de honte en pensant que l'auteur de la *Pucelle,* de *Candide* et de l'*Epître à Uranie* nous enseigna à persécuter Rousseau; mais je n'aurai pas honte seule; comme je suis informée de toute l'affaire et qu'on ne se doute pas que la véritable chaîne en puisse être connue, j'en ferai usage pour confusionner mon prochain. J'avais d'abord deviné d'où le coup partait, et une partie des motifs qui l'ont fait partir, l'autre s'est développée par la suite et a changé mes désagréables soupçons en certitude.

« On espère que M. le bailli d'Iverdun trouvera quelque moyen d'adoucir l'arrêt, et, en tergiversant, on gagnera le temps de faire connaître aux moteurs de cette affaire qu'on connaît les sublimes motifs qui les ont animés, ce qui pourrait les adoucir et leur ôter la foi implicite de ceux qui l'ont gagnée. »

Julie Bondeli, on le voit, a l'esprit sagace et sait démêler le fil embrouillé des intrigues et des passions. Quelle générosité en même temps! Elle est animée d'une sainte colère contre les persécuteurs de Rousseau : ce sont ses amis, il est vrai, mais elle en souffre davantage et jure de les démasquer. Il semble que Jean-Jacques lui a communiqué la flamme et la passion qui le poussent à défendre la vérité et la justice.

* *

Les lettres de Julie à Zimmermann deviennent de plus en plus animées et intéressantes. Nous la sentons vivre, nous assistons à ses espérances, à ses alarmes.

Le 20 juillet, elle écrit :

« Parlons de Rousseau ; je profite du privilège qu'ont les femmes de dire impunément des vérités impertinentes ; mais j'ai beau exhaler ma bile, je n'en suis pas moins profondément attristée de l'incongruité qu'on a commise à son égard. L'arrêt de quitter Iverdun lui a été notifié avec ménagement et accompagné de l'expression vraie du regret le plus amer : il l'a reçu en sage, mais non en stoïcien, car il a versé des larmes — cette circonstance achève de me désoler — et il est parti à l'instant même, en rendant sensibilité pour sensibilité à M. de Moïry et à madame. « Je vous aime, non comme on aime un étranger de mé- « rite, mais comme mon plus proche parent », lui a dit Mme de Moïry; « les âmes d'une certaine trempe le sont « entre elles, malgré l'éloignement des temps et des lieux, « et malgré la différence que la fortune et le hasard y ont « mise. » Voilà quels furent ses adieux. On écrit de Neufchâtel qu'il est dans le Val Travers... »

Julie se réjouit de voir le philosophe en ce pays, les gens qu'elle y connaît sont dignes de lui et deviendront ses amis. Elle signale notamment le baron d'Allardis, Anglais jacobite, qu'elle appelle « un autre Rousseau », puis elle ajoute :

« C'est bien la cabale de Ferney qui a fait son malheur

à Genève, mais on m'a dit que l'un de ceux que je soup-
çonnais à Berne avait été le seul qui eût parlé en sa
faveur : cela n'a point réussi, parce qu'on est prévenu
contre ses jugements philosophiques. »

Elle termine en disant qu'elle vient d'achever la lecture
de l'*Emile*, et qu'elle pardonne à l'auteur d'avoir écrit que
les filles lettrées ne devraient point trouver de maris parmi
les hommes vraiment dignes de ce nom.

Zimmermann s'intéressait vivement au philosophe et
était avide d'avoir de ses nouvelles. « Parlons de Rousseau,
et parlons-en souvent », disait-il à sa correspondante, qui
ne demandait qu'à le satisfaire. Elle lui cite de longs passages des lettres qu'elle reçoit, celui-ci entre autres, émanant de son amie, Mlle Curchod, qui se trouve à Lausanne :
« La sentence du Conseil de Genève contre les derniers
livres de Rousseau, et son arrêt privé contre la personne
de l'auteur, causent la plus grande fermentation. Pour lui,
il a appris cette nouvelle avec douleur, mais il n'a laissé
exhaler aucune plainte irrespectueuse contre les magistrats, et il conjura ses amis et ses parents de ne point
mettre de chaleur dans sa défense. »

Julie ensuite (lettre du 7 août) rapporte une anecdote qui
jette une lumière caractéristique sur les mœurs rigoureuses
et intolérantes de la République genevoise à cette époque :

« Un M. Pictet, de Genève, en renvoyant un exemplaire
d'*Emile* à son libraire, l'accompagna d'une lettre dans
laquelle il blâme beaucoup le magistrat de s'être précipité
dans la condamnation de l'auteur, et lui prête des vues et
des raisons qui ne peuvent que lui faire déshonneur. Le
libraire fit circuler la lettre, et lui et M. Pictet furent mis
en prison. Le dernier fut obligé de demander pardon à
Dieu et à la Seigneurie, fut suspendu pour un an du 200[1],

---

[1] Conseil de Genève.

et on lui a ôté tout droit honorifique de la bourgeoisie pendant ce temps, et au surplus une forte censure, et le libraire est suspendu pendant six mois pour toute prétention au 200. Vous voyez qu'à Genève, comme partout ailleurs, le magistrat n'aime pas qu'on lui dise ses vérités. »

Après avoir constaté que Rousseau se montre sévère dans ses jugements sur les femmes, jugements inspirés surtout par les Françaises, Julie dit à Zimmermann :

« J'aimerais mieux recevoir un soufflet que d'être obligée de parler d'*Emile* parmi le plus grand nombre de gens. Mentir n'est pas mon fait, et parler vrai, on ne l'ose. J'ai cru me tirer d'affaire en prenant un ton froid, un air indifférent, et en parlant avec beaucoup de prudence ; mais, malgré toutes ces sages précautions, mon instinct féminin m'a également fait apercevoir qu'on me soupçonnait d'hérésie. Je fais avec *Emile* ce que vous avez fait avec *Héloïse*, je recueille les différents jugements que j'en entends porter, et ces observations me font plus souvent souffrir que rire. »

Le 11 août, elle dit à Usteri :

« Si je suis admiratrice des ouvrages de Rousseau, je suis bien plus encore son amie zélée, et à ce dernier titre, j'abandonnerais volontiers ses écrits à l'injustice de la censure, si c'était un moyen de garantir sa personne des outrages d'un zèle amer et mal entendu ; la gloire de le défendre de la première me paraîtrait beaucoup moins douce que le bonheur de le mettre à l'abri de l'autre. »

Le 21 août, Julie a recueilli d'intéressants détails. Elle les tient de deux habitués de son salon bernois, M. Tscharner et M. Fellenberg, qui ont passé une semaine dans la compagnie du philosophe, à Môtiers-Travers. Elle est impatiente de les communiquer à son cher Zimmermann, et elle lui adresse une longue lettre.

A propos de l'installation de Rousseau, elle cite la réponse du roi de Prusse à milord Maréchal, gouverneur de la principauté de Neuchâtel. « Ayez bien soin de cet illustre infortuné », dit le monarque. Elle montre l'écrivain occupé à faire des lacets aux fuseaux, et donnant des leçons de clavecin à deux petites filles, puis elle ajoute :

« La plus grande partie du temps, il a le dos courbé et la tête baissée sur la poitrine, l'attitude de la méditation et de l'accablement : aussitôt qu'il parle, il lève la tête et fait voir des yeux indéfinissables. Son langage est comme son style : rapide, précis et élégant. Son ton de voix et ses gestes sont toujours ceux de l'enthousiasme... Son commerce est doux et poli, malgré cela, un ton d'humeur qui afflige et n'insulte pas : ce ton est le résultat de ses idées et de sa disposition mécanique. Sa santé est dans l'état le plus triste, quoiqu'il ne souffre pas toujours violemment : il ne peut jamais rester longtemps en place ; quelque temps qu'il fasse, il est obligé de se promener. Il ne dort point, et appelle dormir ce que d'autres gens nomment sommeiller après dîner, encore cela ne fait-il que l'incommoder davantage par l'étourdissement qui en est la suite. Le café lui dégage la tête et lui donne de la vie ; il fait souvent le sien lui-même à deux heures du matin, pour ne pas inquiéter sa gouvernante. »

*
* *

Une disciple aussi fidèle ne pouvait rester longtemps ignorée du maître. Jean-Jacques connut l'existence de Julie Bondeli et les sentiments d'admiration qu'elle professait à son égard. Il sut aussi qu'elle avait fait la critique de ses ouvrages, et il manifesta le désir de connaître ses jugements. Nous allons donc la voir entrer, c'était fatal, en relation avec le grand homme.

Elle dit à Zimmermann, le 21 septembre :

« M. Usteri me mande que Rousseau a donné commission à M. Hess de me voir à son passage à Berne, et de me demander de sa part ce que j'ai écrit sur *Héloïse* et sur *Emile*, voulant le faire imprimer (Dieu me soit en aide!) avec une collection d'autres lettres qui lui ont été adressées à ce sujet... M. Usteri ne me dit point de lui envoyer ce que Rousseau demande, ne doutant pas que j'aime mieux le lui envoyer directement.

« Il se trompe; je suis enthousiaste, mais pas assez folle pour saisir avec avidité l'occasion de troubler la solitude d'un honnête homme par mon griffonnage. Sans lui rien dire de cela, je lui envoie, à lui M. Usteri, ce que Rousseau demande, c'est-à-dire une seule lettre sur *Héloïse*, avec une autre pour lui, qu'il peut, s'il veut, envoyer à Rousseau. Il ne m'importe, pourvu qu'il lui répète que je ne veux pas être imprimée... Imaginez un peu quel serait le sort de votre pauvre amie, si on reconnaissait sa lettre apologétique sur Rousseau dans un recueil rassemblé et publié par lui-même. J'aurais beau prier Dieu publiquement, je n'en serais pas moins une athée. »

Ces dernières lignes sont caractéristiques pour faire ressortir et apprécier, dans toute son étendue, la tyrannie qu'impose parfois le milieu social où nous vivons. Malheur à qui pense autrement que la généralité! Malheur surtout à qui le fait voir!

Julie Bondeli ressent des impressions généreuses, conçoit des idées justes; elle les soumet à quelques esprits éminents comme le sien, et elle est heureuse de ces confidences données et reçues. Elle est pleine de courage et de noblesse d'âme, et cependant elle tremble en songeant que le public de Berne pourrait connaître ces idées et ces impressions, dont elle est si fière au fond de sa conscience. Elle sait qu'elle serait presque déshonorée.

De nos jours, la tolérance est plus grande, et il y a
moins à s'inquiéter de l'étroitesse de vues des gens qui
nous entourent. Toutefois, que de précautions encore à
prendre pour exprimer notre pensée, surtout si nous
sommes sous la dépendance de ceux qui nous écoutent,
si nous avons à attendre d'eux aide, protection ou travail.
C'est cette tyrannie de la société, cet esclavage de l'opinion
que Rousseau ne put supporter jamais. Ses disciples ont
hérité de son amour passionné pour l'indépendance.

En écrivant le 12 octobre à son ami, Julie lui communique l'extrait d'une lettre de Mlle Curchod, qui a quitté
Lausanne pour retourner à Genève. Cet extrait jette une
clarté curieuse sur l'ensemble des faits :

« Vous vous êtes fait à Lausanne, chère Julie, des amis
et des ennemis; vous avez écrit tous les détails de la conduite de Voltaire vis-à-vis de Rousseau. M. Moultou l'a su
et l'a publié avec tout l'empressement imaginable. Parti-
san de Rousseau jusqu'à l'enthousiasme, il a usé son esprit
et son corps à justifier ou à pallier les fautes du citoyen.
M. Usteri joue le même rôle, et je suis presque brouillée
avec lui pour m'être un peu trop éliminée dans une de mes
lettres. Depuis que Rousseau est malheureux, M. Moultou
et M. Usteri se tutoient et se donnent des marques d'affection incroyables, et des louanges en proportion. »

Julie mettait tout son monde en mouvement autour de
Rousseau, mais sans paraître elle-même. Elle éprouvait
une joie intime à lui témoigner ainsi son dévouement. Le
philosophe ne tarda pas à discerner ce zèle discret et à
comprendre qu'une douce main de femme dirigeait ces
sympathies de son côté. Aussi, lui témoigna-t-il la sienne
en demandant des détails sur cette amie inconnue. Voici,
en effet, ce qu'elle raconte à Zimmermann, à la date du
17 décembre :

« Mon bel ami Kirchberger me mande que la curiosité

de Rousseau à mon sujet s'est étendue jusque sur ma
figure. « Ah! Monsieur », s'est-il écrié, « vous m'en dites
« trop, vous allez me faire perdre la tranquillité! »

La lettre de M. Kirchberger, à laquelle Julie fait ici
allusion, a été retrouvée. Elle mérite d'être connue, car
elle renferme des particularités curieuses sur le citoyen
de Genève, que M. Kirchberger venait de voir, pendant
deux jours, à Môtiers-Travers. Voici donc ce qu'il dit à
l'aimable Julie Bondeli, dont il était épris d'ailleurs :

« Gollstat, le 22 novembre 1762.

« ... Vers deux heures, Rousseau me reçut cordiale-
ment. Après avoir causé une demi-heure avec lui, je
voulus m'en aller, craignant de l'incommoder. Il m'engagea à rester. Nous parlâmes du *Contrat social*; il sortit,
et rentra bientôt avec un exemplaire du livre qu'il me
présenta d'une manière plus qu'obligeante. Il me mena
dans ce qu'il appelle son laboratoire, et là il me lut une
continuation d'*Emile*, qui contient des situations bien plus
fortes que toutes celles dont j'ai ouï parler en ma vie.
Emile écrit à son maître : il se trouve à Paris avec son
épouse, et, dans ce séjour d'horreurs et de corruptions,
Sophie avoue à son époux qu'elle est adultère! Je fus
effrayé, saisi, ému; je sentais que mes yeux se mouil-
laient de larmes, et Rousseau, le grand Rousseau, pleura
ui-même.

« Environ à six heures du soir, il me demanda si je ne
connaissais pas à Berne une demoiselle de beaucoup d'esprit et qui écrivait très bien. Je vous nommai tout de suite.
Là-dessus, il me dit des choses sur votre esprit que je me
garderai bien de vous répéter; vous avez de la modestie,
ma chère amie, je ne veux ni la blesser, ni la détruire.

« Il me demanda plusieurs particularités à votre sujet,
et j'eus le plaisir de vous rendre justice. « Connaissez-
« vous cela? » me dit-il en me montrant votre lettre sur

Héloïse. « Je la reconnais », dis-je, « elle est de sa main. »
Je restai encore avec lui jusqu'après sept heures.

« Comme il m'avait invité à dîner, j'y retournai le lendemain. Il me fit boire après le repas un excellent vin
d'Espagne : « Nous boirons à la santé de Mlle Bondeli, vous
« aurez soin de le lui dire. » — Et c'est pour vous faire
ma commission que je vous écris. En vérité, Jean-Jacques
Rousseau, qui boit à votre santé avec le meilleur vin de la
cave de mylord Maréchal, n'est pas une chose à rejeter.
Aussi, lui montrai-je la joie que j'avais de vous l'apprendre. Après dîner, nous nous promenâmes une demi-
heure, nous rentrâmes, et je le quittai après huit heures.

« Ne m'enviez-vous pas ces deux journées? Quand je
vous verrai, je vous dirai un plus grand nombre de particularités au sujet de cette visite. J'ai trouvé, en général,
Rousseau d'une vivacité et d'une douceur singulière. Il a
une physionomie agréable et délicate, les mouvements
qu'on y découvre sont d'une simplicité et d'une naïveté
charmante : c'est certainement, de tous les hommes que
j'ai vus, le plus aimable et le plus honnête. »

Voilà, certes, des documents intéressants sur Rousseau.
Quelle bonne humeur en lui, quand l'image de ses ennemis et de ses malheurs s'effaçait de son âme! Quel charme
à le voir alors, à lui parler, à l'entendre! Quelle impression de simplicité et de grandeur il laissait dans l'âme de
ses interlocuteurs!

Quand M. Kirchberger le quitta, il lui dit : « Je vous vois
partir avec autant de regret que je vous ai vu venir avec peu
de plaisir : je hais les nouveaux visages, mais quand ils sont
comme le vôtre, je suis bientôt réconcilié avec eux. »

⁎

Julie Bondeli n'aurait pas été femme si elle n'avait
brûlé d'impatience de voir M. Kirchberger, afin d'entendre

de sa bouche le récit de sa visite, et de savoir par le détail tout ce que Jean-Jacques avait dit d'elle. Aussi, dès que son ami revient de Berne, elle va le trouver, puis se hâte de tout raconter à Zimmermann.

A la date du 21 janvier 1763, elle écrit à ce dernier :

« M. Kirchberger fut enchanté de la modération avec laquelle Rousseau parla de Voltaire. « C'est un homme né « bon, il a foncièrement le caractère le plus aimable », dit Rousseau, « mais les gens avec lesquels il a vécu l'ont « rendu méchant. » Mlle Levasseur, en disant toujours « Voltaire » tout court, ne fut pas si modérée que Rousseau. Celui-ci, en s'interrompant, lui dit : « Mademoiselle, « pourquoi ne dites-vous pas *Monsieur de Voltaire*? »

« Tronchin fut traité autrement. M. Kirchberger ne prononce plus son nom qu'en frémissant. Rousseau lui a dit qu'il avait vu le moment où Tronchin, par ses menées, sa réputation et ses correspondances, lui ôtait tout asile dans l'Europe entière. Mlle Levasseur soutient que ceux qui ont persécuté Rousseau ne croient pas en Dieu...

« Rousseau a dit qu'il n'aimait pas à écrire des lettres, qu'il en était accablé, qu'il répondait de loin en loin, ou point du tout, que la publication d'*Héloïse* lui avait coûté 200 francs en ports de lettres. »

Après lui avoir adressé ses amis les plus dévoués et les plus sûrs, Julie éprouva le désir de voir à son tour le philosophe. Celui-ci, d'ailleurs, avait manifesté l'intention de lui rendre visite. Mais l'heure de cette rencontre n'avait point sonné encore. Nous ne la verrons se produire que pendant l'été de 1765. En attendant, Zimmermann continuera à être renseigné sur tout ce qui se passe.

Le 11 mars, elle lui dit :

« Le roi de Prusse a envoyé à mylord Maréchal une somme considérable pour Rousseau, avec prière de l'ac-

cepter comme un don et non comme de l'argent, et outre
cela, ordre à Mylord de faire bâtir à Rousseau, aux dépens
du roi, un ermitage avec un jardin dans l'endroit de la
principauté qui plairait le mieux à Rousseau; mais celui-ci
a tout refusé. Mylord en ayant avisé le roi, le roi répond
à Mylord : « Le désintéressement de Jean-Jacques est un
« grand pas vers la vertu, si ce n'est pas la vertu même. »

En même temps, elle écrivait à Sophie Laroche, une de
ses amies les plus chères :

« On blâme beaucoup Rousseau de n'avoir rien voulu
accepter : je suis d'un avis contraire; il ne faut jamais
démentir ses principes, et à quatre doigts du tombeau, il
en vaut moins que jamais la peine. Dieu me garde d'en
vouloir au désintéressement de Rousseau, mais si Sa Majesté avait eu le loisir de lire le *Contrat social,* il aurait vu
une raison de plus au refus de Rousseau. »

Une correspondance directe va s'établir entre Julie et
Jean-Jacques. Celui-ci cherche à plaire et fait des compli-
ments : quoi de plus naturel? Chose curieuse, la jeune
femme en semble irritée. Habituée aux discussions littéraires et philosophiques, elle oublie son sexe, et voudrait
que Rousseau ne vît en elle qu'une intelligence. Elle pousse
même assez loin cette attitude, et perd alors cette simplicité qui sied si bien à une femme. Elle montre de la coquetterie, de la vanité, de l'orgueil, là où elle devrait,
comme auparavant, faire preuve seulement de bonté, de
respectueuse amitié, de sollicitude filiale et aussi de grâce
féminine.

Il faut lui pardonner, il est vrai, puisque c'est par elle
en définitive, par sa correspondance que nous connaissons
ses faiblesses de caractère, et qu'au fond elle ne cesse point
d'être dévouée au philosophe. Passons donc avec indulgence sur ces petits côtés de la nature humaine.

Après s'être fait beaucoup prier par le grand homme,

elle lui écrit enfin directement, et raconte le fait à Zimmermann (13 août 1763) :

« Trente fois en ma vie, j'ai voulu écrire des lettres tendres, toujours elles devenaient seulement spirituelles. Hier, je voulus écrire une lettre fort spirituelle à Rousseau, et je restai toute émerveillée d'en avoir écrit une très tendre. Quel singulier accident! si tendre, si tendre, que je n'ai pas osé la laisser partir sans l'avoir fait voir à deux amies... »

Voilà donc ces deux âmes en contact! Quelles idées, quelles impressions vont-elles échanger? Quel sera leur langage? Quelle joie leur viendra de la correspondance que nous voyons s'établir, et qui va durer plusieurs années?

* *
*

Pour résoudre ces diverses questions, il faudrait connaître les lettres que Julie adressa à Rousseau et celles que celui-ci lui envoya de son côté. Malheureusement, ces lettres sont perdues. Une seule subsiste, elle est de Rousseau, et nous la possédons. Quant à celles de Julie, aucune jusqu'ici n'a été retrouvée.

Nous avons découvert de plus une lettre de Jean-Jacques à un professeur de Zurich, M. Hess, ami de Julie Bondeli. Cette lettre, je le crois, est inconnue en France et ne figure dans aucune édition. Comme Rousseau y parle de la jeune Bernoise qui nous occupe, elle rentre dans le cadre de cette étude, et nous tenons à la reproduire. Ces deux lettres, d'ailleurs, se complètent heureusement l'une l'autre. Nous les donnons par ordre de date.

Voici d'abord la lettre de Rousseau au professeur Hess :

« A Môtiers, le 12 octobre 1763.

« Vous m'avez fait passer, Monsieur, une journée agréable à votre passage à Môtiers, et vous me donnez,

par le témoignage de votre souvenir et de votre amitié, un
nouveau plaisir, auquel je ne suis pas moins sensible; je
me félicite beaucoup d'avoir à Zurich deux amis tels que
vous et M. Usteri, qui m'attirent l'estime et les bontés de
tant d'hommes de mérite dont votre ville est remplie.
Soyez persuadé que, si la rigueur de l'hiver que je commence à sentir laisse ma pauvre machine délabrée en état
de faire l'été prochain cet agréable voyage, il est impossible que je trouve au milieu de vous des plaisirs plus purs
et plus vifs que ceux que je me promets.

« J'ai lu avec reconnaissance, et je puis dire avec surprise, les lettres de Mlle Bondeli dont vous m'avez envoyé
copie, et que M. Usteri m'a aussi envoyées avec la dis-
sertation *Sur le sens moral*. Je dis : avec surprise, parce
qu'elle réunit ce qui se trouve rarement où que ce soit, et
ce que je n'aurais point cherché à Berne : la solidité et le
coloris, la justesse et l'agrément, la raison d'un homme
et l'esprit d'une femme, la plume de Voltaire et la tête de
Leibnitz. Elle réfute mes censeurs en philosophe, et les
raille en petite maîtresse; sa critique est aussi raisonnée
que ses bons mots sont saillants.

« La manière dont elle défend *Héloïse* m'en fait presque aimer les défauts, et sur le seul qu'elle ait relevé, je
suis bien heureux qu'elle ait bien voulu n'en trouver
d'autre. A l'égard de l'écrit *Sur le sens moral*, je ne l'ai
pu bien comprendre partout, et je crois que c'en est ma
faute. Quoi qu'il en soit, je m'honorerais toujours d'une
pareille avocate, et je serais bien fâché de n'être pas attaqué, lorsque je serais défendu par elle.

« Je vous prie, Monsieur, de faire agréer tout mon respect à Madame votre digne épouse, de même que ceux de
Mademoiselle Levasseur, qui vous remercie l'un et l'autre
de l'honneur de votre souvenir.

« Je vous salue, Monsieur, de tout mon cœur.

                              « J.-J. ROUSSEAU. »

Il ressort de cette lettre que le philosophe professait pour Mᵐᵉ Bondeli — alors âgée de trente-deux ans, lui en avait cinquante et un — une vive sympathie et une sincère estime. Cependant, il ne l'avait point vue encore : il ne la connaissait que par sa correspondance et par les éloges des personnes amies qu'elle lui avait adressées.

La seule lettre retrouvée de celles assez nombreuses qu'il lui fit parvenir va nous dire plus éloquemment encore le cas qu'il faisait d'elle :

« A Môtiers, 28 janvier 1764.

« Vous savez bien, Mademoiselle, que les correspondants de votre ordre font toujours plaisir, et n'incommodent jamais ; mais je ne suis pas assez injuste pour exiger de vous une exactitude dont je ne me sens pas capable, et la mise est si peu égale entre nous, que quand vous répondriez à dix de mes lettres par une des vôtres, vous seriez quitte avec moi tout au moins.

« Je trouve M. Schulthess[1] bien payé de son goût pour la vertu, par l'intérêt qu'il vous inspire, et si ce goût dégénère en passion près de vous, ce pourrait bien être un peu la faute du maître. Quoi qu'il en soit, je lui veux trop de bien pour le tirer de votre direction, en le prenant sous la mienne, et jamais, ni pour le bonheur, ni pour la vertu, il n'aura regret à sa jeunesse, s'il la consacre à recevoir vos instructions. Au reste, si, comme vous le pensez, les passions sont la petite vérole de l'âme, heureux qui, pouvant la prendre encore, irait s'inoculer à Kœnitz[2] ! Le mal d'une opération si douce serait le danger de n'en pas guérir. N'allez pas vous fâcher de mes douceurs, je vous prie ; je ne les prodigue pas à toutes les femmes, et puis on peut être un peu vaine.

---

[1] Jeune homme enthousiaste, ami de Julie.
[2] Séjour de Julie Bondeli, près de Berne.

« Je ne puis, Mademoiselle, répondre à votre question sur les *Lettres d'un citoyen de Genève*, car cet ouvrage m'est parfaitement inconnu, et je ne sais que par vous qu'il existe. Il est vrai qu'en général je suis peu curieux de ces sortes d'écrits, et quand ils seraient aussi obligeans qu'ils sont insultans pour l'ordinaire, je n'irais pas plus à la chasse des éloges que des injures. Du reste, sitôt qu'il est question de moi, tous les préjugés sont qu'en effet l'ouvrage est une satire; mais les préjugés sont-ils faits pour l'emporter sur vos jugemens? D'ailleurs, je ne vois pas que ce livre soit annoncé dans la *Gazette de Berne*, grande preuve qu'il ne m'est pas injurieux.

« Je n'ose vous parler de mon état; il contristerait votre bon cœur. Je vous dirai seulement que je ne puis me procurer des nuits supportables qu'en fendant du bois tout le jour, malgré ma faiblesse, pour me maintenir dans une transpiration continuelle, dont la moindre suspension me fait cruellement souffrir.

« Vous avez raison toutefois de prendre quelque intérêt à mon existence : malgré tous mes maux, elle m'est chère encore par les sentimens d'estime et d'affection qui m'attachent au vrai mérite; et voilà, Mademoiselle, ce qui ne doit pas vous être indifférent.

« Acceptez un barbouillage : *L'Imitation théâtrale*, qui ne vaut pas la peine d'en parler, et dont je n'ose vous proposer la lecture, que sous les auspices de l'ami Platon.

                  « J.-J. ROUSSEAU. »

Julie éprouvait en réalité un grand bonheur — bien légitime du reste — de recevoir de pareilles lettres de l'homme qui, avec Voltaire, occupait les sommets de la renommée. Cependant, comme nous l'avons dit plus haut, elle eût voulu être traitée en philosophe plutôt qu'en femme. Il est à supposer — tant le cœur des femmes est impressionnable et mystérieux — que si Rousseau eût agi de la sorte, elle en eût été profondément vexée, et ne lui eût point pardonné.

Le 15 février 1764, elle dit à Zimmermann :

« Je fais mystère de la correspondance, parce que Rousseau en fait lui-même, et parce que l'aveu pourrait n'avoir l'air que d'une vanterie. Surtout si je faisais voir les belles choses qu'il me dit, j'en ai presque honte vis-à-vis de moi-même, je crois qu'on pourrait appeler cela une conterie philosophique. »

Elle écrit dans le même sens à son amie Sophie Laroche :

« Les conteries d'un Rousseau m'incommodent, encore prétend-il que je dois en être vaine. »

Pourquoi, aimable Julie, tant de mystère, tant de petits calculs, tant de coquetterie ? Laissez donc en vous le naturel agir ; montrez avant tout que vous êtes femme, montrez votre douceur et votre grâce..... C'est votre plus bel apanage pour plaire au sublime penseur d'*Emile*, et lui léguer de vous un vivant souvenir !

*
* *

Au mois d'octobre 1764, Julie voyage pour sa santé dans les parages habités ou fréquentés par Rousseau. Elle lui fait demander s'il pourra la recevoir, mais elle redoute de sa part une simple complaisance. L'orgueilleuse voudrait presque traiter de puissance à puissance.

« Rousseau n'est plus à Môtiers », écrit-elle, « mais à Cressier, au petit lac : je ne sais si je le verrai, je fais sonder le terrain..... Pour tous les Platons anciens et modernes, je ne rabattrai pas un atome de ma dignité féminine : si Rousseau ne veut me voir que par complaisance, ô certes, je ne le verrai pas !..... Je l'aime et je le respecte toujours, mais ma dignité ne servira jamais d'aliment à l'orgueil d'un homme, et quand il est question de compromettre le mien, ma curiosité est à son terme. »

L'entrevue demandée et accordée n'eut pas lieu. Le philosophe retourna subitement à Môtiers-Travers, car l'hiver approchait. Mme de Luze[1] et Julie l'invitent en vain à revenir à Colombier, il leur répond cette lettre qui porte bien la marque de son caractère :

« Môtiers, le 27 octobre 1764.

« Vous me faites, Madame, vous et Mademoiselle Bondeli, bien plus d'honneur que je n'en mérite. Il y a longtemps que mes maux et ma barbe grise m'avertissent que je n'ai plus le droit de braver la neige et les frimas pour aller voir les dames. J'honore beaucoup Mademoiselle Bondeli, et je fais grand cas de son éloquence, mais elle me persuadera difficilement que, parce qu'elle a toujours le printemps avec elle, l'hiver et ses glaces ne sont pas autour de moi.

« Loin de pouvoir en ce moment faire des visites, je ne suis pas même en état d'en recevoir. Me voilà comme une marmotte, terré pour sept mois au moins. Si j'arrive au bout de ce temps, j'irai volontiers, Madame, au milieu des fleurs et de la verdure, me réveiller auprès de vous, mais maintenant je m'engourdis avec la nature; jusqu'à ce qu'elle renaisse, je ne vis plus.

« J.-J. ROUSSEAU. »

Julie dut être fort contristée de cette réponse. Toutefois, elle se résigna de bonne grâce. Pendant l'hiver et le printemps de 1765, elle continua à parler souvent du philosophe à son entourage, ses lettres sont pleines de son souvenir. Elle suivit de près les orages soulevés dans toute la Suisse par la publication des *Lettres de la Mon-*

---

[1] Femme d'un négociant de Neuchâtel.

tagne, et ne cessa de défendre la cause de l'écrivain persécuté.

A la fin de mai, Rousseau tint la promesse qu'il avait
faite à Mme de Luze : il se rendit à Neuchâtel. Julie le vit
enfin. Le 1er juin, elle écrit à Zimmermann :

« J'ai vu le prince de Wirtemberg chez moi : j'en ai été
si contente que je lui ai fait des confidences sur l'impression que m'a fait le joli minois de Rousseau, qui m'a fait
deux visites à Neufchâtel. »

D'autre part, elle dit à Sophie Laroche :

« J'ai vu Rousseau, il me fit deux visites à Neufchâtel ;
jeudi soir, j'arrivai, et hier il vint me voir, allant à Schinz-
nacht. J'ai maudit mille fois le chien de métier d'une
femme lettrée, mais les visites des Tissot, Rousseau et
Louis de Wirtemberg m'ont un peu réconciliée avec lui. »

Le 3 juillet, elle dit à Zimmermann :

« J'étais presque sûre de ne lui avoir pas plu à la première entrevue. La seconde me fit un peu mieux augurer :
depuis lors, il a dit du bien de moi, assurant qu'il était cependant venu dans la sincère résolution que je dus lui
déplaire. Je ne suis pas sa dupe, il a fait mes éloges au
procureur général, qui est mon parent, qui m'aime, qui
tout l'hiver lui a parlé de moi, et qui, au surplus, le
protège. »

Il était difficile, on le voit, de contenter Mlle Bondeli.
En quoi, je le demande, Rousseau pouvait-il et voulait-il
en faire sa dupe? S'il disait du bien d'elle, c'est qu'assurément il le pensait. Cette défiance poussée à l'extrème, et
vis-à-vis d'un homme comme l'auteur de la *Nouvelle
Héloïse*, nous gâte un peu la figure, sympathique pourtant, de la jeune Bernoise. Ce qui la perd, c'est qu'elle
veut faire le bel esprit, au lieu d'être tout simplement une
femme aimable.

.·.

Les relations de Julie et de Jean-Jacques furent inter-
rompues par les persécutions nouvelles qui forcèrent le
philosophe à quitter la Suisse, à la fin de 1765. On sait
qu'il alla d'abord à Strasbourg, avec l'intention de se
rendre à Berlin et à Potsdam. Mais il changea d'avis,
revint à Paris, puis fut entraîné en Angleterre par David
Hume.

Brouillé avec Hume, il rentra en France, vécut d'abord
au château de Trie, séjour offert par le prince de Conti,
puis, en 1768, alla demeurer dans les montagnes du Dauphiné, à Grenoble, d'abord, et ensuite à Bourgoin, où il
épousa Thérèse Levasseur.

Nous voyons Julie Bondeli s'inquiéter de lui jusqu'à ce
moment. Elle le suit dans ses voyages, elle s'informe de
son sort. Fait étrange, elle semble l'aimer davantage à
mesure qu'il s'éloigne. Elle songe alors avec plus d'intensité aux injustices commises à son égard, elle évoque le
passé, elle s'attendrit sur sa destinée, et ses alarmes sont
pleines de noblesse. Nous retrouvons là son grand cœur.

Elle écrit le 6 février 1766 :

« Par le moyen de M. de Luze, de Neufchâtel, qui est
allé de Strasbourg à Paris, et de Paris à Londres avec
David Hume et Rousseau, j'ai eu chaque semaine deux
fois des nouvelles de ce dernier. »

Ailleurs, elle dit à Usteri, à propos des *Lettres de la
Montagne* :

« Cette âme noble, que la plus simple apparence de l'injustice révolte; ce cœur sensible, qui fait mouvoir dans les
nôtres jusqu'aux plus profonds ressorts de la vertu; cette
imagination douce, forte et irrésistible, qui tant de fois
nous a présenté le beau et le bon avec son vrai coloris, tout

cela changera-t-il parce qu'il se défend lui-même? Cette
âme sera-t-elle indifférente à l'injustice personnelle? Ce
cœur perdra-t-il sa sensibilité pour lui-même, cette imagination deviendra-t-elle faible et languissante, en faisant
le tableau de ses propres maux? Ah! je le demande : qui
de nous résisterait aux forces réunies de magistrats vio-
lateurs des lois, aux sourdes menées de rivaux coupables,
à l'influence de jurisconsultes sophistes, et au zèle faux et
malin de prétendus saints théologiens?

« L'amour du vrai et la flamme du génie ont constamment guidé Rousseau dans ses précédents ouvrages, et
toujours l'enthousiasme de l'un et de l'autre lui servit de
pinceau. Le voici sous un nouveau point de vue; muni
des ciseaux de l'analyse, il suit méthodiquement le fil de
la discussion, il commente, il étend, il explique, il éclair-
cit, et parce qu'on l'a réduit à un métier qui n'est pas le
sien, lui en fera-t-on encore un nouveau crime? »

Ce passage est magnifique, et fait honneur, à tous
égards, à Julie Bondeli. La verve des *Lettres de la Montagne* l'inspire, et son style, comme sa pensée, revêt une
fière allure, digne de Rousseau.

Ailleurs, elle écrit encore :

« Je lisais les *Lettres de la Montagne* le jour même de
l'Assemblée générale de Genève, et il fut heureux pour le
Magnifique Conseil que mon agitation ne pût se communiquer aux citoyens. Les infortunes de Rousseau se retra-
cèrent avec vivacité à mon cœur; j'étais, quant à tous les
sentiments douloureux, replacée au mois de juin de
l'an 1762, et des vues plus nettes sur les injustices dont il
a été l'objet achevèrent de me rendre plus malheureuse
qu'il ne l'a peut-être jamais été lui-même. »

Dans une autre lettre, elle se souvient qu'elle a envoyé
des plantes à Jean-Jacques :

« Mon envoi de plantes helvétiques lui est parvenu à

l'époque même de son départ de Môtiers. Je ne saurais
assez m'applaudir de cet heureux hasard, car, figurez-vous,
ces plantes ont fait diversion à son chagrin, et il les montrait à tous venans comme la plus jolie chose du monde. »

Lorsqu'en octobre 1768, Julie apprit le mariage de
Rousseau avec Thérèse, elle en parut attristée.

« Ne jugeons de rien », dit-elle, « et tâchons de justifier
la conduite connue de notre ami par les circonstances et
les motifs qui nous sont inconnus. »

Il y a une mélancolique résignation dans ces paroles,
qui ressemblent à la fin d'un beau rêve évanoui. Julie ambitionnait pour Rousseau une grandeur sans mélange dans
le rôle qu'il avait pris de réformateur et d'apôtre des
temps nouveaux. Son union définitive avec Thérèse lui
parut une diminution de son héros, bien qu'elle ne le dise
point formellement. De là une tristesse tout intime chez
cette intellectuelle, cette âme avide d'harmonie et de
beauté.

*
* *

À partir de 1768, nous ne trouvons plus trace de relations entre la jeune femme et l'écrivain : le temps et
l'éloignement les firent cesser, ainsi d'ailleurs que la maladie et les circonstances. Julie Bondeli avait une santé
délicate, et, toute souffrante, prenait moins part aux manifestations de la vie. Rousseau, préoccupé de défendre sa
mémoire, achevait, dans l'Isère, de rédiger les *Confessions,*
cessait à peu près toute correspondance suivie, et rentrait
à Paris pour y achever sa carrière dans une pauvreté volontaire, puis s'en aller, à soixante-six ans, finir ses jours
à Ermenonville, en 1778.

Julie Bondeli mourait la même année, à l'âge de qua-
rante-sept ans, laissant le souvenir d'une intelligence et

d'un cœur d'élite à tous ceux qui l'avaient connue, admirée et aimée.

La lecture des œuvres de Jean-Jacques, les relations, la correspondance, les entretiens qu'elle eut avec lui furent le point culminant de la vie de Julie. Par ce grand homme, elle atteignit sa floraison, son zénith moral, ce zénith mystérieux que chaque être humain porte en sa destinée, et qu'il poursuit toujours, parfois sans l'atteindre jamais.

Au contact de Rousseau, l'étincelle divine jaillit de cette âme, et elle devint un foyer lumineux et vivifiant de sa ville natale.

Comme nous l'avons dit au sujet d'autres amies du citoyen de Genève, la jeune Bernoise ne perdit rien à s'intéresser à ses malheurs et au triomphe de sa pensée libératrice. Un rayon de sa gloire est tombé sur elle, et voici que son nom presque inconnu surgit de la poussière obscure des années, pour aller prendre place à côté des femmes charmantes du xviiie siècle, comtesses, marquises, duchesses et maréchales, qui furent subjuguées par le génie de Rousseau, et lui témoignèrent un dévouement désintéressé.

DEUXIÈME PARTIE

Patelle Delineavit

D'après un esquisse que S¹ Houel peintre fit de J.J. Rousseau,
après avoir diné avec lui à Montmorency, dans la petite maison De l'
Orangerie du Maréchal de Luxembourg, le dimanche de l'octave
de la fête Dieu l'an 1764.

J.-J. ROUSSEAU DANS SON LOGIS, A MONTMORENCY.

Esquisse, faite d'après nature,
par le peintre Houel, pendant l'été de 1761, à Montmorency.

Collection H. B.

CHAPITRE VIII

J.-J. ROUSSEAU ET SES VISITEURS

Les écrivains, les poètes, les grands artistes ont le privilège, quand ils sont morts, d'exciter la curiosité des
chercheurs et d'attirer l'attention de la foule par les particularités de leur vie, les détails de leur existence quoti-
dienne, les souvenirs multiples qui les entourent, en un
mot, par tout ce qui jette une clarté sur leur caractère,
leur talent, leurs façons d'être.

Leurs œuvres, leurs noms remplissent le monde. Ils
ont fait naître en nous des émotions douces, puissantes,
intimes; nous savons qu'ils ont joué un grand rôle dans
l'histoire de la pensée, de là nos sympathies pour leur
mémoire et l'intérêt que nous prenons aux récits qui les
concernent.

Jean-Jacques Rousseau est un de ceux, peut-être, qui ont
laissé, dans l'esprit de leurs contemporains, la plus vivante
empreinte. Philosophes, grands seigneurs, dames élégantes désiraient le voir, s'entretenir avec lui, et presque
tous ceux qui l'ont approché ont consigné leurs impressions dans des notes, des mémoires, des papiers de famille,
des lettres... Ce sont là des pièces historiques intéressantes
à consulter.

Nous avons pensé qu'il serait intéressant de grouper quelques documents de cette nature, peu connus, oubliés et dispersés. De leur rapprochement naît un attrait tout spécial, et les fervents de la pensée peuvent en tirer une philosophie salutaire. Ces pages donneront un aperçu d'un travail assez considérable dont nous avons réuni les éléments.

Ce ne sont point des dissertations sur l'œuvre de Rousseau, éloges, critiques ou aperçus divers, que nous apportons ici ; ce sont les témoignages directs, les impressions propres de quelques personnes qui l'ont vu, connu, approché, et qui ont considéré comme un événement important de leur vie les relations qu'elles eurent avec cet homme extraordinaire, avec ce génie incandescent, dont la flamme active a révolutionné la France et l'Europe.

I

M. CHAMPAGNEUX.

Au nombre des documents les plus curieux et les plus importants que les contemporains de Rousseau aient laissés sur lui, il faut placer quelques pages des Mémoires intimes de M. Champagneux, maire et châtelain de Bourgoin (Isère) en 1768. Admirateur et disciple de Jean-Jacques, il lui prodigua le dévouement le plus affectueux pendant son séjour dans le Dauphiné (1768-1769-1770). Ce fut lui qui présida à la cérémonie de son mariage avec Thérèse, à l'auberge de la *Fontaine d'Or*, à Bourgoin, au mois d'août 1768.

M. Champagneux était avocat et avait l'esprit cultivé, en même temps que le cœur haut placé. Il n'avait guère que vingt-cinq ans lorsque l'infortuné Rousseau, poussé par le vent du malheur et les persécutions que s'attirent toujours les grands réformateurs et les justiciers, se trouva jeté, vieux déjà, au milieu des montagnes du Dauphiné.

La belle générosité de la jeunesse était donc encore, chez
M. Champagneux, dans toute son éclosion.

Il eut une existence mouvementée, fut mêlé aux grands
événements de la Révolution, et consigna les impressions
de son orageuse carrière dans des mémoires qu'on suppose
perdus.

Par bonheur, un érudit de l'Isère, un chercheur consciencieux, M. Louis Fochier, dévoué au souvenir de
Rousseau, put mettre la main sur une épave flottante de
ces mémoires, sur le cahier authentique où l'auteur justement trace, de sa propre main, l'histoire de ses relations
avec le philosophe du *Contrat social*. C'est donc à
M. Louis Fochier, dont la modestie égale le savoir, que le
monde des lettres doit témoigner sa meilleure reconnaissance pour cette précieuse trouvaille, que nous sommes
heureux de faire connaître ici.

M. Champagneux raconte les faits qui l'intéressent sous
forme de lettres à un ami. Nous lui laissons la parole :

« Je ne t'ai rien dit encore, mon ami, d'une circonstance
à laquelle ta curiosité attachera quelque prix : c'est du
voyage et du séjour que Jean-Jacques Rousseau a fait à
Bourgoin.

« Comme rien de ce qui intéresse ce grand homme ne
saurait être indifférent, je vais réunir dans cette lettre ce
qui s'est passé sous mes yeux. Tu y verras Rousseau quelquefois en robe de chambre, et sans cesser de le respecter,
tu le plaindras sur les erreurs que sa trop grande sensibilité lui faisait commettre.

« Après son voyage d'Angleterre, les courses et les
stations qu'il avait faites çà et là en France et en Suisse,
il s'arrêta enfin à Bourgoin, où il crut pouvoir faire un
établissement pour le reste de sa vie. Il arriva dans cette
petite ville le 14 août 1768. Les relations d'amitié qu'il
avait eues avec un de mes oncles, à Paris, le portèrent à

me voir et à me témoigner de la confiance. J'en profitai
pour le déterminer à préférer Bourgoin à tous les autres
pays qui se disputaient l'honneur de le posséder.

« Je l'accompagnais assez souvent dans ses promenades.
Il faisait alors de la botanique son occupation et son
délassement; une plante, un brin d'herbe dans ses mains
donnaient lieu à la conversation la plus intéressante, et
le temps que je passais avec lui s'écoulait toujours trop
vite.

« Je me rappelle que, dans une de nos courses d'herborisation, ayant aperçu une plante qu'il n'avait pas vue depuis très longtemps, il se met à genoux, la cueille, la porte
à sa bouche, lui donne des baisers, et lui fait les mêmes
caresses qu'aurait pu exciter une maîtresse qu'il n'aurait
pas vue depuis le même temps. Mais ses empressements
furent de courte durée. Le champ que nous parcourions
était jonché des mêmes fleurs, et ses pieds foulèrent bientôt et sans attention la plante pour laquelle je venais de le
voir à genoux.

« Je me souviens encore que, ce même jour, nous fîmes
une assez longue course, et que nous étant trouvés à côté
de ma campagne, je l'engageai à visiter mon jardin.

« Pendant que nous le parcourions, un de ceux qui nous
avaient accompagnés me demanda à goûter. Aussitôt, un
repas champêtre nous est servi. Cet impromptu charme
Rousseau. La simplicité des mets, la liberté qu'inspirait
la campagne, la sérénité du ciel, le chant des oiseaux
excitèrent sa gaieté et son appétit. Le plaisir brillait dans
ses yeux; son âme s'ouvrit à la plus intime confiance, et
nous eûmes véritablement avec nous l'auteur d'*Héloïse*,
d'*Emile* et du *Contrat social*.

« Rousseau était arrivé seul à Bourgoin. Peu de jours
après, nous revenions ensemble de la promenade; je
l'accompagnai jusqu'à son logement. Avant d'entrer, une
femme lui saute au cou, l'embrasse, en est embrassée; des

larmes coulent de leurs yeux, et pendant un quart d'heure
que dura cette scène attendrissante, je n'entendis prononcer par Rousseau que ces mots : « Ah! ma sœur! »

« Je le vis le lendemain. Il me laissa croire que c'était
sa sœur; il l'appelait Mlle Renou, et c'était ainsi qu'il se
faisait appeler lui-même.

« Le 29 du même mois, il me convie à dîner pour le lendemain; il fait la même invitation à M. de Rosière, capitaine d'artillerie, mon cousin. Il nous prie de nous rendre
chez lui une heure avant le repas. Nous devançâmes le
moment indiqué. Rousseau était paré plus qu'à l'ordinaire; l'ajustement de Mlle Renou était aussi plus soigné.
Il nous conduit l'un et l'autre dans une chambre reculée,
et là Rousseau nous pria d'être témoins de l'acte le plus
important de sa vie; prenant ensuite la main de Mlle Renou, il parla de l'amitié qui les unissait ensemble depuis
vingt-cinq ans et de la résolution où il était de rendre
ces liens indissolubles par le nœud conjugal.

« Il demanda à Mlle Renou si elle partageait ses sentiments, et sur un *oui* prononcé avec le transport de la tendresse, Rousseau, tenant toujours la main de Mlle Renou
dans la sienne, prononça un discours où il fit un tableau
touchant des devoirs du mariage, s'arrêta sur quelques
circonstances de sa vie, et mit un intérêt si ravissant à
tout ce qu'il disait, que Mlle Renou, mon cousin et moi
versions des torrents de larmes commandées par mille
sentiments divers, où sa chaude éloquence nous entraînait; puis, s'élevant jusqu'au ciel, il prit un langage si
sublime qu'il nous fut impossible de le suivre. S'apercevant ensuite de la hauteur où il s'était élevé, il descendit
peu à peu sur la terre, nous prit à témoins des serments
qu'il faisait d'être l'époux de Mlle Renou, en nous priant
de ne jamais les oublier.

« Il reçut ceux de sa maîtresse; ils se serrèrent mutuellement dans leurs bras. Un silence profond succéda à

cette scène attendrissante, et j'avoue que jamais de ma vie
mon âme n'a été aussi vivement et aussi délicieusement
émue que par le discours de Rousseau.

« Nous passâmes de cette cérémonie au banquet de
noce. Pas un nuage ne couvrit le front du nouvel époux ;
il fut gai pendant tout le repas, chanta au dessert deux
couplets qu'il avait composés pour son mariage, résolut
dès ce moment de se fixer à Bourgoin pour le reste de ses
jours, et nous dit plus d'une fois, à mon cousin et à moi,
que nous étions pour quelque chose dans le parti qu'il
prenait.

« J'ai dit que le jour de l'arrivée de Mlle Renou, il me
donna à entendre qu'elle était sa sœur ; il se rappela ce
mensonge et en demanda pardon. »

Dans la Correspondance de Rousseau, on ne trouve
qu'une seule lettre où il parle de son mariage avec Thérèse. Cette lettre, adressée à son ami Lalliaud, est datée
de Bourgoin, 31 août 1768. Elle ne fait que confirmer le
récit de M. Champagneux. Nous y relevons notamment ce
passage :

« Cet honnête et saint engagement a été contracté dans
toute la simplicité, mais aussi dans toute la vérité de la
nature, en présence de deux hommes de mérite et d'honneur : l'un, officier d'artillerie et fils d'un de mes anciens
amis du bon temps, c'est-à-dire avant que j'eusse aucun
nom dans le monde ; et l'autre, maire de cette ville (de
Bourgoin) et proche parent du premier. Durant cet acte
si court et si simple, j'ai vu fondre en larmes ces deux
dignes hommes, et je ne puis vous dire combien cette
marque de bonté de leurs cœurs m'a attaché à l'un et
à l'autre... »

Voilà donc Jean-Jacques marié ; sa liaison avec Thérèse
Levasseur était régularisée. Il vivait en paix à Bourgoin,

et paraissait heureux, lorsqu'un incident futile, quelque
peu bizarre, comique même, et dont un autre aurait souri,
vint troubler sa quiétude. Ecoutons M. Champagneux :

« Je continuai à voir fréquemment Rousseau après son
mariage, et il m'honorait de marques continuelles d'amitié. Etant allé un jour le prendre pour la promenade, je
le trouvai inquiet et rêveur. J'en fus ému, il s'en aperçut,
et me confia la cause de son chagrin.

« L'avocat Bovier[1] venait de lui écrire de Grenoble que
le nommé Thevenin, garçon chamoiseur, réclamait quinze
livres qu'il disait avoir prêtées à Rousseau quelques années
auparavant, et lorsque, disait Thevenin, Rousseau se faisait appeler le *voyageur perpétuel*. Bovier offrait de lui
rembourser cette somme, si Rousseau l'en chargeait.

« Jamais l'amour-propre de l'auteur d'*Emile* ne fut
blessé comme dans cette occasion. Rousseau emprunter
quinze livres! Et d'un garçon chamoiseur! Rousseau
n'avait pas rendu cette somme! Une telle conduite ne pouvait être celle d'un homme qui refusait et foulait aux pieds
les libéralités des rois. Rousseau ne vit dans cette imputa-
tion que de nouvelles trames ourdies par ses ennemis pour
le persécuter, et il considéra l'avocat Bovier comme un des
agents de la persécution.

« Pour connaître les fils de cette calomnie et la repousser,
il convenait d'aller à Grenoble. Mais faire ce voyage seul,
c'était pour Rousseau une entreprise pénible. Je vois son
embarras, et j'offre de l'accompagner; il me saute au cou,
accepte ma proposition et pleure de joie.

« Nous nous mettons en route le lendemain dans mon
cabriolet, et nous voilà à causer; c'est-à-dire moi à écouter
ce grand homme, qui me fit tellement oublier le temps
que nous passâmes pour faire dix lieues, qu'en arrivant à

---

[1] Cet avocat Bovier avait accueilli Rousseau à Grenoble, et le connaissait particulièrement.

Grenoble il me semblait que je venais de monter en voiture.

« Ce fut en me racontant quelques anecdotes de sa vie qu'il captiva et transporta mon âme. Oh! mon ami, que Rousseau était supérieur aux autres hommes! Quelle connaissance lui fut étrangère? Quelle vertu n'a-t-il pas possédée? La lecture de ses ouvrages enchante, mais sa conversation intime était la source de sentiments plus délicieux.

« On ne me connaît pas », disait-il en me serrant la main, « ou du moins les méchants me défigurent et sont « accueillis. On me rendra justice un jour, mais ce ne « sera qu'après ma mort! On m'élèvera alors des statues, « mais elles ne soustrairont pas mes concitoyens à la « honte de m'avoir persécuté... Vous qui êtes bon », ajoutait-il les larmes aux yeux, « qui êtes venu à mon aide « quand tout le monde m'oublie ou m'outrage, vous n'au- « rez pas à vous repentir de ces sentiments, et ce ne sera « pas un titre vain que d'avoir été l'ami de Jean- « Jacques! »

« Mes expressions rendaient mal les divers sentiments qui se pressaient dans mon cœur; mais mon embarras naissait de leur énergie même, et ce fut un langage éloquent auprès de mon compagnon de voyage... »

Avec le pressentiment d'un noble orgueil, de cet orgueil que Corneille ne craignait pas d'avouer, Rousseau ne se trompait pas, et devinait de quelle gloire, grandissante toujours, son nom serait environné dans l'avenir.

Quels hommages, en effet, après sa mort! C'est d'abord son tombeau, dans l'île des Peupliers, à Ermenonville, qui devient un lieu de pèlerinage pour tous les penseurs de la fin du XVIIIᵉ siècle, pour les jeunes époux, les amants, les mères. C'est son souvenir évoqué sans cesse dans les discours retentissants des tribuns des grandes assemblées

de la Révolution. C'est la Convention décrétant que ses
cendres seraient ramenées au Panthéon, qu'une statue lui
serait élevée sur une des places de Paris, que sa veuve
recevrait une pension... Ce sont ses œuvres paraissant et
se multipliant à Paris, à Londres, à Genève, à Berlin, à
Vienne, dans des éditions superbes!

Quand il n'est plus, tous ceux qui ont connu Rousseau,
qui lui ont parlé, qui ont reçu ses lettres, sont fiers d'avoir
été admis dans son intimité, et on les interroge avec une
respectueuse curiosité sur le grand homme.

« Ce ne sera pas un vain titre que d'avoir été l'ami de
Jean-Jacques! » Quelle preuve plus saisissante en donner
que ces quelques extraits que nous publions ici, et que
nous avons choisis, entre beaucoup d'autres, parce qu'ils
sont peu connus? Il y a une preuve plus éloquente pourtant, ce sont les lettres nombreuses, volumineuses même,
adressées à l'écrivain de la *Nouvelle Héloïse* par les femmes
les plus séduisantes de son temps, et qu'on ne peut lire
sans un tendre regret de ne point les avoir connues...

Nous avons laissé Rousseau et M. Champagneux voya-
geant sur la route de Grenoble. Reprenons le récit de ce
dernier.

« Notre premier soin », dit-il, « en arrivant à Grenoble,
fut de voir Bovier et de lui demander Thevenin. Il promit
de l'envoyer à notre auberge, et, en effet, ce prétendu
créancier parut une demi-heure après. A peine eut-il considéré Rousseau et connu ses reproches, qu'il avoua ne
l'avoir jamais vu, encore moins lui avoir prêté de l'argent. Il ajouta qu'ayant ouï parler de lui lors de son dernier séjour à Grenoble, comme d'un voyageur qui parcourait le monde, et ayant réellement prêté quinze livres à
quelqu'un qui prenait le nom de *voyageur perpétuel*, il
avait cru que Rousseau pourrait bien être son emprun-
teur, et qu'il s'en était expliqué ainsi à quelques per-

sonnes de la ville; mais que, voyant aujourd'hui son
erreur, il s'empressait d'en convenir et de lui faire ses
excuses.

« Nous pressâmes Thevenin par beaucoup de questions
pour savoir s'il parlait sincèrement, ou si, au contraire,
il n'était pas poussé par des ennemis secrets. Ses réponses
m'ayant confirmé de plus en plus qu'il était de bonne foi,
je dis à Rousseau qu'il fallait lui pardonner son imprudence, et je devins, en quelque sorte, l'avocat du stupide
Thevenin.

« Je n'eus pas plutôt fait paraître cet intérêt, dicté par
la pitié, que j'aperçus un changement subit sur le visage
et dans les paroles de Rousseau. Je compris, mais trop
tard, la faute que je venais de commettre. Pour m'être
livré trop promptement aux mouvements de mon cœur, je
m'étais perdu sans sauver Thevenin.

« Que fallait-il donc faire pour échapper à ses soupçons?
Le voici : Si, au lieu d'excuser Thevenin, je l'eusse pris au
collet, et que, l'abattant aux pieds du trop sensible Jean-
Jacques, je lui eusse dit : « Malheureux, vois le grand
« homme que tu as offensé! Ton crime est impardon-
« nable; tu mérites de succomber sous mes coups! » Si,
en prononçant ces mots, j'eusse fait semblant de porter
sur lui une main vengeresse, Rousseau se serait aussitôt
jeté sur moi, et m'aurait demandé grâce pour Thevenin.
Moins j'aurais eu l'air de m'apaiser, plus il aurait sollicité
sa grâce avec émotion, jusqu'à ce qu'enfin, me laissant
toucher, j'aurais bien voulu me contenter de chasser
Thevenin, et de lui dire qu'il eût à ne jamais paraître
devant moi, s'il voulait échapper à ma vengeance.

« Rousseau voulait être trompé ainsi, et je me suis mille
fois repenti d'avoir connu trop tard le remède qui convenait à son caractère. Ne pas douter du crime de ce prétendu fourbe, exhaler beaucoup d'indignation, être prêt à
en suivre le mouvement, tout cela eût produit dans l'âme

de Rousseau un ravissement, une extase dont elle eût été délicieusement enivrée; et ce même événement qui remplit son âme de chimériques terreurs, qui lui fit croire à la constante persécution de ses ennemis, qui rendit mes sentiments suspects, aurait été le plus beau de sa vie, et il m'aurait chéri comme son patron et son vengeur.

« Il est fâcheux d'avoir à reprocher tant de faiblesse à un si grand homme; mais la vérité m'imposait ce devoir, et cette anecdote servira à faire connaître Rousseau dans d'autres circonstances. »

Doué d'une sensibilité maladive, porté, par son premier mouvement, à la sympathie et à l'affection envers tous les hommes, Jean-Jacques éprouvait bientôt une désillusion et un froissement en constatant combien peu méritent vraiment l'estime; puis il se repliait sur lui-même et, dans son amertume, jetait l'anathème à la société tout entière.

On peut appliquer à ce génie tourmenté les vers que, longtemps après lui, un maître écrivain a tracés pour caractériser les souffrances du poète[1] :

> Tous ceux qu'il veut aimer l'observent avec crainte,
> Ou bien, s'enhardissant de sa tranquillité,
> Cherchent à qui saura lui tirer une plainte,
> Et font sur lui l'essai de leur férocité.
>
> Dans le pain et le vin destinés à sa bouche
> Ils mêlent de la cendre avec d'impurs crachats;
> Avec hypocrisie ils jettent ce qu'il touche,
> Et s'accusent d'avoir mis leurs pieds dans ses pas!

M. Champagneux, dans le passage suivant, met très clairement en relief les raisons qui avaient ainsi ulcéré l'âme de Rousseau :

« Les malheurs et les persécutions qu'il avait essuyés

---

[1] Baudelaire.

14

l'avaient rendu extrêmement inquiet et soupçonneux. Le moindre événement dont il ne voyait pas sur-le-champ la cause lui semblait une trame ourdie contre son honneur, sa tranquillité et sa vie. Il ne voyait partout qu'ennemis ou émissaires de ses ennemis. Mais à qui en était la faute? Au Parlement de Paris, qui, en le décrétant de prise de corps avec autant d'irrégularité que d'injustice, avait ouvert un champ vaste aux haines particulières, et leur fournissait le moyen de se satisfaire avec impunité.

« Il faut attribuer encore cette faute aux orgueilleux et perfides magistrats de Genève, qui employaient contre le citoyen qui les honorait le plus la même arme que le Parlement de Paris. Il faut en accuser enfin l'envie de ces auteurs qui, écrasés par la supériorité de Rousseau, ne voyaient d'espoir de faire quelque bruit dans la république des lettres qu'en écartant un si redoutable adversaire.

« Après avoir été froissé par tant de vices, de passions et d'injustices, Rousseau fut porté à croire tous les hommes méchants; du moins, ses affections furent très chancelantes et ne tinrent pas contre le plus léger soupçon. S'il ne put pas toujours interdire à son âme sensible ces élans qui la portaient, malgré elle, au-devant des hommes qu'il voyait pour la première fois, et qui savaient lui inspirer de la confiance, le moindre souvenir de ses maux passés ou un seul mot équivoque faisaient un crime à son cœur de ce premier mouvement, et, dès lors, il devenait sombre et sauvage.

« Telle fut la cause des doutes qui s'élevèrent à mon égard dans l'affaire de Thevenin; et l'effet en fut si prompt et si sensible, que, nous étant mis en route pour nous rendre de Grenoble à Bourgoin, il ne m'adressa presque pas la parole. Mon cousin, qui fut du voyage, partagea mon infortune.

« Pour diminuer, autant qu'il lui était possible, le ser-

vice que je lui rendais, Rousseau voulut nous laisser la
place du fond dans la voiture, et se mit sur un méchant
strapontin, où il eut à souffrir beaucoup d'une pluie
froide qui tomba presque tout le jour. Nous voulûmes
nous plaindre de l'incongruité qu'il nous faisait commettre, et lui dire qu'il était honteux, à nous jeunes
gens, d'occuper une place qui était due à son âge; nos
observations ne produisirent aucun effet. Au contraire,
il nous menaça de continuer la route à pied, si nous ne
cessions nos instances.

« Quand on fait le voyage de Grenoble à Bourgoin avec
ses chevaux, il faut s'arrêter deux fois. En descendant
dans les deux auberges, il nous imposa la loi de laisser
toute la dépense à sa charge. Il fallut lui obéir, autrement il nous eût échappé.

« Tel fut le résultat d'un voyage dont je m'étais promis
une bien meilleure issue. Cependant, Rousseau ayant
réfléchi, depuis son arrivée à Bourgoin, sur la ridicule
affaire du chamoiseur, et sur l'impossibilité que j'y eusse
aucune part, me rendit peu à peu son amitié et m'admit
dans ses promenades comme auparavant. »

M. Champagneux était une âme généreuse, un ami véritable. Il se rendait compte que Rousseau était atteint
de la fatale manie de voir partout des ennemis, et, loin
de s'offenser de ses brusqueries, il les lui pardonnait et
ne lui témoignait que plus de dévouement.

Les détails qui suivent prouvent combien Rousseau,
malgré sa misanthropie, était facile à émouvoir en face
de la souffrance humaine :

« Il passa l'hiver (1769) dans l'auberge où il était descendu, et alla ensuite demeurer sur une montagne, à une
demi-lieue de Bourgoin, dans une maison d'une dame
de Césarges, qui tint à grand honneur de donner l'hospitalité à cet homme célèbre. Pendant le séjour de quinze

mois qu'il y fit, tous les malheureux du village se ressentirent de ses bienfaits; un incendié reçut un secours
considérable, ce qui suppose qu'il avait des fonds et qu'il
ne craignait pas d'en manquer. »

Quelle délicatesse révèlent les quelques lignes que trace
ici M. Champagneux! Plus que de longs discours, elles
attestent la noble fierté de Jean-Jacques et la bonté de
cœur de son ami :

« Rousseau aimait les fruits, le poisson et quelques
autres objets propres à ma contrée. Il n'aurait pas été
possible de lui en faire accepter en présent; je lui en
faisais vendre, mais la personne que je chargeais de cette
commission ne réclamait que la moitié de la valeur, et,
par cette ruse innocente, je me procurais la satisfaction de
faire du bien à Jean-Jacques, et de le faire sans qu'il en
sût rien. »

Nous arrivons à de curieux détails sur les admiratrices
de Rousseau. Elles professaient pour lui une sorte de
culte :

« Pendant qu'il habita Bourgoin ou la montagne, il
reçut de nombreuses visites, mais il ne les accueillit pas
toutes également; il y eut même des personnes pour lesquelles il resta invisible.

« Parmi les femmes enthousiastes de Rousseau, je te
citerai une Provençale, épouse du gouverneur de Marseille, Pille. Elle fit un voyage de soixante lieues pour
le voir. Un de mes amis de Lyon l'accompagnait, et je leur
procurai une entrevue. Elle fut toute de feu de la part de
la femme, et de glace de la part de Rousseau.

« Malgré cela, je fus comblé de remerciements de la
part de l'admiratrice de Jean-Jacques. Ce n'était pas un
homme pour elle, mais une divinité. Elle me fit promettre
de correspondre avec elle, et de l'entretenir de l'objet de

ses vœux. Je lui tins parole, et ce commerce eut lieu aussi
longtemps que Rousseau resta dans mon voisinage. Je suis
fâché de n'avoir pas sous la main les lettres de cette
femme; je t'en citerais quelques fragments qui te prouve-
raient la supériorité de ce sexe sur les hommes en matière
de sentiments, et dans la façon de les exprimer. »

Il est regrettable que ces lettres de Mme Pille ne nous
soient pas parvenues. Elles constitueraient un document
plein d'éloquence pour le psychologue, et pourraient être
classées à côté de celles de Mmes d'Epinay, d'Houdetot, maréchale de Luxembourg, duchesse de Montmorency, comtesse de Boufflers, marquise de Créqui, duchesse de Saxe-
Gotha, de Verdelin, etc., etc. La correspondance si touchante et si affectueuse de ces femmes charmantes avec
Rousseau est peut-être, comme nous le disons plus haut,
la preuve la plus éclatante de son prestige et de sa gloire.
Quel écrivain, quel homme reçut jamais de pareilles
épîtres! M. Champagneux poursuit ainsi :

    « Rousseau n'a eu d'attachement à l'épreuve du temps
que pour sa femme. Cependant, beaucoup de gens l'ont
jugée peu digne de fixer le choix et la constance de l'auteur d'*Héloïse*. Lui-même ne s'aveuglait pas sur son
compte; c'est ainsi qu'il en trace le portrait dans ses *Confessions* : « Je voulus former son esprit, j'y perdis ma
« peine. Je ne rougis pas d'avouer qu'elle n'a jamais bien
« su lire, quoiqu'elle écrive passablement. Quand j'allai
« loger dans la rue des Petits-Champs, j'avais vis-à-vis
« mes fenêtres un cadran sur lequel je m'efforçai, pen-
« dant plus d'un an, à lui faire connaître les heures; à
« peine les connaît-elle encore à présent. Elle n'a jamais
« pu suivre l'ordre des douze mois de l'année, et ne con-
« naît pas un seul chiffre, malgré les soins que j'ai pris
« pour les lui montrer. Elle ne sait ni compter l'argent,
« ni le prix d'aucune chose. Le mot qui lui vient le plus

« souvent en parlant est souvent l'opposé de celui qu'elle
« veut dire. Autrefois, j'avais fait un dictionnaire de ses
« phrases, pour amuser Mme de Luxembourg, et ses qui-
« proquos sont devenus célèbres dans les sociétés où j'ai
« vécu. »

« Et voilà celle », reprend M. Champagneux, « qui a
possédé un cœur que tant d'autres femmes du plus grand
mérite se seraient disputé! Mais on cessera d'être surpris
de ce rare attachement quand on connaîtra ce que cette
femme faisait pour l'obtenir. Rousseau avait des infirmités, et il en éprouvait de temps en temps des atteintes
cruelles; c'est dans ces moments surtout que sa maîtresse
lui prodiguait ses soins.

« Elle souffrait réellement des maux de Rousseau; les
larmes qu'elle versait, sa patience que rien ne rebutait
avaient amené le cœur de Jean-Jacques à la plus intime
confiance. D'ailleurs, un grand homme ne l'est pas toujours en robe de chambre; il se lasse d'être toujours en
représentation, et devient avec plaisir un être fort ordinaire au coin de son feu.

« C'est là que l'âme de Rousseau, s'abaissant au niveau
de celle de sa maîtresse, jouissait véritablement, et sans
la moindre inquiétude. Les plus petits détails intéressaient
l'auteur du *Contrat social*. Il prenait plaisir à l'entendre
raconter les petites historiettes du voisinage, et recevait
irrévocablement les impressions qu'elle voulait bien lui
donner, au point qu'elle en est devenue l'épouse, comme
je te l'ai raconté.

« L'aveugle confiance qu'il eut en ses rapports fut cause
de brouilleries fréquentes avec ses voisins, ce qui lui fit
changer souvent de domicile. C'est à la même cause qu'il
faut attribuer son départ de notre contrée. Thérèse se
brouilla avec une femme de chambre de son hôtesse,
Mme de Césarges. Il ne tarda pas à regarder celle-ci comme
une affidée de ses ennemis, chargée d'examiner sa con-

duite et de le retenir prisonnier chez elle, sous les apparences de la liberté.

« Dès que Rousseau s'était déplu dans un lieu, il avait
une impatience inconcevable de le fuir. Cette impatience
l'empêchait de calculer de sang-froid les avantages et les
inconvénients de la nouvelle demeure qu'il se choisissait,
et de là venait l'inconstance qu'on lui a reprochée. »

Fatigué des tracasseries de la province, Jean-Jacques se
décida à revenir à Paris, en juin 1770. M. Champagneux
regretta profondément le départ du grand homme, et resta
fier de l'avoir connu. Lorsque, à son tour, il vint dans la
grande cité, il n'oublia pas de l'aller voir, et c'est même à
Paris qu'il écrivit la longue lettre que nous reproduisons
dans cette étude :

« En quittant le voisinage de Bourgoin, Rousseau vint
habiter Paris. Je l'y vis en 1775 ; il me reçut, ainsi que sa
femme, avec affection, dans son logement, rue Plâtrière.
Il copiait habituellement de la musique. Dès la seconde
visite, il me demanda la permission de continuer son travail, dont il me dit qu'il était obligé de se faire une ressource pour vivre. Il notait et causait tout à la fois ; mais
quand j'avais le talent d'amener la conversation sur des
sujets qui piquaient sa curiosité, ou qui flattaient son
cœur, adieu règle et notes ; il oubliait tout cela pour se
livrer à l'expansion de ses idées.

« Ayant vu qu'il tenait sur la fenêtre, hors de la croisée, des grains, des miettes de pain, de l'eau, je lui demandai pourquoi ces objets étaient là. Il me dit que c'était
pour de braves voisins qu'il aimait beaucoup. Ces voisins
étaient les moineaux du quartier. Quelques-uns étaient si
familiers qu'ils entraient dans l'appartement. « J'adoucis
« les animaux », me dit-il en soupirant, « et je n'ai pu
« adoucir les hommes ! » Et un moment après : « Ce n'est
« pas que je n'aie à me plaindre des moineaux ; quand les

« halles sont ouvertes, et qu'ils y trouvent à manger, je
« les vois peu; c'est le besoin qui les ramène. Mais il faut
« aimer ses amis avec leurs défauts. »

« Voilà, mon bon ami, ce que j'avais à te dire sur le
plus grand homme des siècles modernes; je ne sais pas
même s'il convient d'en excepter les siècles anciens. Son
savoir l'a égalé aux plus grands écrivains; il les a effacés
par ses vertus. Il me resterait encore bien d'autres anecdotes à te raconter. J'y reviendrai si tu m'y encourages.
Adieu!... »

Il n'est pas douteux que l'ami de M. Champagneux, qui
reçut la lettre si intéressante qu'on vient de lire, dut l'encourager à compléter son récit, et à lui faire connaître tout
ce qu'il pouvait savoir sur Rousseau. Qu'est devenue
cette correspondance? A-t-elle était détruite par des mains
ignorantes? A-t-elle, au contraire, été conservée dans des
papiers de famille? Ceux qui peut-être la possèdent ne
soupçonnent pas de quelle importance elle est pour l'histoire de la pensée.

Si elle existe, puisse-t-elle être un jour publiée! A en
juger par les fragments que nous avons donnés, d'après
M. Louis Fochier, cette correspondance éclairera d'un jour
captivant le grand génie qui, avec Voltaire, porte le
xviiie siècle sur ses épaules.

II

LE PRINCE DE CRÖY-SOLRE.

Le second document que nous tenons à mettre sous les
yeux du lecteur est un extrait des Mémoires du prince
Emmanuel de Cröy-Solre, et nous le devons à l'obligeance
de M. le vicomte de Grouchy, un érudit de premier ordre.

Le prince de Cröy, esprit philosophique et lettré, fréquentait les écrivains et les penseurs du xviiie siècle.

Comme beaucoup de gens de son temps, il éprouva le désir de voir Rousseau, de l'entendre, et il nous a laissé le récit de sa première rencontre avec l'auteur de la *Nouvelle Héloïse*, à Paris, en mars 1772.

Voici les passages les plus saillants de ce récit, écrit dans un style dont nous respectons ce qu'il peut avoir d'incorrect :

« Il y avait bien longtemps », dit le prince de Cröy, « que j'avais envie de voir le fameux Jean-Jacques Rousseau, qui, depuis trois ans, était venu se mettre en retraite au milieu de Paris, où il ne vivait, suivant son ancien usage, qu'en copiant de la musique... On avait su qu'il allait à un café, on y courut pour le voir : il n'y alla plus, et on croyait très difficile de l'aborder. Le prince de Ligne et le prince de Salm le connaissaient, et m'avaient promis de m'y faire recevoir; mais voyant que cela traînait, et étant persuadé que je l'apprivoiserais d'abord, en ne lui parlant que des objets qui l'intéressaient alors, et qui étaient la botanique, je résolus d'y aller tout simplement... »

Le prince de Cröy eut beaucoup de peine à pénétrer dans le logis de Rousseau, rue Plâtrière, au sixième étage. Thérèse vint ouvrir, et hésita à introduire le visiteur. Son grand air cependant lui en imposa, et elle alla prévenir Jean-Jacques. C'était, nous l'avons dit, le 28 mars 1772. L'entretien fut cordial, et le prince sortit très ému.

« Rousseau », raconte-t-il, « me dit avoir soixante ans, étant né en 1712. Je le trouvai ne paraissant pas son âge, des yeux vifs, une belle physionomie, annonçant le cœur et la candeur. Il me reçut bien, sans gêne; il a le meilleur ton de la bonne compagnie, le plus doux et respectueux. Tout cela n'a pas l'air affecté, et hors son espèce de misanthropie, il est charmant en tout, hors quand il retombe à dire : « Je ne pense plus, je ne veux « plus penser! » Il paraît un philosophe sensible, dont les yeux et le cœur décèlent les grandes qualités de l'âme, s'il ne les avait pas outrées par une vanité et sensibilité poussées à l'extrème. »

Le prince écoutait attentivement le grand homme, qui, se sentant compris, se laissa aller aux confidences. « On voyait encore son âme de feu sur ses lèvres », dit le narrateur, « mais il ne veut plus lire ni penser. »

N'est-ce pas un spectacle touchant que celui de Jean-Jacques, presque dénué de tout, racontant ainsi les souffrances de son cœur, les malheurs de sa vie, les angoisses de sa raison à un heureux du monde, à un prince avide de l'interroger et de l'écouter? Il y a là, de part et d'autre, je ne sais quelle grandeur peu commune qui excite l'admiration et le respect.

Le passage du récit qui nous a le plus touché est celui où le prince de Cröy donne quelques détails sur le logis du philosophe. Ecoutez :

« Pendant notre conversation de deux grandes heures, sa femme, Thérèse, qui tricotait à côté de lui, et lui ne parurent avoir de distraction que pour s'inquiéter de ce que mon laquais toussait dans leur petite antichambre, de lui porter de la lumière, et de la crainte qu'il ne s'y enrhumât, paraissant de bonne foi en faire autant de cas que de moi. Ils nous donnèrent une petite chandelle pour descendre les six étages qui sont petits, et dont je crains qu'il ne tire vanité. »

Quel contraste entre ce modeste intérieur, cette femme qui tricote, cette petite chandelle, ces six étages, tous ces signes de la pauvreté, et la renommée européenne de Rousseau, la puissance de ses idées et de son style, son influence prépondérante sur les événements, sa conquète

de tous les cœurs ardents, la flamme active de son intelligence, l'incomparable richesse de son génie!

Il copiait de la musique pour vivre..., mais sa pensée
alimentait le monde entier et faisait tressaillir l'âme des
temps nouveaux.

III

LE PRINCE DE LIGNE.

Le prince de Ligne, en effet, ainsi que le dit le prince
de Cröy, connaissait Rousseau. Il professait pour lui une
admiration sincère, et il a laissé, dans ses ouvrages,
publiés à Vienne, un souvenir éloquent des entretiens
qu'il eut avec lui. C'est là encore un document peu
connu, et nous tenons à le mettre en lumière. Il constitue
une preuve autorisée du rôle considérable que les écrits
et la personnalité de Jean-Jacques jouaient dans la haute
société du xvııı⁰ siècle.

Feld-maréchal autrichien, tacticien, diplomate et ami
des lettres, le prince de Ligne avait acquis une grande
réputation militaire dans la guerre de Sept ans et dans
celle de la Succession de Bavière. Très en faveur à la
Cour de l'empereur Joseph II, il avait de bonne heure
donné un grand éclat à son nom par son courage, son
esprit brillant, le charme de sa conversation et ses bonnes
fortunes. Il aimait séjourner en France, avait accès à
Versailles, et y brillait par l'exquise distinction de ses
manières et ses reparties spirituelles. Il était partout fort
recherché.

Il a laissé une trentaine de volumes, tous écrits en français, et consacrés soit à l'art militaire, soit à des sujets
littéraires. Ses lettres, a-t-on dit avec raison, sont consi-
dérées comme des chefs-d'œuvre d'esprit. On y rencontre
à foison la verve, les tours heureux, l'originalité, le
relief de l'expression, unis à un certain laisser-aller de

grand seigneur et à une grâce nonchalante qui en accentuent le charme.

Mais laissons-le parler au sujet du grand homme qui nous occupe.

« Lorsque Jean-Jacques Rousseau », dit-il, « revint de son exil (juin 1770), j'allai le relancer dans son grenier, rue Plâtrière. Je ne savais pas encore, en montant l'escalier, comment je m'y prendrais pour l'aborder; mais, accoutumé à me laisser aller à mon instinct, qui m'a toujours mieux servi que la réflexion, j'entrai et parus me tromper. « Qu'est-ce que c'est? » me dit Jean-Jacques. Je lui répondis : « Monsieur, pardonnez. Je cherchais « M. Rousseau, de Toulouse. — Je ne suis, me dit-il, « que Rousseau, de Genève. — Ah! oui, lui dis-je, ce « grand herboriseur! Je le vois bien. Ah! mon Dieu, « que d'herbes et de gros livres! Ils valent mieux que « tous ceux qu'on écrit. »

« Rousseau sourit presque, et me fit voir peut-être sa pervenche, que je n'ai pas l'honneur de connaître, et tout ce qu'il y avait entre chaque feuillet de ses in-folio. Il se remit à son travail, sur lequel il avait le nez et les lunettes, et le continua sans me regarder...

« Le respect que m'inspirait un homme comme celui-là m'avait fait sentir une sorte de tremblement en ouvrant sa porte, et m'empêcha de me livrer davantage à une conversation qui aurait eu l'air d'une mystification, si elle avait duré plus longtemps. Je n'en voulais que ce qu'il me fallait pour une espèce de passeport ou billet d'entrée, et je lui dis que je croyais pourtant qu'il n'avait pris ces deux genres d'occupations serviles que pour éteindre le feu de sa brûlante imagination.

« Hélas! » me dit-il, « les autres occupations que je me « donnais pour m'instruire et instruire les autres ne « m'ont fait que trop de mal. » Je lui dis ensuite la seule

chose sur laquelle j'étais de son avis, dans tous ses ouvrages, c'est que je croyais comme lui au danger de certaines connaissances historiques et littéraires, si l'on n'a
pas un esprit sain pour les juger.

« Il quitta dans l'instant sa musique, sa pervenche et
ses lunettes, entra dans des détails supérieurs peut-être à
tout ce qu'il avait écrit, et parcourut toutes les nuances de
ses idées avec une justesse qu'il perdait quelquefois dans
la solitude, à force de méditer et d'écrire; ensuite, il
s'écria plusieurs fois : « Les hommes! Les hommes! »

« J'avais assez bien réussi pour oser déjà le contredire.
Je lui dis : « Ceux qui s'en plaignent sont des hommes
« aussi, et peuvent se tromper sur le compte des autres
« hommes. » Cela lui fit faire un moment de réflexion.
Je lui dis que j'étais bien de son avis encore sur la
manière d'accorder et de recevoir des bienfaits, et sur le
poids de la reconnaissance, quand on a pour bienfaiteurs
des gens qu'on ne peut aimer ni estimer. Cela parut lui
faire plaisir. »

Le prince de Ligne avait conquis la place; Rousseau
était lancé, et, suivant son habitude, il livrait son âme.
Son interlocuteur poursuit ainsi :

« Sa femme ou servante nous interrompait quelquefois
par quelques questions qu'elle faisait sur son linge ou sur
la soupe. Il lui répondait avec douceur et aurait ennobli
un morceau de fromage, s'il en avait parlé. Je ne m'aperçus pas qu'il se méfiât de moi le moins du monde. A la
vérité, je l'avais tenu bien en haleine, depuis que j'entrai
chez lui, pour ne pas lui donner le temps de réfléchir sur
ma visite.

« J'y mis fin malgré moi, et après un silence de vénération, en regardant encore entre les deux yeux l'auteur
de la *Nouvelle Héloïse*, je quittai le galetas, séjour des
rats, mais sanctuaire du génie. Il se leva, me reconduisit

avec une sorte d'intérêt, et ne me demanda pas mon nom.
Il ne l'aurait jamais retenu, car il ne pouvait y avoir que
celui de Tacite, de Salluste ou de Pline qui pût l'intéresser. »

Emu par la situation modeste de Rousseau, craignant
pour lui quelques nouvelles persécutions, dont on parlait
à mots couverts, comprenant qu'il y avait honneur et
gloire à protéger un pareil génie, obéissant d'ailleurs à
son esprit, qui était élevé, et à son cœur, qui était vraiment noble, le prince de Ligne eut la pensée d'offrir
l'hospitalité à Jean-Jacques dans une de ses terres, et lui
écrivit dans ce sens.

Dans sa sombre manie de soupçonner des dangers partout, Rousseau se dit que c'était peut-être bien là un piège
que ses ennemis lui faisaient tendre ; cependant, il fut
touché de l'offre, et, dès le lendemain, alla rendre visite
à celui qui, avec beaucoup d'autres grands seigneurs,
ambitionnait de devenir son bienfaiteur et son ami. Milord Maréchal, gouverneur de la principauté de Neuchâtel, le comte Orloff, le prince de Conti, le marquis de
Mirabeau, le comte Duprat, le commandeur de Menon,
le maréchal de Luxembourg, le marquis de Girardin,
d'autres encore, se disputaient l'honneur de lui offrir
l'hospitalité.

« On m'annonce M. Rousseau », raconte le prince de
Ligne, « je n'en crois pas mes oreilles ; il ouvre ma porte,
je n'en croyais pas mes yeux. Louis XIV n'éprouva pas
un sentiment pareil de vanité en recevant l'ambassade
de Siam.

« La description qu'il me fit de ses malheurs, le portrait de ses prétendus ennemis, la conjuration de toute
l'Europe contre lui m'auraient fait de la peine, s'il n'y
avait pas mis tout le charme de son éloquence. Je tâchai
de le tirer de là, pour le ramener à ses jeux champêtres.

« Je lui demandai comment, lui qui aimait la campagne, était allé se loger au milieu de Paris. Il me dit
alors ses charmants paradoxes sur l'avantage d'écrire en
faveur de la liberté lorsqu'on est enfermé, et de peindre
le printemps lorsqu'il neige. Je parlai de la Suisse, et je
lui prouvai, sans en avoir l'air, que je savais *Julie* et
Saint-Preux par cœur. Il en parut étonné et flatté.

« Il s'aperçut bien que sa *Nouvelle Héloïse* était le seul
de ses ouvrages qui me convînt, et que, quand même je
pourrais être profond, je ne me donnerais pas la peine de
l'être. Je n'ai jamais eu tant d'esprit (et ce fut, je crois,
la première et la dernière fois de ma vie) que pendant les
huit heures que je passai avec Jean-Jacques, dans mes
deux conversations.

« Quand il me dit définitivement qu'il voulait attendre
dans Paris tous les décrets de prise de corps dont le clergé
et le Parlement le menaçaient, je me permis quelques
vérités, un peu sévères, sur sa manière d'entendre la
célébrité. Je me souviens que je lui dis : « Monsieur Rous-
« seau, plus vous vous cachez, et plus vous êtes en évi-
« dence; plus vous êtes sauvage, et plus vous devenez un
« homme public! »

La fin du récit est un hommage touchant rendu au
sublime penseur. Jamais peut-être un écrivain ne reçut
un témoignage d'admiration plus sincère. Le prince de
Ligne dit :

« Ses yeux étaient comme deux astres. Son génie rayonnait dans ses regards et m'électrisait. Je me rappelle que
je finis par lui dire, les larmes aux yeux, deux ou trois
fois : « Soyez heureux, Monsieur, soyez heureux, malgré
« vous. Si vous ne voulez pas habiter le temple que je
« vous ferai bâtir dans cette souveraineté que j'ai en
« Empire, où je n'ai ni parlement, ni clergé, mais les
« meilleurs moutons du monde, restez en France. Si,

« comme je l'espère, on vous y laisse en repos, vendez
« vos ouvrages, achetez une jolie petite maison de cam-
« pagne près de Paris, entr'ouvrez votre porte à quelques-
« uns de vos admirateurs, et bientôt on ne parlera plus
« de vous. »

« Je crois que ce n'était pas son compte; car il ne serait
pas même demeuré à Ermenonville, si la mort ne l'y
avait surpris. Enfin, touché de l'effet qu'il produisait sur
moi et convaincu de mon enthousiasme pour lui, il me
témoigna plus d'intérêt et de reconnaissance qu'il n'avait
coutume d'en montrer à l'égard de qui que ce soit, et il
me laissa, en me quittant, le même vide qu'on sent, à
son réveil, après avoir fait un beau rêve. »

En lisant ces belles paroles, l'esprit est consolé et récon-
forté. Il se rend compte que la première puissance de ce
monde, c'est encore, toujours et partout, la pensée, et
que son rayonnement préserve à jamais de l'oubli ceux
qui se sont inclinés devant elle.

Le prince de Ligne avait le sentiment de la véritable
gloire, et savait que les titres, les honneurs, la fortune
ne suffisent pas pour l'acquérir. C'est pourquoi, en présence de Jean-Jacques, il était électrisé, comme il le dit,
et voulait lui donner un asile digne de sa renommée. De
cette façon, il a associé sa mémoire à celle de l'auteur des
Confessions, et les intelligences d'élite s'en souviendront
toujours avec reconnaissance.

IV

BERNARDIN DE SAINT-PIERRE.

Puisque nous parlons de ceux qui ont vu et connu
Rousseau, et exhumons les documents qu'ils ont laissés,
nous ne pouvons omettre de mentionner le récit plein
d'intérêt écrit par Bernardin de Saint-Pierre.

Admis dans l'intimité du philosophe, il conquit sa sympathie, puis devint son ami, s'assit à sa table, fut le compagnon de ses longues promenades, et pendant six années connut ses bons et ses mauvais moments. Les notes qu'il a rédigées à ce sujet sont captivantes au premier chef.

Lorsque leurs relations s'établirent, en 1772, Bernardin de Saint-Pierre avait trente-cinq ans, et Rousseau soixante. L'un touchait à la fin de sa carrière, l'autre avait encore un long terme à parcourir[1].

Voici les principaux passages des impressions de Bernardin; nous avons mis en relief surtout ceux où Rousseau est en scène :

« Au mois de juin 1772, un ami m'ayant proposé de me mener chez Jean-Jacques Rousseau, il me conduisit dans une maison, rue Plâtrière, à peu près vis-à-vis l'hôtel de la Poste. Nous montâmes au quatrième étage, nous frappâmes, et Mme Rousseau vint nous ouvrir la porte. Elle nous dit :

« — Entrez, Messieurs, vous allez trouver mon mari.

« Nous traversâmes une fort petite antichambre où des ustensiles de ménage étaient proprement arrangés ; de là, nous entrâmes dans une chambre où Jean-Jacques Rousseau était assis, en redingote et en bonnet blanc, occupé à copier de la musique. Il se leva d'un air riant, nous présenta des chaises, et se remit à son travail, en se livrant toutefois à la conversation.

« Il était maigre et d'une taille moyenne. Une de ses épaules paraissait un peu plus élevée que l'autre, soit que ce fût l'effet d'un défaut naturel, ou de l'attitude qu'il prenait dans son travail, ou de l'âge qui l'avait voûté, car il avait alors soixante ans ; d'ailleurs, il était fort bien pro-

---

[1] Rousseau mourut en 1778, et Bernardin de Saint-Pierre en 1814.

portionné. Il avait le teint brun, quelques couleurs aux pommettes des joues, la bouche belle, le nez très bien fait, le front rond et élevé, les yeux pleins de feu.

« Les traits obliques qui tombent des narines vers les extrémités de la bouche, et qui caractérisent la physionomie, exprimaient dans la sienne une grande sensibilité et quelque chose même de douloureux. On remarquait dans son visage trois ou quatre caractères de la mélancolie, par l'enfoncement des yeux et par l'affaissement des sourcils; de la tristesse profonde, par les rides du front; une gaieté très vive et même un peu caustique, par mille petits plis aux angles extérieurs des yeux, dont les orbites disparaissaient quand il riait.

« Toutes ces passions se peignaient successivement sur son visage, suivant que les sujets de la conversation affectaient son âme; mais dans une situation calme, sa figure conservait une empreinte de toutes ces affections, et offrait à la fois je ne sais quoi d'aimable, de fin, de touchant, de digne de pitié et de respect.

« Près de lui était une épinette sur laquelle il essayait, de temps en temps, des airs. Deux petits lits de cotonnade rayée de bleu et de blanc comme la tenture de sa chambre, une commode, une table et quelques chaises faisaient tout son mobilier. Aux murs étaient attachés un plan de la forêt et du parc de Montmorency, où il avait demeuré, et une estampe du roi d'Angleterre, son ancien bienfaiteur.

« Sa femme était assise, occupée à coudre du linge; un serin chantait dans sa cage suspendue au plafond; des moineaux venaient manger du pain sur ses fenêtres ouvertes du côté de la rue, et sur celles de l'antichambre, on voyait des caisses et des pots remplis de plantes telles qu'il plaît à la nature de les semer. Il y avait, dans l'ensemble de son petit ménage, un air de propreté, de paix et de simplicité qui faisait plaisir. »

On le voit, le récit de Bernardin de Saint-Pierre con-
corde exactement avec celui du prince de Cröy, que nous
avons mentionné plus haut.

Quel contraste entre ce logis modeste, cette simplicité
d'une demeure pauvre, et la richesse d'intelligence, de puissance et de gloire de celui qui l'habitait! L'âme éprouve
je ne sais quelle émotion particulière devant ce destin
singulier d'un grand homme, qui avait bouleversé son
époque, rempli le monde de son nom, et avait à peine un
abri et du pain.

Bernardin de Saint-Pierre continue ainsi :

« Jean-Jacques me parla de mes voyages; ensuite, la
conversation roula sur les nouvelles du temps, après quoi
il nous lut une lettre manuscrite, en réponse à M. le marquis de Mirabeau, qui l'avait interpellé dans une discussion politique. Il le suppliait de ne pas le rengager dans
les tracasseries de la littérature.

« Je lui parlai de ses ouvrages, et je lui dis que ce que
j'en aimais le plus, c'étaient le *Devin du Village* et le troisième volume d'*Emile*. Il me parut charmé de mon sentiment. « C'est aussi », me dit-il, « ce que j'aime le mieux
« avoir fait; mes ennemis ont beau dire, ils ne feront
« jamais un *Devin du Village*. »

« Il nous montra une collection de graines de toute
espèce. Il les avait arrangées dans une multitude de petites
boîtes. Je ne pus m'empêcher de lui dire que je n'avais vu
personne qui eût ramassé une si grande quantité de
graines et qui eût si peu de terres. Cette idée le fit rire.
Il nous reconduisit, lorsque nous prîmes congé de lui,
jusque sur le bord de son escalier. »

Rousseau rendit sa visite à Bernardin de Saint-Pierre,
et revint enchanté de son nouvel ami. Celui-ci, de son
côté, éprouvait pour le grand homme une sympathie profonde, mêlée d'affectueux respect. Il avait rapporté de l'île

Bourbon une balle de café exquis. Or, le café était la
gourmandise de Jean-Jacques, la seule, avec les glaces.

Croyant bien faire, il envoie en cadeau un paquet de ce
précieux café. Ce don faillit tout gâter et séparer à jamais
les deux écrivains. Écoutons Bernardin :

« Je lui mandai dans un billet que, sachant son goût
pour les graines étrangères, je le priais d'accepter celles-
là. Il me répondit par un billet fort poli, où il me remer-
ciait de mon attention.

« Mais le soir du même jour, j'en reçus un autre d'un
ton bien différent. En voici la copie :

« Ce vendredi, 3 août 1772.

« La distraction, Monsieur, de la compagnie qui était
« chez moi à l'arrivée de votre paquet et la persuasion que
« c'étaient en effet des graines étrangères m'ont empêché de
« l'ouvrir, et je me suis contenté de vous en remercier à la
« hâte ; en y regardant, j'ai trouvé que c'était du café. Mon-
« sieur, nous ne nous sommes jamais vus qu'une fois, et
« vous commencez déjà par des cadeaux ; c'est être un peu
« pressé, ce me semble. Comme je ne suis point en état de
« faire des cadeaux, mon usage est, pour éviter la gêne des
« sociétés inégales, de ne point voir les gens qui m'en font ;
« vous êtes le maître de laisser chez moi ce café, ou de l'en-
« voyer reprendre ; mais, dans le premier cas, trouvez bon
« que je vous en remercie, et que nous en restions là.

« Je vous prie, Monsieur, d'agréer mes très humbles
« salutations.

« J.-J. ROUSSEAU. »

L'affaire s'arrangea, mais Bernardin dut accepter à son
tour un cadeau du fier et ombrageux Jean-Jacques, et, de
plus, une invitation à déjeuner qui, alors, s'appelait le
dîner. La narration en est tout à fait charmante.

« Je me rendis chez lui à onze heures du matin », dit

Bernardin. « Nous conversàmes jusqu'à midi et demi.
Alors son épouse mit la nappe. Il prit une bouteille de
vin et, en la posant sur la table, il me demanda si nous en
aurions assez et si j'aimais à boire.

« — Combien sommes-nous? lui dis-je.

« — Trois, dit-il; vous, ma femme et moi.

« — Quand je bois du vin, lui répondis-je, et que je
suis seul, j'en bois bien une demi-bouteille, et j'en bois un
peu plus quand je suis avec mes amis.

« — Cela étant, reprit-il, nous n'en aurons pas assez ;
il faut que je descende à la cave.

« Il en rapporta une seconde bouteille. Sa femme servit
deux plats : un de petits pâtés et un autre qui était couvert.
Il me dit en me montrant le premier :

« — Voici votre plat, et l'autre est le mien.

« — Je mange peu de pâtisserie, lui dis-je ; mais j'espère bien goûter du vôtre.

« — Oh! me dit-il, ils nous sont communs tous deux ;
mais bien des gens ne se soucient pas de celui-là ; c'est un
mets suisse, un pot-pourri de lard, de mouton, de légumes
et de châtaignes.

« Il se trouva excellent. Ces deux plats furent relevés
par des tranches de bœuf en salade, ensuite par des bis-
cuits et du fromage; après quoi, sa femme servit le café.

« — Je ne vous offre point de liqueur, me dit-il, parce
que je n'en ai point; je suis comme le cordelier qui prêchait sur l'adultère, j'aime mieux boire une bouteille de
vin qu'un verre de liqueur!

« Pendant le repas, nous parlâmes des Indes, des Grecs
et des Romains. Après le dîner, il fut me chercher quelques manuscrits... Il me lut une continuation d'*Emile*,
quelques lettres sur la botanique, un petit poème en prose
sur le lévite dont les Benjamites violèrent la femme, des
morceaux charmants traduits du Tasse.

« — Comptez-vous donner ces écrits au public?

« — Oh! Dieu m'en garde! dit-il; je les ai faits pour
mon plaisir, pour causer le soir avec ma femme.

« — Oh! oui, que cela est touchant! reprit Mᵐᵉ Rousseau. Cette pauvre Sophronie! J'ai bien pleuré quand
mon mari m'a lu cet endroit-là.

« Enfin, elle m'avertit qu'il était neuf heures du soir :
j'avais passé dix heures de suite comme un instant. »

On sent, à ce récit, combien Rousseau avait de séduction, quand la sombre misanthropie ne resserrait point son
cœur, quand il était dans ses bons jours. Quel bonheur
pour lui, alors, de s'abandonner, de témoigner son amitié,
de livrer les trésors de sa sagesse, de sa science de la vie,
de ses vastes connaissances, de sa sublime naïveté! Aussi,
on ne pouvait s'empêcher de l'aimer, de s'attacher à lui :
c'est le cri de tous ceux qui l'ont approché.

Bernardin de Saint-Pierre éprouvait une joie intime et
une noble fierté d'avoir accès auprès de lui; il témoignait
un dévouement filial à cet homme de génie qui, avec Voltaire, avait conquis toutes les intelligences de son siècle.

Un jour, croyant bien faire, il voulut lui présenter un
de ses anciens camarades de collège.

« C'était », dit-il, « un brave garçon, dont la tête était
aussi chaude que le cœur. Il me dit qu'il avait vu Rousseau au château de Trye, et qu'étant ensuite allé voir
Voltaire à Genève, on lui avait dit que la tante de Rousseau demeurait près de là, dans un village. Il fut lui
rendre visite. Il trouva une vieille femme qui, en appre-
nant qu'il avait vu son neveu, ne se possédait pas d'aise.

« Comment! Monsieur », s'écria-t-elle, « vous l'avez vu!
« Est-il donc vrai qu'il n'a pas de religion? Nos ministres
« disent que c'est un impie. Comment cela se peut-il? Il
« m'envoie de quoi vivre. Pauvre vieille femme de plus de
« quatre-vingts ans, seule, sans servante, dans un grenier,
« sans lui je serais morte de froid et de faim. »

« Je répétai la chose à Rousseau mot pour mot. « Je le
« devais », me dit-il, « elle m'a élevé orphelin! » Cependant, il ne voulut pas recevoir mon camarade, quoique
j'eusse tout disposé pour l'y engager. « Ne me l'amenez
« pas », dit-il, « il m'a fait peur; il m'a écrit une lettre où
« il me met au-dessus de Jésus-Christ! »

On sait combien Rousseau aimait la campagne, la vue
des arbres, la solitude et le silence des bois, des champs,
des vallons. Bernardin, à ce propos, raconte ce qui suit :

« J'ai souvent remarqué sur son front un nuage qui
s'éclaircissait à mesure que nous sortions de Paris, et qui
se formait à mesure que nous nous en rapprochions. Quand
il était une fois dans la campagne, son visage devenait gai
et serein. « Enfin, nous voilà », disait-il, « hors des car-
« rosses, du pavé et des hommes. »

« Il aimait surtout la verdure des champs. « J'ai dit à
« ma femme », m'avouait-il : « Quand tu me verras bien
« malade, et sans espérance d'en revenir, fais-moi porter
« au milieu d'une prairie, sa vue me guérira! »

« Il aimait l'aspect du mont Valérien, et quelquefois, au
coucher du soleil, il s'arrêtait à le considérer sans rien dire,
non pas seulement pour y observer les effets de la lumière
mourante au milieu des nuages et des collines d'alentour,
mais parce que cette vue lui rappelait les beaux couchers
du soleil dans les montagnes de la Suisse. Il m'en faisait
des tableaux charmants...

« Il n'était sensible qu'aux beautés de la nature... Les
ruines des parcs l'affectaient plus que celles des châteaux.
Il considérait avec intérêt ce mélange de plantes étrangères, sauvages et domestiques, ces charmilles redevenues
des bois; ces grands arbres jadis taillés, et qui se hâtent
de reprendre leur forme, ce concours où l'art des hommes
ne lutte contre la nature que pour faire connaître son
impuissance. »

Dans leurs promenades, les deux amis parlaient quelquefois de l'influence de la musique sur les mœurs, et prêtaient l'oreille aux chants des oiseaux :

« Nous nous arrêtions quelquefois avec délices pour entendre le rossignol. « Nos musiciens », me faisait-il observer, « ont tous imité ses hauts et ses bas, ses rou-« lades et ses caprices ; mais ce qui le caractérise, ces *piou* « *piou* prolongés, ces sanglots, ces sons gémissants qui « vont à l'âme et qui traversent tout son chant, c'est ce « qu'aucun d'eux n'a pu encore exprimer. »

« Il n'y avait point d'oiseau dont la musique ne le rendît attentif. Les airs de l'alouette qu'on entend dans la prairie, tandis qu'elle échappe à la vue, le ramage du pinson dans les bosquets, le gazouillement de l'hirondelle sur les toits des villages, les plaintes de la tourterelle dans les bois, le chant de la fauvette qu'il comparait à celui d'une bergère par son irrégularité et par je ne sais quoi de villageois, lui faisaient naître les plus douces images. « Quels « effets charmants », disait-il, « on en pourrait tirer pour « nos opéras où l'on représente des scènes champêtres ! »

On peut se demander comment Rousseau était resté pauvre. Il aurait pu s'enrichir avec ses œuvres, qui faisaient la fortune des libraires. L'infortuné grand homme avait toujours été indignement exploité par eux ; c'est pourquoi, arrivé à l'âge de soixante ans, il était encore obligé de copier de la musique pour vivre. Bernardin nous révèle sur ce chapitre de curieux détails :

« Un matin que j'étais chez lui », raconte-t-il, « je voyais entrer à l'ordinaire des domestiques qui venaient chercher des rôles de musique ou qui lui en apportaient à copier ; il les recevait debout et tête nue ; il disait aux uns : « Il « faut tant », et il recevait leur argent ; aux autres : « Dans « quel temps faut-il rendre ce papier ? — Ma maîtresse,

« répondait le domestique, voudrait bien l'avoir dans
« quinze jours. — Oh! cela n'est pas possible, j'ai de l'ou-
« vrage; je ne puis le rendre que dans trois semaines. »
Tantôt il s'en chargeait, tantôt il le refusait, en mettant
dans les détails de ce commerce toute l'honnêteté d'un
ouvrier de bonne foi.

« En le voyant agir avec cette simplicité, je me rappe-
lais la réputation de ce grand homme. Quand nous fûmes
seuls, je ne pus m'empêcher de lui dire :

« — Pourquoi ne tirez-vous pas un autre parti de vos
talents?

« — Oh! répondit-il, il y a deux Rousseau dans le
monde : l'un riche, ou qui aurait pu l'être s'il l'avait voulu;
un homme capricieux, singulier, fantasque : c'est celui du
public; l'autre est obligé de travailler pour vivre, et c'est
celui que vous voyez!

« — Mais vos ouvrages auraient dû vous mettre à l'aise;
ils ont enrichi tant de libraires!

« — Je n'en ai pas tiré 20,000 livres; encore, si j'avais
reçu cet argent à la fois, j'aurais pu le placer; mais je l'ai
mangé successivement, comme il est venu. Un libraire de
Hollande, par reconnaissance, m'a fait 600 livres de pension
viagère, dont 300 livres sont réversibles à ma femme, après
ma mort; voilà toute ma fortune. Il m'en coûte 100 louis
pour entretenir mon petit ménage; il faut que je gagne le
surplus.

« — Pourquoi n'écrivez-vous plus?

« — Plût à Dieu que je n'eusse jamais écrit! C'est là
l'époque de tous mes malheurs; Fontenelle me l'avait bien
prédit. Il me dit, quand il vit mes essais : « Je vois où vous
« irez; mais souvenez-vous de mes paroles : je suis un
« des hommes qui ont le plus joui de leur réputation; la
« mienne m'a valu des pensions, des places, des honneurs
« et de la considération; avec tout cela, jamais aucun de
« mes ouvrages ne m'a procuré autant de plaisir qu'il m'a

« occasionné de chagrin. Dès que vous aurez pris la plume,
« vous perdrez le repos et le bonheur. » Il avait bien raison. Je ne les ai retrouvés que depuis que je l'ai quittée ; il
y a dix ans que je n'ai rien écrit. »

L'*Emile* avait rapporté 7,000 livres à Rousseau. Il avait
vendu son *Devin du Village* à l'Opéra pour 1,200 livres,
une fois payées, et ses entrées pour toute sa vie. Mais ayant
dit ce qu'il pensait de la musique française, on refusa un
soir de le laisser passer sans payer.

Ses entrées avaient été supprimées, malgré le traité, et
tandis que son œuvre était pour l'Opéra une source de
bénéfices considérables, le pauvre Rousseau ne pouvait
assister aux représentations sans verser, chaque fois,
7 livres 10 sols.

La Pompadour se montra plus généreuse. Après une
représentation de ce fameux *Devin du Village*[1], où elle-
même jouait le rôle de Colette, elle envoya 50 louis à Rousseau, qui les accepta.

La dernière promenade que Bernardin fit en compagnie
de Rousseau eut lieu au mois de mai 1778. Voici la page
remarquable qu'il y consacre :

« Nous partîmes un matin au lever de l'aurore, et, laissant à droite le parc de Saint-Fargeau, nous suivîmes les
sentiers qui vont à l'Orient, gardant toujours la hauteur,
après quoi nous arrivâmes auprès d'une fontaine semblable à un monument grec, et sur laquelle on a gravé :
Fontaine de Saint-Pierre. « Vous m'avez amené ici, dit
« Rousseau en riant, parce que cette fontaine porte votre

---

[1] *Le Devin du Village* fut inspiré à Jean-Jacques Rousseau par Fontenelle, qui se plaignait un jour du peu de rapport qui existait entre les
paroles et la musique de tous les opéras qu'il avait entendus. « Il faudrait »,
disait-il, « que le même auteur composât la musique et les paroles ; alors
seulement il y aurait harmonie entre les sons, les expressions et les sentiments. » Cette idée frappa Rousseau, qui lui répondit : « Je l'essaierai. »

« nom. — C'est, lui dis-je, la fontaine des amours. » Et
je lui fis voir les noms de Colin et Colette.

« Après nous être reposés un moment, nous nous
remîmes en route. A chaque pas, le paysage devenait plus
agréable. Rousseau recueillait une multitude de fleurs,
dont il me faisait admirer la beauté. J'avais une boîte, il
me disait d'y mettre ses plantes, mais je n'en faisais rien ;
et c'est ainsi que nous arrivâmes à Romainville. Il était
l'heure du dîner, nous entrâmes dans un cabaret...

« On nous servit une omelette au lard. « Ah ! » dit Rousseau, « si j'avais su que nous eussions une omelette, je
« l'aurais faite moi-même, car je sais très bien les faire. »
Pendant le repas, il fut d'une gaieté charmante : mais, peu
à peu, la conversation devint plus sérieuse, et nous nous
mîmes à traiter des questions philosophiques, à la manière des convives dont parle Plutarque dans ses *Propos
de table*.

« Il me parla d'*Emile* et voulut m'engager à le continuer d'après son plan. « Je mourrais content », me disait-il,
« si je laissais cet ouvrage entre vos mains ! »

« Tout à coup, le garçon de l'auberge entra et dit tout
haut : « Messieurs, votre café est prêt ! — Oh ! le mala-
« droit, m'écriai-je ; ne t'avais-je pas dit de m'avertir en
« secret quand l'eau serait bouillante ? — Eh quoi, reprit
« Jean-Jacques, nous avons du café ? En vérité, je ne suis
« plus étonné que vous n'ayez rien voulu mettre dans
« votre boîte ; le café y était. »

« Le café fut apporté et nous reprîmes notre conversation sur *Emile*. Rousseau me pressa de nouveau de traiter
ce sujet. Il voulait remettre en mes mains tout ce qu'il en
avait fait, mais je le suppliai de m'en dispenser. « Je n'ai
« point votre style, lui disais-je, cet ouvrage serait de
« deux couleurs. J'aimerais mieux vos leçons de bota-
« nique. — Eh bien ! dit-il, je vous les donnerai ; mais il
« faudra les mettre au net, car il ne m'est plus possible

« d'écrire. J'avais renoncé à la botanique, mais il me faut
« une occupation; je refais un herbier. »

« Nous revînmes par un chemin fort doux, en parlant
de Plutarque. Rousseau l'appelait le grand peintre du
malheur. Il me cita la fin d'Agis, celle d'Antoine, celle de
Monime, femme de Mithridate, le triomphe de Paul-Emile
et les malheurs des enfants de Persée. « Tacite », me disait-
il, « éloigne des hommes, mais Plutarque en rapproche. »

« En parlant ainsi, nous marchions à l'ombre de
superbes marronniers en fleurs. Rousseau en abattit une
grappe avec sa petite faux de botaniste, et me fit admirer
cette fleur, qui est composée. Nous fîmes ensuite le projet
d'aller dans la huitaine sur les hauteurs de Sèvres. « Il y
« a », me dit-il, « de beaux sapins et des bruyères toutes
« violettes; nous partirons de bon matin. J'aime ce qui
« me rappelle le Nord. »

« A cette occasion, je lui racontai mes aventures en
Russie et mes amours malheureuses en Pologne. Il me
serra la main, et me dit en me quittant : « J'avais besoin
« de passer ce jour avec vous!... »

Au jour fixé pour la promenade de Sèvres, Bernardin
arrive au lieu du rendez-vous. Il attend vainement Rousseau. Il revient le lendemain, peine inutile. Il écrit au
philosophe, sa lettre reste sans réponse. Inquiet, il court
rue Plâtrière; le logis de son ami était vide, ou plutôt
deux femmes inconnues y cardaient de la laine; il ques-
tionne, il s'enquiert, et, non sans peine, il finit par
apprendre que Jean-Jacques s'était retiré à la campagne.
Le philosophe, en effet, était parti pour Ermenonville.

Bernardin éprouva un chagrin véritable de n'avoir point
été avisé, et une note retrouvée dans ses papiers révèle
son amertume, sa tristesse, en même temps que sa profonde et persistante affection.

« Où est-il? Que fait-il? » me disais-je. « S'il prépare

une apologie, je serai son secrétaire. Est-il persécuté? Je
veillerai sur ses jours. A-t-il fait une faute? Je pleurerai
avec lui. Au milieu des rumeurs de la capitale et des
anxiétés de mon âme, j'apprends sa mort par le *Journal
de Paris.* »

Bernardin fut inconsolable de la mort de son illustre
ami; il le pleura comme un bienfaiteur, un père, et jamais
la blessure de ce deuil ne se cicatrisa complètement dans
son âme.

L'auteur de *Paul et Virginie* a résumé ses impressions
sur les rapports qu'il eut avec Jean-Jacques dans la page
qui suit :

« Rousseau n'avait point la vanité de la plupart des
gens de lettres, qui veulent toujours occuper les autres de
leurs idées; et encore moins celle des gens du monde, qui
croient qu'un homme de lettres est fait pour les tirer de
leur ennui, par son babil. Il partageait les bénéfices et les
charges de la conversation, parlant et laissant parler
chacun à son tour.

« Il laissait même aux autres le choix de l'entretien, se
réglant à leur mesure avec si peu de prétention que,
parmi ceux qui ne le connaissaient pas, les gens simples
le prenaient pour un homme ordinaire, et les gens du bon
ton le regardaient comme bien inférieur à eux, car, avec
ceux-ci, il parlait peu ou de peu de choses. Il a été quelquefois accusé d'orgueil à cette occasion par les gens du
monde, qui taxent de leurs propres vices les hommes
libres et sans fortune, refusant de courber la tête sous
leur joug...

« Loin de chercher à briller aux yeux de qui que ce fût,
il convenait lui-même, avec un sentiment d'humilité bien
rare, et, selon moi, bien injuste, qu'il n'était pas propre
aux grandes conversations. « Il ne faut », me disait-il un

jour, « que le plus petit argument pour me renverser. Je
« n'ai d'esprit qu'une demi-heure après les autres. Je sais
« ce qu'il faut répondre précisément quand il n'en est
« plus temps. »

« Cette lenteur de réflexion venait de son équité naturelle, qui ne lui permettait pas de se prononcer sur le
moindre sujet sans l'avoir examiné; de son génie, qui le
considérait sur toutes ses faces pour le connaître à fond,
et enfin de sa modestie, qui lui interdisait le ton théâtral
et les sentences d'oracles de nos conversations.

« Il était, au milieu de nos beaux esprits, avec sa simplicité, comme une jeune fille avec ses couleurs naturelles
parmi des femmes qui mettent du blanc et du rouge.
Encore moins aurait-il cherché à se donner en spectacle
chez les grands; mais dans le tête-à-tête, dans la liberté
de l'intimité et sur les objets qui lui étaient familiers,
surtout ceux qui intéressaient le bonheur des hommes,
son âme prenait l'essor, ses sentiments devenaient touchants, ses idées profondes, ses images sublimes et ses
discours aussi véhéments que ses écrits.

« Mais ce que je trouvais de bien supérieur encore à son
génie, c'était sa probité. Il était du petit nombre d'hommes
de lettres, éprouvés par l'infortune, auxquels on peut sans
risque communiquer ses pensées les plus intimes. On
n'avait rien à craindre de sa malignité s'il les trouvait
mauvaises, ni de son infidélité si elles lui semblaient
bonnes. »

Quel enseignement dans cette modestie, cette tolérance,
cette sûreté de relations, cette fierté de caractère, en
un mot, dans cette vertu philosophique! Quel charme
aussi répand une âme ainsi douée! Quelle douce reconnaissance, quelle sincère affection lui vouent à jamais
ceux qui ont ressenti sa chaleur et su apprécier sa beauté!

V

Madame Roland.

Au nombre des femmes que le génie de Rousseau enthousiasma, il faut placer, parmi les plus ardentes, celle qui devait jouer un rôle important dans la Révolution, Mme Roland. Toute jeune fille, nous l'avons vu, elle dévora les œuvres du philosophe, subit son influence, l'admira et l'aima, et ce fut pour sa vie entière.

A l'âge de vingt-deux ans, elle éprouva le désir de le voir, d'être reçue par lui, de lui parler. Jean-Jacques avait alors soixante-quatre ans. Elle ne réussit pas dans sa tentative, mais le récit qu'elle en a laissé trouve ici sa place. Il est extrait d'une lettre qu'elle adressait, le 29 février 1776, à une de ses amies, Sophie Cannet, d'Amiens :

« Tu me réponds avec un ordre qui m'invite moi-même à la régularité; tu demandes pourquoi j'ai écrit à Jean-Jacques : le voici. Le philosophe républicain, que je vois toujours de temps en temps, me dit, il y a quinze jours, en parlant de Rousseau, son cher concitoyen, que j'adore presque, qu'il avait occasion de le voir pour lui proposer la composition de quelques petits airs. Je le félicitai d'avoir une commission qui devait lui procurer l'avantage de revoir encore cet homme, fameux par ses talents, ses vertus et ses malheurs.

« Il vit bien à mon air que j'ambitionnais le plaisir qu'il se proposait de goûter, et m'offrit aussitôt la commission. Je lui répondis que la chose ne me paraissait pas à rejeter, et que j'y songerais. En effet, je trouvais l'occasion heureuse.

« J'en parlai à M. de Sainte-Lette, qui m'engagea fort à la saisir, quoique d'ailleurs il me peignit le personnage comme insociable. Je savais qu'on ne lui parlait que très

difficilement, et que même sa femme répondait presque
toujours pour lui, lorsqu'on voulait le voir; cela ne faisait
pas mon compte; j'imaginais bien qu'une jeune personne
comme moi se présenterait inutilement; c'est pourquoi
je me proposai de faire ma commission par écrit, et d'aller
ensuite chercher la réponse moi-même.

« Je dressai ma lettre. Je la fis voir au philosophe républicain, afin de savoir si j'étais bien entrée dans l'explication de la chose, qui demandait certains détails dont la
connaissance ne t'intéresserait pas. Il la trouva très bonne :
je l'envoyai. Tu sens bien que je ne disais mot à qui que
ce fût de ma démarche; mon père seul en était instruit.

« Je n'avais pas envie de me donner aux yeux d'une in-
finité de gens une teinte philosophe que mes goûts me
donnent déjà suffisamment; l'enthousiasme pour les
grands hommes est un ridicule au jugement de ceux qui
ne l'éprouvent pas.

« Deux jours après le départ de ma lettre, aujourd'hui, à
neuf heures, je prends Mignonne sous le bras, et je vais
chez Rousseau, ne sachant trop si je reviendrais contente.
Mon doute était sage. J'entre dans l'allée d'un cordonnier,
rue Plâtrière; je monte au second et je frappe à la porte.
On n'entre pas dans les temples avec plus de vénération
que je n'en avais à cette humble porte; j'étais pénétrée,
sans avoir cette timidité qui m'accompagne en présence de
ces petits êtres du monde que je n'estime guère dans le
fond; je flottais entre l'espérance et la crainte. Voilà bien
de l'étalage perdu.

« Serait-il possible, pensais-je, que je pusse dire de lui
ce qu'il a dit des savants : « Je les prenais pour des anges;
« je ne passais pas sans respect devant le seuil de leurs
« portes; je les ai vus, c'est la seule chose dont ils m'aient
« désabusé. »

« Tout en raisonnant ainsi, je vois la porte s'ouvrir et
paraître une femme de cinquante ans au moins, coiffée

d'un bonnet rond, avec un déshabillé propre et simple et
un grand tablier. Elle avait l'air sévère et même un peu
dur. « Madame, n'est-ce pas ici que demeure M. Rousseau?
« — Oui, Mademoiselle. — Pourrais-je lui parler? —
« Qu'est-ce que vous lui voulez? — Je viens savoir la ré-
« ponse d'une lettre que je lui écrivis ces jours derniers.
« — Mademoiselle, on ne lui parle pas; mais vous pou-
« vez dire aux personnes qui vous ont fait écrire... car
« sûrement ce n'est pas vous qui avez écrit une lettre
« comme cela... — Pardonnez-moi, interrompis-je. —
« L'écriture seule annonce une main d'homme. — Vou-
« lez-vous me voir écrire? » lui dis-je en riant. Elle me
fit « non » de la tête, en ajoutant : « Tout ce que je puis
« vous dire, c'est que mon mari a renoncé absolument à
« toutes ces choses; il a tout quitté; il ne demanderait pas
« mieux que de rendre service, mais il est d'âge à se repo-
« ser. — Je le sais, mais au moins j'aurais été flattée d'en-
« tendre cette réponse de sa bouche; je profiterais avec
« empressement de l'occasion pour offrir mon hommage à
« l'homme du monde que j'estime le plus : recevez-le,
« Madame. »

« Elle m'a remerciée, en tenant toujours la main à la
serrure; et j'ai descendu l'escalier, avec la très légère satisfaction de voir qu'il avait trouvé ma lettre assez bien
tournée pour ne pas la croire l'ouvrage d'une femme, et
avec la petite peine d'avoir perdu mes pas. Il me fâche un
peu de ne l'avoir pas vu, mais je n'en suis pas étonnée. Il
aura pris tout ce que j'écrivais pour un prétexte adroite-
ment bâti, à l'effet de me procurer sa vue et de lui faire
une visite inutile.

« Le grand homme qui m'inspire de l'enthousiasme,
c'est Rousseau. »

Mᵐᵉ Roland a laissé d'autres preuves, et en grand
nombre, de son admiration pour Rousseau : elles ne sont

pas moins éloquentes que celle-ci. Ce qui nous charme
davantage dans cette page, c'est la naïveté de la jeunesse,
c'est le désir de contempler les traits d'un vieillard auguste, ce sont les battements d'un cœur ardent, généreux
et fier, devant le seuil du grand homme.

Ah! si le philosophe eût pu deviner quel noble cœur
animait la jeune fille qui demandait à lui parler, et quel
grand rôle l'attendait au sein de la Révolution qu'avait
annoncée son clairvoyant génie, il l'eût accueillie comme
sa fille bien-aimée, et lui eût donné sa bénédiction, comme
Voltaire devait donner la sienne au petit-fils de Franklin!

VI

OLIVIER DE CORANCEZ.

Il est un contemporain de Rousseau qui a laissé sur lui
des documents précieux pour nous apprendre à le connaître
et à le juger, c'est Olivier de Corancez, homme de lettres
oublié de nos jours, mais dont le témoignage offre un
vivant intérêt. Le récit qu'il a consacré à ses relations avec
Jean-Jacques n'a pas moins d'attrait que celui de M. Champagneux, maire et châtelain de Bourgoin en 1769, que
nous avons rapporté au début de cette étude. On peut
même établir entre eux un rapprochement utile, car ils
se fortifient l'un par l'autre, et la sincérité des narra-
teurs, comme la véracité des faits, en ressort doublement.

C'est dans une lettre à un ami que M. Champagneux a
consigné ses impressions sur l'illustre penseur. Corancez
a écrit les siennes pour ses enfants, dont l'un fit partie de
l'expédition d'Égypte. Cette destination indique combien
il se faisait gloire d'avoir connu Rousseau, et quelle haute
portée il attribuait à la mémoire de ce grand homme.
L'ambition d'un père est de léguer à ses fils le meilleur de
lui-même, et d'exalter leur âme par les plus nobles souvenirs de sa vie. C'était celle de Corancez lorsqu'il écrivait

pour les siens les pages curieuses et peu connues que nous
tenons à remettre en lumière.

Corancez commence par expliquer pourquoi la plupart
de ceux qui cherchaient à vivre dans l'intimité de Rousseau finissaient par l'accuser d'ingratitude et l'insultaient.
« Leur amour-propre », dit-il, « les a conduits chez Rousseau, leur amour-propre est blessé de la manière dont ils
en sortent. Tous, en y entrant, ornaient le buste qu'ils se
faisaient un honneur d'adorer lorsqu'ils étaient les prêtres
initiés de ce temple ; tous défigurent ce même buste lorsqu'ils ne peuvent plus y conserver leur domination. Il est
temps enfin de faire connaître cet homme si justement
célèbre, mais en même temps si extraordinaire, que, sans
avoir sur son propre compte des idées bien nettes, il a
cependant dit de lui-même : « Je ne suis fait comme aucun
« de ceux que j'ai vus, ni même comme aucun de ceux
« qui existent. »

« La postérité ne verra de Rousseau que ses écrits ; elle
ne s'arrêtera que sur les traits hardis de son éloquence
entraînante ; elle s'échauffera aux peintures tracées par son
style animé et brûlant, puisées dans une sensibilité vraie
et dans un cœur le plus susceptible d'aimer ; elle aimera
les devoirs qu'il prescrit par la manière dont il les prescrit,
et les remplira parce qu'il le veut ainsi. Elle ne s'occupera
que très légèrement du degré de ses torts avec les personnes qui ont eu avec lui quelques relations sociales. »

L'écrivain arrive à ce qui le concerne personnellement,
et son récit présente ici un intérêt tout spécial :

« J'ai vu Rousseau constamment et sans interruption
pendant les douze dernières années de sa vie. Je me propose ici non pas de le louer, non pas de le justifier, mais
de le montrer tel qu'il était, en m'appuyant toujours sur
des faits dont j'ai été le témoin direct. Je veux faire entrer

mes lecteurs dans son intérieur, et, par là, les mettre à
portée de pouvoir eux-mêmes apprécier le mobile de ses
actions. On verra que lorsqu'il était lui, si je puis me
servir de cette expression, il était d'une simplicité rare,
qui tenait encore du caractère de l'enfance; il en avait l'ingénuité, la gaieté, la bonté et surtout la timidité...

« Dès le commencement de ma liaison avec Jean-
Jacques, je me ressentis des effets de son caractère ombrageux : c'était un tribut qu'il fallait payer; mais ce qu'il y
a de singulier à remarquer, c'est que j'ai commencé par
où tous les autres ont fini. Il était alors dans la nécessité
de copier de la musique pour vivre. Il trouvait, dans le
produit de ce travail, ce qui suffisait amplement à ses
besoins. Il copiait avec une exactitude rare dans ceux qui
vivent ordinairement de ce travail ; il se faisait payer plus
cher, et sans doute que la curiosité attirait chez lui, sous
ce prétexte, un grand nombre de personnes qui fournis-
saient à son travail journalier et très assidu. »

Corancez arrive à une anecdote curieuse, qui prouve,
avec l'éloquence sans réplique des faits, combien grands
étaient le désintéressement, la force de caractère, la fierté
de Rousseau :

« Un de mes amis fut nommé secrétaire d'ambassade en
Angleterre; il vint me voir avant son départ. Je lui
observais que Rousseau ne touchait point sa pension du
roi d'Angleterre: qu'il me paraissait cependant en avoir
besoin: que je craignais que des gens malintentionnés
n'eussent fait naître quelques obstacles, dont son caractère
fier et ombrageux dédaignait de connaître la source ; que
je le priais de prendre à cet égard les informations que sa
place le mettait à portée de recueillir, de travailler à les
vaincre et de m'en donner avis.

« Trois mois après, je reçus une lettre de cet ami, qui
contenait une lettre de change payable au porteur, sur un

banquier de Paris, de la somme de 6.336 francs, je m'en
souviens encore. Cette somme était le montant de ce qui
lui était dû alors; il ne s'agissait que de la lui donner et
d'en tirer quittance. Cette quittance m'inquiétait; je craignais qu'il ne voulût pas s'assujettir à cette simple forme.
Je récrivis pour lui demander si, rigoureusement, on ne
pouvait s'en dispenser.

« Mon ami me répondit sur-le-champ que je me rendais
bien difficile; que, cependant, il avait été arrêté que la
lettre par laquelle je déclarerais que Rousseau avait touché
serait suffisante. Je ne donne ces circonstances que pour
rendre justice à la trésorerie du roi d'Angleterre, qui,
comme l'on voit, était loin de vouloir entraver le payement.

« D'abord, ivre d'un succès aussi complet, je ne tardai
pas à sentir le poids de la négociation que j'avais entreprise; il n'y avait plus possibilité de reculer. J'arrive chez
Rousseau, je balbutie : *Ennemis, pension du roi d'Angleterre;* enfin, je parle de la lettre de change et du montant
de la somme. Rousseau m'écoute avec inquiétude et étonnement; enfin, il me demande qui m'a chargé de cette
commission.

« Je lui réponds : « Mon zèle, la circonstance d'un ami
qui partait m'en ont donné l'idée, et le bien qui en doit
résulter pour vous me donne, dans ce moment, une grande
satisfaction.

« — Je suis majeur, me répondit-il, et je puis gou-
verner moi-même mes affaires. Je ne sais par quelle fata-
lité les étrangers veulent mieux faire que moi. Je sais
bien que j'ai une pension, j'en ai touché les premières
années avec reconnaissance, et, si je ne la touche plus, c'est
que je le veux ainsi. Il faut, sans doute, qu'aujourd'hui je
vous expose mes motifs; c'est, du moins, ce que semble
exiger le rôle que vous jouez dans cette affaire; il faut que
je vous constitue juge de ces mêmes motifs, pour savoir
si vous les approuverez. J'ignore quelles sont à cet égard

vos dernières pensées; mais ce que je sais, c'est que je
suis libre; que, si je ne reçois plus, c'est par des motifs qui
peut-être n'auraient pas votre approbation, mais qui,
ayant la mienne, suffisent à ma détermination. »

« J'avouai mon tort, je m'excusai sur le désir peu réfléchi de le servir, je lui observai que cette affaire négociée
sans sa participation, et par un de mes amis, n'aurait
point de suites désagréables pour lui, que j'allais renvoyer
la lettre de change, et qu'il n'en entendrait plus parler. Je
sortis, et je renvoyai la lettre. »

Rousseau n'avait-il pas quelque mérite à refuser une
somme importante et cette pension du roi d'Angleterre, à
un moment surtout où, vieux déjà, il ne possédait aucune
fortune, et était obligé de copier de la musique pour
vivre? Il pouvait, certes, sans aliéner en rien sa liberté,
sans que sa dignité en souffrît d'aucune façon, accepter le
bienfait qui lui était offert. Il ne le voulut point, par un
sentiment de fierté poussé jusqu'au stoïcisme. Il semblait
dire : « Mon âme est au-dessus de la pauvreté et du malheur, et je brave le destin qui m'accable... Puisque je puis
encore gagner mon pain, je puis aussi me passer de la
générosité d'autrui... »

Corancez le comprit, et ne se plaignit pas du refus du
philosophe; il ne l'en admira que davantage, parce que lui-
même avait de la grandeur dans le caractère; s'il eût été
un petit esprit, il l'eût accusé d'ingratitude et se fût joint
à ses ennemis.

Il continue ainsi :

« J'ai dit que Rousseau était simple et qu'il tenait du
caractère de l'enfance. J'entre un jour chez lui; je le vois
hilarieux, se promenant à grands pas dans sa chambre et
regardant fièrement tout ce qu'elle contenait.

« Tout ceci est à moi », me dit-il. Il faut noter que ce
tout consistait dans un lit de siamoise, quelques chaises

de paille, une table commune et un secrétaire de bois de noyer.

« — Comment, lui dis-je, cela ne vous appartenait pas hier? Il y a longtemps que je vous ai vu en possession de tout ce qui est ici.

« — Oui, Monsieur; mais je devais au tapissier, et j'ai fini de le payer ce matin.

« Il jouissait de ce petit mobilier avec beaucoup plus de joie réelle que ne le fait le riche, qui, le plus souvent, ignore la moitié des objets qu'il possède...

« J'ai remarqué dans Rousseau une probité bien rare et qu'on ne serait pas disposé à lui supposer, d'après l'aigreur que souvent il versait autour de lui. Pendant le cours des douze années que j'ai vécu avec lui, je ne lui ai entendu dire du mal de qui que ce soit.

« Souvent, en me parlant des personnes, il lui arrivait de les classer dans le nombre de ses ennemis, et, sur ce point, il n'y avait nulle possibilité de le contrarier; mais, dans ce cas-là même, jamais, du moins devant moi, il ne s'est permis de s'expliquer sur leur compte, soit en leur imputant des faits particuliers, soit en se permettant à leur égard des qualifications injurieuses. Ce qui prouve jusqu'à l'évidence que, lorsqu'il ne voyait point à travers ce prisme fatal, son véritable caractère reprenait le dessus; c'est que, lorsqu'il envisageait ces mêmes hommes sous le seul rapport de leur mérite intrinsèque et réel, non seulement il leur rendait justice, mais il faisait valoir ses opinions à leur égard avec beaucoup de chaleur. Je ne citerai pour preuve que deux faits qui, ayant rapport à deux de ses détracteurs les plus déclarés, feront aisément supposer tous les autres.

« Je louais, un jour, devant lui Diderot, et l'on sait la haine que Diderot lui portait. J'ajoutai :

« — Je lui trouve cependant un défaut bien important, c'est de n'être pas toujours clair pour les autres, et je crois

même que souvent on pourrait dire qu'il ne l'est pas pour
lui-même.

« — Prenez-y garde, me dit Rousseau : lorsqu'il s'agit
de matières traitées par Diderot, si quelque chose n'est
pas compris, ce n'est pas toujours la faute de l'auteur.

« C'est la seule expression dure qu'il ait jamais em-
ployée contre moi. Mes lecteurs verront, je l'espère, que
je ne suis bien réellement que ce que je veux être, historien fidèle. Ce mot qui pouvait me blesser, l'avouerai-je?
me fit un bien infini. Je vis Rousseau tel que j'aurais voulu
qu'il fût toujours. »

On peut juger par ce fait quelle était l'élévation d'âme
de Rousseau. Quand il s'agissait de la vie intellectuelle,
des œuvres de l'esprit, du mouvement des idées, il oubliait
tous ses ressentiments personnels, et ne se préoccupait
que des progrès de la philosophie et du triomphe de la vérité, sa passion dévorante. La suite du récit de Corancez
va le prouver mieux encore.

« Le lendemain du jour »; dit-il, « où Voltaire fut couronné au Théâtre-Français, — ce jour précédait de bien
près le dernier de ces deux grands hommes, — un de ces
personnages qui ont le secret de se glisser partout, croyant
sans doute lui faire la cour, lui en rendit compte devant
moi, et se permit sur ce couronnement des plaisanteries
telles qu'on peut se les figurer de ce genre de personnages.

« — Comment, dit Rousseau avec chaleur, on se permet de blâmer les honneurs rendus à Voltaire dans le
temple dont il est le dieu, et par les prêtres qui, depuis
cinquante ans, y vivent de ses chefs-d'œuvre ! Qui voulez-
vous donc qui y soit couronné?

« Ce trait n'a pas besoin de rapprochement pour être
senti.

« J'ajouterai que, juste envers ses ennemis, il était de
la plus grande indulgence pour tous les écrivains; il me

répétait souvent qu'il ne fallait s'arrêter que sur ce qu'on trouvait de bon dans un livre :

« — Si l'auteur vous a donné deux pages seulement dans lesquelles vous trouvez ou du plaisir, ou de l'instruction, ne devez-vous pas lui en savoir gré ? Passez, sans mot dire, ce que vous rencontrerez qui vous déplaît. »

Voilà le véritable ami des hommes de lettres ! Il a des trésors d'indulgence, et d'une indulgence éclairée, pour ceux qui aspirent à s'élever au-dessus des misères de l'existence, qui ont un grain de noble ambition dans la cervelle, et font un effort pour donner une forme élégante à leurs désirs, à leurs souffrances, à leurs observations, à leurs rêves. Combien rares sont ces âmes d'élite ! Heureux qui les rencontre sur son chemin !

« Rousseau », poursuit Corancez, « ne parlait que très rarement de ses ouvrages, et jamais le premier. Je ne lui vis mettre de chaleur à leur occasion qu'en regrettant la perte volontaire qu'il fit du manuscrit d'une nouvelle édition d'*Emile*. Il y avait fait entrer une partie des idées qu'il n'avait pu mettre dans la première à cause de leur abondance, dont alors son imagination, me dit-il, était surchargée. Sans les rejeter, il les aurait écrites sur des cartes qu'il réservait pour une nouvelle édition.

« Elle contenait aussi le parallèle de l'éducation publique et de l'éducation particulière, morceau qu'il me disait être essentiel au traité de l'éducation, et qui manque à l'*Emile*.

« Il était quelquefois sur son propre compte d'une ingénuité qui, en me causant de la surprise, me jetait dans le ravissement. Il me dit un jour qu'après avoir publié son *Discours sur les Sciences*, Mme Dupin de Francueil, chez laquelle il demeurait, lui parlait une fois, au coin du feu, de l'effet qu'avait produit cet ouvrage : « Mais, dites-moi « donc, Monsieur Rousseau, qui aurait pu deviner cela de

« vous? » Lecteurs, notez que c'est de lui que je tiens cette anecdote. »

C'est au moment de quitter l'Angleterre, au mois de mai 1767, que Rousseau, dans un moment d'exaltation, jeta au feu le précieux manuscrit de la nouvelle édition d'*Emile*. Affolé, ne voyant partout que des ennemis, persuadé que M. de Choiseul, premier ministre, s'acharnait à le persécuter, il s'enfuit précipitamment de la résidence qu'il occupait à Wootton, et sans argent, sans effets, il gagna la mer comme il put, non sans fatigue et sans peine. Avant de s'embarquer, il monta sur un terrain élevé et, en français, harangua la foule anglaise, qui ne comprit pas un mot de son discours.

Cette fatale manie de voir partout des ennemis brouilla Rousseau avec beaucoup de gens. Mais Corancez écrit justement à ce propos :

« S'il en fut ainsi, c'est que, de leur côté, ceux qui l'ont recherché, trop occupés d'eux-mêmes et des motifs qui les avaient amenés chez lui, n'ont ni vu, ni voulu voir son véritable état, ou, du moins, qu'ils n'ont pas voulu y avoir égard, parce qu'ils n'avaient pas pour lui un attachement réel.

« S'il m'est permis de me citer, c'est mon attachement pour sa personne, attachement qui s'est accru à mesure que je me suis aperçu combien il était à plaindre, c'est lui qui, machinalement, m'a fait prendre les moyens de me conserver avec lui.

« Je n'ai pas été le seul dans ce cas. Je suis témoin qu'il a conservé toute sa vie, pour une mère de famille que sa modestie m'empêche de nommer, mais que ses vertus feront reconnaître cependant de tous ceux qui ont eu avec elle quelques relations, une bienveillance soutenue, mêlée d'un respect sincère; et c'est, sans doute, par la même cause. Il l'avait connue jeune fille, et lui avait donné

à cette époque des soins personnels. Son mariage n'a rompu
ni ses liens, ni ses rapports avec lui. Plus occupée de jouir
et de profiter de cette connaissance que de s'en prévaloir,
elle le voyait rarement. Elle étudiait dans le silence les
maximes qu'elle puisait dans ses ouvrages, pour connaître
ses devoirs et régler sa conduite, relativement à l'éducation de sa nombreuse famille. Ses succès dans ce genre ne
furent point ignorés de Rousseau, qui ne la perdait point
de vue; ils lui étaient agréables, et souvent il m'entretenait de l'estime qu'il conservait pour elle. »

De tout temps, les écrivains en vue ont été assaillis de
gens empressés et officieux, qui se font gloire de les connaître, d'être admis dans leur intimité, de recevoir leurs
confidences. Le zèle intempestif de ces vaniteux se répand
comme une eau courante, et souvent devient gênant pour
« le grand homme » qu'ils prétendent obliger. Qu'un avertissement leur arrive, qu'un sage avis leur soit donné, et
voilà leur vanité froissée. Qu'on cherche à les modérer, à
les éclairer, à les tenir un peu à distance, et les voilà irri-
tés, furieux; leur idole d'hier devient un monstre d'ingratitude, ils la couvrent d'injures après l'avoir couronnée
de fleurs... C'est ce qui se passa pour Rousseau plus que
pour tout autre.

Le bon Corancez fut du petit nombre de ces amis sincères, intelligents, sûrs, qui s'attachent non par égoïsme,
mais par affection profonde. Le dévouement qu'il témoigna au penseur du *Contrat social* méritait d'être mis en
relief, et nous avons été heureux de le signaler.

VII

GOLDONI.

Goldoni, le *Molière* italien, comme on l'appelait à
Venise, sa patrie, et dans toute l'Italie, eut quelques rap-

ports avec Rousseau lorsqu'il vint à Paris, en 1771, assister au succès d'une de ses pièces, *Le Bourru bienfaisant*. Il
a raconté lui-même la visite qu'il rendit au philosophe;
c'est là une page documentaire qui ne manque pas d'originalité, et qui a sa place marquée dans le groupement
que nous faisons des jugements et impressions laissés par
les visiteurs de Jean-Jacques. Bien peu, sans doute, ont lu
cette page curieuse.

Goldoni s'exprime ainsi :

« C'était à peu près dans ce temps-là (novembre 1771)
que M. Rousseau de Genève était de retour à Paris; chacun s'empressait de le voir, et il n'était pas visible pour
tout le monde. Je ne le connaissais que de réputation ;
j'avais envie d'avoir un entretien avec lui, et j'aurais été
bien aise de faire voir ma pièce à un homme qui connaissait si bien la langue et la littérature françaises.

« Il fallait le prévenir pour être sûr d'être bien reçu; je
prends le parti de lui écrire, je lui marque le désir que
j'avais de faire connaissance avec lui : il me répond très
poliment qu'il ne sortait pas, qu'il n'allait nulle part; mais
que, si je voulais me donner la peine de monter quatre
escaliers, rue Plâtrière, hôtel Plâtrière, je lui ferais le
plus grand plaisir. J'accepte son invitation et, quelques
jours après, je m'y rends.

« Je vais rendre compte de mon entretien avec le
citoyen de Genève. Il n'y est question de ma pièce qu'en
passant, et sans conséquence; mais j'ai saisi cette occasion
pour parler de cet homme extraordinaire, qui avait des talents supérieurs, des préjugés et des faiblesses incroyables.

« Je monte au quatrième étage, à l'hôtel indiqué; je
frappe, on ouvre; je vois une femme qui n'est ni jeune, ni
jolie, ni prévenante.

« Je demande si M. Rousseau est chez lui. « Il y est, et
« il n'y est pas », me dit cette femme, que je crois tout au

plus sa gouvernante; et elle me demande mon nom. Je me
nomme. « Monsieur », dit-elle, « on vous attendait, et je
« vais vous annoncer à mon mari. »

« J'entre un instant après; je vois l'auteur d'*Emile* copiant de la musique; j'en étais prévenu, et je frémissais
en silence. »

Le sort malheureux de Rousseau, sa pauvreté, ses tristes
occupations de copiste, d'une part, et, d'autre part, la pensée de son génie et de sa gloire, qui rayonnaient dans
toute l'Europe, formaient un tel contraste, que l'âme en
éprouvait sur le coup un vif sentiment de pitié affectueuse
et de stoïcienne admiration.

Ce sentiment, Goldoni le ressentit avec une intensité
particulière, dès qu'il eût franchi le seuil du grand écrivain. Il en fut bouleversé, et ne put le maîtriser.

« Rousseau », poursuit-il, « me reçoit d'une manière
franche, amicale; il se lève et me dit, tenant un cahier à
la main :

« — Voyez si personne copie de la musique comme
moi : je défie qu'une partition sorte de la presse aussi
belle et aussi exacte qu'elle sort de chez moi. Allons nous
chauffer, continua-t-il.

« Et nous ne fîmes qu'un pas pour nous approcher de
la cheminée.

« Il n'y avait pas de feu; il demande une bûche, et c'est
Mme Rousseau qui l'apporte. Je me lève, je me range,
j'offre ma chaise à madame.

« — Ne vous gênez pas, dit le mari; ma femme a ses
occupations.

« J'avais le cœur navré : voir l'homme de lettres faire
le copiste, voir sa femme faire la servante, c'était un spectacle désolant pour mes yeux, et je ne pouvais pas cacher
mon étonnement ni ma peine : je ne disais rien. Rousseau

s'aperçoit bien qu'il se passe quelque chose dans mon
esprit : il me fait des questions : je suis forcé de lui avouer
la cause de mon silence et de mon *étourdissement*.

« — Comment! dit-il, vous me plaignez, parce que je
m'occupe à copier? Vous croyez que je ferais mieux de
composer des livres pour des gens qui ne savent pas lire,
et pour fournir des articles à des journalistes méchants?
Vous êtes dans l'erreur : j'aime la musique de passion, je
copie des originaux excellents; cela me donne de quoi
vivre, cela m'amuse, et en voilà assez pour moi!... »

N'y a-t-il pas toute une théorie philosophique, morale,
sociale, dans cette fière réponse de Jean-Jacques? N'y a-t-il
pas là un haut enseignement de sagesse?

D'habitude, dans nos actions, nos travaux, nos entreprises, nous nous préoccupons des façons de voir d'autrui.
Qu'en dira le milieu où nous vivons? Qu'en pensera la société? Notre orgueil y trouvera-t-il son compte? En serons-
nous plus honorés, plus recherchés, plus enviés? Voilà
notre faiblesse, selon Rousseau, et partant notre malheur.

Où est donc la sagesse? D'après lui, elle est dans le contentement personnel qui nous vient de notre travail, de
notre effort, quelle que soit l'opinion courante. Deman-
dons-nous d'abord si nous sommes heureux, au fond de
notre conscience, par nous-mêmes et pour nous-mêmes,
tout est là; quant à l'opinion, ayons soin de la mépriser
souverainement, car elle ne peut que nous tromper, nous
corrompre et nous précipiter dans l'infortune.

« Cela me donne de quoi vivre, cela m'amuse, en voilà
assez pour moi! » Il faut, certes, avoir l'âme bien trempée
pour arriver à ce détachement, et il n'est donné qu'à un
petit nombre d'atteindre ce stoïcisme dans les habitudes
de la vie : c'est l'élite, ce sont les forts!

Goldoni poursuit :

« — Mais, vous, continua Rousseau, que faites-vous

vous-même? Vous êtes venu à Paris pour travailler pour les comédiens italiens; ce sont des paresseux; ils ne veulent pas de vos pièces : allez-vous-en, retournez chez vous; je sais qu'on vous désire, qu'on vous attend...

« — Monsieur, lui dis-je en l'interrompant, vous avez raison, j'aurais dû quitter Paris d'après l'insouciance des comédiens italiens; mais d'autres vues m'y ont arrêté. Je viens de composer une pièce en français...

« — Vous avez composé une pièce en français? reprend-il avec un air étonné; que voulez-vous en faire?

« — La donner au théâtre.

« — A quel théâtre?

« — A la Comédie-Française.

« — Vous m'avez reproché que je perdais mon temps; c'est bien vous qui le perdez sans aucun fruit.

« — Ma pièce est reçue.

« — Est-il possible? Je ne m'étonne pas; les comédiens n'ont pas le sens commun; ils reçoivent et ils refusent à tort et à travers. Elle est reçue peut-être, mais elle ne sera pas jouée; et tant pis pour vous, si on la joue.

« — Comment pouvez-vous juger une pièce que vous ne connaissez pas?

« — Je connais le goût des Italiens et celui des Français, il y a trop de distance de l'un à l'autre; et, avec votre permission, on ne commence pas à votre âge à écrire et à composer dans une langue étrangère.

« — Vos réflexions sont justes, Monsieur; mais on peut surmonter les difficultés. J'ai confié mon ouvrage à des gens d'esprit, à des connaisseurs, et ils en paraissent contents.

« — On vous flatte, on vous trompe, vous en serez la dupe. Faites-moi voir votre pièce; je suis franc, je suis vrai; je vous dirai la vérité. »

Goldoni, décidé d'abord à remettre sa pièce à Rousseau, eut peur qu'il ne vit dans le titre : *Le Bourru bienfaisant*, une allusion personnelle, et il ne donna pas suite à son projet. Il ne revit plus le philosophe.

VIII

Madame de Genlis.

Mme de Genlis, dans sa toute jeunesse, eut souvent l'occasion de voir Rousseau, qu'elle regardait et écoutait avec une vive curiosité. Elle jouait pour lui de la harpe et interprétait les airs du *Devin du Village*. Il se plaisait à l'entendre, et lui trouvait de la grâce et de l'esprit. Plus tard, elle remémora ses souvenirs et écrivit les impressions qu'elle avait gardées. C'est là encore un document curieux à interroger.

« Je l'ai beaucoup connu », dit-elle. « J'étais bien jeune alors, et je ne faisais pas encore de journal. Pendant plus de six mois, je l'ai vu tous les jours ; il dînait avec nous et ne s'en allait communément qu'à dix heures du soir. »

Jean-Jacques avait quitté l'Isère au mois de juin 1770, et était revenu s'installer à Paris, où il était fort recherché. C'est à cette époque, fin de 1770 et commencement de 1771, qu'il faut placer ses relations avec Mme de Genlis. Celle-ci, après avoir raconté la première entrevue qu'elle eut avec lui, entrevue qui donna lieu à une méprise (on lui avait fait croire que l'acteur Préville jouait le rôle de Rousseau), poursuit ainsi son intéressant récit :

« Il dit à M. de Sauvigny que j'étais la jeune personne la plus naturelle, la plus gaie et la plus dénuée de prétentions qu'il eût jamais rencontrée ; et certainement, sans la méprise qui m'avait donné tant d'aisance et de bonne humeur, il n'aurait vu en moi qu'une excessive timidité.

Ainsi, je ne dus ce succès qu'à une erreur; il ne m'était pas possible de m'en enorgueillir.

« Connaissant toute l'indulgence de Rousseau, je le revis sans embarras, et j'ai toujours été parfaitement à mon aise avec lui. Je n'ai jamais vu d'homme de lettres moins imposant et plus aimable. Il parlait de lui avec simplicité, et de ses ennemis sans aucune aigreur.

« Il rendait une entière justice aux talents de M. de Voltaire; il disait même qu'il était impossible que l'auteur de *Zaïre* et de *Mérope* ne fût pas né avec une âme très sensible. Il ajoutait que l'orgueil et la flatterie l'avaient corrompu.

« Il nous parla de ses *Confessions*, qu'il avait lues à Mᵐᵉ d'Egmont. Il me dit que j'étais trop jeune pour obtenir de lui la même preuve de confiance. A ce sujet, il s'avisa de me demander si j'avais lu ses ouvrages. Je lui répondis, avec un peu d'embarras, que non. Il voulut savoir pourquoi, ce qui m'embarrassa davantage encore, d'autant plus qu'il me regardait fixement. Il avait des petits yeux enfoncés dans la tête, mais très perçants, et qui semblaient pénétrer et lire au fond de l'âme de la personne qu'il interrogeait.

« Il me paraissait qu'il aurait découvert sur-le-champ un mensonge ou un détour; aussi, je n'eus point de mérite à lui dire franchement que je n'avais pas lu ses ouvrages parce qu'on prétendait qu'il y avait beaucoup de choses contre la religion.

« — Vous savez, répondit-il, que je ne suis pas catholique; mais personne, ajouta-t-il, n'a parlé de l'Evangile avec plus de *conviction* et de *sensibilité*.

« Ce furent ses propres paroles. Je me croyais quitte de ses questions; mais il me demanda encore en souriant pourquoi j'avais rougi en lui disant cela. Je répondis bonnement que j'avais craint de lui déplaire. Il loua à l'excès cette réponse, parce qu'elle était naïve.

« En tout, il est certain que le naturel et la simplicité avaient pour lui un charme particulier. Il me dit que ses ouvrages n'étaient pas faits pour mon âge, mais que je ferais bien de lire l'*Emile*, dans quelques années. Il nous parla beaucoup de la manière dont il avait composé la *Nouvelle Héloïse*; il nous dit qu'il écrivait toutes les lettres de Julie sur du joli petit papier à lettres et à vignettes; qu'ensuite, il les ployait en billets, et qu'il les relisait en se promenant, avec autant de délices que s'il les eût reçues d'une maîtresse adorée.

« Il nous récita par cœur et debout, en faisant quelques gestes, son *Pygmalion*, et d'une manière vraie, énergique et parfaite à mon gré. Il avait un sourire très agréable, plein de douceur et de finesse. Il était communicatif, et je lui trouvais beaucoup de gaieté. Il raisonnait supérieurement sur la musique, et il était véritablement connaisseur. »

Ce passage est charmant, en vérité. En présence de Mme de Genlis, alors à son printemps, à son aurore, et parlant avec la gracieuse naïveté de ses vingt ans, l'ombrageux Rousseau se réconciliait avec l'humanité et se sentait renaître. La jeunesse a ce privilège de tout séduire, de tout ensorceler. Elle rappelle leurs beaux jours à ceux qui sont sur le déclin, et partout où rayonne son sourire, partout aussi se répand l'allégresse et retentit la chanson de la vie.

Mme de Genlis continue :

« Rousseau venait presque tous les jours dîner avec nous, et je n'avais remarqué en lui, durant près de cinq mois, ni susceptibilité, ni caprice, lorsque nous pensâmes nous brouiller pour un sujet très bizarre.

« Il aimait beaucoup une sorte de vin de Sillery, couleur de pelure d'oignon. M. de X... lui demanda la permission de lui en envoyer, en ajoutant qu'il le recevait

lui-même en présent de son oncle. Rousseau répondit
qu'il lui ferait grand plaisir de lui en envoyer *deux bouteilles*.

« Le lendemain matin, M. de X... fit porter chez lui un
panier de vingt-cinq bouteilles de ce vin, ce qui choqua
Rousseau à un tel point qu'il renvoya sur-le-champ le
panier tout entier, avec un étrange petit billet de trois
lignes qui me parut fou, car il exprimait avec énergie le
dédain, la colère et un ressentiment implacable.

« M. de Sauvigny vint mettre le comble à notre étonnement et à notre consternation en nous disant que Rousseau était véritablement furieux, et qu'il protestait qu'il
ne nous reverrait jamais. M. de X..., confondu qu'une
attention si simple pût être aussi criminelle, me dit que
puisque je n'étais point *complice* de son impertinence,
Rousseau, peut-être, en faveur de mon innocence, pourrait consentir à revenir. Nous l'aimions, et nos regrets
étaient sincères.

« J'écrivis donc une assez longue lettre, que j'envoyai
avec *deux bouteilles* présentées de ma part. Rousseau se
laissa toucher, il revint. Il eut beaucoup de grâce avec
moi, mais il fut sec et glacial avec M. de X..., dont
jusqu'alors il avait goûté l'esprit et la conversation; et
M. de X... n'a jamais pu regagner entièrement ses bonnes
grâces. »

On le voit, Jean-Jacques n'acceptait point un service à
la légère. Il ne voulait donner barre sur lui d'aucune
façon, et il préférait rompre toute relation, quelle qu'elle
fût, plutôt que de se trouver, à ses propres yeux, dans un
état d'infériorité. Au cours de toute sa carrière, nous trouvons cet amour de l'indépendance et cette fierté indomp-
table. Ces vertus, d'ailleurs, respirent à chaque page de
ses œuvres. Sa vie, comme ses livres, est une éloquente
école de liberté, de courage et d'énergie.

IX

M. Eymar.

Le comte d'Escherny fut un des visiteurs marquants de Rousseau. Dans un des chapitres qui suivent, je parlerai de lui et de ses relations avec le philosophe, qui méritent une mention toute spéciale.

Lorsque, lassé des tracasseries de la province, Rousseau quitta le Dauphiné, en 1770, pour venir à Paris, il fut, comme nous l'avons dit déjà, assailli de complimenteurs et de visiteurs. Tous les rangs de la société, depuis les princes jusqu'aux pauvres gens du peuple, assiégeaient son modeste logis, rue Plâtrière, et il y avait toujours foule dans le café qu'il fréquentait. Paris entier voulait le voir, l'entendre, lui parler. Il eut beaucoup de peine à se dérober à cette curiosité qui s'attache aux hommes célèbres. Il y parvint, toutefois, dans une certaine mesure.

Mais les admirateurs zélés sont tenaces et ne manquent pas d'astuce; la ruse souvent les conduit à leurs fins. Comme Jean-Jacques s'était remis à copier de la musique, beaucoup de ses fidèles, jeunes gens et jolies marquises, eurent recours à ce moyen pour arriver jusqu'à lui : ils se présentaient avec un rouleau de musique, et faisaient une commande de copie. Il leur en coûtait quelques louis, mais, du moins, ils avaient pu voir leur écrivain préféré, ils avaient entendu sa voix, rencontré son regard... ils étaient contents.

C'est l'aventure qui arriva, en 1774, à un jeune homme de bonne famille, aimant les lettres, M. Eymar, de Marseille, lequel, fanatisé par l'*Emile*, vint à Paris tout exprès afin de voir Rousseau, et employa l'artifice que nous venons de signaler.

D'ailleurs, il a raconté lui-même le fait, et nous a laissé

ainsi un document de plus à ajouter à ceux que nous avons déjà remis en lumière.

Donc, fort ému, mais affectant toutefois le calme, il présente à Jean-Jacques une partition de musique à copier; celui-ci accepte.

« — Votre nom, s'il vous plaît? dit Rousseau.

« — Eymar.

« — Par un *a*? Veuillez me le dicter lettre à lettre.

« Je le fis.

« — Quel jour tenons-nous?

« — Le 2 mai, je crois.

« — Ce sera donc pour le 17.

« Ici finit notre dialogue et ma première visite. En me retirant, je fus accompagné poliment jusqu'à l'escalier, non par Mme Rousseau, mais par Rousseau lui-même, que je voulus inutilement en dispenser.

« En descendant de chez lui, j'échappai à une petite aventure galante que je dois aussi rappeler. Dans la même maison, au troisième étage, logeait une fille du monde, assez jolie. Je l'avais rencontrée et saluée en montant, mais elle ne m'avait point arrêté; il n'en fut pas de même au retour.

« Je la trouvai en sentinelle sur la porte de sa chambre, où elle m'engagea à entrer avec ce souris et ces gracieuses prévenances dont les demoiselles de cet ordre savent assaisonner de pareilles invitations.

« — Vous prenez mal votre temps, lui dis-je, Mademoiselle; ce n'est pas au moment que l'âme vient de se pénétrer de l'air pur de la philosophie qu'elle est disposée à respirer celui de la volupté.

« Maintenant, je dois revenir à l'appartement de Rousseau, et rendre compte à mon lecteur des divers objets dont mon attention y fut frappée. Je n'aurai pas de peine à lui persuader que le ton d'aisance et de liberté sur le-

quel je m'étais monté n'était qu'apparent; je m'efforçais de
déguiser le trouble de mon âme, et mon embarras n'aurait
échappé à aucun observateur.

« Ce trouble faillit un instant me trahir lorsque je vins
à songer que, là, dans ce même appartement, je me trouvais tête à tête avec le premier génie du siècle, je pouvais
contempler, librement et de mes propres yeux, l'immortel
auteur de la *Julie*, de l'*Emile* et de tant d'ouvrages dont
la lecture m'avait si souvent transporté.

« Et maintenant encore, quand je me rappelle cet état
d'agitation intérieure, j'ai peine à concevoir que j'aie pu
soutenir, pendant un quart d'heure, l'obligation d'avoir
tout ensemble à parler, à répondre, à écouter et à repaître
mes regards de tant d'objets pour moi si nouveaux et si
intéressants.

« Le premier dont je m'occupai fut la personne du philosophe. Je le trouvai dans son négligé, vêtu d'une manière simple, mais propre. Il portait une robe de chambre
d'indienne bleue et un bonnet de coton. Sa physionomie
me parut ressembler très peu à celle que lui donnaient
alors ses portraits. Quelle différence pour l'expression et
pour le feu des regards! J'en fus ébloui au premier coup
d'œil qu'il lança sur moi. Sa voix était ferme et sonore;
mais à peine eut-il ouvert la bouche, que je reconnus
l'accent genevois. Du reste, il ne cessa de s'énoncer avec
moi dans les termes de la plus grande politesse... »

Le jeune Eymar, de Marseille, était au comble de ses
vœux; il avait accès dans la place. Il s'applaudissait de
son stratagème, et comptait bien le prolonger le plus qu'il
pourrait. Pendant la quinzaine que lui avait assignée
Rousseau, il relut ses œuvres, s'en assimila la flamme, en
respira le parfum troublant et surchauffa encore son
admiration.

« Le 17 de mai arrive enfin », écrit-il, « et je me rends chez

Rousseau à dix heures précises. Ma musique était copiée ;
il me la remit, en y joignant une petite note au crayon où
était marquée la somme de *neuf livres dix sous*, prix de la
copie, à raison de dix sous la page. Je la payai sur-le-
champ, et non sans être étonné des excuses qu'il me fit
sur la cherté de ce prix et sur l'impossibilité où il était
d'établir à moins son travail, attendu, me dit-il, qu'il lui
coûtait beaucoup de temps et que, se piquant d'y mettre la
plus grande exactitude, il était obligé d'avoir sans cesse le
grattoir à la main pour corriger ses fautes ; nécessité que
n'éprouvaient pas d'autres copistes moins distraits et plus
expéditifs que lui, ce qui les mettait dans le cas de se faire
payer moins chèrement.

« Ma musique retirée et payée, j'en sortis une autre de
ma poche, avec prière de me la copier encore. Il l'accepta
sans objection, après l'avoir légèrement examinée, et je
fus agréablement surpris de n'être renvoyé qu'à la huitaine. »

Le manège dura plus d'un mois. M. Eymar avait fini
par entrer dans l'intimité de Jean-Jacques, qui évidemment n'était pas dupe de sa ruse, mais qui, sans doute,
trouvait quelque charme dans les manifestations de son
âme juvénile. Il craignit d'abuser cependant de la complaisance du philosophe et, après une cinquième visite, il
résolut d'agir par une voie moins détournée.

« Cette visite », dit-il, « me semblait comme la fin d'un
beau rêve, et je m'en attristais. Ayant sagement renoncé
à l'expédient de la musique, je voyais à regret s'éloigner
la possibilité de me présenter encore chez Rousseau... Je
formai le projet de noter chez moi quelques passages du
Contrat social et de l'*Emile*, deux ouvrages que j'avais
assez bien étudiés ; et, ces livres à la main, d'aller un beau
matin chez l'auteur lui demander, sur les passages notés,
l'explication que j'aurais jugée, ou feint de juger, nécessaire.

« Mon dessein était de continuer plusieurs fois de même, pour peu que j'y fusse encouragé. L'idée m'en venait un peu tard, mais elle était heureuse; j'établissais pour moi une école permanente d'instruction, et je formais un lien commun entre le disciple et le maître. Que n'a-t-elle eu son exécution! »

M. Eymar fut obligé subitement de regagner Marseille, et ainsi finirent ses intéressantes visites, et s'envolèrent ses projets et ses espérances; il ne cessa de regretter ce contretemps, et quarante ans après, lorsqu'il écrivait les souvenirs de sa jeunesse, il n'était pas consolé d'avoir été ainsi brusquement séparé du grand homme.

X

LE COMTE CHARLES DE ZINZENDORFF.

Rousseau avait, de son vivant, de nombreux admirateurs, des disciples même en Allemagne et en Autriche. Ces pays, d'ailleurs, l'ont toujours compris et aimé. Kant, Herder, Gœthe, Schiller, Jacobi, combien d'autres au delà du Rhin! l'ont exalté en termes qui nous émeuvent, car ils partent du cœur et sont d'une admirable sincérité.

Au nombre des Allemands fervents qui lui rendirent visite, nous tenons à mentionner le comte Charles de Zinzendorff, ministre d'Etat, gouverneur de Trieste, président de la Cour suprême des Comptes, qui, en 1764, faisant un voyage en Suisse, tint à honneur de venir saluer le citoyen de Genève. C'était un homme d'un caractère aussi noble qu'aimable, un penseur exempt de préjugés, et qui, notamment, en matière d'économie politique, avait des idées très avancées pour son temps.

Le récit qui va suivre est emprunté au Journal intime que Zinzendorff a laissé, et qui, rédigé en français, fait partie des Archives d'Etat secrètes de la Cour de Vienne. Nous laissons la parole à l'illustre voyageur.

« Zinzendorff avait obtenu du pasteur Petitpierre, à
Zurich, une lettre pour Rousseau, qui habitait alors ordinairement Mòtiers-Travers, dans la principauté de Neufchâtel. Le 7 septembre (1764), de bonne heure, il arrivait
à Brot, où son cocher voulut s'arrêter pour donner à
manger aux chevaux dans l'auberge du lieu. Pendant ce
temps, Zinzendorff se rendit dans une des chambres de
l'auberge pour y déjeuner; il voulut en profiter pour demander à son hôte des renseignements plus détaillés sur
le but de son voyage, mais arrivé à l'entrée du vestibule,
il aperçut auprès d'un feu de cheminée un homme qui
y était assis.

« Ce personnage au teint brunâtre, au regard plein de
vivacité et d'expression, vêtu d'un ample caftan, chaussé
de souliers sans boucles et portant des bas blancs, avec
une femme assise à ses côtés, lui parut aussitôt être celui
qu'il venait chercher; il s'approcha alors de lui, la lettre
de M. Petitpierre à la main, et lui demanda si l'adresse
qu'elle portait ne serait peut-être pas la sienne. Rousseau
fit signe que oui, et se mit aussitôt à la lire; en même
temps, Mlle Levasseur, car c'était elle qui accompagnait
Rousseau, céda la place au comte.

« Rousseau commença par exprimer à ce dernier son
intention de le conduire à Mòtiers, dans sa demeure, dans
le cas où il pourrait s'arrêter quelques heures et où il ne
craindrait pas le chemin pierreux par lequel on y arrivait.
Le comte accepta avec joie l'invitation qui lui était faite,
en y mettant toutefois pour condition qu'après la promenade, Rousseau partagerait avec lui le dîner à Brot; Rousseau consentit et se rendit avec Zinzendorff dans la chambre
de ce dernier.

« Une fois en route pour se rendre à Mòtiers, entre
autres questions qu'il adressa à son compagnon de route,
il lui demanda s'il était un parent du fondateur de Herrn-
hut; il se montra très satisfait des renseignements que

Zinzendorff lui donna sur les frères moraves, ainsi que sur leurs doctrines, et lui exprima aussi son regret de ne pas leur avoir rendu toute justice dans ses écrits. Bientôt, ils arrivèrent à un endroit où, dans le vallon appelé le Champ-du-Moulin, la maison de Rousseau s'offrit à leurs regards.

« Tout à l'entour s'élèvent des collines boisées de la plus belle formation ; dans le fond se dresse une paroi de rocher creusée de la manière la plus singulière, et à laquelle on a donné le nom de Creux-du-Vent, parce qu'il s'y trouve une ouverture d'où s'élève à toute heure un tourbillon de vent. Rousseau exprima son mécontentement de ce que Zinzendorff ne fût pas dans le ravissement en présence d'un site aussi magnifique, et il prétendit qu'il manquait d'enthousiasme.

« Leur chemin les conduisant devant un moulin à poudre dont Zinzendorff se fit expliquer le mécanisme, Rousseau en profita, non sans motif, pour décrire la pauvreté des ouvriers qui y étaient employés ; il parla des gains modiques de leur profession, si disproportionnés avec les dangers continuels auxquels leur vie est exposée, ce qui engagea le comte à leur accorder une riche gratification.

« Arrivés dans la maison même, Rousseau en fit voir à son hôte tout l'intérieur, et reprit avec lui sa conversation interrompue. La *Nouvelle Héloïse* est, dit-il, l'histoire de de sa propre vie ; il est réjoui d'apprendre que déjà plusieurs personnes, parmi lesquelles le prince Louis de Wurtemberg, font élever leurs enfants d'après les principes de son *Émile* ; il n'y a qu'un seul homme pour lequel il éprouve de la haine, c'est Voltaire, qui est la cause de toutes les persécutions que Rousseau a souffertes jusqu'à son expulsion de la France. Voltaire tolère tout, excepté la foi en Dieu ; les souverains de la Russie sont jugés par lui avec une partialité extrême : Pierre le Grand n'est pas

un homme d'une grandeur colossale, tel que Voltaire se
plaît à nous le représenter; il n'a été qu'un grand imitateur qui a su recouvrir d'un vernis la barbarie de son
peuple, et voilà tout.

« Zinzendorff, de son côté, lui raconta l'histoire de sa vie
et de sa conversion à la religion catholique, démarche à
laquelle Rousseau se montra très sympathique et parut
donner son adhésion, la religion des catholiques étant, en
tout cas, plus conséquente, à son avis, que celle des pro-
testants. Quant aux chaleureuses prévenances du comte,
qui ne pouvait assez lui témoigner d'admiration, il fit,
avec le sentiment d'une légère ironie, la remarque que lui
aussi avait un besoin pressant d'amitié, mais qu'il craignait, ainsi que le pensait Helvétius, que ce besoin ne fût
que l'effet de la sensation, et que l'amitié n'appartînt à ces
chimères dont on revient avec l'âge.

« Il dit encore que ce qu'il avait prêché au genre humain, c'était de travailler à devenir aussi heureux que
possible, et que c'était précisément à cause de cela qu'on
le persécutait, le récompensant ainsi par la haine de son
tendre amour pour ses frères.

« Cependant, l'heure du dîner approchait, et Rousseau
reconduisit son visiteur à Brot par un autre chemin plus
escarpé. De temps en temps, ils se trouvaient en face de
rochers qu'il fallait gravir, et Rousseau témoignait tout le
plaisir que cela lui faisait lorsque Zinzendorff était parvenu à franchir heureusement quelque mauvais pas.
Lorsqu'ils furent arrivés à un point de la route où la
pente devenait plus douce, la conversation recommença
de nouveau, et ainsi que le comte y était conduit par son
genre de vocation, on parla commerce, agriculture,
finances, ainsi que de la situation de la France. « On n'y
« changera rien, on n'y améliorera rien », disait Rousseau,
« et l'on laissera plutôt l'État marcher à sa ruine... »

« Dans le cours de la conversation, il développa les

raisons pour lesquelles, dans les campagnes, les riches
sont opposés au partage des biens communaux, et il montra la différence qu'il y a entre un Etat aristocratique et
un gouvernement démocratique, faisant voir que, sous
cette dernière forme, le peuple possède le droit d'élire,
comme par exemple à Genève, tandis qu'avec la première,
le peuple est aussi privé de ce droit, ainsi que c'est le cas
à Venise.

« Enfin, nos promeneurs arrivèrent à Brot, où les attendait Mlle Levasseur, en même temps qu'un bon dîner.
Celle-ci parla beaucoup, et parfois d'une manière assez
inconvenante. Rousseau lui laissa longtemps la parole ;
cependant, lorsque la conversation vint à tomber sur
Grandisson, il exprima l'idée qu'un caractère tel que le sien
ne se retrouvait plus ; la perfection morale est incompatible
avec une amabilité parfaite, et l'on ne peut être parfait
et vertueux, et être en même temps recherché des dames.

« Après le dîner, arriva un officier de la garnison de
Besançon, chevalier de Saint-Louis, qui avait attendu plusieurs heures pour voir Rousseau ; il combla ce dernier
d'éloges en l'assurant qu'il était devenu meilleur par la
lecture de ses ouvrages, et continuant longtemps sur le
même ton, il finit par demander à Rousseau pourquoi il
n'avait rien écrit contre le cumul des prébendes ecclésias-
tiques. Mais Rousseau parut demeurer indifférent à cet
entretien, n'ayant pas l'air de donner son adhésion à ce
qu'il entendait, et ne fit entre autres aucune réponse à la
dernière question.

« La lecture, à ce qu'il prétendait, ne fait en général
que peu de bien, et ce n'est qu'exceptionnellement, lorsqu'on fait un certain choix et qu'on y met de l'ordre et de
la mesure, qu'elle peut agir d'une manière plus favorable.
« Vous désiriez me voir », lui dit-il encore, « mais je suis
« fâché de n'avoir pas un meilleur personnage à vous pré-
« senter ; je ne suis rien de plus qu'un brave homme. »

Cette dernière parole était son mot de prédilection, qu'il répétait souvent.

« Quand l'officier fut parti, Rousseau se tournant de nouveau vers Zinzendorff, lui dit que ce qui lui plaisait le plus en lui, c'était son absence de suffisance, et que son maintien embarrassé était ce qui l'avait le plus attaché à sa personne. « J'aurais aimé », ajouta-t-il en souriant, « que « vous n'eussiez pas été porteur d'une lettre pour moi, et « j'aurais été alors curieux de voir comment vous vous y « seriez pris pour m'aborder. »

« Rousseau conduisit ensuite Zinzendorff, par forme de promenade d'après-midi, sur le chemin de la Cluzette. Arrivés sur une hauteur, où la route est taillée dans les rochers, et où l'Areuse coule à une grande profondeur à ses pieds, Rousseau s'arrêta et invita son hôte à ramasser avec lui des pierres et à les jeter par-dessus le précipice dans la rivière, trouvant intéressant de voir les bonds qu'elles faisaient dans leur chute. Longtemps ils s'amusèrent ensemble à ce jeu, et Rousseau ne l'interrompit pas, lors même que plusieurs spectateurs se rassemblèrent autour d'eux pour les regarder.

« Enfin, il se fit tard, et Rousseau fut d'avis qu'il était temps de revenir à Brot, qu'il avait encore le chemin du Champ-du-Moulin à faire, et que Zinzendorff serait sans doute aussi bien aise de continuer son voyage. Depuis Brot, le comte accompagna encore Rousseau un bout de chemin du côté de Môtiers, et ils prirent congé l'un de l'autre en rase campagne.

« Le jeune Allemand paraît avoir laissé de lui une impression agréable, car, à Lyon déjà, il trouva, conçue dans les termes les plus affectueux, une lettre du grand philosophe, du reste si célèbre par sa misanthropie. »

Rousseau était, ce jour-là, d'humeur affable, bien que sous le coup des persécutions de Paris et de Genève, des

décrets de prise de corps lancés contre sa personne, de la
censure visant ses ouvrages immortels, brûlés par l'ignoble
main du bourreau.

Devant un beau site, devant la verdure riante, l'ensemble harmonieux des vallons, des prairies, des montagnes et des bois, il oubliait vite l'injustice des hommes
et les vaines agitations des sociétés; l'ami de la nature
aussitôt l'emportait en lui sur le réformateur et le polé-
miste irrité, et il ouvrait son cœur avec délices.

Quelle âme sensible n'a passé par ces contrastes d'émotions! Dans le bruit des villes, au milieu des foules
inquiètes, devant les passions déchaînées, les prétentions
des sots, les intrigues des fripons, la vanité universelle,
le sage se sent mal à l'aise et s'attriste. Avide de simplicité et d'air pur, il lui tarde de fuir vers des rives paisibles,
de reposer ses yeux et son intelligence en face des paysages
silencieux, des vastes étendues, des lointains horizons,
illuminés de soleil, de poésie et de fraîcheurs divines...

Oh! alors, il renaît à la douceur de vivre, tout se colore
pour lui d'une magie fortunée, et son accueil redevient
naturellement empreint de sympathie, de souriant intérêt
et d'amitié.

XI

J. DUSSAULX.

Le dernier document que nous voulons faire sortir de
l'ombre émane de J. Dussaulx, savant et lettré, qui eut
avec Jean-Jacques des rapports de fervente amitié, et a
laissé des notes très intéressantes et très utiles à consulter. Dans la suite, il devint membre de la Convention
et du Conseil des Anciens.

Après avoir été dans les meilleurs termes avec Rousseau, il eut le tort de se froisser de ses manies de persécution, et s'éloigna de lui; il resta néanmoins son disciple.

Nous n'avons pas à réveiller cette querelle et à dire qui
eut raison davantage: ce sont là des faiblesses humaines
que nous ne connaissons que trop, et il n'y a pas lieu d'en
refaire l'historique. Nous ne voulons retenir des notes de
Dussaulx que ce qui nous paraît convenir au relief d'un
écrivain supérieur, d'un esprit d'élite, et par là au prestige
de la pensée en général et au triomphe de l'intelligence.

C'est en 1770 que Dussaulx témoigna à Jean-Jacques,
revenu à Paris, son admiration sincère et fut admis dans
son intimité. La première entrevue n'eut rien d'encoura-
geant. Écoutons Dussaulx :

« Je tirai silencieusement de ma poche, tandis qu'il
lisait le billet de recommandation (de Duclos), un livre
que je venais de publier, et le priai, en tremblant, de vouloir bien l'agréer, non comme un présent, mais comme le
seul tribut que j'osasse lui offrir. Il le reçut froidement,
et de manière à me faire juger qu'il était aussi fatigué de
livres que d'auteurs. « Rien d'étonnant », me disais-je;
« aujourd'hui, les pavés en fourmillent. » Au lieu donc
de m'en formaliser, je lui parlai de ses ouvrages; et cela,
avec plus de sentiment que d'éloge. Rien ne prit. Il me
répondit sèchement :

« — Je ne m'applaudis que d'une chose, Monsieur, c'est
d'avoir commencé tard à écrire, et d'avoir fini de bonne
heure! »

« Cependant, il me lançait des regards perçants et inquiets, comme s'il eût cherché à me reconnaître... moi
qu'il n'avait jamais vu, et dont peut-être il n'avait jamais
entendu parler. Ma situation était pénible. La parole expi-
rait sur mes lèvres; la conversation tombait à chaque
instant, et je ne savais comment m'y prendre pour la
relever. Je me sauvai... Le cœur me manqua au bas de
l'escalier et les sanglots me gagnèrent; je baisai religieu-
sement sa porte. »

Malgré ces débuts réfrigérants, Jean-Jacques et Dussaulx devinrent bons amis, et connurent la joie de l'expansion du cœur et des confidences sincères.

« J'ai dit qu'il avait de bons moments : il en avait de célestes, rares sans doute; mais enfin il en avait. C'est alors qu'il se repliait avec complaisance sur tout ce qui l'avait agréablement affecté dans le cours de sa vie antérieure.

« — Mon Dieu! que j'étais heureux, s'écriait-il, lorsque, durant mes beaux jours, l'amour, la raison, la vertu prenaient sous ma plume leurs plus doux, leurs plus énergiques accents; lorsque je m'enivrais à torrents des plus délicieux sentiments qui jamais soient entrés dans un cœur d'homme; lorsque je planais dans l'empyrée au milieu des objets charmants et presque évangéliques dont je m'étais entouré! Hélas! ces heureux jours sont passés; mais le souvenir m'en reste.

« Il ne s'agissait quelquefois que d'une bagatelle, d'un site original ou bizarre, d'un arbuste naissant, ou de la rencontre fortuite d'un enfant à la mamelle, et qui lui avait souri dans les bras de sa nourrice, tant il avait la tête et le cœur imbibés de toutes les images, de tous les sentiments que la nature n'accorde qu'à ses favoris, ne prodigue qu'à ceux qui sont vraiment dignes de la sentir et de la peindre!

« — Deux hirondelles, me disait-il un jour, avec la naïveté d'un enfant et le tact d'un philosophe, avaient usurpé chez moi l'hospitalité. Déjà le nid était fait dans la chambre où je couchais. On couvait les œufs, en me regardant avec confiance; et je puis dire aussi que je les couvais des yeux, tant cet innocent ménage m'intéressait! Que de soins cependant, que de sollicitudes! Je n'étais plus en quelque sorte que le portier du vasistas, qu'il fallait ouvrir à chaque instant, sinon l'impatience s'en mêlait. On voltigeait de grand matin autour de ma tête, d'une aile frémissante, jusqu'à ce que j'eusse rempli les devoirs de la tacite convention de ces hirondelles avec moi.

« Il donnait à tous ces riens tant de couleur et de vie, qu'il les rendait parlants : c'est que les riens et les rêves de Jean-Jacques, en passant par son imagination, devenaient des choses réelles. »

Dussaulx assista à une des lectures des *Confessions* que Rousseau fit à Paris pendant l'hiver de 1770-1771. Nous donnons son récit dans le chapitre suivant.

Nous n'en avons pas fini avec Dussaulx. Quelques jours après cette lecture des *Confessions*, il fut invité à dîner chez le philosophe. C'était au commencement d'avril 1771. Il n'eut garde de refuser; il faut l'entendre :

« Souper chez Jean-Jacques! Concevez-vous quelle fut ma joie? Il avait pris la précaution de faire demander chez moi une bouteille d'un vin qui lui plaisait, et parce qu'il ne voulait pas me condamner à boire du sien : un frère jumeau n'en aurait pas usé avec plus de confiance et d'affection...

« Je vis faire avec aisance, et même avec gaieté, les préparatifs de ce souper, dont il me souviendra longtemps. Mme Rousseau apporte auprès du feu une perdrix contenue dans un demi-cylindre de fer-blanc. Ensuite, elle met le couvert. Pendant ce temps-là, l'auteur d'*Emile*, nouveau Curius, tourne la broche qui traversait le cylindre.

« — Notre hôte, me dit-il, vous contenterez-vous de regarder? Allons, pour gagner votre souper, tournez à votre tour!

« Je me croyais au temps d'Homère ou des anciens patriarches. Ces préliminaires, vraiment touchants par le mérite et l'indigence volontaire d'un si grand personnage, car il refusait ce qui lui était dû, même de la part de ses

18

libraires, m'émurent jusqu'aux larmes. Je les retins par
pudeur et par égard...

« On avait servi, c'est-à-dire que sa femme venait de
mettre sur la table quelques plats, dans lesquels on se mi-
rait. Le repas était frugal; mais le goût, la propreté
l'assaisonnaient, et même il y avait des friandises...

« La confiance qui m'est naturelle, les prévenances
dont il m'avait comblé, et la joie d'être assis à ce banquet,
qui me semblait de toute autre importance que celui des
sept Sages, me délivrèrent de toute sorte de 'gène... Mon
sang s'alluma, mon cœur tressaillit. Tout ce que j'avais
ressenti pour Jean-Jacques, soit en lisant ses écrits, soit
en l'écoutant lui-même, se réunit en un point qui devint
le foyer et le centre de mes discours.

« Je ne l'entretins d'abord que de ce qui avait rapport à
lui, sans suite, sans précautions; je n'étais qu'un convive
satisfait, et rien de plus. Que vous dirai-je? Je le traitais
comme un ancien ami qu'on n'a point vu depuis longtemps, et dont on voudrait apprendre l'histoire en un
quart d'heure. »

Dussaulx voulut, à son tour, inviter Jean-Jacques, qui,
après quelques hésitations, finit par accepter. Mais avant
ce dîner, les deux amis rendirent de compagnie une visite
à Piron. Elle mérite d'être rappelée.

« C'était précisément », dit Dussaulx, « la fête d'Alexis
Piron. Dès le point du jour, les vers, les fleurs avaient
commencé à pleuvoir chez lui. Nous y arrivâmes trois
heures après son repas; c'était le bon moment, celui des
saillies et de l'imagination. Quoi qu'en ait dit Voltaire,
Piron ne dormait pas toujours. Il faisait, ce jour-là, les
délices d'un cercle de personnes choisies et qui, malgré
lui, l'avaient couronné de roses, de myrtes et de lauriers.
Je crois le voir et l'entendre : c'était Anacréon, c'était
encore Pindare.

« Piron, qui s'abandonnait alors, au sein de l'amitié, à
des transports charmants, ne pouvait pas savoir que nous
fussions si près de lui, parce qu'il avait la vue très courte.

« — Mon oncle! s'écria sa nièce hors d'haleine, le voilà!

« — Qui donc? Est-ce Jean-Jacques?

« — Oui, c'est M. Jean-Jacques Rousseau; c'est lui-
même!

« A ces mots, qui le font bondir sur son siège, il
cherche, en tâtonnant, la main de Jean-Jacques, la saisit,
entr'ouvre sa robe de chambre, la glisse sur son cœur, et,
d'une voix de stentor, entonne le *Nunc dimittis servum
tuum, Domine*.

« Retenant toujours dans la même place, sur son cœur
palpitant, la main de celui qu'il estimait être le plus éloquent de son siècle :

« — Je ne mourrai donc pas, mon cher Rousseau, sans
que mes vœux soient exaucés! « Le voilà! » m'a dit
Nanette; j'ai pressenti que c'était vous!

« Puis il l'embrasse, puis il l'étreint de toutes ses forces...

« — Oh! la bonne tête! Oh! le bon cœur! Et cependant, des barbares ont brûlé son *Emile*... Tant mieux! Le
parfum d'un pareil holocauste a dû réjouir les anges. Mais
comment vous a-t-il pris fantaisie de venir chez moi? Car
il s'en faut bien, m'a-t-on dit, que vous alliez partout.
Serait-ce pour y faire contraster la sagesse avec la folie?
A propos, m'avez-vous pardonné certaines épigrammes
que je me reproche aujourd'hui? Ce sont les fruits d'une
verve libertine, et qui m'emporte malgré moi lorsque,
dans la joie de mon âme, j'ai sablé quelques verres de la
liqueur exprimée sur les coteaux de mon pays natal.

« — Je fais plus, dit Rousseau, j'en attends d'autres.
Allez, joyeux nourrisson de Bacchus, enfant gâté des
Muses, soyez toujours le même, soyez toujours Piron;
vous êtes né malin et n'avez jamais été méchant.

« Dès lors, tout ce qu'on peut imaginer de plaisant, d'ingénieux et d'énergique, Piron, qui comptait déjà seize lustres accomplis, le prodigua pendant une heure sans s'arrêter. Jean-Jacques n'en revenait pas; son génie en était étonné. »

C'est au lendemain de cette visite qu'eut lieu, chez Dussaulx, un dîner littéraire en l'honneur de Jean-Jacques, fête véritable pour les convives qui y assistèrent. Laissons la parole à l'amphitryon :

« On s'était rassemblé de bonne heure; Rousseau ne se fit pas trop attendre. A quelques nuages près, mon Dieu! qu'il fut aimable ce jour-là! Tantôt enjoué, tantôt sublime. Avant le dîner, il nous raconta quelques-unes des plus innocentes anecdotes consignées dans ses *Confessions*. Plusieurs d'entre nous les connaissaient déjà; mais il sut leur donner une physionomie nouvelle et plus de mouvement encore que dans son livre.

« J'ose dire qu'il ne se connaissait pas lui-même, lorsqu'il prétendait que la nature lui avait refusé le talent de la parole. La solitude, sans doute, avait concentré ce talent en lui-même; mais, dans ses moments d'abandon et lorsque rien ne l'offusquait, il débordait comme un torrent impétueux à qui rien ne résiste. S'il se fût exercé dans l'art oratoire, s'il eût abordé une tribune vraiment nationale, qui sait jusqu'où cette âme de feu, pourvue de tant de moyens dans tous les genres, aurait porté l'éloquence française?

« Il fut question de nos plus grands écrivains. Abstraction faite de ses opinions particulières, il les caractérisa tous avec justesse, précision, surtout avec une impartialité dont nous fûmes ravis; et il semblait, par là, nous avertir que leur gloire ne portait aucun préjudice à la sienne.

« Quoique, dans la *Profession de foi du Vicaire savoyard*, il eût, en ces termes, apostrophé Montaigne : « O toi, qui

« te piques de franchise et de vérité, sois sincère et vrai
« si un philosophe peut l'être, etc. », cela ne l'empêcha pas
de nous dire :

« — Ce premier philosophe français fut notre maître
à tous; sans lui, peut-être, nous n'aurions jamais eu ni
Bayle, ni Montesquieu. Quel homme, ajouta-t-il, que ce
Michel Montaigne! Outre la naïveté, la grâce et l'énergie
de son style inimitable, il avait des vues longues et,
comme il l'a dit, l'esprit *prime-sautier*.

« Quand il en fut à Voltaire, qui l'avait si indignement
outragé, au lieu de récriminations, il se plut à rendre justice entière à sa fécondité inépuisable, à la diversité de ses
talents; et, de son caractère, il n'en dit que ces mots
remarquables :

« — Je ne sache point d'homme sur la terre dont les premiers mouvements aient été plus beaux que les siens. »

Ce sont des entretiens comme ceux-là qui attestent la
supériorité des lettres. Ils ouvrent à l'esprit de larges horizons, le portent, le lancent aux jouissances sublimes de la
méditation philosophique et lui donnent l'idée de la vraie
gloire. Dussaulx poursuit :

« On fit remarquer à Rousseau sur mes tablettes tous ses
livres exposés sur le même rayon. Il s'émeut à cet aspect.

« — Ah! les voilà, s'écria-t-il, je les rencontre partout,
il semble qu'ils me poursuivent. Que ces gens-là m'ont fait
de mal... et de plaisir!

« Il s'en approche; il les frappe, ou les caresse l'un après
l'autre; son *Emile* fut le plus maltraité, en père néanmoins.

« — Que de veilles! Que de tourments il m'a coûtés!
Et pourquoi? Pour m'exposer aux fureurs de l'envie et de
mes persécuteurs. Cet enfant, opprimé dès sa naissance,
ne m'a jamais souri; j'ignore quel chemin il a fait dans le
monde... Mon *Héloïse*, du moins, m'a fait passer de bons
moments, quoique je ne l'aie pas non plus engendrée sans

douleur, et qu'on l'ait insultée. Quant à mon *Contrat social*, ceux qui se vantent de l'entendre tout entier sont plus habiles que moi. C'est un livre à refaire; mais je n'en ai plus la force ni le temps...

« Ce jugement, trop rigoureux, loin de diminuer le mérite des grandes conceptions consignées dans cet ouvrage, le fait mieux sentir que si l'auteur lui-même s'en était félicité.

« Saisissant sa *Lettre à d'Alembert* concernant les spectacles :

« — Voici mon livre favori, voici mon Benjamin! C'est que je l'ai produit sans effort, du premier jet et dans les moments les plus lucides de ma vie. On a beau faire, on ne me ravira jamais, à cet égard, la gloire d'avoir fait une œuvre d'homme.

« — Et la *Lettre à l'Archevêque*, vous n'en dites rien? Le titre seul en aurait fait la fortune. On peut se rappeler qu'il l'avait modestement intitulée : *Jean-Jacques Rousseau à Christophe de Beaumont*.

« — Permettez-moi, nous dit-il, de revenir sur mon *Émile*. C'est surtout en composant ce livre abstrait et de si longue haleine que j'ai appris quel est le pouvoir d'une volonté ferme et constante. Vingt fois je l'ai abandonné, vingt fois je l'ai repris avec une nouvelle ardeur!... L'homme, ajouta-t-il, vient à bout de tout; il ne s'agit que de vouloir. »

Dussaulx termine par ces mots : « Pendant ce long dîner, qui me parut si court, nous crûmes entendre tantôt Platon, tantôt Lucrèce. »

. . . .

XII

Que conclure de ces récits, de ces citations, de ces souvenirs de quelques contemporains de Rousseau? Quelle impression se dégage de ces documents, presque inconnus, que nous avons réunis, groupés, et qui s'éclairent et se consolident l'un par l'autre ?

Ils établissent la puissance fascinatrice du philosophe de Genève, la séduction de son langage et de sa personne, la noblesse de sa pensée, la grandeur de son génie. Il était dans le commerce de la vie ce qu'il se montre dans ses écrits, bon, simple, sans envie, entraînant, dialecticien redoutable, poète charmant, moraliste affable, toujours tolérant, toujours juste, toujours persuasif, souvent sublime.

Aussi, on ne pouvait lui résister, on s'attachait à lui, on voulait sans cesse le revoir et l'entendre ; et quand il n'était plus là, il laissait, comme l'a dit le prince de Ligne, « le même vide qu'on sent à son réveil, après avoir fait un beau rêve ».

En parcourant les témoignages que nous venons de rapporter, on s'explique l'ascendant de cet homme extraordinaire, l'empire qu'il exerça sur les cœurs et les intelligences, non seulement des gens de lettres, mais aussi des gens de Cour, des femmes aussi bien que des hommes, des grands comme des petits, des puissants comme des faibles, de l'aristocratie comme du peuple, et l'on comprend le mouvement tumultueux d'idées, pareil à celui d'un grand fleuve, que son action détermina pour une large part, et qui s'appelle la Révolution.

O Jean-Jacques! te croyais-tu destiné à une pareille gloire? Tu sembles avoir deviné ton éternelle survivance et ton prestige à travers les générations et les âges, et c'est pourquoi, sans doute, tu mourus avec tant de sérénité, en saluant la verdure, le soleil et les fleurs!

Mme Boy de La Tour, amie de J.-J. Rousseau.

Portrait inédit, d'après une peinture à l'huile.
Collection de M. Maurice Boy de La Tour, de Neuchâtel.

CHAPITRE IX

JEAN-JACQUES ROUSSEAU LISANT
SES « CONFESSIONS »

Après un séjour de vingt mois dans le Dauphiné, Jean-Jacques Rousseau, âgé de cinquante-huit ans, revint à Paris à la fin de juin 1770 : il l'avait quitté en 1756. A ce retour, il était à l'apogée de sa gloire. Ses livres étaient lus, dévorés par toutes les classes de la société, et les idées nouvelles qu'ils renfermaient agitaient les esprits et les cœurs, et déterminaient un mouvement réformateur inconnu jusque-là.

Aussi, sa présence dans la grande ville excita une curiosité extraordinaire. Chacun voulait voir le penseur illustre, l'entendre, lui parler, lui serrer la main, lui témoigner son admiration.

Mentionnant cette rentrée, Bachaumont écrit à la date du 1ᵉʳ juillet :

« Jean-Jacques Rousseau s'est présenté, il y a quelques jours, au café de la Régence, où il s'est bientôt attroupé un monde considérable. Il n'a pas paru effarouché de la multitude des spectateurs, et a mis beaucoup d'aménité dans sa conversation. Il n'est plus habillé en Arménien ;

il est vêtu comme tout le monde, proprement, mais simplement. »

Le but du philosophe, en rentrant à Paris, était de découvrir la conspiration qu'il croyait ourdie contre lui,
d'arracher leur masque à ses ennemis, qu'il englobait sous
la dénomination de « coterie holbachique », et de défendre
énergiquement son honneur et sa mémoire. Son ouvrage
fameux, les *Confessions,* était achevé, il y mettait la dernière main. Ne voulant pas le faire imprimer de son vivant,
il désirait du moins le faire connaître à quelques intimes
et dans certaines sociétés, de façon à ce que l'opinion fût
instruite et saisie de sa défense.

Le bruit qu'il avait terminé ce livre s'était répandu rapidement, et, dans la société éclairée, c'était à qui aurait
connaissance du manuscrit. De grands personnages, des
femmes de la Cour et du monde, des princes, des rois
même s'en inquiétèrent. Les uns, alarmés, voulaient savoir comment ils étaient traités dans ces pages ; les autres
s'en préoccupaient par intérêt pour Jean-Jacques ; le plus
grand nombre était poussé par la curiosité. Le roi de Suède
obtint communication du précieux travail, mais ce ne fut
pas sans peine, et il fallut l'intervention pressante de
Rulhière.

Parmi les personnes qui eurent le manuscrit, ou une
partie du manuscrit entre leurs mains, il faut citer encore
Mᵐᵉ de Nadaillac, abbesse de Gomerfontaine, près Trye-
Château (Oise). En effet, le 20 septembre 1770, Rousseau
lui écrivait, en la priant de lui faire parvenir « par une
voie sûre le cahier des *Confessions* dont », dit-il, « vous
avez bien voulu être le dépositaire et que j'ai besoin de
revoir en ce moment ».

Quand l'ouvrage fut tout à fait au point, le grand écrivain songea à mettre son plan à exécution, à en donner
quelques lectures. Ces lectures des *Confessions* par l'au-

teur lui-même eurent beaucoup de retentissement, et, sous
ce rapport, le but de Rousseau fut atteint. En elles-mêmes,
d'ailleurs, elles constituent un événement littéraire et philosophique d'une importance et d'un intérêt exception-
nels; aussi, nous tenons à faire connaître ici les documents
qui s'y rapportent et que nous croyons grouper pour la
première fois.

I

Trois lectures des *Confessions* sont connues : elles eurent
lieu pendant l'hiver de 1770 à 1771 et avant la fin d'avril
de cette dernière année.

L'une d'elles fut faite chez le comte d'Egmont, qui y
assista, ainsi que la comtesse sa femme, et que le prince de
Pignatelli, la marquise de Mesme et le marquis de Juigné.
Rousseau consacre à cette lecture les dernières lignes de
son immortel ouvrage. « J'achevai ainsi ma lecture », dit-
il, « et tout le monde se tut. Mme d'Egmont fut la seule qui
me parut émue : elle tressaillit visiblement, mais elle se
remit bien vite et garda le silence, ainsi que toute la compagnie. Tel fut le fruit que je tirai de cette lecture et de
ma déclaration. »

La comtesse d'Egmont, fille du maréchal de Richelieu,
était une femme d'une grande séduction : Mme du Deffand,
dont la plume est si cruelle d'habitude, ne peut s'empêcher de lui rendre hommage. Elle ne perdit rien en mani-
festant son émotion devant Jean-Jacques. Il a suffi d'une
ligne au philosophe pour immortaliser son souvenir.

« Tel fut le fruit que je tirai de cette lecture et de *ma
déclaration*. » Quelle était cette déclaration dont Rousseau
parle ici? C'était une sorte de petit discours préliminaire
qu'il avait préparé et qu'il lut tout d'abord à son aristocratique auditoire. Le texte de ce discours, longtemps
inconnu, a été retrouvé, et nous en devons la découverte

à M. Streickeisen-Moultou. Jean-Jacques expose là les
motifs qui l'ont engagé à faire connaître ses Mémoires :
un curieux passage est celui où il prie les dames présentes
de ne point se scandaliser de certaines pages scabreuses
du récit de son orageuse existence.

Voici cette intéressante déclaration, presque ignorée du
grand public ; à notre avis, elle devrait figurer en tête de
toutes les éditions des *Confessions* :

« Il m'importe que les détails de ma vie soient connus
de quelqu'un qui aime la justice et la vérité, et qui soit
assez jeune pour devoir naturellement me survivre. Après
de longues incertitudes, je me détermine à verser les secrets de mon cœur dans le nombre petit, mais choisi,
d'hommes de bien qui m'écoutent. Je leur ferai mes confessions, je les prie d'en recevoir le dépôt dans leur mémoire, sans autre condition que d'en user durant ma vie
pour vérifier, dans les occasions, ce que je leur aurai dit,
et pour rendre, après ma mort, la justice qu'ils croiront
devoir à ma mémoire, sans faveur et sans partialité.

« J'entrepris, il y a dix ans, d'écrire mes confessions,
dans toute la rigueur du terme. Après avoir poussé l'exécution de cette entreprise assez loin, je me suis vu forcé
d'y renoncer ou du moins de la suspendre ; mais ce qui
est fait suffit pour qu'on puisse porter un jugement éclairé
et de moi et des gens à qui j'ai eu affaire, car, malheureusement, avec mes confessions, je suis forcé de faire celles
d'autrui, sans quoi on n'entendrait pas les miennes : cet
inconvénient m'avait fait prendre des mesures pour que
mes Mémoires ne fussent vus que longtemps après ma
mort et après celle des gens qui peuvent y prendre intérêt. Mes malheurs ont rendu ces mesures insuffisantes, et
il ne reste d'autres moyens sûrs pour conserver mon dépôt
que de le placer dans des cœurs vertueux et honnêtes, qui
en conservent le souvenir.

« Il serait important, pour bien juger de ma conduite,
de connaître à fond mon tempérament, mon naturel, mon
caractère, qui, par une singularité de la nature, ne ressemblent point à ceux des autres hommes, s'obstinant
à juger de tous mes motifs par ceux qui les auraient
déterminés eux-mêmes ; en pareil cas, ils se sont toujours
trompés dans l'interprétation de mes vues. Mais ces détails,
qu'il faudrait reprendre depuis ma première enfance, sont
trop étendus pour pouvoir être faits en un jour. Et il
m'importe de commencer par ce que j'ai à dire de plus
essentiel, afin que, s'il survenait des obstacles à d'autres
séances, le fruit de celle-ci ne fût pas perdu. Je me borne-
rai donc, Messieurs, à vous faire aujourd'hui le narré
fidèle de tout ce qui m'est arrivé et, si j'ose ainsi parler,
l'histoire de mon âme depuis mon entrée en France jusqu'à mon départ de Montmorency, lors du décret rendu
contre moi, sauf à revenir dans l'occasion à la partie que
je suis forcé d'omettre, si vous n'êtes pas trop ennuyés de
celle-ci.

« Je vous conjure, Messieurs, de vouloir m'écouter avec
une attention digne, non de l'importance des choses que
j'ai à vous dire, et qui par elles-mêmes n'en méritent
guère, mais de l'emploi dont j'ose vous charger ; emploi
le plus noble que des mortels puissent remplir sur la
terre, puisqu'il s'agit de décider, pour toute la postérité,
si mon nom, qui doit vivre, y doit passer avec opprobre
ou avec gloire. On a pris les mesures les plus étonnantes
pour me cacher à jamais et mes vils accusateurs, et leurs
sourdes impostures, qu'ils rendront publiques sitôt que je
ne vivrai plus. Sentant leurs secrètes atteintes, sans voir
ni l'instrument, ni la main qui le porte, quel moyen de
me défendre, ne sachant ni par qui, ni de quoi je suis
accusé ? Un seul, c'est d'exposer naïvement et fidèlement
le bien, le mal et tous les détails de ma vie, et de laisser
ensuite comparer et juger. Vous êtes les premiers, vous

serez probablement les seuls à qui j'aurai fait ce récit, les seuls par conséquent qui, ayant entendu les deux parties, serez juges compétents de la vérité.

« Je prie les dames qui ont la bonté de m'écouter de vouloir bien songer qu'on ne peut se charger de la fonction de confesseur sans s'exposer aux inconvénients qui en sont inséparables, et que, dans cet austère et sublime emploi, c'est au cœur à purifier les oreilles. Pour moi, je me suis mis dans la nécessité de remplir fidèlement le mien, qui n'est pas seulement d'être toujours fidèle et vrai, mais encore de vaincre la honte et de la sacrifier à la vérité. »

Il est à présumer que plusieurs séances (à cause des dames surtout) furent consacrées à la lecture qui fut faite chez le comte d'Egmont[1]. Quant aux autres lectures, elles eurent lieu en une seule séance, comme nous le verrons plus loin.

II

Ce fut chez le marquis de Pezay, auteur de poésies légères qui ne sont point tout à fait oubliées, que Rousseau fit une autre lecture. Une société d'hommes de lettres seulement y assistait. Outre le maître de la maison, elle comprenait Dussaulx, Dorat, Barbier de Neuville et Le Mierre.

Nous possédons trois relations à ce propos, l'une de Dussaulx, l'autre du poète Dorat, la troisième enfin du comte de Barruel-Beauvert, qui probablement tenait les détails de la bouche de Le Mierre. Nous allons passer en revue ces trois documents. Il existe une quatrième relation, due à Mercier, l'auteur du *Tableau de Paris*, mais elle ne fait guère que reproduire celle de Barruel-Beauvert; c'est pourquoi nous nous contentons de la mentionner.

---

[1] Voir, à l'Appendice I, une note intéressante au sujet de cette lecture.

Commençons par les souvenirs de Dussaulx, qui présentent un vif intérêt.

« Ce n'était pas », dit-il, « une petite affaire que d'arrêter la liste de ceux que Rousseau consentirait à admettre.

« — Vous le voulez, me dit-il; eh bien, faisons cette liste, et mettez votre nom le premier.

« Je lui proposai plusieurs noms de personnages très célèbres; il les rejeta.

« — Je vous avertis que je n'entends pas qu'il y ait à cette lecture plus de huit personnes, moi compris...

« La liste fut enfin arrêtée : Dorat, Pezay, Barbier de Neuville, Le Mierre y furent inscrits. A six heures du matin, tous les élus se trouvèrent au rendez-vous, chez M. de Pezay. Rousseau y était arrivé le premier. Cette séance, la plus longue peut-être qu'offrent les fastes littéraires de tous les temps, dura dix-sept heures, et ne fut interrompue que par deux repas fort courts.

« Pendant cette lecture, la voix de Rousseau ne faiblit pas un seul instant : c'est que son plus grand intérêt, celui de sa gloire, l'animait et renouvelait ses forces. Ce qui n'est pas moins remarquable, l'attention des visiteurs, par une cause différente, se soutint jusqu'à la fin; et cette cause, dont ils ne convinrent pas, c'était l'amour-propre flatté d'une telle préférence.

« Nous étions, en effet, si contents d'être là, au vu et au su de tous les aspirants, que nous ne voulions pas perdre un seul mot, pour avoir le plaisir d'en parler. On était tout yeux, tout oreilles; on s'extasiait, on se pâmait à chaque ligne. Il en faut convenir, ces *Confessions*, plus qu'indiscrètes, nous offraient néanmoins par intervalles des pages ravissantes.

« Quand il en fut à l'article du sacrifice de ses enfants, le pas était difficile à franchir. Il s'arrêta, nous regarda d'un air interrogateur... Tout le monde baissa les yeux.

« — N'avez-vous rien à m'objecter?

« On ne lui répondit que par un morne silence.

« Rousseau, qui avait vu notre détresse, et la douleur empreinte sur nos visages, avant d'aller dîner, et après s'être un moment recueilli, nous apostropha en ces termes :

« — Hommes justes! vous ne devez pas me juger sans m'avoir entendu : écoutez donc, sur ce qui concerne ma conduite à l'égard de mes enfants, une défense consciencieuse, et que j'ai déposée dans le sein d'un homme vertueux.

« Il parle : de moments en moments, nos fronts s'éclaircissent. Nous regrettions presque de l'avoir affligé; tant il est vrai que l'éloquence, quand elle est transcendante comme la sienne, est un glaive à double tranchant, et qui vient à bout de tout, du vrai comme du faux!

« Il eut lieu d'être content de sa défense. Quelques-uns de nous lui prirent les mains, les baisèrent, et tâchèrent de le consoler. Il pleura; nous pleurâmes tous à chaudes larmes. »

Qui ne comprendrait cette émotion, en présence d'un homme qui révèle ses faiblesses, ses fautes, et se frappe la poitrine avec repentir! Quand on se rappelle certaines pages des *Confessions*, la scène dut plus d'une fois être attendrissante, et nous nous expliquons l'admirable lettre que Dorat écrivit à une femme qu'il aimait, aussitôt après cette lecture : nous la donnerons plus loin. Revenons à Dussaulx.

« Rien », poursuit-il, « n'est à négliger dans un pareil récit. J'ai oublié de vous dire que Rousseau, avant de commencer la lecture, tira de sa poche deux ou trois pages qu'il avait écrites pour se concilier notre bienveillance et capter notre attention. Précaution dont il se serait dispensé, s'il avait mieux connu notre faible : n'importe, elle produisit son effet.

« — Un tempérament timide, nous dit-il, ne peut se refondre. Dans toutes les situations de ma vie, le mien me subjugua toujours : soit forcé de parler au milieu d'un cercle, soit tête à tête, agacé par une femme railleuse, soit avili dans la confrontation d'un impudent, mon trouble est toujours le même, et le courage que je sens au fond de mon cœur refuse de se montrer sur ma contenance; je ne sais ni parler, ni répondre; je n'ai jamais su trouver qu'après coup la chose que j'avais à dire et le mot qu'il fallait employer. Urbain Grandier, dans le même cas que moi, avait l'assurance et la facilité qui me manquent, et il périt. J'aurais tort d'espérer une meilleure destinée. »

Dussaulx achève le passage consacré à la lecture des *Confessions* par ces lignes :

« M. de Malesherbes, qui me croyait plus de crédit que je n'en avais, vint me prier d'engager Jean-Jacques à supprimer quelques anecdotes capables de déshonorer des familles entières.

« — Ce qui est écrit est écrit, me répondit-il; je ne supprimerai rien. Qu'on se rassure, néanmoins, mes *Confessions* ne paraîtront qu'après ma mort, et même après celle du dernier de ceux que j'y ai mentionnés; mais elles paraîtront un jour, ce mot est irrévocable! »

Nous rappellerons, à la fin de ce chapitre, dans quelles circonstances le livre fameux fut publié.

Voici maintenant la relation du poète Dorat. En rentrant chez lui, à trois heures du matin, l'auteur des *Baisers*, sous le charme de l'œuvre puissante de Rousseau, écrivit à son amie la lettre suivante, qui ne fut connue qu'en 1778 et ne fut guère publiée depuis. C'est une pièce documentaire de première importance :

« A 3 heures après minuit.

« Je rentre chez moi, Madame, ivre de plaisir et d'admi-

19

ration. Je comptais sur une séance de huit heures, elle en
a duré quatorze ou quinze : nous nous sommes assemblés
à six heures du matin, et nous nous séparons à l'instant,
sans qu'il y ait eu d'intervalle à la lecture que ceux du
repas, dont les instants, quoique rapides, nous ont paru
trop longs.

« Ce sont les Mémoires de sa vie que Rousseau nous a
lus. Quel ouvrage! Comme il s'y peint, et comme on aime
à l'y reconnaître! Il y avoue ses bonnes qualités avec un
orgueil bien noble, et ses défauts avec une franchise plus
noble encore. Il nous a arraché des larmes par le tableau
pathétique de ses malheurs et de ses faiblesses, de sa confiance payée d'ingratitude, de tous les orages de son cœur
sensible, tant de fois blessé par la main caressante de l'hypocrisie, surtout de ces passions si douces qui plaisent
encore à l'âme qu'elles rendent infortunée.

« J'ai pleuré de bon cœur; je me faisais une volupté
secrète de vous offrir ces larmes d'attendrissement auxs-
quelles ma situation actuelle a peut-être autant de part
que ce que j'entendais. Le bon Jean-Jacques, dans ces Mémoires divins, fait d'une femme qu'il a adorée[1] un portrait si enchanteur, si aimable, d'un coloris si frais et si
tendre, que j'ai cru vous y reconnaître : je jouissais de
cette délicieuse ressemblance, et ce plaisir était pour moi
seul. Quand on aime, on a mille jouissances que les indifférents ne soupçonnent même pas, et pour lesquelles les
témoins disparaissent.

« Mais ne mêlons rien de moi à tout cela, afin de vous
intéresser davantage. L'écrit dont je vous parle est vraiment un chef-d'œuvre de génie, de simplicité, de candeur
et de courage. Que de géants changés en nains! Que
d'hommes obscurs et vertueux rétablis dans tous leurs

---

[1] Mme d'Houdetot.

droits, et vengés à jamais des méchants par le seul suffrage d'un honnête homme!

« Tout le monde y est nommé. *On n'a pas fait le moindre
bien à l'auteur qui ne soit consacré dans son livre;* mais
aussi démasque-t-il avec la même vérité tous les charla-
tans dont ce siècle abonde.

« Je m'étends sur tout cela, Madame, parce que j'ai lu
dans votre âme bienfaisante, délicate et noble; parce que
vous aimez Rousseau; parce que vous êtes digne de l'admirer; enfin, parce que je me reprocherais de vous cacher
une seule des impressions douces et honnêtes que mon
cœur éprouve.

« Trois heures sonnent, et je ne m'arrache qu'avec peine
au plaisir de m'entretenir avec vous : mais je vous ai offert
ma première et ma dernière pensée, j'ai entendu la confession d'un sage; ma journée n'est point perdue.

« Je suis, etc.

« DORAT. »

Quelle adorable épître! Est-il possible de se montrer
plus aimable, plus affectueux, plus dévoué et plus tendre
pour une femme? Ah! quelles charmantes et éloquentes
leçons nous ont laissées, dans l'ordre du sentiment, comme
dans bien d'autres questions, les philosophes et les lettrés
du XVIIIe siècle! Quels attraits ils savaient donner à une
liaison, comme ils savaient aimer, et comme ils méritaient
de l'être!

A en juger par cette lettre, Rousseau avait fait un heureux choix d'auditeurs pour ses *Confessions*, et il ne dut
pas regretter d'avoir inscrit Dorat sur sa liste.

La troisième relation est celle du comte de Barruel-
Beauvert, qui la publia en 1789, d'après la tradition orale
du monde des lettres, et, comme nous l'avons dit, d'après
les renseignements de Le Mierre.

« Le bon Rousseau étant vivement pressé, sollicité par différentes personnes de sa connaissance, de leur faire la lecture de la seconde partie de ses Mémoires, que le public attend avec un empressement égal à l'intérêt que ce philosophe inspire, il prit jour avec M. Dorat, connu par sa prose et par ses vers; M. Barbier de Neuville, auteur de *Ciaxard*, mauvaise tragédie; M. Du Saulx, de l'Académie des Inscriptions et Belles-Lettres; M. Le Mierre, de l'Académie française, et M. le marquis de Pezay, espèce de sous-ministre, qui avait une correspondance secrète avec le feu roi, et qui a eu le crédit de mettre un homme de mérite à la tête des affaires de l'Etat (Necker).

« Il fut convenu qu'on se rendrait, à sept heures du matin, chez le marquis de Pezay, barrière de Vaugirard. Jean-Jacques, qui était l'homme du monde le plus ponctuel, s'y trouva à six heures et demie, et il commença bientôt sa lecture, qui dura jusqu'à deux heures après minuit de la même journée. Elle ne fut interrompue que par le dîner et le souper, qui ne furent pas longs.

« Une chose qui semble tenir du prodige, c'est que Jean-Jacques, malgré sa complexion faible et délicate, lut pendant ces dix-sept ou dix-huit heures avec une voix sonore, ferme, égale, et qui parut ne subir aucune altération, au grand étonnement de ses auditeurs, dont deux sont vivans (MM. Le Mierre et Du Saulx).

« Lorsqu'il fut à l'article des enfants trouvés, un silence morne régna dans l'assemblée; il vit toutes les figures allongées et portant l'empreinte de l'improbation... « J'entends votre silence, Messieurs », dit le grand homme en s'interrompant lui-même, et posant son manuscrit sur une table, il en déchira sur-le-champ quatre pages qui contenaient sa justification.

« Ce trait me paraît sublime. Il me semble voir le Misanthrope aimer mieux perdre son procès que d'aller solliciter ses juges de lui rendre justice. »

La troisième et dernière lecture eut lieu chez le poète Dorat, devant un auditoire assez nombreux, composé surtout de jeunes gens de lettres, avides de voir et d'entendre le citoyen de Genève.

III

Ces lectures, comme on a pu en juger par les documents que nous venons de donner, impressionnèrent vivement ceux qui les entendirent. Chacun se fit gloire d'en parler, et, à la ville comme à la Cour, ce fut le bruit du moment.

Les ennemis de Rousseau s'alarmèrent, et résolurent de le forcer au silence. Ils mirent en avant Mme d'Epinay, qui, au fond, aimait toujours Jean-Jacques, mais qui n'était qu'un jouet entre les mains de Grimm, du haineux, du jaloux, du perfide, du médiocre Grimm. Elle alla voir le lieutenant de police, M. de Sartine, et lui écrivit pour le prier d'intervenir et de faire taire Rousseau. Sa lettre, qui a été retrouvée, est bien peu digne d'une femme d'esprit, on peut même dire qu'elle constitue une lâcheté sans nom. Elle sentait bien, d'ailleurs, en l'écrivant, qu'elle commettait une mauvaise action, et elle en avait tellement honte qu'elle prie le lieutenant de police d'agir comme s'il n'avait reçu d'elle aucune lettre, mais bien comme s'il marchait de lui-même.

Voici, du reste, cette épître, qui doit être conservée à l'histoire de notre littérature :

« Vendredi, 10.

« Il n'y a rien de si insupportable pour les personnes surchargées d'affaires, Monsieur, que ceux qui n'en ont qu'une. C'est le rôle que je meurs de peur de jouer avec vous ; mais, comptant, comme je le fais, sur votre amitié et sur votre indulgence, je dois vous dire encore que la personne dont je vous ai parlé hier matin a lu son ouvrage aussi à

M. Dorat, à M. De Pezay et à M. Dussaulx : c'est une des
premières lectures qui en ait été faite. Lorsqu'on prend
ces messieurs pour confidents d'un libelle, vous avez bien
le droit d'en dire votre avis, sans qu'on soit censé vous en
avoir porté des plaintes.

« J'ignore cependant s'il a nommé les personnages à ces
messieurs. Après y avoir réfléchi, je pense qu'il faut que
vous parliez à lui-même avec assez de bonté pour qu'il ne
puisse s'en plaindre, mais avec assez de fermeté cependant pour qu'il n'y retourne pas. Si vous lui faites donner
sa parole, je crois qu'il la tiendra.

« Pardon mille fois, mais il y va de mon repos, et c'est
le repos de quelqu'un que vous honorez de votre estime et
de votre amitié, et qui, quoi qu'en dise Jean-Jacques, se
flatte de la mériter.

« J'irai vous faire mes excuses et mes remercîments à
la fin de cette semaine. Ne vous donnez pas la peine de
me répondre ; cela n'en demande pas ; je compte sur vos
bontés, cela me suffit. »

Cette lettre est des plus suggestives, pour me servir
d'une expression moderne. Elle prouve jusqu'où peut
aller, dans certains cas, la ruse et la perfidie d'une femme ;
elle révèle en même temps une conscience fortement troublée, et par surcroît elle est écrite dans un français bien
digne de l'Allemand Frédéric-Melchior Grimm, qui appa-
remment l'avait dictée. Mme d'Epinay avait d'habitude la
phrase plus alerte et moins entortillée.

On sent cependant que le souvenir de l'ancienne amitié
pour Rousseau est venu se placer entre elle et sa mauvaise
action, car elle ne peut s'empêcher de rendre hommage à
celui qui, elle le sait, a le respect de sa parole.

M. de Sartine eut un entretien avec l'écrivain : nous
ignorons ce qui s'y passa. Peut-être lui montra-t-il la lettre
de Mme d'Epinay. Quoi qu'il en soit, Rousseau cessa ses

lectures. L'aventure n'était pas faite pour le guérir de sa misanthropie et pour le réconcilier avec ses amis de jadis. Il avait toutefois réussi dans le coup qu'il voulait porter, celui de faire comprendre que ses *Confessions* étaient une œuvre de justicier, et de jeter la terreur dans l'âme de ses adversaires et de ses ennemis.

IV

Jusqu'à la fin de sa vie, le philosophe fut préoccupé d'assurer, après sa mort, la publication de son livre, qui, à ses yeux, constituait la sauvegarde de son honneur et le secret de son génie.

Il en possédait deux manuscrits complets, mis au net par lui avec un soin méticuleux, plus des manuscrits fragmentaires, des cahiers, plus enfin les rédactions premières, ce que nous appelons aujourd'hui des *brouillons*. En tout, il y a donc eu quatre rédactions des *Confessions*, un texte-brouillon, un texte au net partiel, deux textes au net complets. Elles subsistent toutes quatre intégralement, et renferment chacune des variantes assez importantes. Nous espérons qu'un éditeur consciencieux se trouvera pour nous donner une édition critique et définitive de l'immortel ouvrage, comprenant les variantes des quatre rédactions de Rousseau. L'histoire de l'esprit humain exige que l'érudition moderne élève ce monument à la gloire du sublime penseur.

On sait que les *Confessions* parurent bien avant le terme indiqué d'abord par l'auteur lui-même. Au mois de mai 1776, il avait confié, solennellement, à son ami Paul Moultou, de Genève, la dernière rédaction intégrale, le dernier texte complet.

« Cela », écrit le savant M. Jansen, « se fit en grande cérémonie. Rousseau ayant prié Pierre Moultou de le laisser un moment seul avec son père, s'entendit d'abord avec celui-ci et lui remit son dépôt entre les mains; puis, faisant rentrer le fils, il reprit le dépôt des mains de son ami, le mit dans celles de Pierre Moultou en disant d'un ton solennel qu'il avait confié à l'amitié de Paul Moultou le plus grand trésor, et qu'il s'était fait donner la promesse de publier ces écrits après sa mort.

« Pour le cas malheureux, continua Rousseau, que « votre père mourût avant moi, je demande maintenant « votre parole d'honneur de le remplacer et d'accomplir à « sa place fidèlement la promesse. » Pierre Moultou ayant donné sa parole d'honneur, Rousseau remit de nouveau les manuscrits entre les mains de son ami.

« Le jeune Moultou a décrit deux fois cette scène touchante, et déclaré finalement que Rousseau avait laissé au dépositaire le soin de juger quel moment après sa mort serait propre à la publication des manuscrits en cause. »

En 1781, trois ans après la mort de Rousseau, le fidèle Paul Moultou, voyant la mémoire de Jean-Jacques attaquée, prit conseil de Du Peyrou, un ami fidèle aussi, et fit paraître à Genève les six premiers livres des *Confessions*. Il mourut en 1787. Son fils, Pierre Moultou, dépositaire à son tour des manuscrits du grand homme, publia, en 1788, et à Genève également, la seconde partie de l'ouvrage. Le fils, comme le père, n'avait indiqué les noms propres que par des initiales, et avait supprimé certains passages scabreux.

En 1796, à Paris, l'œuvre de Jean-Jacques fut imprimée sur le second manuscrit intégral, trouvé dans les papiers du philosophe, après sa mort à Ermenonville, longtemps conservé par le marquis de Girardin, son hôte, repris à ce dernier par Thérèse Levasseur, sa veuve, et offert par elle à la Convention nationale. En 1798, nouvelle édition, collationnée avec soin sur l'original, et complète : cette

fois, plus d'initiales obscures, plus de passages supprimés,
mais l'œuvre dans son intégralité. Rousseau pouvait dormir tranquille au fond de sa tombe.

Les éditions depuis se sont succédé, innombrables,
dans tous les pays, dans toutes les langues. Que d'intelligences, que d'âmes ces *Confessions* célèbres ont éclairées,
consolées et charmées! Quel livre a remué davantage le
cœur en ses désirs et ses ivresses, l'esprit dans ses tourments, ses ambitions et ses rêves, tout l'être, en un mot,
dans ses replis les plus intimes, dans ses profondeurs les
plus insondables? Le temps n'a fait que consacrer la puissance de cette œuvre unique, qui n'a point vieilli et ne
vieillira jamais, car, en écrivant son histoire, Jean-Jacques
a raconté celle de l'homme des temps nouveaux, de
l'homme tel qu'il est, tel qu'il pense et tel qu'il sent, depuis
l'avènement de la Révolution.

CHAPITRE X

___

JEAN-JACQUES ROUSSEAU ET LE COMTE
D'ESCHERNY

___

Le comte d'Escherny, qui naquit à Neuchàtel en 1733, et mourut en 1814, eut avec Jean-Jacques Rousseau des relations assez étroites : ce fait heureux pour lui a sauvé de l'oubli sa mémoire. Il s'adonna non sans succès aux lettres, aux sciences, à la philosophie, aux voyages, et publia divers ouvrages ; mais on les lit peu aujourd'hui, l'intérêt en a pâli, et le style n'a point cet éclat qui perce les ténèbres du temps et s'impose aux regards des générations nouvelles.

Ses *Mélanges* toutefois, ou Mémoires, parus en 1811 et formant trois volumes, méritent l'attention du psychologue et de l'historien, le tome troisième surtout, où l'écrivain raconte comment il connut l'auteur d'*Emile*, et entre dans des détails circonstanciés que la gloire de Jean-Jacques rend précieux au premier chef.

Nous venons exhumer ces pages peu connues et très difficiles à se procurer, car les *Mélanges* de d'Escherny sont presque introuvables en librairie.

Nous donnerons intégralement tous les passages qui ont trait au citoyen de Genève. Le moment de les publier est

propice : de toutes parts, en effet, comme nous l'avons
dit au début, le nom de Rousseau retentit, et son influence
sur le mouvement des idées et la marche des événements
est prépondérante.

Nous pensons que le lecteur goûtera ces récits d'un
homme instruit, bien doué, qui vécut dans l'intimité du
plus étonnant génie des temps modernes, et y trouvera
un sujet de méditations utiles et d'attrayantes discussions.

*
* *

C'est à la fin de sa vie, presque un demi-siècle après le
fait lui-même, et trente-trois ans après la mort de Rousseau, que le comte d'Escherny fit connaître au public ses
relations avec le philosophe. Vieillard débonnaire et souriant, il se rappelait avec émotion les jours de sa fou-
gueuse jeunesse, et s'attendrissait sur lui-même avec cette
mélancolie résignée qui s'empare de nous quand nous touchons au terme de la course.

« Pour qui commence à vivre », écrit-il, « l'avenir est
tout, et le passé n'est rien. Pour qui finit de vivre, l'avenir
n'est rien, et le passé qu'un rêve. »

C'est alors que les souvenirs de Jean-Jacques lui reviennent à la mémoire. Il mesure le prestige et la gloire
de l'écrivain réformateur, et il apprécie tout le prix des
rencontres lointaines qu'il eut avec lui. D'Escherny avait
assisté au triomphe des idées de Rousseau pendant la Révolution; il avait vu son apothéose lorsque, le 11 octobre 1794, ses cendres furent ramenées d'Ermenonville
et conduites au Panthéon. Nul doute qu'au fond de son
âme il ne dut s'enorgueillir d'avoir connu le grand homme,
de s'être assis à sa table, d'avoir été le compagnon de ses
promenades, de ses herborisations, de ses rêveries. Comment ne pas faire revivre la magie de ces beaux jours?

Voici le début du récit qui se rapporte au philosophe :

« J'arrivai à Paris pour la première fois en 1762, lorsque Rousseau le quittait, que protégé par les grands, accompagné de sa gloire, du suffrage et des vœux de la nation, il
se dérobait par la fuite à des persécutions plus apparentes
que réelles. Tout ce qui aujourd'hui (1811) fait tant de
bruit n'était pas né ou n'était que des enfants; alors
vivaient tous les grands hommes qui ont donné au siècle
de Louis XV un si grand éclat : Voltaire, Rousseau, Buffon,
d'Alembert, Diderot, Helvétius, Thomas, Marmontel, Raynal, La Harpe et quelques autres. Quelle ville que Paris à
cette époque et dans les vingt ans qui l'ont suivie! »

Le témoignage de d'Escherny vient confirmer, on le
voit, les éloges, si nombreux déjà, que les étrangers ont
faits de la société française dans la seconde moitié du
xviiie siècle. Paris alors avait vraiment un prestige extraordinaire, et tout esprit cultivé en Europe n'avait qu'un
désir, venir le visiter, y séjourner longtemps et approcher
les beaux esprits, les grands écrivains, les femmes spirituelles qui lui donnaient tant d'éclat.

« Ma connaissance de Rousseau », poursuit d'Escherny,
« date de cette année 1762. La première fois que je l'ai
vu, j'étais à Sauvigny, chez l'intendant de Paris, et la
première fois que je lui ai parlé, c'est à Môtiers-Travers,
un an après. J'y avais loué une petite maison pour jouir
des charmes d'un vallon délicieux, pour y être seul, y
vivre avec moi-même; j'y partageais mon temps entre la
culture des lettres, la musique, la promenade et la chasse.
Le petit établissement que j'y avais formé n'avait aucun
rapport avec l'homme illustre qui habitait le même village.
J'ai été près de trois mois sans même l'apercevoir ou le
rencontrer.

« C'est à travers la joie bruyante d'une fête et d'un bal
que je devais pénétrer jusqu'à lui, et ce qui peut sur-

prendre, c'était dans les montagnes de la Suisse, dans les
gorges du Jura, qu'en hiver, quatre-vingts personnes des
deux sexes, toutes bien mises, et dans le nombre vingt
croix de Saint-Louis, se trouvaient rassemblées pour cette
fête. Mlle Levasseur vint à moi.

« — Comment, Monsieur, vous êtes ici depuis plusieurs
mois, et vous n'êtes point venu voir M. Rousseau !

« — Je sais, Mademoiselle, que M. Rousseau n'aime
point les visites; que ce qu'il redoute le plus, ce sont les
importuns, et je n'ai pas voulu en augmenter le nombre.

« — Vous n'avez rien à redouter de ce côté-là, me ré-
pondit-elle d'un ton très doux, et je vous réponds, Monsieur, que M. Rousseau vous verra avec le plus grand
plaisir. »

Thérèse Levasseur est présentée par d'Escherny sous
un aspect favorable, contrairement à la plupart des historiens de Rousseau, qui n'ont vu en elle qu'une femme
hargneuse, mauvaise, répulsive. Nous avons toujours
pensé qu'elle avait été très calomniée. C'était une simple
d'esprit, non une méchante femme.

D'Escherny continue ainsi :

« Deux jours après, je me rendis à cette invitation : je
trouvai Rousseau assis sur un petit banc de pierre au devant de sa maison rustique, exposé aux rayons d'un soleil
qu'on ne fuit pas en février. Le premier regard fut pour
moi, le second sur son vêtement[1], et le premier mot qu'il
me dit, en le désignant : « Il est fou, mais il est com-
« mode. » La connaissance fut bientôt faite. Je devenais
un peu plus intéressant pour lui que les étrangers et les
Suisses des environs, qui souvent l'ennuyaient et qu'il
recevait fort mal, parce que j'arrivais de Paris, et que j'y
avais passé dix-huit mois dans la société de plusieurs gens

---

[1] Rousseau alors portait un vêtement d'Arménien.

de lettres de sa connaissance, tels que Diderot, Marmontel, Helvétius, Thomas, etc. »

*
* *

D'Escherny plut à Jean-Jacques, ce qui n'était pas facile. Les visites se multiplièrent, et bientôt une bonne amitié régna entre eux. Rousseau avait cinquante et un ans à cette époque, et son nouvel ami trente. « La maison rustique », dont parle l'auteur des *Mélanges,* existe encore à Môtiers-Travers. Les dispositions intérieures ont subi quelques changements, mais le logement du philosophe est toujours le même. Je l'ai visité au mois de septembre 1902. Dans la salle à manger, je me plus à évoquer les intéressants détails suivants que d'Escherny nous fait connaître :

« Si M. le chevalier de Chastellux, dans son *Voyage d'Amérique,* a cru pouvoir nous instruire de tous les bons repas qu'il y a faits et rencontrés, il doit m'être permis de dire un mot des excellents dîners que j'ai faits à Môtiers-Travers, chez Jean-Jacques, tête à tête avec lui. Sa cuisine était simple, telle qu'il l'aimait, et je partageais bien son goût : apprêtée supérieurement, et dans ce genre simple, il n'est pas possible de faire mieux que M{he} Levasseur ; c'était de succulents légumes, des gigots de moutons nourris dans le vallon de thym, de serpolet, et d'un fumet admirable et parfaitement rôtis.

« La Reuse, petite rivière qui coulait non loin de son habitation, nous fournissait des truites saumonées dont elle abonde, et, dans la saison, je n'ai mangé à aucune table de Paris des cailles et des bécasses comparables à celles qu'on nous apportait : c'était des pelotons de graisse. Nous ne buvions que des vins du pays ; mais ceux de Cortaillod, dans les bonnes années, sont aussi bons que les meilleurs vins de Bourgogne.

« La conversation était vive, animée ; elle roulait sur

toutes sortes de sujets, rien de suivi; l'air des montagnes
est vif, nous mettions plus de suite dans notre appétit que
dans nos entretiens, et nous mangions avec toute la réflexion dont nous les dispensions : souvent des dissertations sur les plats qu'on nous servait, et sur les qualités
de chaque mets, dignes de figurer dans la *Gastronomie*, ou
d'être inscrites au *Rocher de Cancale*[1]. »

N'est-ce pas charmant? L'appétit vous vient en lisant
cette page, et celui-là en appréciera la saveur qui connaît
la Suisse, qui a parcouru ses vallons, ses coteaux, ses
forêts de sapins, et a respiré l'air vif et embaumé de ses
montagnes.

Ne perdons pas de vue Thérèse Levasseur : bonne note
encore pour elle dans ce passage. Elle faisait très bien la
cuisine, la cuisine simple, chère à Rousseau. Qui oserait
dire que cette qualité n'a point d'importance? Ecoutons
d'Escherny :

« Mlle Levasseur paraissait de temps en temps, rompait
le tête-à-tête. Rousseau s'égayait à ses dépens, quelquefois
aux miens, mais je le lui rendais; je faisais compliment à
Mlle Levasseur sur son dîner; ce qui m'étonne, c'est que,
malgré mes invitations, jamais il n'a voulu permettre
qu'elle se mît à table avec nous. Il était à son aise et fort
gai, et sans la gaîté, la liberté et l'appétit, point de plaisir
à table. Nous prenions le café, point de liqueur.

« Quelquefois, dans l'après-dînée, il se mettait à son
épinette, m'accompagnait quelques airs italiens, ou en
chantait lui-même. Quand c'était chez moi, je lui chantais
des romances de sa composition ou de la mienne, accom-
pagnées de ma harpe, car c'était à qui ferait la meilleure
musique sur les mêmes paroles. Il en est de Moncrif qui
nous ont exercés; il aimait beaucoup ce genre de musique

---

[1] Restaurant parisien célèbre.

tendre et mélancolique, qui est en effet fort agréable, et
qu'on a beaucoup cultivé et perfectionné en France dans
ces derniers temps. Le soir, dans l'été, c'était des promenades dans les bois des environs. Dans les beaux clairs de
lune, il se plaisait, sur les bords de la Reuse, à chanter des
duos ; nous avions toujours bon nombre d'auditeurs, surtout les jeunes filles du village, qui ne manquaient pas de
venir nous écouter. »

C'est ainsi que d'Escherny nous montre dans son intérieur l'auteur du *Contrat social*. Que d'aimables dons avait
Jean-Jacques ! On comprend que tous ceux qui l'approchèrent l'aient aimé, et n'aient parlé de lui qu'avec sympathie et respect.

*
* *

D'Escherny eut l'idée de faire une excursion dans les
montagnes, du côté des Brenets[1] et du Saut-du-Doubs : il
en parla au philosophe.

« Je proposai à Rousseau », dit-il, « de m'y accompagner. Il ne refusait jamais ces sortes de courses, elles
étaient tout à fait dans son goût. J'avais affaire à Neuchâtel, et lui à Colombier, qui en est à une lieue de distance. Il me donna rendez-vous au château de ce village,
où l'attendait, autant que je m'en souviens, milord Maréchal
(Keith), car dans ce temps-là je ne prenais note de rien, je
n'écrivais rien, j'avais l'âme remplie de bien autre chose,
et j'étais loin d'imaginer que je serais jamais atteint de la
triste manie d'écrire : ce n'est qu'à présent seulement que
je cherche à me rappeler tant de faits, d'incidents, de conversations, que le temps, de son aile rapide, a emportés
si loin de moi ; c'est donc à la lueur de mes réminiscences

---

[1] Village sur la limite de la Suisse et de la Franche-Comté.

que je suis obligé de fouiller dans le passé, et d'y suivre
la trace des impressions reçues et le fil des événements.

« Nous partîmes à pied, dans une belle journée de juin,
de Colombier pour les Brenets; la distance est de six
lieues. »

Ils arrivèrent devant les rochers énormes couverts de
sapins et baignés d'eau qui, aux Brenets, ont toujours
excité l'admiration des voyageurs. Plusieurs rangs sont
superposés, et chacun a sa couronne d'arbres et de verdure; l'ensemble offre l'aspect des ouvrages qui environnent les places fortes, et ces blocs formidables ressemblent à des bastions géants; c'est un magnifique spectacle.

« Nous ne nous lassions point », dit d'Escherny, « de con-
templer ces masses et d'en parcourir les environs, surtout
Rousseau, si admirateur de la nature inculte et sauvage.
De retour au Locle, je lui proposai de pousser jusqu'à la
Chaux-de-Fonds, qu'il ne connaissait point...

« Nous partîmes de la Chaux-de-Fonds; nous avions
neuf lieues à faire pour regagner Môtiers; nous y em-
ployâmes trois jours, car nous allions fort lentement,
nous arrêtant partout pour jouir des points de vue les plus
variés et les plus pittoresques dans le genre sauvage, et
partout nous observions dans ces montagnes le contraste,
qui n'existe peut-être que là, de ces lieux agrestes, héris-
sés de rochers, semés de précipices, avec la politesse, l'aisance et l'industrie des habitants... Je regarde cette petite
portion du Jura, renfermée dans les limites du pays de
Neuchâtel, comme l'une des contrées du monde les plus
curieuses à observer pour le philosophe, le physicien, le
naturaliste, le géologue, l'artiste et le mécanicien.

« Il est des hommes qui, pour produire, ont besoin
d'une vie solitaire, calme, égale et tranquille. Il en est
d'autres qui s'affaissent à la vue des mêmes objets, et qui,
pour se remonter, ont besoin de mouvement et de chan-

ger de place. Rousseau était dans ce dernier cas. Je le
vois habitant successivement Genève, Chambéry, les
Charmettes, Annecy, Turin, Neuchâtel, Paris, Lyon, Venise, l'Hermitage, Montlouis, le Petit-Château, Yverdun,
Môtiers-Travers, l'île Saint-Pierre, Wootton en Angleterre, Trye, Bourgoin, Monquin, Ermenonville. Cicéron
me paraît avoir participé à la même inquiétude ; je lui ai
compté dix-huit maisons de campagne ; il allait de l'une à
l'autre. »

Nous allons assister à une scène curieuse qui prouve
que Rousseau aimait la franchise jusqu'à l'exagération.
Son caractère ombrageux s'alarmait de la moindre supercherie, même quand elle avait pour but de lui être
agréable. Il y a dans sa vie plusieurs traits du même
genre. D'Escherny poursuit ainsi :

« Arrivés à Môtiers, de nos courses dans le Jura, nous
reprîmes notre genre de vie ordinaire. Je m'apercevais
depuis quelque temps que le séjour de Môtiers ne lui plaisait plus autant. Les rapports vrais ou controuvés de
Mlle Levasseur de tous les propos tenus sur son compte et
sur celui de son maître par les commères du village, les
plaintes de quelques avanies auxquelles elle donnait lieu
par son extrême intempérance de langue, entraient dans
ce dégoût, dont cependant la principale cause était le besoin du changement. Six semaines environ après notre
retour, il vint chez moi et me dit que l'air trop vif de ce
vallon nuisait à sa santé, qu'il avait envie de descendre
dans la plaine, de se choisir une habitation sur les bords
ou dans le voisinage du lac, pour respirer un air plus
doux ; il me pria de l'accompagner.

« Je remarquerai, en passant, que je ne me suis jamais
trouvé dans une voiture avec Rousseau ; nos voyages,
toutes nos courses se faisaient toujours à pied. Si je mettais
bout à bout toutes celles que j'ai faites en Suisse avec lui, en

les calculant à dix lieues seulement par semaine, terme
moyen, à cause des jours ou de pluie, ou de neige, je ne
serais pas fort loin d'un millier de lieues.

« J'envoyai un exprès à Mme de Luze, ma parente, amie
de Rousseau, qui avait au Bié une campagne très agréable
sur les rives du lac, et près de Colombier, pour la prévenir que nous irions passer quelques jours chez elle ; c'était
par là que nous devions commencer nos recherches. »

M. de Luze était un riche négociant de Neuchâtel. Il
devait plus tard accompagner Rousseau quand il partit
pour l'Angleterre. Mme de Luze avait un grand train de
maison, et recevait avec une amabilité dont tout le monde
faisait l'éloge. La Correspondance de Rousseau renferme
diverses lettres adressées soit au mari, soit à la femme.
D'Escherny reprend :

« Il y a environ cinq lieues de Môtiers-Travers au Bié ;
nous y trouvâmes grand monde, ce qui, peu du goût de
Rousseau, nous fit abréger le séjour que nous comptions
y faire. M. du Peyrou, instruit de notre projet, et qui avait
une grande envie de se lier avec Rousseau (il ne l'avait vu
qu'une fois en passant au Val de Travers), me fit prier par
son ami le colonel de Pury, qui était au Bié, de diriger
nos courses dans une maison de campagne qu'il possédait
à Cressier, entre les lacs de Neuchâtel et de Bienne, et
dans une situation assez agréable.

« Il fut convenu qu'après avoir visité quelques maisons
le long du lac, je le conduirais insensiblement à celle de
Cressier, et lui conseillerais de la choisir ; qu'on nous y
préparerait à dîner et qu'on nous y attendrait. Nous arrivâmes, en effet, sur les deux heures à Cressier ; je lui fis
voir les avantages et les commodités de cette nouvelle demeure ; elle paraissait assez lui plaire. Nous entrons dans
la salle à manger ; nous nous y promenions ; il examinait
tout avec un air de complaisance, lorsqu'un objet vint

frapper sa vue et obscurcit tout à coup son visage, auparavant riant; c'était, dans un coin du buffet, un grand pot
d'argent et sa jatte.

« — Qu'est-ce, me dit-il, que cette argenterie fait là?
A qui appartient-elle?

« — Je l'ignore.

« — Quoi! dans une maison à louer, dans une maison
vacante, des pièces de vaisselle abandonnées!

« — On nous a laissés entrer sur notre bonne mine, et
nous ne ressemblons pas trop à des voleurs.

« — Il y a du mystère ici, et je n'aime pas les mystères.
A qui est cette maison que vous me proposez?

« Les questions se succédaient, et je commençais à
m'embarrasser dans mes réponses. Alors, à un signal convenu au Bié avec M. de Pury, lui et M. du Peyrou, qui
étaient dans une pièce voisine, entrèrent, avouèrent la
petite supercherie, en demandèrent bien pardon, cher-
chèrent à m'excuser; mais Rousseau, pour le moment
inexorable, se retourne vers moi et me dit avec humeur :

« — Monsieur, je n'aime pas qu'on me trompe, même
pour mon bien.

« On se mit à table, le dîner ne fut pas gai, la conversation languissait, Rousseau était soucieux et ne parlait
que par monosyllabes. On fit un tour de promenade après
le café. Il ne fut plus question de la maison, ni à louer, ni
à offrir; ces messieurs partirent en voiture et je restai
seul avec Rousseau, toujours sombre et de mauvaise humeur (mais je puis aussi bien attester que pendant quinze
ans qu'ont duré mes relations avec lui, plus ou moins
intimes, c'est le seul reproche de ce genre que je puisse
lui faire). »

On peut se rendre compte par cette anecdote que le philosophe poussait jusqu'aux dernières limites la logique de
la vérité. Il n'admettait point les petits manèges de con-

duite souvent en usage dans la société, et conçus dans un
but inoffensif. Sa pensée évidemment était celle-ci : On me
trompe innocemment aujourd'hui, mais qui m'assure que
demain on ne voudra pas me tromper d'autre façon? Ne
nous prêtons donc point au plus petit mensonge social,
par respect pour mes amis et pour moi-même.

On dira : C'est bien rigoureux et peut-être injuste. Nous
répondrons : Le plus petit mensonge, la tromperie la plus
vénielle était pour Jean-Jacques ce que la plus mince
erreur de calcul est pour le mathématicien ; cette erreur,
si ténue que vous la supposiez, rend le calcul faux, et il
est indispensable de la redresser. Pour la conduite, Rousseau raisonnait de même : cette supercherie vénielle, que
vous excusez, constituait à ses yeux une tache qui l'irri-
tait et l'attristait.

« Nous reprîmes le chemin du Bié », raconte d'Escherny ;
« nous avions quatre lieues à faire : la première lieue ne fut
pas agréable, car il me tournait le dos dans le chemin et
me boudait comme un enfant. Il m'avait parlé ci-devant à
Môtiers de l'inquiétude que lui donnaient tous ses papiers
et un grand nombre de manuscrits dont la perte ou le vol
l'aurait mis dans le plus grand embarras ; il prévoyait dans
l'avenir des absences, des voyages, et la petite maison
presque isolée qu'il occupait dans ce village ne le rassurait
pas. Il avait eu l'intention de remplir deux malles ou
caisses de ses papiers et de me les confier. J'alternais
beaucoup alors entre la Suisse et Paris, et il sentit que
je ne pourrais répondre d'un pareil dépôt.

« Ce fut en lui rappelant nos conversations à ce sujet
que je commençai à me faire écouter. Je lui dis, ce qui
était vrai, qu'en lui proposant la maison de Cressier, je le
rapprochais d'un homme de mérite qui pouvait lui être
fort utile ; que M. du Peyrou, fixé à Neuchâtel, était précisément l'homme qu'il lui fallait pour devenir dépositaire

de ses papiers; qu'il était mon ami intime, d'une probité
à toute épreuve, et que j'en répondais. Après m'avoir
grondé, il fut sur le point de me remercier, sa bonne humeur revint, et nous allâmes faire au Bié un souper plus
gai que n'avait été le dîner. Telle a été l'origine des liai-
sons de M. du Peyrou avec Rousseau.

« De retour à Môtiers, j'écrivis à mon ami que son vœu
et le mien étaient remplis, que nous irions le voir dans
quelques jours. Rousseau n'accepta point la maison de
Cressier, mais il s'accommoda de celle de M. du Peyrou, à
Neuchâtel. C'est depuis ce temps qu'excepté l'hiver, il passait son temps entre Môtiers et Neuchâtel. Je m'y rencon-
trais le plus souvent que je pouvais, et, dans mes séjours
à la ville, je n'avais alors, à cause de Rousseau, d'autre
table que celle de mon ami.

« Je n'eus pas lieu d'abord de m'applaudir de mon succès, car aussitôt que la connaissance fut faite, il ne fut
plus question que de botanique, Rousseau pour suivre son
goût, M. du Peyrou pour s'y conformer et lui complaire.
Pour moi, qui n'avais aucune vocation pour cette science,
j'avoue que, pendant tout le reste de l'été, ces messieurs
m'ennuyèrent et m'impatientèrent fort. L'hiver suivant,
Rousseau me convertit un peu. Las surtout d'être en tiers,
personnage muet, réduit à écouter ce que je n'entendais
pas, je me résignai à ouvrir un herbier et à le parcourir.
Je ne fus donc pas entraîné par ce cri que la nature arra-
chait au Corrège : *Anch'io son pittore,* car, en vérité, je
me fis botaniste presque malgré moi. »

* *

Le comte d'Escherny se trouve donc lancé, sans le vouloir, dans l'étude de la botanique. Rousseau, on le sait,
était passionné pour cette science, et un de ses plus grands
plaisirs était d'herboriser. Nous allons assister à de grandes

herborisations dans les montagnes du Jura : le narrateur
ici n'est pas moins intéressant que dans la première partie
de son récit.

« Ce fut », dit-il, « pendant l'été qui suivit cet hiver,
et, si je ne me trompe, en 1764, que nous nous trouvâmes
tous réunis au Val de Travers, M. du Peyrou, le colonel
de Pury, Rousseau et moi. Il fut question alors d'herboriser en grand sur le Jura, d'étudier le système sexuel de
Linnæus, d'y puiser les principes généraux de la science,
d'observer sur chaque fleur, à l'aide d'une loupe, les éta-
mines et les pistils, d'étudier dans chaque plante les caractères assignés à chacune des vingt-quatre classes de l'in-
génieuse nomenclature de ce grand naturaliste. Rousseau
nous recommanda de nous munir, chacun de nous, d'un
Systema naturæ de Linnæus. »

Nos botanistes prirent avec eux, à raison de douze livres
par jour, un spécialiste hors de pair, Gagnebin, de la Per-
rière, le plus intrépide nomenclateur de plantes qu'on eût
jamais vu. Il avait dans la tête, et présents à la mémoire,
les noms de douze à quinze mille végétaux, avec leur caractéristique spéciale donnée par les plus illustres maîtres de
la partie. Ce profond érudit était d'une grande modestie.
C'était le plus précieux des guides. Rousseau l'appelait le
parolier. « Il dominait le règne végétal », écrit d'Escherny, « je dirai presque : il régnait sur ce règne, mais
s'ignorait lui-même. »

Du Peyrou, Américain de naissance, devenu bourgeois
de Neuchâtel, était un homme réfléchi, fort instruit,
enrichi dans le commerce, très charitable, sûr dans ses
relations : Rousseau n'eut pas d'ami plus dévoué. Suivant
le conseil de d'Escherny, il lui confia ses papiers, correspondance et manuscrits ; ils étaient en bonnes mains. Avant
de mourir, du Peyrou les légua à la Bibliothèque de Neu-

châtel, où ils sont encore, et où j'ai eu le grand bonheur de
les voir et de les consulter.

Le colonel de Pury était le beau-père de du Peyrou. Il
avait de l'esprit, se montrait parfois caustique, et sous des
airs tranchants cachait une grande bonhomie : c'était un
ancien militaire plein de loyauté, aux principes un peu
rigides, et de mœurs austères.

Un justicier du Val de Travers, nommé Leclerc, accompagnait quelquefois les herboriseurs. Il était médecin-
chirurgien, et s'adonnait à la botanique par état et par
goût, et avait un esprit original.

Tel était le personnel qui fit escorte à l'auteur du *Contrat
social* dans les belles excursions scientifiques que d'Escherny va raconter, et dont Rousseau lui-même rappelle
le souvenir dans les *Rêveries du Promeneur solitaire*[1].
L'auteur des *Mélanges* s'exprime ainsi :

« Nous devions passer ensemble la plus belle partie de la
belle saison, non point comme on l'est à la campagne, où
chacun a son appartement, où, hors les heures de repas,
on se disperse et se réunit à volonté. Ici, ce sont quatre
personnes errant dans les bois, à la suite d'un botaniste, et
qui ne doivent se quitter ni jour, ni nuit...

« Entre toutes ces courses, toutes fort agréables, mais
uniformes, deux surtout m'ont frappé et sont restées
gravées dans ma mémoire, l'une sur la montagne de Chasseron, l'autre à Brot, dans les gorges et défilés qui environnent l'entrée du Val de Travers.

« Combien je regrette de n'avoir pas écrit chaque soir
les conversations de la journée ! J'ose croire qu'elles en
valaient la peine ; les impressions étaient récentes et profondes ; si je les avais rendues avec la vivacité d'imagination que j'avais alors, l'ouvrage aurait été assez piquant

---

[1] Septième Promenade des *Rêveries*.

sous le titre de : *Entretiens de J.-J. Rousseau avec ses trois
compagnons de voyage, dans ses courses sur les montagnes
du Jura...*

« Si l'impartialité est un phénomène dans l'histoire, la
vérité est aussi rare dans les Éloges et les Mémoires. Ceux
qui l'aiment toute nue, sans ornement, la trouveront ici.
N'ayant pris note de rien, je ne me souviens que des
masses, des faits principaux, et de ceux qui ont un rapport
direct à Rousseau : les détails m'ont échappé.

« Nous avions une partie du vallon à traverser pour
arriver au pied de la montagne de Chasseron, et comme
nous ouvrions une campagne qui devait durer plus d'un
jour, il s'agissait d'avoir des vivres et de camper. Nous
avions pourvu à tout ; nos magasins portatifs reposaient sur
le dos d'une mule : ils consistaient en couvertures pour la
nuit, en pâtés, volailles et gibier rôtis, cantine bien fournie.

« Le justicier Leclerc était le pourvoyeur, M. du Peyrou
avait soin des herbiers. Le colonel de Pury était notre
éclaireur ; il portait la boussole, car dans la sombre épaisseur des forêts on ne peut se guider qu'en connaissant le
nord. Accoutumé au pays de montagnes où j'ai vécu si
longtemps, je fus créé fourrier : j'avais de plus la garde
du café et l'emploi de le faire. Muni d'un briquet que je
garde précieusement, c'était moi qui, dans le bois, allumais
le feu, comme le plus adroit à le reproduire et à donner
au café sa juste cuisson. Rousseau, comme le plus âgé,
était le capitaine de la petite troupe, chargé de la discipline
du corps, et d'y maintenir l'ordre et la subordination.

« Nous avions cinq bonnes lieues de marche pour gagner
le haut de la montagne, et souvent par des sentiers
escarpés et rompus. Ce fut Rousseau et moi qui les premiers atteignîmes le sommet de Chasseron. Nos compagnons étaient restés en arrière, et je me souviens toujours
que M. du Peyrou, qui était excédé, rendu, et qui pouvait
à peine se traîner, lorsqu'il nous aperçut, sautant et cabrio-

lant, s'étendit à terre. Il nous avoua le soir qu'il avait
éprouvé, en nous voyant, un moment de désespoir. »

D'Escherny raconte que Rousseau jouissait alors d'une
excellente santé et mangeait de fort bon appétit.

« Nous arpentions avec délices ces hauteurs, d'où nous
découvrions de tous côtés une vaste étendue de pays ; nous
ne laissions pas de rencontrer çà et là quelques plantes qui
ne croissent que sur le sommet des plus hautes montagnes ;
nous respirions un air très pur, très vif, présage heureux de
l'appétit du lendemain. Rousseau était de la meilleure humeur du monde, excepté quand il voyait que nous avan-
cions de trop près sur le précipice ; il nous priait en grâce
de nous retirer. Je l'ai vu nous donner une preuve de son
excessive sensibilité. Comme le plus jeune de la troupe,
j'étais aussi le plus étourdi, et je poussais l'imprudence
jusqu'à pirouetter sur la lisière scabreuse du Bec-de-Chas-
seron, rocher large et plat qui paraît comme lancé dans les
airs. Je l'ai vu se jeter à genoux, et me supplier de grâce de
ne pas récidiver, que je lui faisais un mal affreux.

« Nous descendîmes près d'une heure, tout en nous promenant, jasant, herborisant ; le jour baissait. En ma qualité de fourrier, je fus envoyé à la recherche d'un gîte pour
y passer la nuit. Suivi de la mule, j'arrivai à un chalet
d'assez bonne apparence ; il appartenait à des vachers de
Fribourg qui fabriquent les fromages de Gruyère. Je leur
demandai l'hospitalité, qui me fut aussitôt accordée.

« Nous avions dîné tard, nous étions harassés, personne
ne soupa ; on ne songeait qu'à se coucher ; chacun prit sa
couverture, et nous escaladâmes, au moyen d'une échelle,
d'énormes tas de foin rassemblés dans la grange. Là, côte
à côte, chacun s'endormit comme il put ; la chose n'était
pas aisée, car ce foin nouvellement fauché et très chaud
fermentait au-dessous de nous ; nous étions presque sur un
volcan : l'embrasement quelquefois suit la fermentation.

« Le lendemain matin, comme on se demandait, suivant
l'usage : « Avez-vous bien dormi? » — « Pour moi, dit
« Rousseau, je ne dors jamais. » Le colonel de Pury l'arrête, et d'un ton leste et militaire : « Par Dieu, Monsieur
« Rousseau, vous m'étonnez, je vous ai entendu ronfler
« toute la nuit; c'est moi qui n'ai pas fermé l'œil; ce diable
« de foin qui ressue! » Ainsi, Rousseau, par une de ces faiblesses humaines, mais bien innocente, prétendait à une
insomnie permanente, comme à un état habituel d'infirmité et de souffrance.

« On se leva; la toilette fut bientôt faite, on ne s'était
point déshabillé. J'allai préparer le café et pourvoir au déjeuner. Réunis dans la pièce contiguë à la grange où man-
geaient ces bonnes gens, l'un d'eux nous apporta de la
crème dans un baquet de bois très propre. Mais quelle
crème! Nous convînmes tous que nous n'en avions jamais
goûté de si délicieuse : elle était fraîche de la veille, et si
épaisse que la cuillère s'y tenait; nous étions tous amateurs
du café à la crème, mais surtout Rousseau, qui ne pouvait
se lasser d'exalter et de savourer cette crème. Je lui fis
remarquer qu'il mettait la moitié plus de sucre que moi.

« — C'est vrai, dit-il, je n'ai jamais pu me sucrer également; chaque jour, j'ajoute à la dose de la veille; mais
aussi, quand je suis parvenu à une certaine hauteur, tout à
coup je me retranche des trois quarts, puis j'augmente
insensiblement : c'est le flux et le reflux; vous verrez que
dans quelques jours je commencerai par un très petit morceau de sucre; il n'y a que le premier jour qui me coûte; le
lendemain, je trouve déjà mon café très bon, parce qu'il est
plus sucré que le jour précédent.

« Ce sont là des simplicités, sans doute. Je ne sais pourquoi on ne les oublie pas; on se les rappelle souvent mieux
que des choses importantes.

« Il était cinq heures du matin lorsque, délassés et refaits
par un bon déjeuner, nous sortîmes du chalet pour nous

répandre dans les belles prairies et les bois qui couvrent
les flancs et une partie des sommets de ces montagnes.
Nous fîmes une assez ample moisson de plantes et de fleurs
tout en nous promenant, allant et revenant, mais toujours
nous élevant, pour nous trouver à deux heures sur le plateau de Chasseron, où la mule et le dîner nous attendaient. »

Le soir, les herboriseurs revinrent au chalet fribour-
geois, et firent de nouveau honneur à la crème du matin.
Ils y trempaient un pain bis savoureux avec un appétit de
montagne, et la discussion allait son train.

« Que ne donnerais-je point », écrit d'Escherny, « pour
me souvenir de la conversation qui, ce soir-là, s'engagea
entre Rousseau et moi sur le chapitre de la gloire, et qui
dura plus de deux heures? Elle était d'un grand intérêt;
j'aurais dû l'écrire le lendemain, mais, je l'ai dit, je ne prenais note de rien. Le dialogue est sorti de ma mémoire,
mais le tableau est encore sous mes yeux. Je me rappelle
seulement que l'idée de gloire me transportait, et que je
soutenais contre Rousseau qu'il n'y avait rien dans le
monde au-dessus du bonheur de porter un nom célèbre. Il
me serait d'autant plus difficile de me souvenir de mon
plaidoyer que je pense aujourd'hui et sens sur ce sujet
précisément le contraire de ce que je sentais et pensais
alors.

« C'est ainsi qu'aux deux extrémités de la vie les opinions du même homme se trouvent en contradiction. Mes
opinions actuelles me feraient pitié si je pouvais remonter à vingt-cinq ans, et cette pitié est celle que j'éprouve
pour les opinions que j'avais à cet âge. Nous nous applau-
dissons donc et nous nous moquons alternativement de
nous-mêmes, selon le point auquel nous sommes parve-
nus dans la carrière de la vie.

« J'ai une idée confuse que tous les moyens de Rousseau, dans ses déclamations contre la gloire et la célébrité,
roulaient sur les tourments qu'éprouve celui qui aspire à
se faire un nom, surtout dans la carrière des lettres ; sur
les amertumes dont on l'abreuve, sur les obstacles qu'on
lui suscite et qu'il rencontre à chaque pas dans l'amour-
propre et l'ambition de ses rivaux ; sur l'envie qui s'attache
à l'homme de génie, qui le poursuit, le persécute. « Point
« de passion », disait-il, « plus opposée à la tranquillité et
« au bonheur de la vie ! »

D'Escherny, après diverses considérations sur la gloire,
arrive à cette conclusion, que les hommes qui n'ont point
de mérite veulent en avoir un peu, et que ceux qui en ont
beaucoup veulent en avoir davantage.

« Rousseau », dit-il, « n'était pas content d'avoir écrit
les lettres ardentes de Saint-Preux, il voulait qu'on le crût
capable d'en faire encore dans ce genre de très supé-
rieures : il dit quelque part qu'elles ont existé[1]..... Il voulait qu'au-dessus des besoins du commun des hommes, on
crût qu'il pouvait vivre sans dormir, et que c'était du milieu des souffrances, du sein de la douleur que s'échap-
paient ces pages immortelles. Environné d'admirateurs,
il se disait persécuté, ne recevant des hommes qu'ingratitude pour prix du bien qu'il leur avait fait ou cherché à
leur faire ; c'était des statues, des autels qu'en tout autre
temps, en tout autre pays, on lui eût élevés. Et, pour
qu'on ne pût douter qu'il était persécuté, lui le chantre de
la liberté, l'homme qui en fut le plus jaloux, on l'a vu demander à la perdre pour échapper à la persécution, et
implorer, solliciter, comme une grâce, une prison.

« Au-dessus de toute munificence, il dédaignait celle

---

[1] D'Escherny, sans doute, fait allusion ici à certaines lettres adressées
par Rousseau à Mme d'Houdetot.

des rois, refusait leurs pensions ; c'était l'outrager que lui
offrir des dons. En méprisant les richesses, il se mettait
au-dessus de tous les riches ; il ne lui restait plus qu'à se
mettre au-dessus de lui-même comme littérateur et philosophe, et c'est ce qu'il a fait, en quelque sorte, en abjurant
les lettres et la philosophie, en les vouant à l'anathème et
au mépris, et en regardant la vertu qu'il faisait profession
d'aimer comme incompatible avec la profession de littérateur et de philosophe. En se cachant, il redoublait l'envie
qu'on avait de le voir ; il se faisait d'autant mieux suivre
qu'il recherchait la solitude, et ses brusques réceptions
donnaient un grand prix à celles qui étaient douces et
affectueuses. »

En terminant le récit de l'herborisation de Chasseron,
d'Escherny raconte que ses amis et lui assistèrent à un
orage qui éclata au-dessous d'eux et qui les impressionna
fortement. La description est intéressante :

« Nous fûmes favorisés par le temps, qui se soutint très
beau et très doux, ce qui est rare sur ces hauteurs. C'est
dans un de ces beaux jours qu'au milieu de notre dîner, la
nature vint nous étaler toute sa magnificence dans l'un
de ses plus redoutables phénomènes. Le ciel était pur et
serein, mais bientôt nous vîmes quelques nuages s'élever
et rouler au-dessous de nous ; un bruit sourd parcourait et
remplissait toutes ces profondeurs. A ce bruit succédait
tout à coup un silence effrayant ; les nuages s'amonce-
laient, se pressaient, noircissaient ; nous ne sentions pas
le vent, mais nous l'entendions mugir au-dessous de nous,
et agiter le sommet des sapins et des chênes dont nous
apercevions par intervalles le balancement : c'était là les
avant-coureurs d'un orage qui ne tarda pas à éclater ; la
foudre sillonnait les nuages, nous entendions gronder le
tonnerre, nous en distinguions les serpenteaux d'une vue
aussi nette que si nous les avions eus au-dessus de nous.

Les nuages orageux n'étaient pas à beaucoup près aussi éloignés au-dessous de nos pieds qu'ils le sont dans la plaine, lorsque nous les voyons au-dessus de nos têtes.

« Ce spectacle, dont bien peu de gens ont occasion d'être témoins dans le cours de leur vie, nous tenait suspendus entre l'étonnement, l'admiration et la terreur. La sérénité dans le ciel, le calme autour de nous, et sous nos pieds le choc furieux des éléments, le déchirement des nuées, le sifflement des vents, les torrents formés par les averses, se précipitant à travers une foule de rochers coupés à pic avec un bruit semblable à celui du tonnerre, c'est un spectacle dont les habitants seuls de ces lieux élevés peuvent quelquefois jouir. Pour nous, c'était bien à la lettre et non dans le sens métaphorique que nous pouvions répéter :

> Heureux qui, retiré dans le temple des sages,
> Voit en paix sous ses pieds se former les orages.

« Rousseau était en extase; je ne l'ai jamais entendu parler avec autant de véhémence; il nous parlait alors comme il écrit, mais il y entrait je ne sais quoi de solennel et de pathétique; ce spectacle l'inspirait; tout ce qu'il nous dit aurait fait la matière de la plus touchante homélie. »

Intéressants par eux-mêmes, ces récits de d'Escherny sont précieux pour l'histoire de Rousseau. C'était certes un admirateur du philosophe, mais un admirateur éclairé. On sent qu'il est sincère, qu'il n'invente pas; il raconte sans prétention ce qu'il a vu, ce qu'il a entendu, ce qu'il a fait, ce qu'il a pensé : de là la valeur de son témoignage. Admis pendant longtemps dans l'intimité de Jean-Jacques, il semble l'avoir aimé pour lui-même, en ami véritable. Aussi, il a l'indulgence de l'amitié pour les petits travers du grand homme, et il n'en est que plus attaché à lui. Son affection fut inébranlable : nous le verrons plus tard venir à Ermenonville, rendre hommage à la mémoire de son illustre compagnon d'excursions et méditer sur son tombeau.

.·.

L'herborisation faite au village de Brot, à l'entrée du Val de Travers, va fournir au comte d'Escherny l'occasion de nous faire connaître encore de curieux détails sur Rousseau.

« C'est à Brot », dit-il, « où j'ai promis de conduire mes lecteurs, et où commence la plus longue de nos réunions champêtres. Là, nous étions logés dans l'auberge d'un méchant petit village, tenue par un nommé Sandoz, laboureur et boucher. Lui et sa femme, assez bonne cuisinière, et les plus braves gens du monde, firent tous leurs efforts pour nous bien traiter. Là, nous avions des lits au lieu de foin, tables, nappes, serviettes, sièges commodes, usage nouveau pour nous, presque un luxe; et après avoir vécu à Chasseron, et dans nos autres caravanes, comme les Spartiates, au brouet près, nous menions ici une vie de Sybarites. »

On était au mois de septembre. Après le déjeuner du matin, l'escorte partait et herborisait jusqu'à cinq heures, sous la conduite de Gagnebin, le *parolier*, le savant, le nomenclateur sans rival.

« Nous dînions entre cinq et six heures, c'était notre seul repas, et nous restions près de deux heures à table.

« Avant et après le dîner, comme on ne peut pas toujours causer, nous nous occupions de divers petits jeux, des jeux d'enfants; ils délassent et ce ne sont pas ceux qui intéressent le moins; ils portent avec eux un caractère de candeur et d'innocence. Celui auquel nous revenions le plus souvent, qui le croirait? c'était le jeu de l'oie.

« Nos lectures étaient assorties à nos jeux; nous nous

21

amusions à lire les amours de *Pierre Lelong* et de *Blanche
Bazu*. Rousseau aimait ce petit roman, qui a bien son mérite; dans son vieux langage, il a quelque chose de doux,
de naïf, de tendre, de dévot, et en même temps de pathétique. On croit être au xivᵉ siècle. Nos jeux et nos lectures
étaient entremêlés de gaieté, de rire et de plaisanterie. »

Dans une lettre de Rousseau à du Peyrou, en date du
11 juin 1765, je trouve des recommandations qui rappellent ce que raconte ici d'Escherny. Jean-Jacques donne
un rendez-vous à son ami pour une excursion et lui dit :
« Je vous recommande de ne pas oublier, parmi vos provisions, café, sucre, cafetière, briquet, et tout l'attirail
pour faire, quand on veut, du café dans les bois. Prenez
Linnæus et *Sauvages*, quelque livre amusant et quelque
jeu pour s'amuser plusieurs, si l'on est arrêté dans une
maison par le mauvais temps. Il faut tout prévoir pour
prévenir le désœuvrement et l'ennui. »

Il y aurait ici toute une série d'aperçus curieux à présenter sur ce besoin du jeu ressenti par la plupart de
ceux qui ont des loisirs et qui redoutent le vide des heures.
Mais les récits de d'Escherny s'imposent, et nous sommes
loin de la fin encore.

« Nos entretiens », poursuit-il, « roulaient quelquefois
sur les gens de lettres et les philosophes de Paris. Rousseau
rendait justice à tous, ne les présentait que sous le côté le
plus avantageux, jusqu'à Voltaire, dont il oubliait les
injures pour ne se souvenir que de ses talents et de son
génie; il ne prononçait son nom qu'avec respect.

« Quoique brouillé avec Diderot depuis longtemps, il en
faisait le plus grand éloge. Ce qu'il admirait surtout,
c'était la profondeur de ses vues et la clarté avec laquelle
il traitait les matières les plus abstraites; il appuyait beaucoup sur l'heureux choix de ses expressions et sur le don
qu'il lui reconnaissait du mot propre. »

D'Escherny connaissait beaucoup Diderot. Il dut lui raconter, à un de ses voyages à Paris, quelles bonnes relations il entretenait avec Rousseau à Môtiers-Travers, et il semble avoir désiré vivement les réconcilier. Voici ce qu'il dit à ce sujet :

« Lié avec tous les deux, et alternant entre le séjour de la Suisse et celui de Paris, Diderot m'avait parlé de faire la paix avec Rousseau et de ménager entre eux un raccommodement. Je m'y suis porté avec tout le zèle possible ; j'ai parlé, j'ai écrit, j'ai prié, j'ai pressé, Rousseau a été inexorable. »

D'Escherny publie à cette occasion la lettre que Rousseau lui écrivit le 6 avril 1765 : « Je n'entends pas bien, Monsieur, ce qu'après sept ans de silence M. Diderot vient tout d'un coup exiger de moi. Je ne lui demande rien, je n'ai nul désaveu à faire. Je suis bien éloigné de lui vouloir du mal, encore plus de lui en faire ou d'en dire de lui. Je sais respecter jusqu'à la fin les droits de l'amitié, même éteinte, mais je ne la rallume jamais, c'est ma plus inviolable maxime. »

On ne peut que donner raison à Jean-Jacques. L'amitié une fois brisée ne peut revivre. C'est se vouer à de nouveaux mécomptes et à d'amères désillusions que de croire à cette résurrection. L'amitié meurt par l'offense, et c'en est fait à jamais.

« Rousseau », dit d'Escherny, « n'avait pu pardonner à Diderot, après avoir été encouragé par lui de publier l'*Emile*, d'avoir agi sous main avec d'Alembert pour le faire supprimer. Il en avait des preuves si positives contre Diderot, qu'il alla chez lui, où, en présence de la compagnie qui s'y trouvait, il lui déclara ne pouvoir plus être de ses amis. Voilà, du moins, comme il me l'a conté plusieurs fois. »

Puis, revenant à l'herborisation de Brot :

« Qui le croirait! Cet homme, ce Jean-Jacques si connu par sa misanthropie, ses brusques incartades, ses paradoxes, ses sophismes, ses explosions d'amour-propre (quand il se croyait blessé), où il ne parlait que de statues et d'autels qu'il s'élevait à lui-même, était avec nous, à Brot et dans toutes nos courses, le plus simple, le plus doux et le plus modeste des hommes. Il est vrai qu'il était dans son élément, dans des contrées un peu sauvages, mais extrêmement variées, pittoresques et romantiques; que nous étions tous de bonnes gens, qu'il se plaisait avec nous, qu'il y était libre et à son aise, que nous respirions un air pur, vif, que nous jouissions tous de la meilleure santé, que nous avions grand appétit, et qu'il avait pour la botanique un goût beaucoup plus vrai que le mien, quoique je lui aie entendu dire assez souvent : « Chaque prin-
« temps, je suis obligé de recommencer, parce que tout
« s'échappe de ma mémoire pendant l'hiver. »

« J'ai déjà dit que nous étions longtemps à table; nous vidions volontiers quelques bouteilles des plus excellents vins de Cortaillod. mais la plus légère pointe était pour nous les colonnes d'Hercule de notre ivresse, nous n'allions pas au delà. La conversation roulait sur toute sorte de sujets; Rousseau ne soutenait jamais ses opinions avec aigreur ou ténacité, son ton n'était jamais tranchant, et je me souviens que, sur l'histoire de France, deux ou trois fois le colonel de Pury le releva avec dureté, et que Rousseau baissa la tête et ne répondit rien. On peut juger par là combien il était bon convive.

« Il s'est plu souvent, dans ses lettres, et je crois même dans ses *Rêveries*, à rappeler nos intéressantes courses, et surtout notre séjour à Brot. Il n'en parlait qu'avec regret et attendrissement, surtout quand, depuis nous, herborisant dans le Dauphiné, il eut des compagnons qui ne lui convenaient pas autant que nous. »

Ces excursions champêtres se seraient sans nul doute multipliées d'année en année, si Rousseau eût pu demeurer à Môtiers. On sait qu'une cabale, fomentée à Genève, y fut organisée contre lui et qu'il se vit dans la nécessité de quitter le Val de Travers, en septembre 1765, après deux ans et demi de séjour. L'île Saint-Pierre lui servit un moment de refuge, puis, après le voyage de Strasbourg, il se laissa entraîner par Hume en Angleterre. Combien du Peyrou, le colonel de Pury, d'Escherny durent le regretter! Sa présence leur était chère; le canton de Neuchâtel leur sembla vide quand il ne fut plus là.

Je me représente ces amis fidèles se réunissant parfois encore, et parlant du grand homme que les hasards de son aventureuse destinée avaient fait vivre pendant quelques saisons dans leur intimité, et qui n'était plus là. Quels vœux d'affection ils formaient pour son repos, et comme leur cœur allait vers lui!

D'Escherny ne le revit qu'à Paris en 1770, à son retour du Dauphiné, mais il le trouva bien changé. Rousseau était en proie à l'idée désespérante qu'une conspiration universelle était tramée contre lui, et il regardait avec défiance tous ceux qui l'approchaient. Les beaux jours de Môtiers ne devaient plus renaître.

*
* *

D'Escherny, comme je l'ai dit, vénéra toujours la mémoire de Jean-Jacques. Nous en trouvons la preuve dans la fin de son récit, où il raconte sa visite à Ermenonville et son intervention à l'Académie française pour un prix en l'honneur du philosophe :

« Ce ne fut que douze ans après sa mort qu'à mon tour je fis aussi le pèlerinage d'Ermenonville; c'était sur la fin de 1790 : on était en pleine Révolution. Nous étions assez nombreuse compagnie... Nous nous acheminâmes lente-

ment vers l'île des Peupliers, où repose le corps de ce bon
et excellent homme.

« En approchant de son tombeau, j'éprouvai un serre-
ment de cœur. Que d'idées, tout à coup, que de sentiments
cette vue vint réveiller en moi : le souvenir du temps
passé, de tant d'agréables moments de nos courses champêtres, de Brot, de Chasseron, de l'âge heureux (je n'avais
pas trente ans) où l'on se livre à l'espérance, où l'avenir
se pare à nos yeux des plus riantes couleurs! Quelques
larmes s'échappèrent de mes yeux!

« C'est donc là, c'est donc sous une froide pierre que
vont aboutir nos désirs ambitieux, nos travaux, et nos
rêves de gloire et de bonheur!...

« Le sarcophage est en marbre blanc. Les bas-reliefs
qui le décorent sont aussi bien choisis que bien exécutés;
ils se rapportent tous aux vertus, aux talents, à l'éloquence
de l'illustre philosophe, et aux services qu'il a rendus,
tant aux hommes qu'à leurs enfants. On a voulu que ce
magnifique jardin annonçât partout la présence de ce
grand homme, qu'on pût partout suivre à la trace l'empreinte de ses pas. Des marbres et des vers appellent
l'attention...

« Mais tous ces monuments sont les tristes vestiges
d'un homme malheureux. C'est au Val de Travers, aux
environs de Neuchâtel, à Brot, à Chasseron, qu'il faut
aller chercher des souvenirs intéressants. Ces lieux-là,
sans inscriptions, sans marbres, parlent de lui et le rappellent bien plus éloquemment, car il y a fait un long
séjour, et il était gai, content et bien portant. Il s'y plaisait à rassembler dans un herbier la riche et touchante
parure dont la nature a décoré les montagnes de Suisse;
la musique, qu'il cultivait encore, lui offrait les plus doux
délassements, et sa voix quelquefois se faisait entendre
aux échos du vallon qu'il habitait...

« Le garde-forêt d'Ermenonville, qui le voyait tous les

jours, qui ne l'a presque pas quitté, nous dit qu'il avait la
tristesse empreinte sur le front, qu'il gardait un morne
silence, qu'il se promenait tête baissée et les yeux toujours
fixés sur la terre. Ce garde-forêt, qui était Allemand,
et qui, depuis bien des années, ne communiquait guère
qu'avec les arbres du parc et les animaux domestiques et
sauvages qu'il renferme, n'avait jamais entendu parler de
l'auteur d'*Emile* et de *Julie*. Il nous contait donc, dans son
grossier langage, qu'il ne voyait dans Rousseau, dont il
apprenait le nom pour la première fois, qu'un bonhomme
qui aimait la solitude et les livres, qu'une espèce de savant
qui n'avait rien de remarquable.

« Ce ne fut qu'après sa mort qu'il ouvrit de grands
yeux, quand il vit cette foule de personnes, de tout rang
et de tout sexe, dévots et dévotes, venir à Ermenonville
visiter son tombeau, leur empressement à s'enquérir de
lui, à s'informer des plus petites particularités de son
genre de vie, de sa mort et des moindres détails de ses
derniers moments.

« C'est alors », nous dit-il, « que je conçus une haute
« idée de cet homme si simple, et qui vivait avec moi si
« familièrement. Ah ! si je l'avais connu, j'aurais fait ma
« fortune. Je l'ai embaumé, j'ai touché, remué son cœur,
« j'ai coupé ses cheveux, j'ai eu un doigt de lui, j'ai remis
« le tout bien proprement dans le cercueil. Combien
« m'auraient valu quelques fragments de sa dépouille
« mortelle ! Des gens m'auraient donné et m'ont offert
« cent louis pour une touffe de ses cheveux, ou pour un
« morceau de quelques parties de vêtement qui auraient
« touché son corps. — Mais, mon ami », lui dis-je, « à votre
« place, j'aurais vendu des cheveux, des chiffons, des gue-
« nilles ; en y ajoutant foi, tout cela aurait valu les vraies
« reliques. — Ah ! Monsieur, je suis trop honnête homme,
« je n'aurais voulu tromper personne ! »

« Le garde-forêt portait à la main, en nous montrant le

jardin, une espèce de serpe ou long bâton armé d'un crois-
sant, dont Mlle Levasseur lui avait fait présent, à condition qu'il ne s'en déferait jamais : c'était le bâton qu'avait
toujours à la main Rousseau, quand il se promenait. »

En 1790, l'éloge de Rousseau avait été mis au concours
à l'Académie française; un prix de 600 francs devait être
alloué à l'auteur de la meilleure composition. D'Escherny
doubla la somme, et fit remettre un nouvel appoint de
600 francs à Marmontel, secrétaire perpétuel. L'idée lui
vint ensuite de concourir lui-même; il envoya un éloge et
attendit le résultat. Mais l'Académie ne donna pas le prix.
Cependant, la composition de d'Escherny n'avait point
passé inaperçue; Marmontel, sans savoir qui en était l'auteur, l'avait signalée comme remarquable.

L'envie fut la raison véritable qui empêcha que le prix
ne fût décerné. La gloire toujours ascendante de Jean-
Jacques était mal vue à l'Académie, il y comptait de nombreux ennemis; Marmontel n'était pas le moins perfide.
Hélas! à quoi leurs viles passions ont-elles servi, à tous ces
pygmées? Ils ont disparu de l'horizon, comme les nuages
mornes chassés par l'ouragan, tandis que l'astre du citoyen
de Genève y resplendit toujours.

D'Escherny quitta Paris en 1792 pour sauver sa tête.
Quand il revint, au bout de cinq années, il réclama les
600 francs offerts par lui, et qui n'avaient pas reçu leur
destination. Il fut un moment question à l'Institut de remettre au concours l'éloge du philosophe, mais le projet
n'eut pas de suite, et l'Etat remboursa en livres pris dans
les dépôts de Versailles la somme versée par d'Escherny.

L'éloge de Rousseau par ce dernier est très étendu et
constitue une étude fortement poussée sur les ouvrages et
le rôle de Rousseau. Il renferme des pages superbes qui
débordent d'éloquence et d'enthousiasme. Il est rempli,
comme Marmontel lui-même l'a reconnu, « de vues pro-

fondes et d'idées vastes ». Il méritait cent fois le prix académique.

Le comte d'Escherny n'écrivit que tard. Son premier ouvrage, les *Lacunes de la Philosophie*, date de 1783. Il aurait pu, s'il l'eût voulu, entrer dans la diplomatie et y remplir des missions de premier plan. Il fut, en effet, l'ami de plusieurs grands hommes d'Etat de son temps, du comte de Hertzberg et du prince de Kaunitz; dans ses voyages à travers l'Europe, il reçut un accueil distingué de la part des souverains, du grand Frédéric, de Joseph II et de la grande Catherine. Mais il prévoyait les orages de la Révolution et n'embrassa point cette carrière. Il y avait d'ailleurs en lui un fonds d'indépendance et un amour des lettres qui le rendaient rebelle à toutes fonctions d'Etat.

Quand il connut Rousseau, d'Escherny n'écrivait pas, n'était pas auteur : il attribue à ce fait l'amitié que lui témoigna le philosophe. Il pense aussi que la musique contribua largement au maintien de leurs bonnes relations. « Plus qu'aucun autre art », dit-il, « elle établit une espèce de fraternité entre ceux qui la cultivent. »

Il termine ainsi ses *Mélanges* :

« Je n'imaginais guère que cette fantaisie d'écrire me prendrait lorsque je vis Rousseau à Môtiers pour la première fois; et s'il revenait au monde, il ne serait pas peu surpris lui-même de lire l'Eloge que j'ai fait de lui et le présent fatras, pour lequel je sollicite, sinon la bienveillance, du moins l'indulgence de mes lecteurs; et si la musique inspire ces sentiments, j'aurais grand besoin de n'être lu que par des musiciens. »

Le comte d'Escherny, à n'en point douter, mérite un chapitre dans la grande histoire de Rousseau qui, un jour ou l'autre, sera publiée, et c'est pour aider à sa composition que nous avons réuni ces documents et publié ce travail.

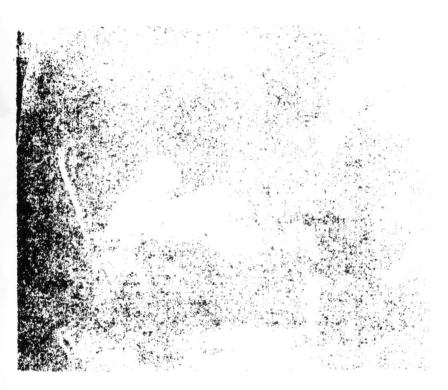

J.-J. ROUSSEAU ET LE PRINCE DE LIGNE, JUIN 1770.

Scène inédite. — Tableau à l'huile par Boilly.
Collection H. B.

CHAPITRE XI

LES DERNIERS JOURS DE J.-J. ROUSSEAU

Au printemps de l'année 1778, Jean-Jacques Rousseau, âgé de soixante-six ans, vivait assez paisiblement à Paris, à un quatrième étage de la rue Plâtrière, la même qui porte aujourd'hui son nom. Son existence était des plus modestes, car il était resté pauvre, malgré le succès prodigieux de ses livres qui enrichissaient les libraires : sa gloire, il est vrai, était européenne, et n'avait pour rivale que celle de Voltaire, qui venait de remporter sur la scène du Théâtre-Français un suprême triomphe (30 mars) et de se voir l'objet d'une apothéose dont le souvenir nous émeut encore.

De divers côtés, des âmes généreuses offraient l'hospitalité à l'auteur de la *Nouvelle Héloïse* : plusieurs grands seigneurs se disputaient l'honneur de lui donner un asile digne de son génie, afin qu'il pût, après les orages et les tempêtes, y goûter les douceurs du repos et y passer en paix les dernières années de sa vie. Parmi eux se trouvait le marquis René de Girardin.

Ce dernier possédait à Ermenonville, à dix lieues de Paris, une propriété magnifique. Il l'avait embellie de jardins fameux où l'art secondait la nature, de monu-

ments symboliques, de plantations rares; des pièces d'eau,
des lacs, une petite île, puis des grands bois sur les hauteurs, achevaient de donner à ce noble séjour un charme
infini, et en faisaient un cadre admirable pour les méditations d'un philosophe, d'un ami de la nature, d'un grand
homme arrivé à la fin de ses travaux et de ses luttes.

Rousseau et sa femme, Thérèse Levasseur, n'avaient pour
vivre qu'une petite rente viagère d'environ 1,400 livres :
on sait qu'afin d'augmenter son bien-être, il s'était remis
à copier de la musique, mais l'âge le forçait à renoncer à
cette occupation; sa main, comme il le disait lui-même,
n'était plus assez ferme ni assez agile pour que ce travail
lui fût profitable. C'est pourquoi l'idée lui était venue de
se retirer à la campagne, où tout est moins cher qu'à
Paris. Ses goûts, du reste, le ramenaient toujours aux
champs, devant la paisible nature.

Le marquis de Girardin lui fit offrir le séjour d'Ermenonville par un ami qui leur était commun, le docteur Le
Bègue de Presle, médecin de la Faculté de Paris; puis il
vint lui-même avec sa femme réitérer l'offre de lui donner
une retraite pour le reste de ses jours. Il aurait une liberté
absolue, serait son maître à tous égards, et comme il
aimait la botanique, il pourrait à loisir satisfaire ses goûts,
la terre d'Ermenonville possédant une flore abondante et
variée[1]. Rousseau fut touché de cette générosité, de ces
sentiments délicats, et après en avoir conféré longuement
avec le docteur Le Bègue de Presle, il accepta la proposition qui lui était faite.

Le marquis de Girardin avait d'abord suivi la carrière
des armes : c'était un savant, qui ensuite avait beaucoup
voyagé, et dont les observations et les études avaient
embrassé surtout les merveilles des continents et des mers,
et les créations du génie dans les beaux-arts. Comme le

---

[1] Voir l'Appendice II : *Le Dernier Herbier de J.-J. Rousseau*.

disait une ancienne inscription : « Il fut l'ami des hommes
et le dernier appui de Jean-Jacques malheureux. Le premier, en France, il donna l'exemple d'embellir les campagnes, et appliqua les principes de cet art en créant
Ermenonville. »

Dès 1755, il avait avec chaleur défendu Rousseau contre
les attaques de Palissot, attaques inoffensives d'ailleurs, et
dont le piteux auteur est enseveli depuis longtemps sous le
plus inexorable oubli. Les années n'avaient fait que fortifier son admiration, et ce fut pour lui une joie supérieure
de pouvoir offrir un asile au philosophe.

Ce fut le 20 mai 1778 qu'en compagnie du docteur Le
Bègue de Presle, le puissant penseur se mit en route pour
Ermenonville, non pas à pied, faute d'argent, comme on
en fit courir le bruit, mais dans une chaise de poste qui
conduisit les voyageurs jusqu'à Louvres, petit village de
Seine-et-Oise. Là, le carrosse et les chevaux du marquis de
Girardin vinrent les prendre, et le soir Rousseau coucha
dans ce village d'Ermenonville qui allait recueillir les
dernières étincelles de son génie, acquérir la célébrité par
sa présence, et se parer par sa mort d'un reflet immortel.

M. de Girardin, au comble de la joie, fit part de cet événement à ses amis, et notamment à une femme de mérite
qu'il affectionnait ; la lettre qu'il écrivit à celle-ci a été
retrouvée ; il s'exprime ainsi :

« Je crois, Madame, vous avoir dit, dans ma dernière
lettre, avec quel tendre épanchement de cœur le plus sensible des hommes avait reçu la proposition de se retirer à
Ermenonville, et qu'il s'y était rendu d'autant plus volontiers qu'il lui avait été impossible de se méprendre sur le
sentiment qui l'avait dictée. Nous partîmes donc sur-le-
champ, ma femme et moi, pour lui faire arranger un petit
appartement, sous un toit de chaume situé au milieu d'un
ancien verger. Cette habitation champêtre semblait lui

appartenir de droit, puisque ayant été entièrement disposée suivant la description de l'Elysée de Clarens, il en était le créateur; mais quelque diligence qu'on pût apporter au petit arrangement intérieur qui lui convenait, l'impatience de son cœur fut encore plus prompte que la main des ouvriers.

« Sa poitrine, oppressée depuis si longtemps, avait un si grand besoin de respirer l'air pur de la campagne que, peu de jours après notre départ, il vint nous trouver avec un de ses amis et des miens. Dès qu'il se vit dans la forêt qui descend jusqu'au pied de la maison, sa joie fut si grande qu'il ne fut plus possible à son ami de le retenir en voiture.

« — Non, dit-il, il y a si longtemps que je n'ai pu voir un arbre qui ne fût couvert de fumée et de poussière! Ceux-ci sont si frais! Laissez-moi m'en approcher le plus que je pourrai; je voudrais n'en pas perdre un seul.

« Il fit près d'une lieue à pied de cette manière. Sitôt que je le vis arriver, je courus à lui.

« — Ah! Monsieur, s'écria-t-il en se jetant à mon cou, il y a longtemps que mon cœur me faisait désirer de venir ici, et mes yeux me font désirer actuellement d'y rester toute ma vie!

« — Et surtout, lui dis-je, s'ils peuvent lire jusque dans le fond de nos âmes!

« Bientôt, ma femme arriva au milieu de tous mes enfants; le sentiment les groupait autour de cette douce et tendre mère, d'une manière plus heureuse et plus touchante que n'aurait pu le faire le plus habile peintre. A cette vue, il ne peut retenir ses larmes.

« — Ah! Madame, dit-il, que pourrais-je vous dire? Vous voyez mes larmes: ce sont les seules de joie que j'aie versées depuis bien longtemps, et je sens qu'elles me rappellent à la vie!

« Il avait laissé sa femme à Paris; elle y était chargée

de tous les soins du déménagement, afin de lui en épargner le tourment et l'agitation; car plus il était capable de
s'occuper de grandes choses, moins il l'était de s'occuper
de petites. Il eût mille fois mieux gouverné un grand Etat
que ses propres affaires, et il eût plus aisément dicté des
lois à l'univers que des clauses et des articles à un procureur ou à un notaire.

« En attendant que sa chaumière fût arrangée, il se détermina à s'établir dans un petit pavillon séparé du château
par des arbres. »

Rousseau se trouva heureux au milieu de la famille de
son hôte. Rien n'était négligé pour ménager sa sensibilité,
réjouir son cœur, distraire son esprit, charmer sa pensée.
Dès le troisième jour de son arrivée, tout lui semblait si
propice, il éprouvait tant de contentement, qu'il écrivit à sa
femme de procéder à son déménagement et de venir le
rejoindre. Elle arriva quelques jours après, et ils s'instal-
lèrent dans un des pavillons bâtis en avant du château et
par côté. Ce pavillon, depuis, a été démoli. Combien il y a
lieu de le regretter!

Le château consiste dans un corps de logis considérable,
auquel se joignent deux grandes ailes parallèles, et qui est
flanqué de quatre tours donnant à l'ensemble un air féodal.
Il s'élève, du milieu des eaux qui l'environnent, sur les
ruines de la demeure des anciens seigneurs d'Ermenonville. Placé dans le lieu le plus étroit de la vallée, il la
coupe en deux parties distinctes. A gauche de la face principale, on remarque une cascade dont l'eau se précipite
avec bruit dans les fossés qui tournent autour du château.

Un des agréments de cette habitation est un vaste salon
d'où la vue embrasse deux paysages magnifiques : celui
du midi, d'un style grave; celui du nord, d'un style doux
et souriant, pour ainsi dire. Le fronton est orné d'élégantes sculptures.

Ce château resta pendant plus d'un siècle la propriété de la famille de Girardin, dont le nom est lié pour jamais à celui de Rousseau. C'est le cas de citer les vers suivants, que nous avons relevés au bas d'une vieille estampe représentant le tombeau de Jean-Jacques :

Sous cette tombe aux vertus consacrée,
De Jean-Jacques Rousseau la dépouille sacrée
Par les soins d'un ami brave l'effort des ans!

Et sa mémoire, à jamais révérée,
Du nom de Girardin portera la durée
Au delà des bornes du Temps!

Dans ces dernières années, le prince Constantin Radziwill est devenu acquéreur du domaine : comme ses prédécesseurs, il se montre jaloux des glorieux souvenirs qui sont attachés à ce magnifique séjour.

Jean-Jacques, à peine installé, commença par explorer le parc, la forêt, les environs, et bientôt il eut ses endroits préférés pour ses promenades et ses rêveries. Partout de belles allées, de riants ombrages, des sites enchanteurs, des statues, de petits édifices rappelant quelque grande idée, quelque sentiment généreux, des inscriptions poétiques, des maximes de sagesse, en harmonie avec les doctrines et les descriptions de l'*Emile* et de la *Nouvelle Héloïse*.

Suivons Rousseau dans sa promenade du matin. Il s'avance, en face du château, par un sentier qui serpente le long du lac, et, la canne à la main, gagne une hauteur boisée, en caressant du regard l'île des Peupliers qu'il salue au passage, et où il doit reposer après sa mort. Il va s'arrêter à mi-côte, près du Temple de la Philosophie, que nous apercevons de loin, grâce à une éclaircie pratiquée dans la forêt. Ce temple est bâti sur un plateau délicieux, d'où l'on domine tout le pays d'Ermenonville, le lac et ses îles. Une touffe de pins le défend contre l'effort de la

tempête. Sa forme est circulaire et dans le style simple,
élégant des temples de Vesta et de la sibylle Albunéa qui
se dressent sur les bords du Tibre et de l'Anio. L'archi-
trave n'est soutenue que par six colonnes d'ordre toscan ;
chacune d'elles porte le nom d'un homme célèbre, avec un
mot latin qui caractérise les services qu'il a rendus à la
philosophie moderne.

Admirons d'un peu loin l'ensemble de ce temple sym-
bolique, non achevé à dessein, adossé à un tertre protecteur, festonné de lierre et de plantes grimpantes, et
n'ayant pour dôme que l'azur du firmament. En approchant, nous lisons au-dessus de la porte, toujours ouverte,
pour signifier sans doute que la philosophie n'exclut aucune idée, aucun système et aucun homme, nous lisons
cette parole de Virgile :

RERUM COGNOSCERE CAUSAS.

Dans l'intérieur, vide, sans parure et sans autel, nous
voyons l'inscription suivante :

Hoc templum inchoatum,
Philosophiæ nondum perfectæ
Michaeli Montaigne,
qui omnia dixit,
Sacrum esto !

Ce qui veut dire : « Ce temple, tout imparfait qu'il est,
est dédié à la philosophie, dans la personne de Michel
Montaigne, qui sut tout dire. »

Sur les colonnes sont gravés des noms et des mentions
dans l'ordre suivant : La première colonne est consacrée à
l'auteur du *Discours sur la Méthode*, et on lit au-dessus du
chapiteau : DESCARTES, puis : *Nil in rebus inane*, rien
d'inactif dans la nature. La seconde est érigée au philosophe anglais qui nous révéla les lois de l'attraction, et
nous montra la lumière créant, animant, vivifiant tous
les êtres : NEWTON, *Lucem*. La troisième porte le nom de

22

l'ami des hommes, du législateur de la Pensylvanie, qui
acclimata sur cette terre vierge l'arbre de la liberté et, par
suite, de toutes les industries : W. PENN, *Humanitatem*.
Sur la quatrième colonne, on a gravé le nom de l'homme
de génie qui, se faisant l'organe de la justice éternelle,
proclama les droits des nations, prescrivit leurs devoirs
aux rois, et traça, en des pages vengeresses, l'histoire
sanglante du despotisme : MONTESQUIEU, *Justiciam*. On a
dédié la cinquième colonne au philosophe de Ferney; avec
l'arme du ridicule, il combattit les préjugés et détrôna la su-
perstition : VOLTAIRE, *Ridiculum*. Enfin, la sixième colonne
est celle de l'auteur d'*Emile* : J.-J. ROUSSEAU, *Naturam*[1].

A la place de la septième colonne est un simple socle,
attendant le fût qu'il doit supporter, et présentant ces
mots : *Quis hoc perficiet?* Qui achèvera l'œuvre com-
mencée? Les autres places sont vides, et attendent de
même l'action des philosophes à venir.

Sur les marches du temple et à terre, non loin de
l'entrée, gisent çà et là des fûts de colonnes, des chapi-
taux, des corniches, des pierres taillées et d'autres à
dégrossir, en un mot, tous les matériaux nécessaires pour
le terminer. Prêts à être mis en œuvre, ils annoncent,
dans un langage muet, mais éloquent, qu'il reste encore à
la Philosophie de grands progrès à accomplir pour
atteindre à un degré de perfection nouvelle.

Tel était ce monument à l'heure matinale où nous
voyons Jean-Jacques le contempler, tel il est encore de
nos jours. Les différents possesseurs d'Ermenonville ont
veillé sur lui, et le temps en a respecté la gracieuse
harmonie. A l'abri de ce vallon, protégé par les arbres
de la forêt, loin du bruit des cités et de l'agitation des
hommes, il semble, comme les hautes conceptions qu'il

---

[1] J'emprunte à Thiébaut de Berneaud ces diverses descriptions de l'ancien Ermenonville.

symbolise au sein du silence de ces bords heureux, il
semble défier les tempêtes et l'universelle décadence.

Nous l'avons tout récemment visité, en compagnie
d'une amie, et nous nous sommes assis près du seuil. Des
pensées graves viennent à l'esprit en présence de cet
édifice, de ces noms illustres, de ces inscriptions signi-
ficatives. Tout l'effort séculaire de l'intelligence humaine,
avide de lumière et de bonheur, se dresse, pour ainsi dire,
devant les yeux éblouis, et l'âme reste pénétrée de respect
et de crainte... de respect en l'honneur des génies qui ne
sont plus, de crainte à la pensée que l'énigme de la
félicité est loin d'être résolue, et que nos clartés sont
imparfaites et bornées.

Nous regardions avec tristesse les colonnes gisant à
terre, et réclamant un bras vigoureux pour les élever,
elles aussi, et les dresser près de celles qui décorent le
temple. Nous répétions l'inscription qui s'adresse aux
énergies inconnues : *Quis hoc perficiet?* Qui finira le
travail ébauché? Sur une colonne renversée, on lit : *Fal-
sum non stare potest*, le faux ne peut se tenir debout.

Et tout ce symbolisme nous ouvrait des perspectives
immenses dans les âges écoulés, dans le xviiie siècle
surtout, dont la seconde moitié fut un champ de bataille
d'idées si vaste et si entraînant.

O temple inachevé, quelle puissante, quelle bienfaisante main élèvera les colonnes qui manquent encore à
tes lignes harmonieuses, et gravera sur ton seuil le dernier mot du problème qui tourmente l'humanité? Pourquoi ne vois-je point le mot amour — *Amorem* — inscrit
sur ton frontispice? C'est lui que je voudrais y mettre, si
ma pensée avait quelque force et mon nom quelque
gloire qui s'impose.

Sans l'amour, qu'est-ce que la philosophie? N'est-il pas
la lumière chère à Newton, la clarté qu'aimait tant Descartes, la justice préconisée par Montesquieu, la fraternité

qui enflammait William Penn, l'harmonie qu'ambitionnait Voltaire, la nature enfin que Jean-Jacques célébra
avec tant d'éloquence?

Allons, ce mot plein de magie, je le grave en lettres
d'or sur ton fronton poétique, à côté des paroles de
Virgile, et nul, j'en suis sûr, ne viendra l'effacer. Le
passant dira : Ce poète eut raison, et chantera avec moi :

> J'aime! Je suis aimé! Voilà toute la vie!
> Ces deux mots, dans le cœur, résonnent nuit et jour,
> Comme un chant de bonheur, ou comme un cri d'envie!
> Tout commence et finit par un soupir d'amour!

Gérard de Nerval, racontant ses souvenirs d'enfance,
parle de ce Temple de la Philosophie, et dit dans une page
incomparable :

« Lorsque je vis briller les eaux du lac à travers les
branches des saules et des coudriers, je reconnus tout à
fait un lieu où mon oncle, dans ses promenades, m'avait
conduit bien des fois : c'est le *Temple de la Philosophie*,
que son fondateur n'a pas eu le bonheur de terminer. Il a
la forme du temple de la Sibylle tiburtine, et, debout
encore, sous l'abri d'un bouquet de pins, il étale tous ces
grands noms de la pensée qui commencent par Montaigne
et Descartes, et qui s'arrêtent à Rousseau. Cet édifice inachevé n'est déjà plus qu'une ruine, le lierre le festonne
avec grâce, la ronce envahit les marches disjointes.

« Là, tout enfant, j'ai vu des fêtes où les jeunes filles,
vêtues de blanc, venaient recevoir des prix d'étude et de
sagesse. Où sont les buissons de roses qui entouraient la
colline? L'églantier et le framboisier en cachent les derniers plants, qui retournent à l'état sauvage. Quant aux
lauriers, les a-t-on coupés, comme le dit la chanson des
jeunes filles qui ne veulent plus aller au bois? Non, ces
arbustes de la douce Italie ont péri sous notre ciel bru-
meux. Heureusement, le troène de Virgile fleurit encore,

comme pour appuyer la parole du maître, inscrite au-
dessus de la porte : *Rerum cognoscere causas!* Oui, ce
temple tombe, comme tant d'autres ; les hommes, oublieux
ou fatigués, se détourneront de ses abords, la nature indifférente reprendra le terrain que l'art lui disputait ; mais
la soif de connaître restera éternelle, mobile de toute force
et de toute activité.

« Voici les peupliers de l'île et la tombe de Rousseau,
vide de ses cendres. O sage ! tu nous avais donné le lait des
forts, et nous étions trop faibles pour qu'il pût nous profiter. Nous avons oublié tes leçons que savaient nos pères,
et nous avons perdu le sens de ta parole, dernier écho des
sagesses antiques. Pourtant, ne désespérons pas, et, comme
tu fis à ton suprême instant, tournons nos yeux vers le
soleil ! »

C'est ainsi qu'à travers l'histoire de la pensée s'égarait
notre âme, tandis que, recueillis et charmés, nous laissions passer l'heure, dans cet adorable parc d'Ermenonville.

Rousseau, après avoir médité sur les grands problèmes
dont ce temple réveille le souvenir, poursuit sa promenade
et vient respirer la fraîcheur d'une grotte tapissée de
plantes grimpantes et précédée d'un escalier champêtre
taillé dans le roc. Un banc de mousse l'invite à s'asseoir ;
en face de lui se détache une inscription imitée du poète
anglais Shenstone, et bien dans le goût de la fin du
xviiie siècle :

> Nous, Fées et gentilles Naïades,
> Établissons ici notre séjour !
> Nous nous plaisons au bruit de ces cascades,
> Mais nul mortel ne nous vit en plein jour !
> C'est seulement quand Diane amoureuse
> Vint se mirer au cristal de ces eaux.
> Qu'un poète a pensé, dans une verve heureuse,
> Entrevoir nos attraits à travers les roseaux.....

> O vous qui visitez ces champêtres prairies,
>   Voulez-vous jouir du destin le plus doux?
>   N'ayez jamais que douces fantaisies,
>   Et que vos cœurs soient simples comme nous!
>   Lors, bien venus dans nos riants bocages,
>   Puisse l'Amour vous combler de faveurs!
>   Mais maudits soient les insensibles cœurs
> De ceux qui briseraient, dans leurs humeurs sauvages,
> Nos tendres arbrisseaux et nos gentilles fleurs!

Le philosophe parcourt du regard ces vers faciles, où il retrouve des pensées qui lui sont chères, puis il repart et fait le tour du lac. Il ne se lasse pas d'admirer le magnifique amphithéâtre que les montagnes boisées et une colline de verdure plantée de noyers font à ce coin de terre privilégié. L'île des Peupliers prend du relief sur les eaux argentées, et son mobile feuillage se reflète dans leurs profondeurs. Songe-t-il qu'il doit avoir là un glorieux tombeau, et que cette île paisible deviendra un lieu de pèlerinage? A-t-il le secret instinct de sa mort prochaine? Non, sans doute, car il est plein d'entrain, de bonne humeur, et il fait des projets pour ses travaux de botanique, il prépare un nouvel herbier, il se livre à la composition musicale, il s'occupe de l'éducation du plus jeune fils de son hôte, Amable de Girardin, qu'il a surnommé « son petit gouverneur ».

Cependant, pressentiment fatal, la mort de Voltaire, arrivée le 30 mai, avait beaucoup affecté Rousseau, et comme on lui en marquait de la surprise, à cause de leurs anciennes querelles : « C'est », répondit-il, « que je sens que mon existence était attachée à la sienne. Il est mort, je ne tarderai pas à le suivre. »

Quittant les bords du lac, l'auteur d'*Emile* s'enfonce sous les ombrages et arrive à une sorte de petite clairière, au milieu de laquelle se dresse un élégant autel de forme ronde. Déjà la chaleur du jour commence à se faire sentir, il s'assied sur un quartier de rocher et se laisse aller au

charme des souvenirs. Comme le dit un ancien auteur, la
solitude des forêts, le murmure mélodieux des eaux, le
calme enchanteur qui règne dans les bois le plongent
dans une douce mélancolie : bientôt, les malheurs qu'il
doit à sa célébrité s'effacent de son imagination ; il ne se
ressouvient plus que des temps heureux où Mme de Warens
était l'unique objet qui remplissait son cœur, il ressuscite
en lui les beaux jours de sa jeunesse, et l'image des Charmettes passe de nouveau devant ses yeux éblouis.

Revenu de cet état délicieux, qui serait le bonheur s'il
pouvait durer toujours, l'âme échauffée par ces douces
chimères, il s'avance vers l'autel, et plein encore de l'émotion qui vient de l'assaillir, il prend un crayon et écrit
sur le marbre : *A la Rêverie.*

Le marquis de Girardin fit graver ces mots sur le monument qui, dès lors, s'appela l'Autel de la Rêverie. On
y lisait d'autres inscriptions, notamment ce quatrain de
Voltaire :

> Il faut penser, sans quoi l'homme devient.
> Malgré son âme, un vrai cheval de somme.
> Il faut aimer, c'est ce qui nous soutient ;
> Qui n'aime rien n'est pas digne d'être homme !

Sur la face opposée, une citation italienne :

> Questo riposto seggio, ombroso e fosco.
> E per i poeti, gli amanti, ed i filosofi !

Ce qui veut dire : « Ce lieu de retraite, où la fraîcheur
et l'ombre se marient au silence, convient aux poètes, aux
amants et aux philosophes ! »

A quelques pas de là, sous une roche couverte de lierre
rampant, est une seconde grotte, d'où l'œil découvre le lac
à travers les branches touffues des tilleuls et des coudriers
plantés sur ses bords. Le roc présente ces deux vers de
Thomson, empruntés à son poème des *Saisons* :

..... The studious let me sit,
And hold high converse with the mighty dead!

« Je veux ici me recueillir et lier entretien avec les illustres morts! »

Non loin de l'île des Peupliers, à l'extrémité d'une pointe de terre qui, à l'ouest, s'avance dans le lac, un saule magnifique se dresse : ses branches retombantes se penchent vers l'eau avec une grâce poétique et semblent inviter le promeneur à une douce méditation. Rousseau se plait sous son feuillage qui voltige et murmure, et sur son écorce il s'amuse à graver les vers de la *Romance du Saule*, qu'il a récemment composée. Ce fut la dernière œuvre musicale de l'auteur du *Devin du Village*, son chant du cygne : il lui a imprimé le caractère antique des ballades et cette teinte vaporeuse qui s'allient si bien avec l'ardente mélancolie du sujet.

Voici le premier couplet de cette romance célèbre, dont les paroles sont de Deleyre :

Au pied d'un saule assise tous les jours,
Main sur son cœur que navrait sa blessure,
Tête baissée, en dolente posture,
On l'entendait qui pleurait ses amours!
Chantez le saule et sa douce verdure!

Tant que vécut cet arbre qu'affectionnait Jean-Jacques, on l'appela le Saule de la Romance. Les eaux du lac minèrent le terrain peu à peu sous ses racines, et un matin on ne le vit plus. Ainsi de nous, hélas!

Pour terminer sa promenade, Rousseau s'enfonce de nouveau dans la forêt, et, par un sentier ombragé de coudriers unis formant un long berceau, il arrive à une éminence escarpée sur laquelle René de Girardin a fait bâtir un petit ermitage. La vue de ce bâtiment champêtre réjouit l'âme avec naïveté : on respire là un air embaumé par les plantes, les fleurs et les arbres; un profond silence y règne, les rayons du soleil n'y pénètrent qu'avec discré-

tion, les félicités de l'idylle semblent être cachées dans
cette demeure charmante.

L'idylle! Elle est rappelée, en effet, non loin de cet
ermitage, par un obélisque consacré à la Muse pastorale.
Il s'élève sur les bords d'une petite rivière, sous un massif
d'aunes. « Sur une des faces », raconte un témoin, « j'ai vu
le nom du poète de Syracuse, qui, dans des idylles pleines
de naïveté, chanta les troupeaux et leurs bergers, le bonheur de la vie rustique et la patience du pêcheur. » L'inscription en grec porte ces mots : « A Théocrite, l'ami
d'Apollon et des Muses, qui lui apprirent à chanter les
bergers. » Sur la face opposée, on a gravé, en latin, le
nom du poète de Mantoue : « Cette pierre et ce vert bocage
sont consacrés au génie de Virgile. »

Tel était l'aspect d'Ermenonville, dans la partie qui fait
face au château, lorsque Jean-Jacques s'y promenait au
printemps de 1778. Dans ce séjour où les lettres, la philosophie, le culte de la nature étaient ainsi honorés, il se sentait heureux : l'apaisement se faisait dans son âme, et sa
fatale misanthropie se dissipait.

Rien ne choquait son regard, rien n'éveillait sa défiance,
rien ne froissait sa susceptibilité. Dans ses hôtes, il sentait bien qu'il avait des admirateurs éclairés, des amis sincères ; le parc, les jardins où il égarait ses pas étaient enchanteurs et réjouissaient ses yeux ; en face du lac paisible
et des coteaux verdoyants, sa rêverie était délicieuse, son
cœur se dilatait sans réserve, son génie, qui avait jeté
tant d'éclat, se rallumait de nouveau, et il reparlait d'un
projet longtemps caressé, et qui consistait à donner une
suite à l'*Emile* et à son opéra de *Daphnis*... La tombe,
hélas! allait bientôt s'ouvrir pour le grand homme, et
comme il l'avait pressenti à la mort de Voltaire, sa fin
était proche.

Durant tout le mois de juin, il mena cette douce vie de
rêveur qu'il affectionnait tant. Le docteur Le Bègue de

Presle vint le voir le 21, et resta avec lui plusieurs jours. Rousseau parla avec reconnaissance du marquis de Girardin et de sa famille, et félicita son ami de l'avoir amené à Ermenonville. Il lui raconta qu'il se remettait à la botanique, à la musique, et faisait chanter ses compositions aux enfants de son hôte. Il parla de son élève, « le petit gouverneur », et exprima tout le plaisir qu'il ressentait à l'instruire, à former sa jeune intelligence et à en faire un homme.

Le Bègue de Presle constata qu'il consacrait une grande partie du jour à la recherche des plantes et aux soins qu'elles exigent pour être mises en herbier. Le 26 juin, jour de son départ pour Paris, Rousseau lui demanda de lui envoyer, à son arrivée, du papier pour continuer son herbier et des couleurs destinées à former les encadrements; il le pria aussi de lui apporter, à son retour, au mois de septembre, des livres de voyages, afin d'amuser sa femme et sa servante, durant les longues soirées, ainsi que plusieurs ouvrages de botanique sur les mousses, les chiendents et les champignons, qu'il se proposait d'étudier pendant l'hiver. Il s'étendit longuement, en quittant le médecin, sur son désir de continuer l'*Emile* : c'était une de ses grandes préoccupations.

Tous ces projets de travaux et d'études prouvent qu'à la fin de juin, Rousseau était en bonne santé, et jouissait d'une tranquillité d'esprit bien caractérisée, sans quoi il n'eût pas ainsi embelli l'avenir et marqué l'espérance de vivre en paix dans sa retraite.

Le philosophe se plaisait à explorer les environs : il avait de tout temps été bon marcheur, et les longs trajets ne l'effrayaient pas. C'est ainsi qu'il vint un jour jusqu'à Dammartin, qui est à quelques kilomètres d'Ermenonville.

Nous avons découvert un document fort intéressant, au sujet de cette promenade ou excursion. Il émane de M. Victor Offroy, esprit cultivé, qui habitait le département de l'Oise, et qui est mort il y a une vingtaine d'années. Son grand-père avait jadis, avant la Révolution, tenu à Dammartin une auberge ayant pour enseigne ces mots : *Aux deux Anges*.

« Un matin, vers onze heures », raconte M. Victor Offroy, qui tenait le récit de son grand-père même, « un matin, le 18 juin de l'année 1778, un étranger entra à l'auberge des *Deux Anges*. Il faisait chaud, il était fatigué, quoiqu'il ne vînt, disait-il, que de deux lieues ; mais il était âgé et ne paraissait pas d'une santé robuste. Il était vêtu selon le costume de cette époque et de son âge : chapeau tricorne, perruque à gros canons, habit gris à collet ras et à larges basques, culotte courte et souliers bouclés, tout couverts de la poussière du chemin. Il avait la tête un peu penchée en avant et portait une longue canne[1] ; ses manières étaient franches, honnêtes, et ses paroles modestes et obligeantes. Il s'assied, se découvre, demande un peu de vin et d'eau, et s'informe si la voiture publique venant de Paris doit bientôt arriver...

« Cet étranger, c'était Jean-Jacques. Comme la voiture ne devait passer que dans quelques heures, il fut forcé

---

[1] La canne de Jean-Jacques fut plus tard achetée par Corvisart, le célèbre médecin de Napoléon Ier. A ce propos, M. Frédéric Masson raconte l'anecdote suivante : « Un matin, l'Empereur voit à la main de Corvisart un bâton. « Qu'est-ce que vous tenez à la main ? lui dit-il. — C'est ma canne, Sire. « — C'est bien vilain. Elle n'est pas jolie. Comment un homme comme « vous peut-il porter un vilain bâton comme cela ? — Sire, cette canne-là me « coûte très cher, et je l'ai eue très bon marché. — Voyons, Corvisart, « combien a-t-elle coûté ? — Quinze cents francs, Sire : ce n'est pas cher. « — Ah ! mon Dieu ! Quinze cents francs ! Montrez-moi ce vilain bâton-là ! » « L'Empereur prend la canne, la regarde en détail, aperçoit sur le pommeau une petite médaille dorée de Jean-Jacques Rousseau : « Dites-moi, « Corvisart, c'est la canne de Jean-Jacques : où l'avez-vous trouvée ? Sans « doute, c'est un de vos clients qui vous a fait ce présent-là ? Ma foi, c'est « un joli souvenir que vous avez là. — Pardonnez-moi, Sire : je l'ai payé « quinze cents francs. — Au fait, Corvisart, ce n'est pas payé son prix, car « c'était un grand homme... un grand homme dans son genre : il a fait de « belles choses. » Et il tire les oreilles de Corvisart, en lui disant : « Cor- « visart, vous voulez singer Jean-Jacques ! »

d'attendre, et fit connaissance avec ses hôtes. La conversation s'engagea, et Rousseau parla du bonheur de la vie
simple, du profond contentement que la nature attache
pour l'homme à l'accomplissement des devoirs imposés
par elle.

« C'était l'heure du dîner : l'étranger est invité à partager le repas de famille; il accepte, et prend une part
bien sobre d'une omelette et de quelques légumes. Après
le dîner, et en attendant la voiture, le maître de la maison
propose une promenade au vieux château de Dammartin.

« Rousseau admira ces ruines imposantes, devant lesquelles autrefois Bossuet et Racine étaient venus méditer.
Absorbé et perdu dans sa rêverie, il ne répondait plus que
par monosyllabes à l'aubergiste. De retour au logis, il alla
au bureau de la voiture, et en rapporta un paquet qu'il
ouvrit : il contenait des livres, des cahiers de musique et
une lettre. Après avoir lu cette lettre, il demanda du papier et écrivit une longue réponse; puis, voyant que la
journée s'avançait, il dit tout à coup :

« — Ma femme va s'inquiéter de mon retard !

« Alors, il serra la main de son hôte, qui tint à honneur
de l'accompagner sur la route d'Ermenonville.

« Quinze jours après, Rousseau mourait, et allait dormir
son éternel sommeil dans l'île des Peupliers, où un tombeau
digne de sa renommée devait lui être élevé. »

M. Victor Offroy termine ainsi son récit : « Quand, plus
tard, je lus les écrits de ce grand homme, je ne pouvais
voir sans une sorte de vénération la table, la chaise, l'en-
crier qui lui avaient servi chez mon aïeul; je sentis l'influence d'un grand génie sur une imagination ardente, et
je compris qu'Homère ait eu des autels! »

Dans les derniers jours de juin, le philosophe parut
plus absorbé que jamais dans ses méditations et ses rêveries. Il passa de longues heures, seul, au sommet de la

partie du parc appelée le Désert, où se trouvait une cabane
rustique qu'il avait adoptée, et à laquelle même il avait
travaillé de ses mains : elle subsiste encore de nos jours,
et on l'appelle la Cabane de Jean-Jacques. Elle est adossée
à d'énormes rochers, et est couverte de joncs arrachés
aux bords vaseux du lac. L'intérieur en est aussi primitif
que l'extérieur; on y voit un foyer tout à fait rudi-
mentaire, des pierres en saillie forment les sièges et
l'ameublement.

Nous avons remarqué des inscriptions gravées sur les
rochers; celle-ci d'abord, empruntée à peu près à la *Nouvelle Héloïse* : « C'est sur la cime des montagnes que
l'homme se plaît à contempler la nature; c'est là que,
tête à tête avec elle, il en reçoit des inspirations toutes
puissantes, qui élèvent l'âme au-dessus de la région des
erreurs et des préjugés. »

Plus loin, nous relevons ces paroles si profondes tirées
de l'*Emile* : « Celui-là est véritablement libre qui n'a pas
besoin de mettre les bras d'un autre au bout des siens
pour faire sa volonté. »

De ce sommet solitaire et même un peu sauvage, Rousseau, assis sur le seuil de sa cabane, domine un immense
espace, et son regard embrasse un magnifique horizon de
forêts, de prairies, d'étangs et de lacs : c'est le Désert ; puis,
tout à fait dans le lointain, les champs, les villages, les
rivières et les routes.

A quelque distance de la cabane, il affectionne le Monument des anciennes Amours : c'est un amoncellement
naturel de rochers sur le flanc de la colline; il accorde
parfois son attention et son sourire aux inscriptions touchantes qu'on y aperçoit, à côté de noms et de chiffres
voluptueusement enlacés. « Je ne puis découvrir », dit l'un
avec Pétrarque, « un sentier assez sauvage, une forêt assez
obscure pour éviter l'amour : il est toujours près de moi,
sans cesse il tourmente mon cœur. » Plus loin, on lit ces

vers naïfs qui disent toute la félicité de leur auteur inconnu
et qui émeuvent Jean-Jacques :

> O mon amie, ô ma bien tendre amie,
> Que ton amant goûte de voluptés
> Dans la solitude aimable et chérie
> Qu'embellissent ces longs flots argentés !
> Comme il se plaît sous ces ombrages
> Où, dans tes bras, le vrai bonheur
> Vint couronner sa brûlante ardeur !
> Chaque printemps, dans ces bocages,
> J'en fais ici le doux serment,
> Je reviendrai, toujours fidèle,
> Soupirer le nom de ma belle,
> A l'ombre de ce monument !

Il redescend, quitte le Désert, et rentre par la partie
du parc qui est derrière le château, la partie du nord,
non moins belle, non moins ornée que la partie du midi,
et qui s'appelle le Bocage. Rivière et lac, cascades, petites
îles, bouquets d'arbres verdoyants, vastes prairies, fon-
taines au doux murmure... et là-bas le cadre d'une forêt,
tel est le tableau charmant qui s'offre tout d'abord au regard de l'observateur.

Jean-Jacques se repose de sa course du Désert près
d'une source d'eau vive, ornée d'un cippe sur lequel on
lit : « Ici règne l'Amour », et plus bas des vers de Pétrarque, dont voici le sens : « Les eaux, les vents légers et
les arbres, les oiseaux et les poissons, les fleurs et l'herbe
molle, tout parle d'amour, tout atteste sa puissance. »

La source s'échappe en un ruisseau qui serpente au milieu de la verdure et des fleurs. Son cours paisible est
grossi par une fontaine dont l'onde limpide et fraîche sou-
lève des monticules de sable pour s'unir au flot léger qui
l'emporte. Une grotte abrite cette fontaine, un banc de
mousse la décore, le lierre y pend en festons discrets, et
dans le fond se détache cette poétique inscription :

O limpide fontaine! O fontaine chérie!
　　Puisse la sotte vanité
Ne jamais profaner ta rive humble et fleurie!
Que ce simple sentier ne soit point fréquenté
　　Par l'ambition et par l'envie!
Un bocage si frais, un séjour si tranquille,
Aux tendres sentiments doit seul servir d'asile...
Ces rameaux amoureux, entrelacés exprès,
Aux Muses, aux Amours offrent un voile épais;
　　Et le cristal de l'onde pure
　　A notre œil ne veut réfléchir
　　Que les grâces de la nature
　　Et les images du plaisir!

Doux asile, dit un écrivain d'autrefois, où le murmure des eaux se marie au léger bruissement des feuilles du pâle peuplier et du pin audacieux!

Rousseau s'arrache à regret à toute cette poésie du Bocage. Il se sent fatigué, et il regagne son pavillon avec tristesse. Avant de franchir le seuil de sa demeure, il se retourne et salue du regard encore un petit temple dédié au doux loisir et aux Muses, *Otio et Musis*; une pyramide consacrée au souvenir de la Laure de Pétrarque, et une vieille tour de forme gothique, appelée la Tour de Gabrielle : il s'émeut en apercevant de loin, sous l'ombrage de vieux platanes, un petit monument qu'il connaît bien, et appelé l'Autel de l'Amitié.

Plus d'une fois, il avait médité là et évoqué la figure des amis fidèles qu'il avait conservés, et dont les noms se trouvent dans sa Correspondance. Plus d'une fois, il avait répété les mots écrits sur la pierre : « A l'Amitié, le baume de la vie! » et plus bas : « Mon ami est un autre moi-même. »

Le philosophe, ce jour-là, s'attendrit plus que de coutume sur ce riant paysage, ses yeux se remplirent de larmes, il prononça quelques paroles émues, et il salua de la main tout cet harmonieux décor de l'art et de la nature, qu'il avait le pressentiment de contempler pour la dernière fois...

Le lendemain jeudi, 2 juillet, Rousseau, suivant son habitude, se leva de bonne heure, et voulut faire sa promenade accoutumée autour du lac; mais la fatigue des jours précédents s'accentua, il fut obligé de se reposer plusieurs fois, et, à huit heures, il rentra. Il prit une tasse de café au lait en compagnie de Thérèse, et, se souvenant qu'il avait employé un serrurier du pays, il lui dit : « Prenez de l'argent, et allez payer ce serrurier sans rien rabattre sur son compte, car je le crois honnête homme. »

Ensuite, il s'habille; son intention est d'aller donner une leçon de chant à Mlle Sophie de Girardin, qui lui avait témoigné le désir de connaître son secret, c'est-à-dire de chanter plus pour le cœur que pour l'oreille, plus avec l'âme qu'avec la voix; mais il eut à peine atteint la première cour qu'il éprouva un malaise général et revint sur ses pas, monta, non sans peine, jusqu'à sa chambre et se jeta, accablé, dans un fauteuil.

Thérèse, de retour, le trouva se plaignant de grandes anxiétés, de douleurs et de coliques lancinantes. Elle envoie prévenir au château que son mari est malade. Mme de Girardin (née Cécile Berthelot de Baye), avertie la première, accourt aussitôt. Rousseau est attendri de la voir, mais comme il se trouve au plus mal, il lui dit : « Ah! Madame, je suis bien sensible à toute votre sollicitude, à vos délicates bontés, mais vous voyez que je souffre, et c'est une gène ajoutée à la douleur que celle de souffrir devant le monde : vous-même, vous n'êtes ni d'une assez bonne santé, ni d'un caractère à pouvoir supporter la vue de la souffrance. Vous m'obligerez, Madame, et pour vous et pour moi, si vous voulez vous retirer et me laisser seul avec ma femme pendant quelque temps. »

Elle se retira aussitôt, en lui faisant promettre d'envoyer demander tout ce dont il pourrait avoir besoin, personnes ou choses.

C'est alors que le philosophe, sentant que sa fin était venue, pria Thérèse d'ouvrir la croisée, et lui adressa ces mémorables paroles : « Ma chère femme, rendez-moi le service d'ouvrir la fenêtre, afin que j'aie le bonheur de voir encore une fois la verdure. Comme elle est belle! Que ce jour est pur et serein! Oh! que la Nature est grande! Voyez ce soleil, dont il semble que l'aspect riant m'appelle! Voyez vous-même cette lumière immense! Voilà Dieu, oui, Dieu lui-même, qui m'ouvre son sein, et qui m'invite à aller goûter cette paix éternelle et inaltérable que j'avais tant désirée! »

Le malaise augmentait. A dix heures, il souffrait déjà plus cruellement; des picotements très incommodes se manifestaient à la plante des pieds; il se plaignait en même temps d'une sensation de froid le long de l'épine dorsale, si profonde, qu'il la comparait à un fluide glacé. A ces douleurs succédèrent d'affreux tiraillements d'estomac; le mal gagna bientôt la tête; il en exprimait la violence extrême en portant les deux mains sur son front. Le marquis de Girardin était alors près de lui, et, dévoué toujours, lui prodiguait les soins d'une amitié vigilante.

Vivement attendri, Rousseau ne peut retenir des larmes de reconnaissance. Bientôt, rassemblant toutes ses forces, il se lève, et veut se rendre seul dans un cabinet voisin. Sa femme et René de Girardin entendent du bruit, ils accourent. Rousseau, tombé sur la tête, est sans parole et sans mouvement; on le relève, du sang s'échappe d'une blessure que, dans sa chute, il s'est faite au front. On le porte aussitôt sur son lit, il donne encore signe de vie, quoique frappé par un coup d'apoplexie séreuse. Il ouvre les yeux et meurt, tenant serrées les mains de son généreux ami et en même temps celles de Thérèse : il était onze heures du matin. Rousseau avait soixante-six ans.

23

Cette mort inopinée, et au premier abord surprenante,
imposait de grands devoirs au marquis de Girardin, sur les
terres duquel elle venait d'avoir lieu. Il les remplit dignement. Un courrier fut aussitôt dépêché à Paris; il avait
pour mission de ramener le docteur Le Bègue de Presle,
et de prier le sculpteur Houdon de venir mouler la figure
du grand homme. En même temps, on avertit de la catastrophe le procureur fiscal de la vicomté d'Ermenonville,
c'est-à-dire ce magistrat qui, dans les anciennes justices
seigneuriales, remplissait les fonctions qu'exerçaient les
procureurs du roi dans les justices royales. Le procureur
fiscal en référa au lieutenant du bailliage, Louis Blondel,
et ce dernier, assisté de deux chirurgiens, rédigea le procès-verbal du décès.

Le vendredi 3 juillet, à six heures du soir, lorsque Houdon, l'artiste célèbre qui déjà avait fait le buste de Rousseau, eut pris l'empreinte de sa face auguste, consacrée
par la mort, deux médecins et trois chirurgiens, les docteurs Le Bègue de Presle, Bruslé de Villeron, Casterès,
Chenu et Bouret, procédèrent à l'autopsie du corps, sur
les ordres du marquis de Girardin, et conformément à la
volonté que Rousseau avait souvent exprimée sur ce point;
plus de dix personnes assistèrent à l'opération.

Un procès-verbal d'autopsie fut rédigé et signé par les
cinq hommes de science : c'est là un document de première importance, et qui atteste que l'auteur des *Confessions* est mort de sa mort naturelle et ne s'est point
suicidé, comme ses ennemis, Grimm notamment, en firent
courir le bruit, en se basant sur quelques bavardages de
la domesticité du château. L'erreur, le mensonge, la
calomnie furent même si habilement propagés, que quelques amis de Rousseau s'y laissèrent prendre. La question
a été souvent examinée depuis un siècle; elle est aujour-
d'hui tranchée définitivement, surtout après la belle et savante étude du regretté docteur Chéreau, bibliothécaire

de la Faculté de Médecine de Paris, et aussi après l'ouverture du cercueil de Rousseau, dans les cryptes du Panthéon, le 18 décembre 1897.

Un fait récent est venu confirmer encore le récit de la mort naturelle de Rousseau : c'est une communication faite à l'Académie de Médecine de Paris, le 31 décembre 1907, par deux savants professeurs de Lyon, les docteurs Poncet et Leriche, qui ont étudié la question de très près, d'après des documents nouveaux, notamment d'après un testament du philosophe lui-même, découvert à Neuchâtel, au début de l'année 1907. Il ressort de leurs travaux que l'apoplexie du cerveau, à laquelle Jean-Jacques a succombé, était bien dans l'ordre des maladies dont il souffrait depuis longtemps, et apparaît comme leur aboutissement scientifiquement logique.

Le cadre de cette étude ne nous permet pas d'entrer dans de longs développements sur cette mort illustre. Nous dirons seulement que le témoignage de deux médecins et de trois chirurgiens ne peut être mis en suspicion. Ce qu'ils affirment est la vérité, et les racontages de quelques domestiques ignorants ne peuvent prévaloir contre elle. En supposant même, ce qui n'est pas, que le marquis de Girardin eût voulu jeter un voile mystérieux sur la fin de Rousseau, il n'eût pu y parvenir; il n'eût pu commander le silence à tous les habitants du village, et suborner les médecins, les chirurgiens, sans compter les officiers publics qui virent le cadavre du penseur et assistèrent à l'autopsie.

Or, le procès-verbal de l'opération déclare que toutes les parties du corps étaient parfaitement saines, que la mort de Rousseau n'a rien eu d'anormal, et a été le résultat d'un épanchement de sérosité sanguinolente enveloppant le cerveau, ou autrement d'une apoplexie séreuse.

« L'ouverture de la poitrine », disent les savants, « nous

en fait voir les parties internes très saines : le volume, la consistance et la couleur, tant de leur surface que de leur intérieur, sont très naturels. »

Et plus loin : « L'ouverture de la tête et l'examen des parties renfermées dans le crâne nous ont fait voir une quantité très considérable (plus de huit onces) de sérosité épanchée entre la substance du cerveau et les membranes qui le recouvrent. »

Le samedi 4, le corps de Rousseau fut embaumé et renfermé dans un cercueil du bois le plus dur, recouvert de plomb en dedans et en dehors, avec plusieurs médailles contenant son nom et son âge à la date de sa mort.

Le bruit de cette mort s'était vite répandu dans les environs, et de tous côtés la foule arrivait pour s'informer et assister aux funérailles. Elles eurent lieu tout à fait dans la soirée de ce samedi, par un temps magnifique. La nature semblait sourire encore à celui qui l'avait tant aimée et l'avait célébrée avec tant d'éloquence.

La dépouille mortelle de Rousseau fut transportée sur une barque funéraire, et déposée dans cette île des Peupliers dont les riants contours avaient souvent charmé le regard du philosophe et où il avait exprimé le vœu d'être enterré : un caveau provisoire l'abrita, en attendant qu'un tombeau digne de sa mémoire lui fût élevé. La lune, dans tout son éclat, étendait sa lumière pâle et douce sur cette scène de douleur. Les spectateurs étaient nombreux, ils couvraient les deux rives du lac et même les montagnes qui le couronnent : tous conservèrent un religieux silence lorsque la barque s'avança, portant son précieux fardeau ; tous versèrent des larmes, tous gémissaient d'avoir perdu un ami, un grand homme.

« Le lecteur », raconta plus tard un des assistants, « peut se figurer quelles furent nos sensations en passant dans l'île avec le corps. Le lieu, le clair de lune, le calme de l'air, l'homme, le rapprochement des actes de sa vie, une destinée aussi extraordinaire, le résultat qui nous attend tous... tels étaient les sujets sur lesquels s'arrêtait ma pensée... »

« Mme Rousseau », poursuit le même témoin, « me raconta qu'il avait conservé sa tête jusqu'au dernier moment. Il fit ouvrir sa fenêtre, le temps était beau, et, jetant les yeux sur les jardins, il proféra des paroles qui prouvaient la situation de son âme, calme et pure comme l'air qu'il respirait, se jetant avec confiance dans le sein de l'éternité. »

Après la mort du philosophe, Ermenonville commença à devenir un lieu de pèlerinage. Les idées défendues et préconisées par Rousseau avaient fait et faisaient chaque jour dans les esprits des progrès rapides; sous son influence, de grands événements se préparaient, un vent de réformes soufflait de tous les points de l'horizon, et de toutes parts aussi on venait pour saluer la mémoire du penseur et méditer sur sa tombe.

Ce fut en 1780 qu'eut lieu l'inauguration du tombeau fameux, dessiné par Robert et sculpté par J.-P. Lesueur[1]. Il subsiste encore de nos jours : c'est le trésor et la gloire d'Ermenonville. Il a la forme d'un autel antique. La face qui regarde le midi est décorée d'un bas-relief représentant une femme assise au pied d'un palmier, symbole de la fécondité. Elle donne le sein à son nouveau-né, tient d'une main l'*Emile* ouvert, et contemple en souriant les jeux de ses aînés.

Près d'elle, la Reconnaissance dépose des fleurs et des fruits sur l'autel de la Nature. Dans un coin, un enfant met le feu à des maillots et à différentes entraves du premier âge, tandis que d'autres sautent en jouant avec un

---

[1] Nous reproduisons (planche VIII) un médaillon original inédit de J.-P. Lesueur, représentant Rousseau. Nous pensons qu'il était destiné par l'artiste à orner le fronton d'une des faces du tombeau d'Ermenonville.

bonnet, symbole de la Liberté. Les deux pilastres sculptés de chaque côté du bas-relief représentent la Musique et l'Éloquence, avec leurs attributs. Dans le fronton se détache une couronne civique, avec la devise de Rousseau :

VITAM IMPENDERE VERO.

Sur la face exposée au nord, on lit cette inscription :

ICI REPOSE
L'HOMME DE LA NATURE ET DE LA VÉRITÉ.

Sur les pilastres correspondants, on voit, à droite, la Vérité nue, tenant un flambeau, et, à gauche, la Nature représentée par une mère allaitant de jeunes enfants. Au fronton de cette partie, deux colombes expirent au pied d'une urne, à côté de torches fumantes et renversées. Des vases lacrymatoires ornent les deux faces latérales du tombeau. Le monument est entouré de peupliers d'Italie, de là le nom donné à l'île. « Leur tige droite et élancée », raconte un visiteur enthousiaste, « leur feuillage tranquille, semblent fixer dans cette enceinte la méditation et le recueillement. »

Ces beaux peupliers d'autrefois, très élevés et d'aspect imposant, ont subi le sort commun à tous les êtres vivants. Ils ont vieilli, et ils sont morts. Ce n'est que dans les anciennes estampes qu'on peut encore les contempler et les admirer. On les a remplacés par d'autres, mais il faut l'amas des années pour donner à ces arbres nouveaux l'allure, la taille et les ombrages qui impressionnent. .

Le temps, ce grand destructeur, les intempéries, pluies, neiges, gelées, dégels, vents déchaînés, avaient laissé leurs stigmates sur la tombe illustre, et en ces dernières années l'effritement commençait. « L'herbe cache et la pluie efface », dit Victor Hugo, à la fin des *Misérables*. Le prince Constantin Radziwill, successeur du marquis de

Girardin, ordonna d'abord quelques réparations urgentes, puis fit procéder à une reconstitution complète du tombeau.

En face de l'île, sur le bord du lac, et sous un bouquet d'arbres à l'épaisse verdure, est un lieu de repos attrayant : un banc rustique invite le promeneur à s'y arrêter. Autrefois, on l'appelait le Banc des Mères, par suite, sans doute, des inscriptions qui l'environnent, celle-ci notamment, inscrite sur une pierre à gauche :

> De la mère à l'enfant il rendit les tendresses,
> De l'enfant à la mère il rendit les caresses !
> De l'homme, à sa naissance. il fut le bienfaiteur,
> Et le rendit plus libre afin qu'il fût meilleur !

A droite est une autre pierre sur laquelle on lit ces vers :

> Là, sous ces peupliers. dans ce simple tombeau
>   Qu'entourent ces ondes paisibles,
> Sont les restes mortels de Jean-Jacques Rousseau !
>   Mais c'est dans tous les cœurs sensibles
> Que cet homme si bon. qui fut tout sentiment,
> De son âme a fondé l'éternel monument !

C'est à cette place que, de 1778 jusqu'à 1830 environ, époque où Paris et la France entière professaient pour Rousseau un véritable culte, c'est à cette place, dis-je, que vinrent méditer les personnages célèbres de la Révolution, de l'Empire, de la Restauration, les penseurs, les ambitieux, les lettrés, les couples d'amants, les Julies et les Saint-Preux, toute la jeunesse fervente, toutes les femmes amoureuses, tous les cœurs inquiets, tous les esprits avides d'inconnu, de justice et de liberté.

Le grand disciple de Rousseau, Robespierre, affectionnait ce Banc des Mères, et souvent on l'y trouvait plongé dans des rêveries sans fin. Saint-Just y passait des heures délicieuses, absorbé par son idéal républicain. Bonaparte, à peine connu encore, y vint aussi plus d'une fois, songer à ce que serait pour lui l'avenir, et y promener la mélancolie de sa vaste ambition.

André Chénier, Bernardin de Saint-Pierre, Roucher, Ducis, Chateaubriand, Mme Roland, Mme de Staël; plus tard, George Sand, Louis Blanc, Lamartine, Lamennais... combien d'autres, s'assirent et méditèrent à ce même endroit où nous avons passé, à notre tour, émus, parlant avec douceur, dans la caresse du vent, dans la fraîcheur des arbres et le silence de la vallée.

Pourquoi n'a-t-on point laissé Jean-Jacques dormir son dernier sommeil dans cette île fortunée, caressée par les flots légers et la brise des arbres, dans cette île poétique, orgueil de ce vallon et de tout le paysage? Ah! que cette tombe solitaire, au milieu de la verdure et des fleurs, était bien celle qui convenait à l'ami de la Nature, au penseur enthousiaste qui, tant de fois, avait décrit — de quelle plume inimitable! — ses harmonies, ses grâces et ses parures!

La Convention, cette fille de Rousseau, voulut se montrer reconnaissante envers celui qui l'avait engendrée. Dans son ardent amour et sa toute-puissance, elle ordonna que ses restes mortels seraient ramenés d'Ermenonville et conduits au Panthéon, et qu'ils prendraient place, à côté de ceux de Voltaire, dans le temple des grands hommes.

Les bois et les coteaux d'Ermenonville s'attristèrent quand les cendres du grand homme furent ramenées à Paris, mais ils conservaient le tombeau où elles avaient reposé pendant seize années (1778-1794), et il sembla aux générations nouvelles qu'elles ne l'avaient point quitté, tellement ce tombeau s'harmonise avec le génie de Jean-Jacques.

L'île des Peupliers ne cessa pas d'être un endroit de pèlerinage. Si Rousseau ne reposait plus là, son éloquent souvenir y était attaché pour toujours. On ne parlait d'Er-

menonville qu'avec respect, et on s'y rendait avec cette
ferveur de l'esprit et du cœur qui nous anime dans les
lieux consacrés et immortalisés par le génie.

Fait remarquable à signaler : en 1815, lors de l'inva-
sion, le général en chef de l'une des armées ennemies
arrive au Plessis-Belleville, déploie sa carte et, se voyant
près d'Ermenonville, demande « si c'est bien là que Jean-
Jacques Rousseau a terminé sa vie ». Sur la réponse affir-
mative, il dit alors : « Tant qu'il y aura des Prussiens en
France, Ermenonville sera exempt de toute corvée de
guerre. » Il se fait conduire vers le dernier séjour du philosophe ; en approchant du tombeau, il se découvre et
donne à ses troupes la consigne de respecter Ermenonville,
ses habitants et leurs propriétés, consigne qui fut reli-
gieusement observée.

Toutes les troupes allemandes et russes qui, ensuite,
passèrent dans le pays témoignèrent le même respect pour
la mémoire de Rousseau, autant par conviction et sentiment que par obéissance. Les officiers et les soldats qui
venaient visiter l'île des Peupliers se découvraient ordinairement à une distance de trente pas avant d'approcher.

Ce fait, que nous avons trouvé consigné à la Bibliothèque
nationale, dans des documents datant de l'époque, a une
éloquence significative. Mieux que de longs éloges, il
atteste la puissante influence de Rousseau sur son temps,
non seulement en France, mais à l'étranger ; il indique
quel sillon profond le penseur d'*Emile* avait creusé dans
les âmes, quelle trace lumineuse avait laissée son passage, quelle action entraînante déterminaient ses œuvres.

De nos jours, Ermenonville a reconquis la vie paisible
de nos villages de France. Les enthousiasmes de jadis se
sont apaisés ; la gloire de Rousseau a pris une telle place
dans l'histoire, ses livres se sont tellement répandus, son
prestige est devenu si incontestable et s'est si fortement
affirmé depuis un siècle, que les générations nouvelles ne

peuvent plus se passionner pour les manifestations du début, les fêtes, les pèlerinages philosophiques chers à nos ancêtres.

Le 18 octobre 1908, cependant, une foule nombreuse se pressait à Ermenonville : ce jour-là, on inaugurait un monument de pierre en l'honneur du grand homme, sur une des places publiques du village, monument dû au ciseau du sculpteur Gréber, qui a représenté Rousseau assis. Ce fut une belle, une grande, une noble fête. En 1907, à Montmorency, en octobre aussi, on avait de même honoré le souvenir de l'écrivain, en lui consacrant une statue de bronze, œuvre du grand artiste Carrier-Belleuse, l'auteur d'*Hébé endormie*. Là, le philosophe est représenté debout, tenant une pervenche à la main.

La statue de l'écrivain, on le sait, se dresse aussi sur la place publique, à Genève et à Paris : Genève, son berceau ; Paris, le principal théâtre de sa renommée et de son génie. C'est là que la foule, à certains jours, va le contempler et l'admirer[1].

Les fervents du grand homme vont encore aux Charmettes, ce nid d'amour de sa jeunesse, à Montmorency, où il composa ses grands ouvrages, et à Ermenonville, qui garde son tombeau.

Nous avons voulu de nouveau le visiter, ce tombeau, avant d'écrire cette étude.

En me retrouvant devant cette île, ce lac, ces peupliers, ce Temple de la Philosophie, ce mausolée, tout ce que je sais de Jean-Jacques chantait dans ma mémoire : son enfance, sa jeunesse et ses amours, ses misères et ses triomphes, sa fierté, son courage, ses luttes incessantes, ses héros, Julie et Saint-Preux, la magie de son style et de sa pensée, flamme ardente... J'éprouvais une indicible vo-

---

[1] La statue de Genève est de Pradier ; celle de Paris est du sculpteur Paul Berthet.

lupté intellectuelle en m'anéantissant dans le souvenir de
sa vie agitée, et je répétais l'apostrophe superbe de Gérard
de Nerval : « O sage, tu nous avais donné le lait des forts,
et nous étions trop faibles pour qu'il pût nous profiter !
Nous avons oublié tes leçons que savaient nos pères, et
nous avons perdu le sens de ta parole, dernier écho des
sagesses antiques ! Pourtant, ne désespérons pas, et,
comme tu fis à ton suprême instant, tournons nos yeux
vers le soleil ! »

CHAPITRE XII

LES CENDRES DE J.-J. ROUSSEAU RAMENÉES
D'ERMENONVILLE A PARIS

Ce fut dans sa séance du 14 avril 1794 (25 germinal an II) que la Convention décréta la translation des cendres de Rousseau au Panthéon. La veuve du philosophe, Thérèse Levasseur, venait d'être reçue à la barre, accompagnée d'une députation de la Société républicaine de Saint-Denis, qui alors s'appelait Franciade. L'orateur de cette députation, invité à parler, demanda pour Jean-Jacques les honneurs du Panthéon : de toutes parts, les applaudissements éclatèrent.

Le président répondit que la représentation nationale ne tarderait pas à s'acquitter de la dette qu'elle avait contractée envers « le plus intrépide défenseur des droits du peuple ; envers celui qui a consolé les malheureux en leur faisant aimer cette Providence immortelle qui veille sur tous les hommes, et qui fait l'espoir de l'homme infortuné, dans le court trajet qu'il a à faire sur la terre... ».

Après une courte discussion, le décret suivant fut rendu :

« La Convention, d'après la proposition présentée par

la commune de Franciade, en présence de Thérèse Levasseur, veuve de Jean-Jacques Rousseau, décrète ce qui
suit :

« Article 1ᵉʳ. — Les cendres de Jean-Jacques Rousseau
seront portées au Panthéon français.

« Article 2. — Le Comité d'Instruction publique pré-
sentera sous trois jours la déclaration énonciative des
considérations d'intérêt public et de la reconnaissance
nationale qui ont déterminé la Convention à décerner les
hommages du Panthéon à Jean-Jacques Rousseau. »

La pauvre Thérèse Levasseur, qui jamais n'avait pu lire
l'heure sur un cadran, et dire dans leur ordre les douze
mois de l'année, ne se doutait guère, quand elle liait sa
vie à l'orageuse destinée de Rousseau, que plus tard elle
paraîtrait devant les pouvoirs publics de son pays, qu'elle
recevrait d'eux des hommages, et que son nom obscur
figurerait dans un décret de la plus grande Assemblée qui
fut jamais.

Je ressens une émotion involontaire devant cette simple
d'esprit qui partage le sort d'un homme de génie et se
trouve mêlée à des événements grandioses. Sa présence
devant la Convention, le décret rendu aussitôt attestent
mieux que de longues dissertations le prestige et la puissance de Rousseau. « Que ne fit pas cet homme ! » disait
jadis M. Jules Lemaître, en son beau temps... « Il fut tout-
puissant, parce qu'il fut « peuple » avec génie et que, le
premier dans notre littérature, il prêta une voix, et quelle
voix ! aux sentiments confus, aux rêves et aux désirs
obscurs accumulés à travers les siècles dans l'âme innombrable des humbles et des petits... Il m'est impossible de
ne pas l'aimer. »

Quel sujet de méditation pour une cervelle philosophique : Jean-Jacques, père du *Contrat social*! La Convention, cette arène terrible! Le Panthéon, temple des mé-

moires augustes! Et Thérèse Levasseur, pauvre femme
qui à peine peut signer son nom!

Ce fut seulement le 15 septembre 1794 (29 fructidor
an II) que Lakanal, au nom du Comité d'Instruction publique, lut à la tribune un rapport de translation des cendres de Rousseau, conformément au décret cité plus haut.
C'est là un document admirable que nous voudrions pouvoir reproduire en entier. Il résume les hautes pensées et
la philosophie de nos pères, dans un superbe et fier langage.

« L'âme de Rousseau », dit le savant Conventionnel,
« ne respirait que pour la liberté des hommes, et voilà
pourquoi il fut si étranger au milieu de ses contemporains;
il voulut les forcer à se connaître... Il nous apprit à honorer le travail, la pauvreté, le malheur; à chercher dans
l'humble atelier ou dans la chaumière obscure les vertus,
les mœurs, la véritable dignité, comme le vrai bonheur... »

« L'homme qui pense », dit plus loin Lakanal, « ne saurait être esclave... J'ai visité dans un recueillement religieux la vallée solitaire où ce grand homme passa les dernières années de sa vie; j'ai demeuré plusieurs jours au
milieu des agriculteurs paisibles qu'il voyait souvent
dans tout l'abandon de l'amitié. « Il était bien triste », me
disaient-ils, « mais qu'il était bon! » J'ai cherché la vérité
dans la bouche des hommes qui sont restés près de la
nature. »

Nous tenons à citer ce passage encore :

« Hâtez-vous, citoyens, d'arracher ce grand homme à
sa tombe solitaire, pour lui décerner les honneurs du Panthéon et le couronner de l'immortalité... Honorez en lui
les travaux et les arts utiles pour lesquels il brava le rire
insultant de la frivolité! Honorez l'homme solitaire et
champêtre qui vécut loin de la corruption des villes, et

loin du faux éclat du monde, pour mieux connaître, mieux sentir la Nature, et y ramener plus puissamment ses semblables; honorez en lui le malheur, car il est douloureux et peut-être inévitable que le génie et la vertu soient en butte à la calomnie, à la persécution des hommes, lors même qu'ils s'occupent des moyens de les rendre heureux! »

On devait tressaillir en entendant ces magnifiques paroles, signe d'une âme intrépide. Aussi, ce rapport magistral fut adopté par acclamation, imprimé par ordre de la Convention, et envoyé aux départements, aux armées et à la République de Genève. Il reçut son application le 20 vendémiaire (11 octobre). Le projet de fête par lequel il se terminait fut rigoureusement exécuté, solennité grandiose s'il en fut jamais.

Ginguené, représentant la Convention, s'était rendu à Ermenonville, afin de présider à l'excavation du tombeau de l'île des Peupliers et d'accompagner ensuite le cercueil à Paris.

Le cortège se mit en marche le 9 octobre (18 vendémiaire), à huit heures du matin. D'Ermenonville à Paris, il ne fit que s'accroître, et le voyage dura deux jours. De toutes les communes, la foule accourait et saluait les restes du citoyen de Genève, transportés sur un char préparé pour la circonstance.

Le rapport de Ginguené, comme celui de Lakanal, est un document éloquent et curieux à consulter, surtout au point de vue des idées et des mœurs de nos pères.

« Le cercueil », écrit-il, « fut placé sur le char que l'on avait amené de Paris; la nuit se passa en pèlerinage des habitants d'Ermenonville et des communes voisines, qui venaient voir encore une fois leur ami et se recommander à son souvenir. L'ombre des arbres qui le couvraient, le clair de lune qui reflétait leur feuillage d'une manière tou-

jours variée, le silence de toute la nature imprimaient à
ce spectacle un caractère religieux qui empêchait ces
bonnes gens de s'approcher autrement que le chapeau à la
main. Leurs vœux n'auront pas été rejetés ; Rousseau connaissait le prix des cœurs simples.

« On partit le 18 vendémiaire (9 octobre), à huit heures
du matin. La députation d'Ermenonville se plaça auprès
du char, qu'elle n'a pas quitté un seul instant jusqu'à son
arrivée à Paris ; le reste des habitants, officiers municipaux, garde nationale, vieillards qui avaient connu Rousseau, les mères portant leurs enfants dans leurs bras, sui-
virent le cortège jusqu'aux confins de leur territoire. Les
habitants de Morfontaine vinrent l'y recevoir, et le condui-
sirent de même jusqu'à la commune voisine. C'est ainsi
qu'il a voyagé pendant deux jours.

« Les magistrats du peuple », écrit-il, « se sont honorés
eux-mêmes en donnant des témoignages publics de leur
vénération pour Rousseau, et les bons habitants des campagnes, qui, placés plus près de la Nature, en ont mieux
conservé l'instinct fidèle, n'ont jamais manqué de venir au-
devant de celui qui les chérissait, portant dans leurs mains
le saule et le peuplier, gage de paix et de fraternité. »

Plus loin, Ginguené donne quelques détails pittoresques :

« Les musiciens, les gendarmes, les citoyens d'Ermenonville, tout ce qui composait le cortège, étaient invités
de toutes parts à des repas fraternels dont la gaîté, la cor-
dialité, le patriotisme faisaient les frais et les ornements,
et dont le bon Rousseau était encore l'auteur. »

On vit des instituteurs amener leurs élèves sur le passage du char funèbre, et des mères de famille présenter
leurs nouveau-nés. La ferveur des assistants devenait plus
grande à mesure qu'on approchait de Montmorency, séjour aimé de Rousseau, et où il avait composé ses grands

24

ouvrages, ses chefs-d'œuvre : la *Nouvelle Héloïse*, le *Contrat social*, l'*Emile*.

La vallée de Montmorency, qui ne le sait? est ravissante au regard. Paul Boiteau l'appelle « la vallée divine ». Evoquant le séjour que Rousseau y avait fait jadis, il écrit :

« Quelle admirable scène dressée pour les plaisirs de l'imagination et du cœur, que cette vallée où la nature a semé tant de charmes divers, les lacs et les ruisseaux, les bois, les prés, les collines, et où tant de villages heureux, tant de maisons hospitalières vont pour longtemps s'animer du bruit des fêtes de la société la plus polie du xviii° siècle! C'est à Epinay, le long de l'eau, que ces souvenirs auront commencé à vivre; ils s'élèveront peu à peu sur les coteaux étagés de cet amphithéâtre; bientôt, c'est au château de la Chevrette, à Deuil, que nous irons suivre leur trace, et bientôt à l'Ermitage de Jean-Jacques, au-dessus de Montmorency, à la source des eaux du vallon, à l'orée des bois immortels. »

Mais ces beaux jours, si poétiquement rappelés, se sont envolés. Les personnages qui avaient animé ces lieux prédestinés sont morts pour la plupart. Parmi ceux qui survivent en 1794, et qui peuvent assister à l'apothéose de Rousseau, il faut mentionner Mme d'Houdetot, alors âgée de soixante-quatre ans. Que se passa-t-il dans son cœur quand elle apprit que les restes mortels de l'homme qui l'avait tant aimée étaient transportés au Panthéon, et que le cortège funèbre allait s'arrêter à Montmorency? Vint-elle de Sannois les saluer au passage, et revivre un moment les émotions lointaines de sa jeunesse?

Les derniers rayons du soleil empourpraient l'horizon quand, le 9 octobre 1794, le cortège arriva dans la petite ville. La douce mélancolie du soir envahit les âmes, puis la nuit tomba avec sérénité. Ecoutons Ginguené :

« La lune qui répandait sa lumière pâle et monotone

sur les vignes d'une plaine immense, le vent qui respec-
tait les lumières, le silence qui n'était interrompu que par
les airs chéris de Rousseau, donnaient à cette marche
l'apparence de ces mystères de l'antiquité, dont tous les
initiés étaient purs ou lavés de leurs fautes, et d'où l'on
rejetait soigneusement ceux qui n'étaient pas dignes d'y
assister. »

La place du Marché, à Montmorency, alors place de la
Loi, avait été métamorphosée en une allée de peupliers ;
on avait recouvert le terrain sablonneux de gazon et de
fleurs, et une estrade funéraire y avait été dressée : c'est
là que les restes de Rousseau devaient passer la nuit du
18 au 19 vendémiaire, gardés par les habitants et par l'escorte des gendarmes partis le matin d'Ermenonville.

Nous allons donner ici un document qui intéresse Montmorency et tout le canton au plus haut point : c'est le procès-verbal de la municipalité de l'époque, relatant la part
prise à l'apothéose de Rousseau par la commune, qui, on
le sait, s'appelait alors Emile.

Voici cette pièce curieuse :

« Aujourd'hui, dix-huitième vendémiaire, l'an troisième
de la République française, quatre heures de relevée, nous
Jean-Etienne Carré, maire ; Pierre Duhamel, Pierre-Jacques
Legrand, François-Michel Marin, François Danne, Pierre
Jamot, officiers municipaux ; René-Charles Chéron, Ni-
colas-Louis Forget, Cosme-Spire Laurent, Pierre Bréancé,
Jacques-Noël-Marguerite Leblond, Etienne Lauret, Jean-
Baptiste Dubois, Pierre Graisy, André Billard, Denis
Cartier, notables ; Louis Duhamel, agent national, assem-
blés en la maison commune d'Emile, s'y sont rendus les
maires, officiers municipaux et gardes nationales d'Andilly,
Eaubonne, Montlignon et autres communes voisines ;

« Le citoyen Léonard Bourdon, député à la Convention
nationale, avec les orphelins des défenseurs de la patrie,

accompagnés de musique, et le bataillon de la Garde nationale de la commune d'Emile;

« Et tous ensemble, dans le plus grand ordre, avec une grande quantité de citoyennes de la commune d'Emile, avons été au-devant du char contenant les cendres de Jean-Jacques Rousseau, dont la translation d'Ermenonville à Paris a été décrétée par la Convention nationale, et, étant arrivés par la route de Brice libre au bout du pavé de Groslay, un instant après est arrivé le char renfermant les cendres de Rousseau, accompagné d'une députation de la commune d'Ermenonville, du citoyen Ginguené, membre de la Commission d'Instruction publique, chargé de l'ordre et de la marche pour la conduite du char, de l'agent national et plusieurs membres de l'administration du district de Gonesse, de la gendarmerie en station à Gonesse, d'une députation de la commune de Franciade, les maires, officiers municipaux et garde nationale de Groslay, Deuil et autres communes circonvoisines, et par lesquelles il avait passé, et aussi du citoyen Leture, président de la Société populaire d'Emile, et autres commissaires par elles nommés;

« Et tous s'étant mis en ordre, le cortège a continué sa route jusqu'à Emile, où les cendres de Rousseau ont été déposées sur la place de la Loi, dans une enceinte de peupliers, et auprès desquelles les commissaires de la commune d'Ermenonville et la Garde nationale d'Emile ont monté la garde; aussitôt les citoyens composant le cortège sont descendus dans le temple dédié à l'Etre suprême, et le citoyen Leture, président de la Société populaire, a présidé l'assemblée; le citoyen Ginguené, chargé de la conduite des cendres de Rousseau, a fait part de sa mission; le citoyen Rousseau, habitant la commune d'Emile et parent de Jean-Jacques, a prononcé un discours qui a été vivement applaudi, et dont l'impression a été arrêtée aux frais de la Société.

« Le citoyen Leprestre a demandé qu'il soit fait une
adresse à la Convention pour demander qu'il soit élevé un
monument simple à Jean-Jacques Rousseau dans une des
places de la commune d'Emile, où il a composé son *Emile*
et le *Contrat social*; aussitôt le citoyen Crassons, député à
la Convention, et présent à l'assemblée, en appuyant la
proposition du citoyen Leprestre, a déclaré se charger de
faire l'adresse à la Convention, au nom de la commune
d'Emile, pour l'érection d'un monument à Jean-Jacques
dans la commune d'Emile, et l'assemblée reconnaissante
a invité le citoyen Crassons de proposer le décret nécessaire à cet effet.

« Le lendemain matin, le char a été de nouveau décoré
par les citoyens de la commune d'Emile en feuillage de
peupliers, et d'une manière simple, comme il convient au
citoyen Rousseau, et tout le cortège est parti pour se
rendre à Paris par Franciade.

« Et ont tous les membres du Conseil général signé
avec le citoyen greffier. »

Le 10 octobre 1794 (19 vendémiaire an III), vers midi,
le cortège qui ramenait les cendres de Rousseau quitta
Montmorency et se mit en route pour Paris, après avoir
couronné et entouré le cercueil de feuillage, de guirlandes
et même de peupliers tout entiers. Au moment du départ,
on vit un vieillard à cheveux blancs se prosterner devant
le char, et ne se relever que longtemps après qu'il se fut
éloigné. Il avait connu Jean-Jacques, et en avait reçu
quelques bienfaits.

A Saint-Denis, toute la population se porta en avant : le
cortège ne put s'y arrêter, car il fallait arriver dans la
capitale avant la nuit. Enfin, on approche de la grande
cité, on franchit les murs. Après avoir raconté la marche
triomphale de ce char funèbre, Ginguené termine ainsi
son rapport :

« Dès le faubourg de la Chapelle, on put voir que le
peuple de Paris, placé à un foyer plus ardent d'instruction, sentait plus vivement aussi toute l'importance des
bienfaits de Rousseau. Les applaudissements furent prolongés depuis le faubourg jusqu'aux Tuileries. Ce char de
feuillage qui passait à côté des plus superbes édifices et de
tous les miracles de l'art, cette île des Peupliers que
Rousseau semblait ne vouloir quitter qu'à l'instant où la
volonté nationale le porterait au Panthéon, disaient assez
que la gloire d'une République, et celle des citoyens qui la
servent, n'est fondée que sur l'amour de la Nature et de
la Vertu. »

De nos jours, on ne parlerait plus ainsi : peut-être personne ne l'oserait. Cependant, ce sont là des vérités utiles,
qui n'ont pas vieilli, et dont on peut faire son profit dans
tous les temps.

Il était six heures et demie du soir environ lorsque le
char de feuillage, de fleurs et d'arbres, portant son précieux
fardeau, arriva sur la place de la Révolution. Il s'arrêta au
Pont-Tournant, devant une statue de la Renommée, où
une députation de la Convention vint recevoir les restes
du philosophe; en même temps, les artistes de l'Institut
national de musique exécutaient les airs du *Devin du
Village*.

La foule était immense, et son recueillement s'harmonisait avec la cérémonie. Sur un des bassins du jardin des
Tuileries, on avait formé une petite île, entourée de
saules pleureurs, rappelant aux spectateurs les pièces
d'eau d'Ermenonville. C'est au milieu de cette île, sous un
petit édifice de forme antique, que le cercueil de Rousseau
fut déposé et demeura jusqu'au lendemain matin. Ce fut,
pendant une partie de la nuit, un défilé incessant de la
population parisienne.

Le 20 vendémiaire (11 octobre), jour de Décadi, dès

neuf heures du matin, la fête se prépara. Bientôt, une multitude innombrable attendait la Convention et l'arrivée
des groupes et des députations diverses qui devaient former le cortège pour aller au Panthéon.

Lorsque tout fut prêt, la Convention entière parut. Son
président, Cambacérès, donna lecture des décrets rendus
pour honorer la mémoire de Rousseau, puis la musique se
fit entendre, et l'on se mit en ordre.

Chaque députation portait un trophée avec une inscription appropriée. Ainsi, on lisait sur celui des botanistes :
L'étude de la Nature le consolait de l'injustice des hommes;
sur celui des artistes de tous genres : *Il réhabilita les arts
utiles;* sur celui des sections de Paris, portant la table des
Droits de l'Homme : *Il réclama le premier ces Droits im-
prescriptibles;* sur celui des habitants de Montmorency, de
Groslay et de Saint-Denis : *C'est au milieu de nous qu'il fit
Héloïse, Emile et le Contrat social;* sur celui des mères de
famille : *Il rendit les mères à leurs devoirs, et les enfants au
bonheur.*

La ville de Genève avait envoyé, elle aussi, une députation, et pour rendre hommage au plus illustre de ses enfants, elle avait fait inscrire ces mots sur la bannière qui
précédait : *Genève aristocrate l'avait proscrit, Genève régé-
nérée a vengé sa mémoire.* Sur un char, on voyait la statue
de l'écrivain, couronnée par la Liberté. Tous les assistants
avaient à la main des branches d'arbres ou de fleurs.

La Convention fermait la marche, et devant elle on portait le *Contrat social.* Lorsqu'on arriva au Panthéon, le
sarcophage renfermant le cercueil de Rousseau fut amené
dans l'intérieur de l'édifice et placé sur une estrade dressée sous le dôme. Cambacérès prononça alors un beau discours; j'y cueille cette pensée : « Rousseau a vécu dans la
pauvreté, et son exemple nous apprend qu'il n'appartient
pas à la fortune de donner ni de savoir la véritable grandeur. »

Un détail curieux de la cérémonie : pendant que la musique se faisait entendre, le président de la Convention jetait des fleurs sur le cercueil du grand homme. Le soir, il y eut, dans les théâtres, des représentations gratuites, et on joua les pièces les plus en harmonie avec la fête de la journée.

Tels furent ces trois jours consacrés à Rousseau. La France entière l'avait suivi par la pensée, sinon effectivement, dans sa marche triomphale au Panthéon, où il venait retrouver Voltaire.

Il faut lire dans les écrits du temps, journaux, livres, brochures, le récit de cette fête incomparable, dont les échos retentissent encore et dont le souvenir ne périra point. Nos pères, plus que nous, avaient la passion de l'idée, la foi dans un idéal d'énergie et de gloire; c'est pourquoi, à mon sens, ils vivaient avec plus d'intensité, et étaient plus heureux et plus grands.

J'ai noté, entre tous, ce passage de Sébastien Mercier : « Le cercueil fut déposé sur une estrade et recouvert d'un drap bleu parsemé d'étoiles. Tous les yeux s'y fixaient. La gloire du grand homme perçait les ténèbres de la mort et semblait le montrer tout vivant. »

M. Jules Lemaître avait raison de dire autrefois que Rousseau fut tout-puissant. C'est pour lui encore que le Panthéon s'est ouvert, le 18 décembre 1897, et nous a révélé ses secrets, dont l'importance est considérable, et qui ont et auront encore une répercussion profonde dans le monde philosophique[1].

---

[1] Voir l'Appendice VI.

TROISIÈME PARTIE

LA COMTESSE D'EGMONT, FILLE DU MARÉCHAL DE RICHELIEU.

Peinture à l'huile par B. Ollivier.

(Elle assista à une lecture des *Confessions* faite par J.-J. Rousseau.)

Portrait inédit.

CHAPITRE XIII

J.-J. ROUSSEAU JUGÉ PAR GRÉTRY

Le grand musicien Grétry a laissé d'intéressants Mémoires, où il raconte son enfance, sa jeunesse, ses travaux. Nous avons trouvé dans ces pages un charme pareil à celui que cet illustre compositeur a mis dans ses opéras, notamment dans l'*Amitié à l'épreuve*, la *Fausse Magie*, *Richard Cœur de Lion*, l'*Epreuve villageoise*, c'est-à-dire un langage qui va au cœur, tout en s'adressant à l'esprit, les sages leçons de l'expérience, l'indulgence pour les faiblesses humaines, un sentiment supérieur de l'art et les principes de la vraie gloire, enfin la douce sérénité d'un philosophe.

L'idée générale qui se dégage de ce livre devenu rare, c'est que le temps n'a point d'action sur les œuvres dont la nature est l'inspiratrice : cette mère divine communique son immortalité à l'artiste fidèle qui la sait reproduire.

« Jeunes gens », dit Grétry à la fin de son ouvrage, « je sens s'approcher le terme de ma carrière : ce livre est un dépôt que je vous laisse; puissiez-vous profiter de mes erreurs, autant que des principes certains que je vous ai tant de fois recommandés. Croyez-moi, vous avez encore de nombreuses palmes à cueillir : partagez-les. Tel qu'un

père entouré de sa joyeuse famille, je jouis d'avance du
succès de mes enfans; cette idée fait mon bonheur, elle me
repose, elle a pour moi double charme. Oui, je me crois ce
voyageur fatigué de sa course journalière : il se livre aux
douceurs d'une belle nuit, il espère un plus beau jour
encore. »

Quelle aménité dans ces paroles! Quelle attrayante
philosophie! Il semble qu'on aperçoit le doux vieillard
s'adressant avec un sourire indulgent aux jeunes disciples
qui l'entourent et l'écoutent avec émotion. On n'écrit plus
de nos jours avec ce sentiment de l'humanité : les cœurs
se sont resserrés, et on n'ose plus montrer son âme.

* *

Les Mémoires ou *Essais sur la Musique* de Grétry,
membre de l'Institut, furent publiés pour la première fois
intégralement, du vivant de l'auteur, en l'an V de la République, par ordre de la Convention nationale[1]. Une péti-
tion à ce sujet avait été adressée au Comité d'Instruction
publique, en fructidor an II, par Méhul, d'Alayrac, Che-
rubini, Lesueur, Gossec, etc... Lakanal fit un rapport
favorable à la Convention, qui en approuva les conclusions.

Au cours de ces récits attrayants, Grétry a l'occasion de
parler à maintes reprises de Jean-Jacques Rousseau. Ces
passages nous ont particulièrement intéressé, et nous
avons pensé qu'il serait utile de les mettre en relief. La
personnalité du citoyen de Genève a pris dans l'histoire
de la pensée moderne une place et une importance telles,
que tous les documents qui la concernent deviennent précieux, et méritent l'attention du psychologue, du réformateur et du poète.

---

[1] Grétry était né en 1741; il mourut en 1805.

Beaucoup de critiques et d'érudits se sont occupés de Rousseau, ont analysé ses ouvrages, ont mesuré son influence. A notre avis, le témoignage des contemporains du philosophe n'a pas été assez présenté aux méditations du lecteur; c'est pourquoi nous essayons de combler cette lacune, dans nos études sur l'immortel auteur d'*Emile* et des *Confessions*.

Presque au début de ses Mémoires, Grétry, expliquant la genèse de la *Fausse Magie*, est amené à s'occuper assez longuement du puissant écrivain. Cet opéra, dont les paroles sont de Marmontel, fut représenté pour la première fois à Paris le 1er février 1775. Rousseau avait alors soixante-trois ans.

« Lorsque », raconte Grétry, « j'entends mes ouvrages bien rendus, ils me rappellent les sensations agréables que j'ai éprouvées en les composant.

« J'aime aussi à me rappeler que ce fut à une représentation de la *Fausse Magie* que l'on me présenta à Jean-Jacques Rousseau. J'entendis quelqu'un qui disait : « Monsieur Rousseau, voilà Grétry que vous nous deman- « diez tout à l'heure. » Je volai auprès de lui, je le considérai avec attendrissement.

« — Que je suis aise de vous voir, me dit-il; depuis longtemps, je croyais que mon cœur s'était fermé aux douces sensations que votre musique me fait encore éprouver. Je veux vous connaître, Monsieur, ou, pour mieux dire, je vous connais déjà par vos ouvrages; mais je veux être votre ami.

« — Ah! Monsieur, lui dis-je, ma plus douce récompense est de vous plaire par mes talens.

« — Etes-vous marié?

« — Oui.

« — Avez-vous épousé ce qu'on appelle une femme d'esprit?

« — Non.

« — Je m'en doutais!

« — C'est une fille d'artiste; elle ne dit jamais que ce qu'elle sent, et la simple nature est son guide.

« — Je m'en doutais; oh! j'aime les artistes, ils sont enfans de la nature. Je veux connaître votre femme, et j'irai vous voir souvent.

« Je ne quittai pas Rousseau pendant le spectacle : il me serra deux ou trois fois la main pendant la *Fausse Magie*; nous sortîmes ensemble : j'étais loin de penser que c'était la première et la dernière fois que je lui parlais! En passant par la rue Française, il voulut franchir des pierres que les paveurs avaient laissées dans la rue; je pris son bras, et lui dis :

« — Prenez garde, Monsieur Rousseau !

« Il le retira brusquement, en disant :

« — Laissez-moi me servir de mes propres forces.

« Je fus anéanti par ces paroles; les voitures nous séparèrent, il prit son chemin, moi le mien, et jamais depuis je ne lui ai parlé. Si j'avais moins aimé Rousseau, dès le lendemain je l'aurais visité; mais la timidité, compagne fidèle de mes désirs les plus vifs, m'en empêcha. Toujours la crainte d'être trompé dans mes espérances m'a fait renoncer à ce que je souhaite le plus; si cette manière d'être expose à moins de regrets, elle contrarie sans cesse l'espérance, cette douce illusion des mortels. »

Tout d'abord, on a peine à comprendre la brusquerie de Rousseau, succédant aux épanchements de la sympathie et de la joie : pour l'expliquer, il faut se rappeler les phases de sa vie. Son âme, sensible à l'excès, avait été tellement froissée et meurtrie depuis sa rupture avec Mme d'Epinay en 1757, et les persécutions qui s'étaient succédé au sujet de l'*Emile* et du *Contrat social*, que l'amertume en lui débordait, noyant tous les sentiments heureux de son âme.

Les esprits superficiels s'étonnent volontiers d'un effet dont la cause dépasse les bornes de leur attention et de leur science, et ils sont prompts à couvrir d'un blâme banal l'action qui paraît normale à l'homme d'analyse. Une série de malheurs avait précédé l'acte brutal de Rousseau repoussant la main de Grétry : qui songera, pour le juger, à cette longue suite d'infortunes subies par le philosophe?

Grétry ne les ignorait point, lui; aussi il écrit quelques pages qui nous paraissent caractéristiques pour faire connaître Jean-Jacques.

« J'étais un jour », dit-il, « dans la voiture de l'ambassadeur de Suède avec un homme de lettres; je vis Rousseau qui cheminait avec sa grosse canne sur les trottoirs du pont Royal, résistant avec peine aux secousses du vent et de la pluie; je fis un mouvement involontaire, en m'enfonçant dans la voiture comme pour me cacher. « Qu'avez-« vous? me dit mon compagnon. — Voilà Jean-Jacques, « lui dis-je. — Bon, me dit le philosophe, il est plus fier « que nous! »

« Il disait vrai; mais il avait la fierté que donne le talent naturel, et non cette morgue insolente que l'on remarque dans ceux qui, par un travail pénible ou un hasard heureux, ont su prendre une place que la nature ne leur destinait pas. Un enfant, le plus petit insecte, la feuille d'un arbre auraient suffi pour amuser et arrêter les idées de Rousseau, parce que toutes ces choses sont vraies; mais tout ce qui tenait aux conventions morales, tout ce qui avait l'empreinte de la main des hommes lui était suspect.

« Il se chagrinait du bien qu'on lui voulait faire, parce que, né libre et sensible, il devait s'élever en lui un combat entre l'homme naturel et l'homme social, dont le pre-

mier sortait toujours vainqueur. Un tel être, sans doute,
devait exciter l'envie des hommes riches et puissans; l'on
courait après la reconnaissance de Rousseau avec la
même ardeur que l'on veut moissonner la fleur qui se
cache sous le voile de la pudeur : mais son unique bien
était l'indépendance; si elle eût été l'effet de la vanité, on
la lui eût ravie, et nous l'eussions vu esclave : c'était par
sentiment qu'il était libre; toutes les ruses des hommes
ont échoué. »

Curieux spectacle que celui d'un écrivain qui est pauvre,
et se défend contre une ligue de bienfaiteurs! J'admire,
certes, l'esprit d'indépendance absolue qui lui fait refuser
les cadeaux de l'amitié, les dons de la sympathie, les présents des rois. Au-dessus de tout, il mettait la liberté de
pouvoir exprimer sa pensée sans entrave; accepter un
bienfait constituait pour lui un acte de servitude. Rousseau, en définitive, est un stoïcien de l'école de Zénon. Il
mettait sa gloire dans l'exercice de sa volonté, et non dans
la possession des biens de ce monde. On ne peut que s'in-
cliner devant un caractère de cette trempe.

Mais il faut être juste, et admirer aussi, en la regrettant, une époque où tant de cœurs généreux venaient en
aide à un grand homme dont le génie se débattait dans les
angoisses de la pauvreté. Au début de sa carrière littéraire, après la première représentation devant la Cour du
Devin du Village, en octobre 1752, Louis XV veut lui
accorder une pension : il se dérobe pour n'avoir point à
l'accepter. Plus tard, le maréchal de Luxembourg, le
prince de Conti cherchent à l'obliger : il ne fait bon accueil qu'à d'insignifiants services. Il repousse aussi la pension que lui destine le grand Frédéric, et il néglige de
toucher celle du roi d'Angleterre : Corancez, qui avait cru
bien faire en réclamant pour le philosophe les termes en
souffrance, fut obligé de renvoyer l'argent à la Chancel-
lerie anglaise, comme nous l'avons rappelé.

Dans une lettre touchante, qui mériterait d'être citée ici, le prince de Ligne offre l'hospitalité à l'écrivain : celui-ci lui oppose un refus, ainsi, d'ailleurs, qu'à plusieurs autres grands seigneurs, jaloux de le posséder. S'il accepta enfin d'aller à Ermenonville, chez le marquis de Girardin, c'est qu'il se sentait vaincu par l'âge, et n'avait plus la force de copier de la musique pour l'aider à vivre.

Tant de services offerts sont touchants, car ils étaient désintéressés. La fraternité que Jean-Jacques préconisait dans ses ouvrages avait autour de lui déjà des disciples convaincus. Heureux temps, où l'homme de lettres, l'artiste, le penseur trouvaient parmi les grands, les princes et les rois, de nobles esprits pour les comprendre, pour les aider, les encourager, les conseiller, leur assurer de féconds loisirs. C'était l'âge d'or de l'intelligence, le triomphe de l'idée. Rousseau n'accepta rien, ou peu de chose; mais les bienfaits qui lui étaient destinés n'en sont pas moins méritoires, et dignes de vivre, comme le nom de leurs auteurs, dans l'affectueux souvenir de la postérité.

« Rousseau », poursuit Grétry, « repoussait peut-être le bien qu'on voulait lui faire, dans la crainte d'être ingrat; et il aurait dû l'être par la faute même de ceux qui cherchaient à l'obliger avec trop de chaleur. Pour ne pas courir les risques de l'ingratitude, il faudrait apprendre à obliger noblement, mais froidement, et ne jamais trop se lier avec ceux qu'on oblige. J'ai toujours remarqué que j'avais obtenu la reconnaissance de ceux que je n'avais obligés qu'indirectement, et que tous ceux qui ont été à portée de voir combien j'avais de joie à leur rendre quelques services se sont presque toujours dispensés d'être reconnaissants, sans doute parce qu'ils jugeaient trop clairement que j'étais assez récompensé par la jouissance même du bien que je leur avais fait.

« J'entends souvent dire que le cœur de l'homme est un

25

labyrinthe impénétrable. C'est peut-être à la faveur de mon
ignorance que je ne suis pas de cet avis. Je n'ai jamais vu
que deux hommes : celui qui se conduit d'après ses sensations, et celui qui n'agit que d'après les autres. Le premier
est toujours vrai, même dans ses erreurs ; l'autre n'est
que le miroir où se réfléchissent les objets de la scène du
monde. Voilà l'homme de la nature, l'homme estimable,
et l'homme de la société. »

Grétry, après ces aperçus où il nous livre le secret et
l'étendue de son expérience, revient au citoyen de Genève.

« Lorsque Rousseau », dit-il, « eut écarté la foule qui
cherchait à l'obliger, et qui, selon lui, cherchait à lui nuire,
parce qu'on voulait le forcer à renoncer à son indépendance (car un bienfait oblige celui qui le reçoit, quoique
le donateur ne l'exige pas) ; lorsque Rousseau, dis-je, eut
lui-même élevé la barrière qui le séparait du reste des
hommes, il dut se trouver encore plus malheureux que
lorsqu'il combattait, car alors il vivait de ses triomphes ;
mais livré à lui-même, accablé d'infirmités et de vieillesse,
ayant usé les ressorts puissans de son âme altière, il
redevint homme ordinaire. Il reçut enfin l'asile que lui
offrit Girardin, et mourut peut-être de regret de l'avoir
accepté.

« Un tel homme est rare, mais il est dans la nature. On
dit qu'il se contredit sans cesse dans ses écrits : je croirai à
cette accusation lorsqu'on m'aura prouvé qu'une même
cause, surtout au moral, peut se montrer deux fois sans
être accompagnée de circonstances et d'effets différens. »

Dans ces considérations, ces jugements, cette analyse,
on sent passer une affectueuse admiration : le cœur et
l'esprit vont ici de compagnie ; aussi, quel charme en ces
causeries, quelle éloquente simplicité, quelle douce émotion !

.*.

Des critiques jaloux avaient reproché à Rousseau de
n'être point l'auteur de la musique du *Devin du Village*.
Si quelqu'un était autorisé à traiter la question, c'était
bien Grétry. Il s'en occupa avec soin, et voici ce qu'il écrit
à ce sujet :

« On n'a pu ravir à Rousseau ni sa liberté, ni ses ouvrages littéraires; la première était son apanage : *Vitam
impendere vero*. Ses ouvrages étaient à lui, parce que nul
homme n'a pu être mis à sa place; mais on voulut lui con-
tester son *Devin du Village*; s'il eût menti une seule fois
en face du public, l'apôtre de la vérité n'était en tout
qu'un imposteur, et il perdait son premier droit à l'immortalité.

« Comment un tel homme eût-il pu forger et soutenir
un tel mensonge? J'ai examiné la musique du *Devin du
Village* avec la plus scrupuleuse attention; partout j'ai vu
l'artiste peu expérimenté, auquel le sentiment révèle les
règles de l'art. J'ai fréquenté exprès l'homme de Lyon que
les littérateurs envieux de Jean-Jacques nommaient le
principal auteur de cette production légère. Je n'ai rien
trouvé dans le moral de cet homme qui annonçât qu'il eût
pu en avoir fait une phrase de chant.

« Si Rousseau eût choisi un sujet plus compliqué, avec
des caractères passionnés et moraux, ce qu'il n'avait
garde de faire, il n'aurait pu le mettre en musique; car en
ce cas toutes les ressources de l'art suffisent à peine pour
rendre ce qu'on sent. Mais, en homme d'esprit, il a voulu
assimiler à sa Muse novice de jeunes amans qui cherchent
à développer le sentiment de l'amour. Souvent gêné par la
prosodie, il l'a sacrifiée au chant... C'est sans doute après
avoir éprouvé les difficultés infinies que présente la langue
française, et avoir bien senti qu'il ne les avait pas toutes

vaincues, qu'il a dit : « Les Français n'auront jamais de
« musique. »

« Si j'eusse pu devenir l'ami de Rousseau; si nous
n'eussions pas trouvé des pierres dans notre chemin; si
Rousseau, en me voyant au travail, voyant avec quelle
promptitude j'essaie tour à tour la mélodie, l'harmonie et
la déclamation, pour rendre ce que je sens (je dis avec
promptitude, car il ne faut qu'un instant pour perdre
l'unité en s'appesantissant sur un détail), peut-être il eût
dit alors : « Je vois qu'il faut être nourri d'harmonie et de
« chants musicaux, autant que je le suis des écrits des
« anciens, pour peindre en grand et avec facilité. »

Que les jeunes compositeurs fassent leur profit de ces
sages conseils! Grétry, en même temps qu'il confond les
vils accusateurs de Jean-Jacques, illumine d'une clarté
féconde la route du grand art. Il faut vivre avec les
maîtres, les étudier, les lire, comprendre leurs beautés,
frissonner à leur contact, pour devenir artiste à son tour,
pour faire éclore des œuvres qui vaincront l'oubli.

Grétry termine par cette apostrophe le long passage dont
nous venons de donner des fragments :

« Homme sublime, ne dédaigne pas l'hommage d'un artiste qui, comme toi, occupe ses loisirs en s'essayant, par
cet ouvrage, dans une carrière étrangère à ses vrais talens.
Tu fus bien malheureux, mais ton âme sensible ne devait-
elle pas pressentir, à l'instant même de tes malheurs, que
des larmes éternelles couleraient de tous les yeux pour te
plaindre? Que ne m'est-il permis de te dire : « O mon
« illustre confrère, tu reçus jadis un outrage des musi-
« ciens que tu honorais, outrage que leurs successeurs
« désavouent avec indignation; puissent mon respect et
« mon admiration pour tes vertus et tes talens expier un
« crime qui n'était que celui du temps! »

Grétry fait ici allusion aux répétitions mouvementées du *Devin du Village*. Rousseau alors témoigna son mécontentement aux musiciens exécutants : ceux-ci, par représailles, le pendirent en effigie. Jean-Jacques en fut instruit, et dit à ce sujet : « Je ne suis pas surpris qu'on me pende, après m'avoir mis si longtemps à la question. »

On peut se rendre compte, par cette apostrophe et cet hommage lyrique, de la place qu'occupait Rousseau dans l'esprit de ses contemporains. Il avait charmé les intelligences et enivré les âmes à un tel point que ses admirateurs ressentaient, pour ainsi dire, ses peines et ses malheurs, et s'associaient aux orages de sa destinée. Jamais écrivain ne souleva autour de lui un tel zèle et ne détermina un tel courant de sympathie courageuse. Ni Buffon, ni Montesquieu, ni Diderot, ni même Voltaire n'ont arraché à un cœur des accents pareils à ceux du vieux Grétry.

Au XIX⁰ siècle, on n'en pourrait citer non plus de semblables, même en l'honneur des plus grands, Victor Hugo, Alfred de Musset, Chateaubriand, Balzac. Lamartine peut-être est le seul qui excita une ferveur affectueuse comparable de loin à celle dont l'auteur d'*Emile* et de la *Nouvelle Héloïse* fut le héros parmi l'élite. C'est que Lamartine, comme Rousseau, en livrant sa pensée, en ouvrant son âme, exprima les tourments, les désirs, les désespoirs, les angoisses et les vagues espérances de son époque.

* *
*

Dans d'autres passages des Mémoires, Grétry revient au *Devin du Village* et s'élève à de hautes considérations d'art. Ainsi, amené à parler des compositeurs qui n'ont qu'une fois le feu sacré dans leur carrière, il ajoute, après les avoir jugés :

« L'auteur de la musique du *Devin du Village* et le petit nombre de ceux qui sont dans le même cas ne doi-

vent pas être confondus avec cette espèce d'artistes dont
nous parlons ici en général. Que l'on fasse attention que
Rousseau s'est livré tout entier à la littérature, après avoir
fait un opéra charmant quant à la mélodie des airs : s'il
n'a pas retrouvé dans la suite des chants aussi simples,
aussi vrais, c'est parce que, livré à la haute philosophie,
il n'a pu reporter son âme tout entière au talent du compositeur de musique ; il ne voulait que se délasser de ses
travaux littéraires ; mais, dès qu'un talent ne nous occupe
pas tout entier, dès qu'il ne nous donne pas la fièvre du
génie, une fièvre occasionnée par ce talent même et non
par un autre, ces productions en second sont faibles ; elles
peuvent avoir délassé l'artiste qui les a faites de ses occupations majeures, mais elles peuvent fatiguer celui qui
les juge. »

Ainsi, la force s'affirme par l'unité du but à atteindre.
Choisir un art, un genre, s'y attacher avec énergie, avec
passion, y donner toute sa volonté, tous ses efforts, toute
son âme, tel est, selon Grétry, avec les dons de la nature,
le secret d'enfanter des chefs-d'œuvre et de conquérir la
gloire.

Plus loin, l'illustre musicien parle d'un air composé par
lui, et pour lequel il avait une prédilection marquée, puis
il écrit :

« Le philosophe qui chantait le mieux la musique, Jean-
Jacques Rousseau, aimait aussi cet air. Il disait un jour à
quelqu'un qui avait pris un prétexte pour le voir chez lui :
« Vous voulez que je vous copie cet air? Je l'ai copié au
« moins dix fois, et je le recommence toujours avec
« plaisir. »

« Toi, Jean-Jacques, tu m'as copié! Toi, l'interprète de
la nature! Toi, qui as répandu dans tes écrits des préceptes
pour tous les artistes de ton siècle et des siècles à venir!
Ah! si l'amateur de musique qui possède une de ces copies

veut me prouver que mes travaux lui ont été agréables,
qu'il me donne cet air copié de la main de Rousseau! »

N'est-ce point touchant? Qui ne se sent ému devant ce
vœu formé par le compositeur! La pensée que Jean-
Jacques avait copié sa musique l'enorgueillissait et faisait battre son cœur... Ah! si l'écrivain, devenu si misanthrope, avait su, avant de mourir, qu'il était ainsi aimé
et admiré, sans doute il eût été attendri à son tour et se
fût réconcilié avec l'humanité!

Grétry ne craint pas d'affirmer que tout fervent de l'art
doit être en proie à une sorte de délire, s'il veut créer un
chef-d'œuvre. « Il n'existe pas », dit-il, « une production
ravissante qui ait été imaginée de sang-froid; si l'artiste
croit le contraire, il se trompe... Le jour que je parlai à
Jean-Jacques Rousseau, je lui demandai s'il était occupé
de quelque ouvrage : voici sa réponse : « Je deviens vieux,
« je n'ai plus le courage de me donner la fièvre. » Voltaire disait, de son côté : « On ne peut être bon poète, bon
« acteur, bon musicien, si l'on n'a le diable au corps. »

Cette fièvre, ce diable au corps, c'est le divin enthousiasme, c'est le feu sacré qui souffle sur les têtes privi-
légiées et fait les grands hommes.

.·.

En poursuivant son récit, Grétry évoque souvent le
souvenir du philosophe, et ce sont là autant de pages
pleines de vie et d'attrait. « J'ai lu Jean-Jacques Rousseau », dit-il en récapitulant l'analyse de ses pièces, « il a
dit beaucoup, sans doute; et s'il eût fait autant d'opéras
que d'œuvres de littérature, ses réflexions plus générales,
plus multipliées et appuyées de nombreux exemples,
m'eussent dispensé d'écrire sur mon art. »

L'auteur de la *Fausse Magie*, en poursuivant son travail,
est amené à analyser les passions et les caractères, et il

prouve ainsi que l'observateur et le moraliste égalent en lui l'homme de théâtre, le compositeur lyrique. Dans un chapitre consacré à la sensibilité, il songe à Rousseau, et fait ressortir la supériorité de Paris, foyer d'esprit et de lumière; c'est un vivant tableau littéraire de la fin du xviiiᵉ siècle :

« Je ne veux pas dire que les Français n'aient point de musique, et je suis fâché que Rousseau ait dit qu'ils n'en auront jamais. C'est, à mon avis, comme s'il avait dit que les Français ne seront jamais ni gais, ni tristes, ni chauds, ni froids, ni sensibles, ni insensibles, ce qui, assurément, est impossible : il faut absolument qu'ils soient l'un ou l'autre, ou au moins mixtes; et s'ils sont tels, leur musique mixte, comme leurs passions, pourrait encore être très bonne. »

Selon Grétry, les Français sont doués de passions modérées. Ils ont le juste milieu qu'on recherche en toute chose, pour approcher le plus possible de la perfection. Le Français est gai, aimable, spirituel par nature, parce qu'il n'est absorbé par aucun excès de chaleur ou de froid. Selon les circonstances, il peut disposer de ses forces et de ses facultés mobiles, puisqu'elles sont modérées. Son climat doux lui laisse assez de force pour cultiver les sciences les plus abstraites, comme les plus aimables; il aime la gloire et les femmes avec transport, parce que, en portant toutes ses forces vers un seul objet, il est susceptible d'enthousiasme, de fureur, et devient plus fort que l'homme d'autres climats. Son théâtre tragique et comique, ses comédiens excellents prouvent, depuis de longs ans, que sa déclamation est parfaite dans tous les genres. Aussi, Grétry s'écrie :

« Et vous voulez, Jean-Jacques, que le peuple qui déclame avec tant d'énergie, de charmes, de gaîté et de noblesse, ne puisse avoir sa musique; je dis plus, une bonne musique? Serait-il possible qu'un homme tel que vous eût ignoré que partout où l'on déclame juste on peut noter et chanter cette même déclamation? Dire que la langue française n'est point susceptible d'accent, n'est-ce pas dire que les Français n'ont point de passions?

« Eh! qui mieux que vous, Jean-Jacques, a prouvé le contraire? Car vous êtes Français; c'est en France, c'est à Paris que vous avez appris à penser, à écrire, à être éloquent. Vous avez été, comme nous tous, électrisé par ces têtes ardentes qui, toujours idolâtres des arts, des sciences et de la belle nature, ne respectaient aucun abus : un Voltaire, inondant la France de ses écrits, toujours amusants et instructifs, et quelquefois sublimes; un Diderot, un abbé Arnaud, qui lançaient la foudre au milieu des festins, et qui, par la force de leur éloquence, communiquaient à chacun la noble envie d'écrire, de peindre ou de composer de la musique; un d'Alembert, qui, tour à tour ardent et modéré, apprenait qu'il faut mettre des bornes à l'enthousiasme; un La Harpe, qui, dans trois phrases, vous présentait le résumé d'un volume; un Marmontel, qui (je ne parle point de sa profonde érudition) aurait répété en bons vers ce que l'on venait de dire en prose; un Sedaine, qui voyait dans le conte qu'on débitait une action théâtrale, en saisissait tous les fils, sans jamais s'écarter de la sublime unité.

« Non, il est impossible de résister à la flamme qui sortait de la réunion de ces hommes tous célèbres, chacun dans son genre : et quand le vin de Champagne arrosait ce feu sacré des arts et du génie, l'homme fait pour être quelque chose anticipait de plusieurs années les chefs-d'œuvre qu'il devait enfanter, et pour lesquels il était prédestiné. »

Quelle perspective nous ouvre cette page sur la seconde moitié du xviiie siècle, sur les réunions littéraires de ces

beaux jours, sur les salons fameux dont le souvenir allume
nos regrets, et rend plus triste encore la stérile et cruelle
vanité du temps présent!

* *

Retournant la tête vers les printemps envolés, Grétry se
rappelle quelques piquantes anecdotes, et nous donne sur
la personne de Rousseau des particularités curieuses :

« Qu'est-ce qu'un savant dans le pays de l'ignorance?
Je dirai plus, qu'est-il pour certaines classes, même au
sein des grandes villes? Jadis, je regardai comme inutile
d'apprendre à une jeune fille que son voisin, qui la visitait
chaque jour, était Jean-Jacques. De quoi lui eût servi d'en
être instruite? Elle ne savait pas ce que c'est qu'un sage.
Depuis sa mort, cent femmes m'ont dit :

« — J'aurais aimé ce Jean-Jacques, tel vieux qu'il fût,
mais quelle était sa figure, sa tournure?

« — Celle d'un paysan vêtu proprement : dans le temps
que je l'ai vu, il avait les yeux vifs, un peu enfoncés; il
marchait avec une grosse canne longue, la tête baissée; il
n'était ni grand, ni petit; il parlait peu, mais toujours bien,
et avec une vivacité concentrée. Voilà ce que j'ai vu par
moi-même et ce que j'ai recueilli de ceux qui l'ont vu
souvent.

« — Je l'aurais aimé, vous dis-je, à la folie.

« — Il cherchait aussi un cœur qui voulût partager ses
tendres sentiments, et il est mort, je crois, sans l'avoir
trouvé. Mais prenez-y garde, il voulait être aimé plus
qu'admiré, surtout des femmes; et vous avez pour lui
moins d'amour véritable que d'admiration.

« J'ai connu, leur disais-je, une fille très ordinaire, que
Jean-Jacques allait voir souvent; elle demeurait dans la
même maison que lui, rue Plâtrière [1].

---

[1] Cette rue s'appelle aujourd'hui rue Jean-Jacques-Rousseau.

« — Il y a, me dit un jour cette fille, un bon homme logé
tout là-haut, qui entre souvent chez moi lorsqu'en descendant il m'entend chanter (elle se destinait au Théâtre-
Italien). — Quel est cet homme? lui dis-je. Quel est son
nom? — Je n'en sais rien; il m'a dit qu'il me donnerait
des avis sur mon talent; je l'ai regardé en riant. « Est-ce
« que vous chantez, vous? lui ai-je dit. — Oui, m'a-t-il ré-
« pondu; je compose même quelquefois de la musique. » —
Quelles sont vos conversations? — Il me regarde beaucoup
et ne dit presque rien. — Et vous? — Ma foi, je fais mes
affaires du ménage, je chante, et le laisse dans son coin.
L'autre jour, comme je chantais, il me dit que je ne disais
pas bien certaines paroles. « Je le demanderai à mon
« maître », lui répondis-je, et je ne voulus pas dire autrement. — Eh bien? — Il riait comme un fou chaque fois
que je répétais ce passage-là. Dernièrement, j'eus une
bonne scène avec lui. — Ah! dites, je vous en prie, et
n'oubliez rien. — Est-ce que vous le connaissez, cet
homme? — Je crois que oui; venons donc à la scène... —
Il était là sur cette chaise; et, comme j'allais sortir, je
m'habillai et je mis mon rouge. — « Vous êtes bien plus
« jolie, me dit-il, sans cette enluminure. — Oh! pour ça
« non, lui dis-je; on a l'air d'une morte. — A votre âge,
« on n'a pas besoin d'art; j'ai peine à vous reconnaître. —
« Bon, bon, à tout âge, quand on est pâle, il faut mettre
« du rouge. Vous devriez en mettre, vous. — Moi? —
« Oui. » Je saute à l'instant sur ses genoux, et je lui mets
du rouge, malgré lui. Il s'est sauvé en s'essuyant; et j'ai
cru qu'il étoufferait dans l'escalier, à force de rire. »

Nous avons tenu à donner l'anecdote entière; elle forme
un petit tableau de mœurs d'un intérêt piquant. D'un côté,
un homme de génie, illustre dans le monde entier, arrivé
au terme de sa carrière; de l'autre, une jeune fille igno-
rante, qui ne sait pas même le nom du vieillard, et pour

l'esprit de laquelle, d'ailleurs, ce nom n'aurait eu aucune signification. Elle est dans l'éclosion de son printemps, et lui est heureux de la regarder. Qui sait? Il se rappelle peut-être, en contemplant ce riant et insouciant visage, le mot de Pindare : « La jeunesse est une fleur dont l'amour est le fruit... Heureux le vendangeur qui le cueille, après l'avoir vu lentement mûrir! »

Voici les réflexions de Grétry :

« Rousseau aimait à être traité ainsi. Il avait de l'amour-propre, même beaucoup ; mais, fatigué d'éloges, souvent malséants, il était heureux, il riait de bon cœur quand on le forçait à sortir de lui-même et de ses réflexions sérieuses. La petite folle dont je viens de parler ne sut pas de moi le trésor qu'elle possédait chaque jour, et que nos belles dames lui eussent envié ; elle changea de logement, sans faire ses adieux à son voisin. »

.·.

A la fin de ses Mémoires, le musicien compare la célébrité qu'on peut acquérir dans les arts, les sciences et les lettres, par de savantes théories, à la gloire qui vient d'une œuvre créée. Il résume ses aperçus dans le beau passage qui suit :

« Croyons que la balance ne peut être égale entre celui qui donne des préceptes et celui qui les met en action dans un bel ouvrage. Non, l'harmonie n'est qu'un beau problème, dont le chant est la solution. A quoi servent les traités sur l'art d'écrire, quand on peut admirer Fénelon ? Le style du *Télémaque* est comme un ruisseau d'une eau brillante et pure qui suit sa pente naturelle, et laisse partout des fleurs et des fruits.

« A quoi servent nos froids moralistes, quand on peut méditer Jean-Jacques Rousseau? Ses ouvrages renferment toute la morale; et quoique l'on n'y trouve peut-être pas une idée qui ne fût connue avant lui, tout y paraît neuf, par la juste application des préceptes. Dans les arts, c'est la vérité qui commande à l'intérêt, et l'intérêt est aux arts ce que le mouvement est à la nature. »

Le lecteur, ami du beau, peut se rendre compte, d'après les citations que nous avons faites, qu'on ne perd point son temps dans la compagnie de Grétry. En le lisant, on ne peut s'empêcher d'admirer une fois de plus les hommes de pensée du xviiie siècle. Leur esprit avait un charme enveloppant que ne possèdent point nos temps modernes. Il s'est évanoui au milieu des fracas et des coups de tonnerre de la Révolution, et au sein des formidables batailles gagnées par ce foudroyant génie, ce géant qui s'appelle Napoléon Ier.

J'ai reçu jadis une lettre d'un écrivain très âgé, M. Aimé Vingtrinier, de Lyon, né en 1812, pour lequel je professais un très affectueux respect. Comme nous, il avait le culte de ce xviiie siècle enchanteur; dans sa jeunesse lointaine, il avait pu en recueillir encore les heureuses traditions.

« Que nos ancêtres », me disait-il, « sentaient vivement! Et comme ils appréciaient avec feu les beaux ouvrages!

« Nous sommes trop distraits aujourd'hui par les événements, les journaux, les voyages, les futilités : l'âme est tellement ouverte que toute pensée, tout sentiment s'en échappe, et qu'elle ne contient plus rien. »

Ce sont là les regrets du sage : ils sont revenus à ma mémoire en fermant le livre de Grétry, plein de si nobles idées et d'émotions si généreuses. La figure de Rousseau, son influence, son prestige, son génie fascinateur y revivent avec une éloquence communicative. Il nous a été doux de ramener à la lumière ces pages vibrantes, qui méritent de vaincre l'oubli, de surnager sur le flot des âges.

CHAPITRE XIV

J.-J. ROUSSEAU JUGÉ PAR CHATEAUBRIAND

Chateaubriand nous a toujours rappelé Jean-Jacques Rousseau. Il y a entre ces deux puissants esprits de nombreuses affinités. La nature fut pour l'un comme pour l'autre une source féconde de joie, de sublime inspiration et d'œuvres immortelles. René est le frère de Saint-Preux, et les *Mémoires d'Outre-Tombe* peuvent faire pendant aux *Confessions*.

Notre intention n'est pas d'établir ici un parallèle entre les deux écrivains, ni de montrer comment Chateaubriand est le fils intellectuel, le disciple de Jean-Jacques. Poursuivant nos recherches documentaires sur le citoyen de Genève, nous voulons simplement rappeler les jugements portés sur lui par l'auteur inspiré des *Martyrs*, rapprocher, grouper, commenter ces aperçus épars, et fournir ainsi des éléments pour une discussion intéressante.

I

En lisant Rousseau pour la première fois, Chateaubriand avait été conquis : aussi, quelle admiration dans le jet initial des écrits où il parle du philosophe ! Dans son

Essai historique sur les Révolutions, il évoque l'autorité des premiers Sages de la Grèce, Solon, Bias, Thalès, Pittacus, Cléobule, puis il dit :

« Après eux, nous trouvons Héraclite d'Ephèse, qui semble avoir été la forme originale sur laquelle la nature moula, parmi nous, le grand Rousseau. De même que l'illustre citoyen de Genève, le philosophe grec fut élevé sans maître, et dut tout à la vigueur de son génie. Comme lui, il connut la méchanceté de nos institutions, et pleura sur ses semblables ; comme lui, il crut les lumières inutiles au bonheur de la société ; comme lui encore, invité à donner des lois à un peuple, il jugea que ses contemporains étaient trop corrompus pour en admettre de bonnes ; comme lui enfin, accusé d'orgueil et de misanthropie, il fut obligé de se cacher dans les déserts, pour éviter la haine des hommes. »

Afin de mieux faire saisir l'analogie du caractère des deux philosophes, Chateaubriand rappelle les lettres qu'ils écrivirent à des rois, Darius et Frédéric II, qui leur offraient l'hospitalité. Ces lettres sont curieuses à comparer.

Héraclite dit au fils d'Hystaspe :

« Les hommes foulent aux pieds la vérité et la justice. Un désir insatiable de richesses et de gloire les poursuit sans cesse. Pour moi, je fuis l'ambition, l'envie, la vaine émulation attachée à la grandeur ; je n'irai point à la cour de Suze, sachant me contenter de peu, et dépensant ce peu selon mon cœur. »

Rousseau écrit au roi de Prusse :

« A Môtiers-Travers, ce 30 octobre 1762.

    « Sire,

« Vous êtes mon protecteur, mon bienfaiteur, et je porte un cœur fait pour la reconnaissance ; je veux m'acquitter avec vous, si je puis.

« Vous voulez me donner du pain : n'y a-t-il aucun de vos sujets qui en manque?

« Otez de devant mes yeux cette épée qui m'éblouit et me blesse; elle n'a que trop bien fait son service, et le sceptre est abandonné. La carrière des rois de votre étoffe est grande, et vous êtes encore loin du terme. Cependant, le temps presse, et il ne vous reste pas un moment à perdre pour y arriver. Sondez bien votre cœur, ô Frédéric! Pourrez-vous vous résoudre à mourir sans avoir été le plus grand des hommes?

« Puissé-je voir Frédéric, le juste et le redouté, couvrir enfin ses Etats d'un peuple heureux dont il soit le père! Et Jean-Jacques Rousseau, l'ennemi des rois, ira mourir au pied de son trône.

« Que Votre Majesté daigne agréer mon profond respect. »

Chateaubriand, dans sa jeunesse, admirait ces épîtres, surtout celle de Rousseau, et il écrivait :

« La noble franchise de ces deux lettres est digne des philosophes qui les ont écrites. Mais l'humeur perce dans celle d'Héraclite; celle de Jean-Jacques, au contraire, est pleine de mesure. »

Puis il était ému au souvenir de leurs malheurs. Il comprenait leur sort avec cette générosité, cet enthousiasme que nous éprouvons au début de la vie, à cette heure charmante du jeune âge où les fibres de notre cœur n'ont point été encore émoussées et durcies par le scepticisme d'un grand savoir, ou par les cruautés de l'expérience. Alors, de sa plume harmonieuse sortaient ces belles paroles :

« On se sent attendrir par la conformité des destinées de ces deux grands hommes, tous deux nés à peu près dans les mêmes circonstances, et à la veille d'une révolution, et tous deux persécutés pour leurs opinions. Tel est

26

l'esprit qui nous gouverne : nous ne pouvons souffrir ce
qui s'écarte de nos vues étroites, de nos petites habitudes.
De la mesure de nos idées, nous faisons la borne de celle
des autres. Tout ce qui va au delà nous blesse. « Ceci est
« bien, ceci est mal, » sont les mots qui sortent sans cesse
de notre bouche. De quel droit osons-nous prononcer
ainsi? Avons-nous compris le motif secret de telle ou telle
action? Misérables que nous sommes, savons-nous ce qui
est bien, ce qui est mal? Tendres et sublimes génies
d'Héraclite et de Jean-Jacques! Que sert-il que la postérité
vous ait payé un tribut de stériles honneurs?... Lorsque,
sur cette terre ingrate, vous pleuriez les malheurs de vos
semblables, vous n'aviez pas un ami. »

C'est bien là l'accent d'une âme emplie de pitié, avide
de beauté, de grandeur et de gloire, faisant siennes les
souffrances du juste, et trouvant des cris vengeurs pour
l'opprimé, le faible, le génie méconnu.

Quand les années ont ridé le front et refroidi le cœur,
quand le contact des sociétés a mis sur les lèvres un pli
d'amertume, et dans les yeux un air de défiance et d'ironie,
il arrive de voir l'homme mûr sourire des jugements portés dans ses jeunes ans, et parfois revenir sur ses pensées
de jadis. Fortuné celui qui, à travers les batailles de
l'existence, et malgré la fuite rapide de ses beaux jours et
la perte de ses illusions, conserve le feu sacré de l'enthousiasme et se montre supérieur aux impressions de la décadence humaine!

A la fin de sa vie, Chateaubriand ajouta quelques cor-
rectifs à son ancienne admiration pour Jean-Jacques. C'est
ainsi que, relisant ce qu'il avait écrit à propos de la lettre
du philosophe au roi de Prusse, il ajouta :

« Non, la lettre de Rousseau n'est point pleine de mesure; elle cache autant d'orgueil que celle d'Héraclite.
Dire à un roi : « Faites du bien aux hommes, et à ce prix

« vous me verrez », c'est s'estimer un peu trop. Frédéric, en donnant de la gloire à ses peuples, pouvait trouver en lui-même une récompense pour le moins aussi belle que celle que lui offrait le citoyen de Genève. Que le talent ait la conscience de sa dignité, de son mérite, rien de plus juste; mais il s'expose à se faire méconnaître quand il se croit le droit de morigéner les peuples, ou de traiter avec familiarité les rois. »

L'écrivain de *René* parle ici d'après les vues étroites de la plupart des hommes. Il est certain qu'on s'expose à n'être ni compris, ni même entendu, quand on s'adresse aux peuples ou aux rois : on est quelquefois ridicule, et souvent outrecuidant. Mais ce n'est pas le cas de Rousseau. Personne n'a méconnu sa parole éloquente, le monde entier l'a entendue, et la lettre à Frédéric vivra aussi longtemps que la gloire de ce roi et que le souvenir de la magnanimité qui le poussait à offrir un asile et du pain au grand homme persécuté.

II

Ailleurs, Chateaubriand, remontant le cours de ses lointaines années, fait un examen de son esprit et dit :

« J'ai relu les ouvrages de Rousseau, afin de voir s'ils justifieraient, au tribunal de ma raison mûrie et de mon goût formé, l'enthousiasme qu'ils m'inspiraient dans ma jeunesse.

« Je n'ai point retrouvé le sublime dans l'*Emile*, ouvrage d'ailleurs supérieurement écrit quant aux formes du style, non quant à la langue proprement dite; ouvrage où l'on rencontre quelques pages d'une rare éloquence, mais ouvrage de pure théorie, et de tout point inapplicable. On sent plus dans l'*Emile* l'humeur du misanthrope que la sévérité du sage : la société y est jugée par l'amour-

propre blessé; les systèmes du temps se reproduisent dans
les pages mêmes dirigées contre ces systèmes, et l'auteur
déclame contre les mœurs de son siècle, tout en partici-
pant à ses mœurs... La *Profession de foi du Vicaire savoyard*, qui fit tant de bruit, a perdu l'intérêt des circonstances : ce n'est aujourd'hui qu'un sermon socinien, qui
n'a d'admirable que l'exposition de la scène. Les preuves
de la spiritualité de l'âme sont bonnes, mais elles sont au-
dessous de celles produites par Clarke.

« Dans ses ouvrages politiques, Rousseau est clair,
concis, ferme, logique, pressant, en enchaînant les corol-
laires, qu'il déduit souvent d'une proposition erronée.
Mais, tout attaché qu'il est au droit social de l'ancienne
école, il le trouble par le mélange du droit de nature.
D'ailleurs, les gouvernements ont marché, et la politique
de Rousseau a vieilli. »

Ces restrictions faites, et un blâme sévère jeté sur les
indiscrétions des *Confessions* concernant Mme de Warens,
Chateaubriand est ressaisi par le prestige du philosophe,
et il rend à son génie ce magnifique hommage :

« Rousseau n'est définitivement au-dessus des autres
écrivains que dans une soixantaine de lettres de la *Nouvelle Héloïse* (qu'il faut relire, comme je le fais à présent
même, à la vue des rochers de Meillerie), dans ses *Rêveries*
et dans ses *Confessions*. Là, placé dans la véritable nature
de son talent, il arrive à une éloquence de passion inconnue avant lui. Voltaire et Montesquieu ont trouvé des modèles de style chez les écrivains du siècle de Louis XIV;
Rousseau, et même un peu Buffon dans un autre genre,
ont créé une langue qui fut ignorée du grand siècle. »

C'est bien là, en effet, la caractéristique de Jean-
Jacques : ce fut un novateur, un créateur dans l'ordre des
émotions et des sensations, par conséquent dans celui de

les exprimer, de leur donner la forme, la puissance et la vie.

Toujours restrictif, comme les gens qui ont beaucoup vécu et beaucoup vu, Chateaubriand ajoute :

« Il faut dire toutefois que Rousseau n'est pas aussi noble qu'il est brûlant, aussi délicat qu'il est passionné... Il est plus poétique dans les images que dans les affections; son inspiration vient plus des sens que de l'âme; il a peu de la flamme divine de Fénelon; il exprime les sentiments profonds, rarement les sentiments élevés : son génie est d'une grande beauté, mais il tient plus de la terre que du ciel...

« Je ne me reproche point mon enthousiasme pour ses ouvrages; je conserve en partie ma première admiration, et je sais à présent sur quoi elle est fondée... »

Ces derniers aperçus pourraient donner lieu à toute une discussion philosophique sur la nature et la force des passions. Lorsqu'elles deviennent brûlantes et éclatent comme un orage, peuvent-elles garder encore la délicatesse et la mesure dont parle Chateaubriand? Nous ne le pensons pas. Autrement, le calcul, le souci des conventions leur enlèverait l'intensité, et loin de ressembler « à un magnifique incendie », selon le mot de Balzac, elles n'offriraient que le triste spectacle d'une fiévreuse impuissance et d'une mélancolie sans espoir.

D'autre part, est-il juste de reprocher à Rousseau « de tenir plus de la terre que du ciel »? Nous sommes des êtres humains et non des créatures célestes; l'oublier, c'est déraisonner. Si Jean-Jacques a exercé et exerce encore tant d'influence, s'il captive l'esprit et maîtrise l'âme, il le doit à sa conception normale, basée sur la nature, des besoins, des désirs, des aspirations des hommes. Le secret de son prestige est renfermé dans la belle parole du poète Térence : « *Homo sum, et nihil humani a me alienum puto.*

— Je suis homme, et rien d'humain ne doit m'être étranger. »

III

Dans une autre partie de son *Essai sur les Révolutions*, Chateaubriand revient à Rousseau, et ce qu'il en dit présente un intérêt capital. Il compare entre eux Platon, Fénelon et Jean-Jacques, « ce beau groupe de génies qui renferme tout ce qu'il y a d'aimable dans la vertu, de grand dans les talents, de sensible dans le caractère des hommes » ; puis il fait l'analyse de la *République*, du *Télémaque* et de l'*Emile*, trois livres immortels.

Il arrive à la page célèbre où Rousseau, avec une clairvoyance géniale, prédit la Révolution. C'est après avoir conseillé la nécessité d'apprendre un métier manuel pour gagner sa vie que le citoyen de Genève dit :

« Vous vous fiez à l'ordre actuel de la société, sans songer que cet ordre est sujet à des révolutions inévitables, et qu'il vous est impossible de prévoir ni de prévenir celle qui peut regarder vos enfants. Le grand devient petit, le riche devient pauvre, le monarque devient sujet. Les coups du sort sont-ils si rares que vous puissiez compter d'en être exempt? Nous approchons de l'état de crise et du siècle des révolutions. Je tiens pour impossible que les r andes monarchies de l'Europe aient encore longtemps à durer; toutes ont brillé, et tout Etat qui brille est sur son déclin. J'ai de mon opinion des raisons plus particulières que cette maxime; mais il n'est pas à propos de les dire, et chacun ne les voit que trop. »

Arrivé à ces paroles prophétiques, Chateaubriand se plaît à méditer sur elles; écoutons ce qu'il en dit :

« Voilà le fameux passage de l'*Emile*. Il y a plusieurs choses à remarquer ici. La première est la clarté avec la-

quelle Jean-Jacques a prédit la révolution présente. La
seconde a rapport à sa célèbre idée de faire apprendre un
métier à chaque enfant. Comme on s'en moqua à l'époque
de la publication de l'*Emile*! Comme on trouvait le philosophe ridicule! Je n'ai pas besoin de demander si nous en
sentons maintenant la vérité. Il y a beaucoup de nos seigneurs français qui seraient trop heureux maintenant de
savoir faire le métier d'Emile. Ils recevraient par jour leur
demi-couronne, ou leurs quatre schellings, et seraient citoyens utiles du pays où le sort les aurait jetés.

« La troisième remarque, et la plus importante, tient à
la nature du passage même. Il est clair que non seulement
Jean-Jacques avait prévu la Révolution, mais encore les
horreurs dont elle serait accompagnée... Quelle force de
génie, dans Rousseau, d'avoir à la fois prédit la Révolution et ses catastrophes! Et quelle incroyable circonstance
que ses écrits mêmes aient servi à les amener! »

L'auteur des *Martyrs* se demande ce qu'aurait fait le
philosophe s'il eût vécu quand éclata l'orage de 89, puis
de 92. Souvent, les historiens, les moralistes se posent
cette question pour Rousseau et pour Voltaire, ces pères
incontestés des temps nouveaux. Nous n'attachons pas
grande importance à ces hypothèses qui resteront éternellement pendantes, et ne peuvent, par conséquent, être
jetées avec autorité dans le vaste débat de la Révolution.

En terminant l'analyse de l'*Emile*, Chateaubriand remarque avec justesse que Rousseau a peint avec moins de
charme l'épouse dans Sophie que l'amante dans Julie, et
il ajoute en forme de conclusion :

« Quoi! C'est à cela que se réduit l'*Emile*? Sans doute;
et Emile est autant au-dessus des hommes de son siècle
qu'il y a de différence entre nous et les premiers Romains.
Que dis-je! Emile est l'homme par excellence, car il est
l'homme de la nature. Son cœur ne connaît point les pré-

jugés. Libre, courageux, bienfaisant, ayant toutes les
vertus sans y prétendre, s'il a un défaut, c'est d'être isolé
dans le monde, et de vivre comme un géant dans nos petites
sociétés.

« Tel est le fameux ouvrage qui a précipité notre Révolution. Son principal défaut est de n'être écrit que pour
peu de lecteurs. Je l'ai quelquefois vu entre les mains de
certaines femmes qui y cherchaient des règles pour l'éducation de leurs enfants, et j'ai souri. Ce livre n'est point
un livre pratique ; il serait de toute impossibilité d'élever
un jeune homme sur un système qui demande un concours
d'êtres environnants qu'on ne saurait trouver ; mais le sage
doit regarder cet écrit de Jean-Jacques comme un trésor.
Peut-être n'y a-t-il dans le monde entier que cinq ouvrages
à lire : l'*Emile* en est un. »

Chateaubriand ne craint pas d'avancer que l'*Emile* a
opéré une révolution complète dans l'Europe moderne, et
qu'il forme époque dans l'histoire des peuples. L'éducation, en effet, depuis la publication de cet ouvrage, subit
en France des transformations essentielles, et qui change
l'éducation change les hommes.

« Je ne fais point », dit-il, « ces réflexions sur l'immortel
Emile sans un sentiment douloureux. La *Profession de foi
du Vicaire savoyard*, les principes politiques et moraux
de cet ouvrage sont devenus les machines qui ont battu
l'édifice des gouvernements actuels de l'Europe, et surtout
celui de la France, maintenant en ruine. Il s'ensuit que la
vérité n'est pas bonne aux hommes méchants ; qu'elle doit
demeurer ensevelie dans le sein du sage, comme l'espérance au fond de la boîte de Pandore. Si j'eusse vécu du
temps de Jean-Jacques, j'aurais voulu devenir son disciple, mais j'eusse conseillé le secret à mon maître. Il y a
plus de philosophie qu'on ne pense au système de mys-

JEAN-JACQUES ROUSSEAU.

Médaillon original en plâtre, par J.-P. Lesueur, sculpteur, auteur du tombeau du philosophe,
à Ermenonville.
Portrait inédit. — *Collection H. B.*

tère adopté par Pythagore et par les anciens prêtres de
l'Orient. »

L'âme de Chateaubriand était entraînée par deux cou-
rants contraires au sujet de Jean-Jacques. L'homme primitif en lui, l'homme de la nature, debout sur les hauteurs
du temps et de l'espace, allait tout entier au philosophe. Il
ne faisait des restrictions et des réserves qu'en se souvenant des conventions de la société, des passions, du milieu
où il vivait, des idées moyennes et secondaires de son
époque.

En fin de compte, comme lui aussi était un esprit supérieur, il résumait son opinion, ses jugements, en s'élevant
au-dessus des préjugés, des agitations, des erreurs qui
l'entouraient. Voici ses dernières paroles sur l'écrivain de
l'*Emile* :

« Je n'ai pu m'empêcher de faire la part aux faits; mais
je suis si épris de Rousseau, que je ne puis me résoudre
à le trouver coupable; j'aime mieux soutenir qu'on a
abusé de ses principes, que je m'obstine à trouver bons,
même en avouant qu'ils ont fait un mal affreux; j'aime
mieux condamner le genre humain tout entier que le
citoyen de Genève. »

Devant ces confidences, ces aveux, cette admiration née
dans l'adolescence, discutée dans la maturité, et qui se
ravive aux confins de l'âge, on s'explique mieux l'ascendant et la gloire de Chateaubriand, car on connaît la
source principale où s'alimentait le feu sacré qui dévorait
son âme.

En se passionnant pour Rousseau, il a travaillé à son
propre renom ; en pâlissant sur ses œuvres, il est devenu
lui-même un écrivain aux vastes conceptions et au langage
magnifique, il a grandi superbement, et tout à coup il est
apparu comme un prince de la littérature : de plus, il a su

se donner l'attrait du malheur par l'invincible mélancolie
de sa pensée, par le sentiment qu'il exprime si souvent de
la fragilité et de la décadence humaines, par le récit de ses
désillusions, par les orages de son cœur avide, enfin par
son insatiable désir d'une félicité idéale.

Au mois de juin 1792, en face de la Révolution mena-
çante, il se vit obligé de quitter la France. Comment em-
ploya-t-il sa dernière journée? Il alla visiter l'Ermitage
de Montmorency. Il n'aurait pu s'éloigner de Paris sans
dire adieu à la solitude d'un homme « dont les accents
remuaient sa jeunesse ». Ce simple détail révèle mieux
que de longues pages la ferveur intellectuelle des écrivains
d'autrefois, l'élévation des nobles esprits que nous considé-
rons comme nos maîtres, nos guides, nos amis.

Ce jour-là, sans doute, en présence de l'Ermitage de
Rousseau, de ses souvenirs pleins de vie encore dans cette
demeure consacrée, ainsi que dans toute la vallée de Montmorency, il dut méditer sur une pensée profonde qui déjà
lui était familière, et que plus tard il formula devant le tombeau du Tasse : « On abandonne l'homme qui a ri pour
l'homme qui a pleuré; il n'y a de grand que les existences
malheureuses. »

CHAPITRE XV

UNE QUESTION LITTÉRAIRE AU SUJET DE
J.-J. ROUSSEAU

ERREUR D'UN PROFESSEUR ALLEMAND.

M. O. Schultz-Gora, professeur à l'Université de Berlin, publiait naguère un curieux opuscule, sous ce titre : *Un Testament littéraire de Jean-Jacques Rousseau*. L'auteur a découvert, à la Bibliothèque royale de Berlin, un imprimé en langue française de 62 pages, sous forme de brochure in-8°, sans nom de lieu d'origine, sans nom d'imprimeur et d'éditeur, et portant ce titre : *Testament de Jean-Jacques Rousseau*, avec la date 1771, et cette citation latine : *Qui notus nimis omnibus, ignotus moritur sibi*, ce qui veut dire : « Celui qui est trop connu de tous meurt inconnu à lui-même. »

Ce Testament, purement philosophique et littéraire, est-il l'œuvre du citoyen de Genève? Ou bien émane-t-il d'un inconnu, ami, ennemi, ou simple fantaisiste, qui voulut pasticher Jean-Jacques? Telle est la question à résoudre : elle a une importance spéciale, car ce Testament ne figure dans aucune édition de Rousseau, ni en France, ni à l'étranger, du moins à notre connaissance, et M. Schultz-

Gora est le premier à en donner le texte intégral à nos contemporains.

Un autre savant allemand, M. Albert Jansen, qui s'est beaucoup occupé de l'auteur d'*Emile*, avait déjà signalé l'existence de l'opuscule qui nous occupe : il l'avait eu entre les mains à la Bibliothèque de Berlin, et il en parle comme d'un ouvrage sorti certainement de la plume de Rousseau, sans d'ailleurs entrer dans les détails d'une discussion utile. D'après lui, il ne se trouverait ni dans les bibliothèques de Paris, ni dans celles de Londres.

M. Schultz-Gora, lui, serre la question de près. Depuis longtemps, elle le préoccupe ; en 1895, il fit un rapport à ce sujet à la Société des Philologues allemands, réunis à Cologne : il espère aujourd'hui, grâce à son étude, provoquer des recherches et arriver à la découverte de la vérité. Il prend toutefois position, et après un examen approfondi, il croit à l'authenticité du Testament.

*
* *

Oui ou non, sommes-nous devant une œuvre perdue de Jean-Jacques, subitement remise en lumière? Deux savants professeurs allemands affirment. Nous, nous penchons pour la négative.

Il y a d'abord contre l'authenticité certains petits côtés de l'affaire : en premier lieu, l'ignorance où furent les amis de Rousseau au sujet du Testament, notamment Paul Moultou et Pierre Moultou, son fils, à qui le philosophe remit le dépôt sacré des *Confessions*, avec mission de les publier après sa mort. Ceux-là, avec le fidèle Du Peyrou, savaient tout.

En second lieu, l'opuscule de Berlin est enveloppé d'un nuage épais d'anonymat : pas de nom d'imprimeur, pas de nom d'éditeur, pas de nom de ville d'origine; un nombre effrayant de fautes d'impression, de *coquilles*, qui indiquent que l'ouvrage a été imprimé à l'étranger, par des typographes étrangers, et que les épreuves n'ont point été corrigées par l'auteur. Or, Rousseau était l'homme le plus ordonné du monde, surtout quand il s'agissait de ses travaux d'écrivain.

D'autre part, dans les conditions où il se présente, le Testament — il faut bien le supposer — aurait été confié directement par Rousseau à un imprimeur habitant l'étranger : la Suisse, la Hollande, la Belgique, l'Angleterre ou l'Allemagne, lequel imprimeur l'eût lancé ensuite dans la circulation. Dans ce cas, une correspondance se serait établie entre l'écrivain et cet imprimeur, qui n'eût pas manqué d'en parler tôt ou tard, et d'en tirer honneur et peut-être profit, ainsi que du manuscrit, étant donnée la renommée européenne de Rousseau.

Enfin, comment admettre que le philosophe, suivant son habitude, n'eût pas fait plusieurs copies de ce travail, capital pour sa mémoire, et ne les eût répandues, puis données, ou laissées dans ses papiers?

* *

Mais ces objections qui ont leur valeur, et plusieurs autres analogues que nous négligeons, sont peu de chose en comparaison de l'objection principale que nous ferons au Testament, à savoir qu'il ne rappelle Jean-Jacques Rousseau ni par les idées, ni par le style.

L'écrivain des *Confessions* a une phrase, une prose, un style à lui. Le lecteur français en reconnaît bien vite la cadence et l'harmonie. Toute page écrite par ce puissant génie est marquée de sa griffe, même ses lettres peu importantes. Mêlant avec un art consommé la chaleur du sentiment à la force de l'argumentation morale, il s'adresse à la fois à notre cœur et à notre esprit, et s'il lui arrive parfois de ne point nous convaincre, par contre, il nous émeut toujours. C'est là son prestige et sa gloire.

Or, le Testament n'a rien de cet attrait, qui est la marque caractéristique de Jean-Jacques. Que le lecteur en juge par les citations que nous allons faire. Voici le début :

« Il est temps de mettre fin à mes longues écritures : elles ont intéressé un grand nombre de lecteurs, qui souhaitent sans doute que, par un dernier écrit, j'exprime mes derniers sentiments; je dois les satisfaire. Je vais jeter un coup d'œil rapide sur mes principaux ouvrages, et avant de rompre ma plume, j'adoucirai peut-être ce que j'ai avancé de peu agréable à plusieurs, le tout autant que ma mémoire altérée pourra me le permettre...

« Mon mémoire contre les Arts et les Sciences est le premier ouvrage qui m'a attiré une célébrité, que je n'ambitionnais pas. L'Académie de Dijon couronna cet écrit, je la félicite d'avoir eu cette noble hardiesse. Le peu de vérité que nous connaissons dans nos sciences, ou plutôt nos demisciences, ne mérite pas d'être fort estimé, et il n'est pas facile de prouver qu'elles fassent plus de bien que de mal, car, malgré tout ce qu'on a produit sur cette matière, le procès n'est pas encore en état d'être jugé. A l'égard des arts, ceux du luxe ne procurent aucun bien solide, et sont manifestement nuisibles. Cependant, ils sont les plus cultivés et les plus honorés, tandis que les arts essentiellement utiles sont négligés et méprisés : tant les hommes connaissent bien leurs vrais intérêts ! En témoignant peu d'estime pour tous ces objets frivoles, l'Académie de Dijon a porté un jugement très philosophique, et elle a fait sagement de dédaigner les railleries qui ne sont autre chose que les arguments des ignorants et des sots.

« Je déclare au grand poète (Voltaire), qui a tant plaisanté sur le livre de l'Inégalité des conditions et autres sujets, que ses plaisanteries ne peuvent manquer d'être

bonnes, puisqu'il a cent mille livres de rentes, raison suffisante pour railler finement. Quant aux autres censeurs de
ce livre, j'approuve fort que ceux d'entre eux qui sont
courbés sous le poids de l'infortune demeurent contents
de leur état ; je leur permets volontiers de croire que tout
est sagement disposé dans la société, et que les passions
humaines ont très bien arrangé toutes choses... »

Est-ce là du Rousseau? Je le demande à tous les critiques. Le Testament est daté de 1771, et, d'après M. Albert
Jansen, il parut seulement en 1772. A cette époque, le
grand écrivain avait publié ses immortels ouvrages, il
était arrivé au point culminant de sa renommée, et bien
qu'il eût soixante ans, il n'avait rien perdu de sa fierté.

Les *Confessions* étaient achevées, il en avait fait plusieurs lectures, et son intention formelle était qu'elles
fussent publiées : c'était ce livre fameux qui constituait
son véritable Testament devant la postérité. Loin de vouloir « adoucir ce qu'il avait avancé de peu agréable à plusieurs », il avait répondu à Dussaulx qui venait le prier, au
nom de M. de Malesherbes, d'atténuer quelques passages
visant certaines personnes : « Ce qui est écrit est écrit ;
je ne supprimerai rien... Mes *Confessions* paraîtront un
jour, ce mot est irrévocable. »

C'était au commencement de l'année 1771 qu'il faisait
à Dussaulx cette réponse énergique. Comment admettre
que, vers le même temps, il eût composé, puis publié
clandestinement un second Testament édulcoré, où ne se
trouvent ni la vigueur de sa pensée, ni le noble orgueil de
son âme, ni le rythme enchanteur de sa prose étincelante?

Dans ce Testament de Berlin, Rousseau passe en revue
ses ouvrages : le *Discours sur les Sciences et les Arts,* couronné par l'Académie de Dijon, le *Discours sur l'Inégalité,*
le *Contrat social,* la *Nouvelle Héloïse,* l'*Emile,* les *Lettres
de la Montagne.* Chose étrange, il ne dit rien des *Confessions.* Elles n'avaient point paru, il est vrai, mais le philo-

sophe y attachait un prix sans égal, cet ouvrage même
était devenu sa plus grande préoccupation, car, comme
nous l'avons écrit ailleurs, il renfermait la sauvegarde de
son honneur et expliquait le secret de son génie.

S'il était vraiment l'auteur du Testament, Jean-Jacques
aurait-il oublié d'y mentionner celle de ses œuvres qu'il
considérait alors comme la plus importante de sa carrière? Cette omission devient la condamnation irrémis-
sible de l'opuscule de la Bibliothèque de Berlin. Celui qui
l'a composé et publié, et que nous supposons être un
auteur étranger écrivant assez mal la langue française, ne
pouvait parler que des ouvrages de Rousseau parus en
librairie. Il ignorait les *Confessions*, encore à l'état de manuscrit. Mais Rousseau les connaissait, lui, puisqu'il venait
de les achever, et qu'il était dans toute la fièvre des destinées de son ouvrage.

.·.

M. Schultz-Gora écrit dans son intéressante introduction :

« En parcourant le Testament, on est frappé par les passages qui traitent du *Contrat social*. Les assertions qu'on
y trouve sont d'une clarté et d'une précision vraiment remarquables, et témoignent d'une connaissance si profonde
de l'ouvrage en question que, selon moi, Rousseau seul a
été capable de l'écrire. »

Les passages mentionnés ici sont, en effet, les plus clairs
et les mieux présentés de l'opuscule; mais de là à conclure que Jean-Jacques est l'auteur de ce dernier, il y a
un abîme. L'écrivain anonyme, quand il a rédigé les passages que signale spécialement M. Schultz-Gora, avait
évidemment le *Contrat social* sous les yeux; il en a résumé
avec assez d'habileté quelques chapitres. Il suffit de relire
le livre premier du célèbre ouvrage pour s'en convaincre.

Voici comment Rousseau, dans le soi-disant Testament, s'exprime au sujet de la *Nouvelle Héloïse* :

« Les censeurs de la *Nouvelle Héloïse* feront bien de parcourir de nouveau cet ouvrage; ils comprendront sans doute qu'ils ne s'y sont pas pris comme il fallait : au lieu de s'appesantir sur les amours de l'héroïne, il eût été mieux de montrer que Julie, quoiqu'elle fût une jolie fille, ne laissait pas d'être une petite prêcheuse, trop savante pour son âge et pour son sexe, et de plus un peu pédante; — que ce dernier défaut est plus ou moins propre à tous les personnages de l'*Héloïse*; — qu'à la vérité, cette tache est presque naturelle dans le pays de Julie, et autres pays adjacents, tous les hommes et la plupart des femmes y étant un peu ou beaucoup affectés de pédantisme, mais que l'auteur, en se conformant trop exactement au vrai, a nui à l'agrément de son ouvrage; — que le héros, trop ressemblant de caractère à l'héroïne, déplaît parfois également; — que le sieur de Volmar, en épousant une fille non vierge pour la rendre sage, raisonne comme un hyperboréen; — que mylord Edouard agit en Suisse comme un grand homme, et en Italie comme un enfant... »

Qu'on nous mette à la question ordinaire et extraordinaire, qu'on nous applique le supplice du feu, après nous avoir préalablement introduit dans la bouche une bonne poire d'angoisse, si Jean-Jacques Rousseau a écrit cette interminable tirade, dont nous abrégeons la longueur, et qui ferait crier grâce aux oreilles les plus rébarbatives à l'harmonie. Où sont ici, grands dieux, la grâce et la clarté, le nombre et la cadence du philosophe, ses comparaisons, ses images, sa finesse, son ironie, enfin son éloquence?

* * *

Après les *Confessions*, tout à fait à la fin de son orageuse destinée, presque en face de la mort, il écrivit en-

27

core un ouvrage qui peut être considéré comme un codicille ajouté à ce vaste et vrai Testament : ce sont les *Rêveries du Promeneur solitaire*, pages admirables dans leur résignation, chant du cygne de ce grand homme. Que le savant M. Schultz-Gora les ouvre à l'endroit qu'il lui plaira, qu'il lise, et qu'il compare avec l'opuscule de Berlin, et il conclura avec nous que celui-ci ne saurait être l'œuvre de Rousseau.

Voici les *Rêveries*, je tombe sur la troisième Promenade ; écoutez :

« Nous entrons en lice à notre naissance, nous en sortons à la mort. Que sert d'apprendre à mieux conduire son char, quand on est au bout de la carrière ? Il ne reste plus à penser alors que comment on en sortira. L'étude d'un vieillard, s'il lui en reste encore à faire, est uniquement d'apprendre à mourir ; et c'est précisément celle qu'on fait le moins à mon âge ; on y pense à tout, hormis cela. Tous les vieillards tiennent plus à la vie que les enfants, et en sortent de plus mauvaise grâce que les jeunes gens. C'est que, tous leurs travaux ayant été pour cette vie, ils voient à sa fin qu'ils ont perdu leurs peines. »

Voilà comment Rousseau écrivait à la fin de sa vie. On peut dire que, jusqu'au dernier jour, il conserva la flamme active de son génie. Je regrette de contrister sans doute l'éminent professeur M. Schultz-Gora, mais qu'il soit bien convaincu que le Testament de Berlin est l'œuvre d'un auteur de dixième ordre. Nous ne l'en félicitons pas moins d'avoir saisi le monde littéraire d'une question intéressante, puisqu'il s'agit d'un des plus grands écrivains et des plus illustres penseurs, non seulement de la France, mais du monde entier, et, nous le savons, particulièrement goûté en Allemagne.

CHAPITRE XVI

J.-J. ROUSSEAU, GRIMM ET DIDEROT

DOCUMENTS NOUVEAUX.

Une Anglaise, connue par ses travaux d'érudition, Mme Frédérika Macdonald, a publié, il y a quelque temps déjà, une étude fort intéressante, sensationnelle même, intitulée : *Comment Jean-Jacques Rousseau fut calomnié.* Elle établit que les Mémoires de Mme d'Epinay, source principale des jugements défavorables à l'auteur d'*Emile*, sont, pour une large part, l'œuvre haineuse de Diderot. C'est lui qui, en compagnie de Grimm et d'autres diffamateurs, aurait habilement inspiré la pensée et dirigé la plume de Mme d'Epinay, dans ses méchancetés et son dénigrement.

Mme Macdonald fournit contre Diderot des preuves accablantes, en reproduisant les fac-similés de son écriture, qui figurent dans les cahiers écrits par Mme d'Epinay, comme les corrections d'un professeur stylant son élève. C'est à la Bibliothèque de l'Arsenal, et au Palais des Archives, à Paris, que l'*authoress* a fait la découverte de divers manuscrits qui servent de base à son argumentation.

Elle a retrouvé et étudié de près les deux manuscrits des Mémoires de Mme d'Epinay. Le premier, divisé en deux lots, est déposé au Palais des Archives et à la Bibliothèque de l'Arsenal : c'est le manuscrit original, le *brouillon*, le jet initial. Le second est déposé à la Bibliothèque historique de la Ville de Paris, rue de Sévigné, dans l'ancien hôtel Lepeletier-Saint-Fargeau : c'est une copie très soignée du premier manuscrit.

« Ces pages jaunies », dit Mme Macdonald, « dont l'écriture est toute pâlie, contiennent des révélations muettes, qui éclairent d'un flot de lumière le chercheur pénétrant dans l'obscurité de leur silence. Elles nous font voir que « les conspirateurs » dont Rousseau parle dans ses *Confessions*, et que l'on avait universellement regardés comme de « purs fantômes de son imagination malade », furent bien des personnages réels et historiques; nous pouvons distinguer leurs traits, car ils nous apparaissent sous leurs masques; nous les surprenons fabriquant leur document frauduleux; nous avons la trace des arrangements qu'ils prirent pour le cacher, et nous décelons à quelle heure ils voulurent qu'on en fît la publication. »

L'importance de la découverte de Mme Macdonald est considérable pour l'histoire philosophique et littéraire du XVIIIe siècle, on peut même dire pour l'histoire morale de l'humanité en général. Elle démontre, en effet, que Rousseau n'exagérait pas quand il s'en allait répétant partout qu'un complot était tramé contre lui, qu'il sentait sous ses pas un réseau de machinations et de perfidies, et que des ennemis puissants cherchaient à ruiner sa réputation et à souiller sa mémoire.

L'étude de Mme Macdonald jette vraiment « un flot de lumière » sur les ténébreuses intrigues qui furent ourdies contre le philosophe, et qu'il démasqua dans ses *Confessions* avec la prescience du génie.

*
* *

Quel est en définitive l'état de la question? Quel est le
problème historique qui se pose? Nous allons le rappeler
brièvement, avec toute la clarté possible. Les érudits, les
initiés connaissent les éléments de l'affaire, mais beaucoup, parmi nos contemporains, les ignorent. Ils méritent
cependant d'être mis une fois de plus en relief, surtout
après le travail vengeur de Mme Macdonald.

Lorsque Rousseau remporta le prix à l'Académie de
Dijon, en 1750, pour son fameux Discours sur les Sciences
et les Arts, puis, deux ans après, fit représenter le *Devin
du Village* devant la Cour, et ensuite à l'Opéra, il acquit
une célébrité extraordinaire qui lui valut, d'une façon
marquée, l'avantage de déterminer sur son nom inconnu
un grand courant de sympathie. Les femmes comme les
hommes, plus que les hommes même, s'inquiétèrent de
lui. Elles sentaient d'instinct dans son œuvre naissante
une âme ardente et passionnée, et tout naturellement se
tournaient vers le nouveau venu.

Il avait alors pour amis Diderot et Grimm; le premier,
vaste esprit, cerveau encyclopédique, propre à diriger son
temps; le second, intelligence déliée, faite pour rassembler des matériaux, mais non pour créer, se plaisant dans
l'intrigue, ignorant la fierté, incapable de s'élever en rien
vers les sommets. Les premiers succès de Jean-Jacques ne
durent point porter ombrage à Diderot, qui n'avait rien à
envier à personne dans le domaine de l'esprit; mais Grimm,
lui, jalousa cette renommée naissante : il avait le pressentiment qu'elle allait rapidement grandir, et qu'il ne pourrait l'égaler.

Parmi les femmes qui se sentaient attirées vers Rousseau, à cette époque, Mme d'Epinay était au premier rang.
Elle lui faisait le meilleur accueil, tant à Paris que dans

son château d'Epinay, et à la Chevrette, près de Montmorency. Dans le courant de l'année 1756, elle lui offrait
même l'hospitalité, et mettait à sa disposition une petite
maison située à Montmorency même, et nommée, comme
on sait, l'Ermitage.

Rousseau fut d'abord au comble de ses vœux. Il détes-
tait le tourbillon des villes, et soupirait après la vie paisible des champs. Il lui fallait le calme des grands horizons
pour méditer, pour se mettre à écrire les vastes ouvrages
qui tourmentaient sa pensée.

* *
*

Aux yeux de Diderot et de Grimm, c'était là une situation privilégiée qu'ils voyaient avec une pointe d'envie, le
dernier surtout. Ils l'auraient tolérée cependant, et auraient
laissé l'ermite à ses travaux, lorsque le bruit se répandit
dans l'entourage de Mᵐᵉ d'Epinay que Jean-Jacques était
épris de la comtesse d'Houdetot, et que celle-ci prêtait à
ses aveux une oreille complaisante.

Cette femme sensible et charmante, incarnation de l'esprit et de la grâce de son temps, habitait Eaubonne, à une
lieue de l'Ermitage, et s'y trouvait seule. Rousseau allait la
voir chaque jour, ils s'écrivaient, avaient des rendez-vous,
des tête-à-tête : bref, leur attachement s'affirmait par tous
les signes extérieurs de la passion.

Cette douce vie de deux âmes, faites pour se comprendre
et s'aimer, mit le feu aux poudres. Rien ne réveille la pâle
envie comme le spectacle d'un pareil bonheur. Le tort de
Rousseau, s'il en eut un, fut de ne point cacher son amour.
Il n'aurait pas même dû le laisser soupçonner, en dehors
de Mᵐᵉ d'Houdetot. Elle se plaisait à le recevoir, à l'entendre : que lui fallait-il de plus?

Pour nous, voilà la source initiale du complot formé
contre le puissant écrivain. Les ennuis, les tracasseries,

les malheurs même qu'il essuya dans la suite proviennent de ces folles amours, trop affichées, trop connues.

D'abord, Mme d'Epinay, qui avait espéré du philosophe autre chose que de l'amitié, le fait est bien certain, éprouva une violente jalousie à l'égard de Mme d'Houdetot, sa belle-sœur ; pour Rousseau, ce fut du dépit, puis bientôt du ressentiment.

Grimm, qui, dans l'intervalle, était devenu l'ami intime de Mme d'Epinay, ne manqua pas de distiller tout son venin d'homme de second ordre contre l'hôte de l'Ermitage, et, phénomène étrange, il parvint à entraîner Diderot avec lui. C'est ici que nous voyons apparaître la faiblesse de caractère de ce dernier et que se dessine son hostilité contre Rousseau. Elle ne fit que s'accroître avec le temps, et Mme Macdonald vient de prouver qu'elle ne recula pas devant les plus atroces perfidies.

.·.

L'attachement de Jean-Jacques pour Mme d'Houdetot amena donc un refroidissement avec Mme d'Epinay. Leur correspondance devint aigre-douce, puis s'envenima tout à fait. L'écrivain sentit qu'il ne pouvait rester à l'Ermitage, et le 15 décembre 1757, en plein hiver, il le quitta, après y avoir composé en partie la *Nouvelle Héloïse*. Il comprenait bien qu'une cabale avait été organisée contre lui ; il en eût souri, sans doute, s'il n'y avait aperçu la figure de Diderot. Aussi s'écriera-t-il plus tard dans les *Confessions* : « Et toi aussi, Diderot! Indigne ami! »

Nous avons toujours cru que le fondateur de l'*Encyclopédie* avait été jaloux des succès de Rousseau auprès de Mme d'Houdetot, qu'il connaissait, qu'il voyait assez familièrement à la Chevrette, qu'il aimait peut-être, lui aussi.

Quoi qu'il en soit, à partir de ce moment, il y eut entre Diderot et Jean-Jacques une guerre sourde, une sorte de

duel secret, une hostilité souterraine envenimée encore
par l'astuce et la médiocrité haineuse de Grimm. Rousseau
entendait ces deux hommes marcher dans son mur, et
c'est pour se défendre contre leurs attaques qu'il songea à
écrire les *Confessions*.

Si, en quittant l'Ermitage, il eût disparu, fût rentré à
Genève, comme il l'avait désiré parfois, et eût vécu
ignoré, Grimm et Diderot, certes, l'eussent volontiers
oublié; peut-être même lui eussent-ils témoigné de la
pitié. Mais il eut la bonne fortune, en rompant avec le
monde philosophique et la société de la Chevrette, d'être
accueilli par le maréchal et la maréchale de Luxembourg,
personnages considérables, et d'être introduit, grâce à
eux, dans la plus haute société de l'époque : le prince de
Conti, le marquis d'Armentières, le prince de Tingri, le
duc de Villeroi, la duchesse de Montmorency, la comtesse
de Valentinois, la duchesse et la comtesse de Boufflers, la
comtesse d'Egmont, et beaucoup d'autres de ce rang. La
cabale, le complot n'avait servi qu'à l'élever davantage.

* *

Coup sur coup, paraissent la *Nouvelle Héloïse,* la *Lettre
à d'Alembert sur les Spectacles,* le *Contrat social* et l'*Emile.*
C'est une révolution dans les esprits, dans la littérature,
dans les mœurs. Rousseau entre à pleines voiles dans la
grande renommée, dans la gloire. Il marche l'égal de Voltaire, et laisse Diderot loin derrière lui.

Celui-ci désarme-t-il? Certes, il ne nie point le génie de
Jean-Jacques, il ne le pourrait sans faire sourire, mais
divers témoignages attestent qu'il ne cesse pas de cons-
pirer contre le repos de son ancien ami. Je n'en citerai
qu'un seul, celui du comte d'Escherny, qui, lié avec les
deux écrivains, tenta de les réconcilier, comme je l'ai rappelé précédemment. Il écrit :

« Je me suis porté à un raccommodement avec tout le zèle possible : j'ai parlé, j'ai écrit, j'ai prié, j'ai pressé, Rousseau a été inexorable. Il n'avait pu pardonner à Diderot, après avoir été encouragé par lui de publier l'*Emile*, d'avoir agi sous main avec d'Alembert pour le faire supprimer. Il en avait des preuves si positives contre Diderot, qu'il alla chez lui, où, en présence de la compagnie qui s'y trouvait, il lui déclara ne pouvoir plus être de ses amis. »

Les hostilités s'apaisent pendant que Rousseau est proscrit, errant, et bat les rivages de l'Europe. En 1770, il revient cependant à Paris contre vents et marées, avec le souci de défendre sa mémoire. Les *Confessions* sont achevées, il y met la dernière main, et en fait plusieurs lectures.

Le but poursuivi par la cabale, dont Diderot et Grimm, du début à la fin, ne cessent d'être l'âme, était de répandre et d'accréditer dans l'opinion le bruit que Rousseau, bien qu'écrivain émérite, s'était indignement conduit envers Mme d'Epinay, sa bienfaitrice, envers Mme d'Houdetot et Saint-Lambert, et envers Diderot lui-même ; bref, que c'était, malgré son talent, son génie, un ingrat, un fourbe, un imposteur, un faux sage, un vrai scélérat.

Pour atteindre ce but, Diderot et Grimm indiquèrent des changements et remaniements à faire au texte initial des Mémoires de Mme d'Epinay, et propres à accabler Rousseau. Mme Macdonald, comme nous l'avons dit, publie une reproduction de notes écrites par Diderot lui-même. Elle dit à ce sujet :

« De commun accord et de propos délibéré, Grimm et Diderot fabriquèrent un document qui obtint créance, et qui leur assura pendant plus d'un siècle la vengeance qu'ils voulaient léguer à la postérité contre l'auteur des *Confessions*. La machination est certaine, et les manuscrits de la Bibliothèque de l'Arsenal et des Archives, le cahier des Notes surtout, le dévoilent aujourd'hui. J'ajoute que

ces documents, et d'autres maintenant accessibles aux
recherches. n'ont échappé aux investigations que parce
qu'on avait pris toutes les précautions pour en retarder la
publication jusqu'à ce que, tous les témoins contemporains des faits ayant disparu, il n'y eût plus personne qui
pût plaider en faveur de Rousseau. Mais si la lumière est
lente parfois à se produire, elle n'en est pas moins éclatante dès qu'elle vient dissiper des erreurs même séculaires. »

Le cahier des Notes, dont parle Mme Macdonald, renferme
les indications utiles pour modifier, dans le sens voulu,
le texte des Mémoires.

« En examinant les papiers (de la Bibliothèque de l'Arsenal) », dit l'écrivain anglais, « j'ai mis la main sur une
liste de références qui, sous le titre général de : *Notes des
changements à faire dans la fable,* indique toutes les alté-
rations et modifications à introduire dans les cahiers
écrits, et qui y ont été faites en effet. Or, ces notes sont de
l'écriture de Mme d'Epinay, mais il est facile de voir, d'après
le style et le ton, que ce sont des instructions qu'on lui
dicte, des recommandations, en quelque sorte impératives,
d'avoir à changer tels et tels passages de sa narration, non
des conseils purement littéraires sur certains ornements
de style, mais bien des avis, presque des injonctions, émanant des personnes intéressées qui veulent, de parti pris,
donner à cette narration un tout autre caractère. La personnalité d'un de ces conseillers influents et exigeants se
trahit par deux notes écrites entièrement de sa main et
entremêlées avec les notes de Mme d'Epinay. *Ces deux notes
sont de l'écriture facilement reconnaissable de Diderot.* Le
lecteur comprendra mieux l'importance de cette découverte lorsque nous aurons mis en regard de ces Notes les
accusations contre Rousseau, formulées ailleurs par Grimm
et Diderot. et qui reparaissent, comme changements faits,

dans les cahiers récrits des manuscrits des Archives et de
l'Arsenal, l'un complétant l'autre. »

Ailleurs, revenant sur le même sujet, Mme Macdonald
ajoute :

« Le but de ces notes est de glorifier Grimm et Diderot
(dans les Mémoires de Mme d'Epinay), de reproduire les
mêmes diffamations contre Rousseau qui avaient été mises
en circulation dans la *Correspondance littéraire* (de
Grimm), et rapportées secrètement dans les Tablettes de
Diderot, et qui, plus tard, furent confiées à des personnages dont on savait absolument qu'ils les propageraient
au dehors, comme Marmontel et La Harpe. »

A la fin de son étude, l'auteur, en se résumant, s'exprime
ainsi :

« En ce qui concerne la conspiration contre Rousseau, il
est prouvé que cette conspiration exista. Les différents manuscrits de l'ouvrage posthume de Mme d'Epinay et l'histoire de ces documents nous aident à découvrir l'instrument soigneusement préparé par les conspirateurs pour
transmettre à la postérité leur portrait calomnieux de
l'homme qu'ils détestaient. »

Ainsi donc, il résulte de la découverte et de l'étude de
Mme Macdonald que Grimm et Diderot se sont servis de
Mme d'Epinay pour lui faire répéter, dans ses Mémoires, leurs
venimeuses imputations contre Rousseau, et pour donner
ainsi de l'autorité à leurs impostures. Faible, dominée par
Grimm, Mme d'Epinay a subi l'obsession et a écrit sous
leur dictée ; parfois même, Diderot a tenu la plume.

* *

Rousseau n'ignorait pas ce complot contre sa réputation
et sa mémoire. Aussi, nous le répétons, pour le déjouer,
revint-il à Paris du Dauphiné, à la fin de 1770, armé de son

livre immortel, les *Confessions*. Afin de saisir, dans une
certaine mesure, l'opinion de sa défense, il en fit, nous
l'avons vu, dans l'hiver de 1771, trois lectures à quelques
intimes, lectures qui eurent un retentissement considérable, puis l'accalmie sembla se faire.

En 1778, au commencement de mai, avant le départ
pour Ermenonville, qui eut lieu le 20, le philosophe, à la
suite d'un vertige, dut avoir le pressentiment de sa mort
prochaine. Le lendemain, en effet, recevant la visite de
Paul Moultou, son ami, arrivé de Genève à Paris, il lui
remit solennellement le manuscrit des *Confessions*, avec
des instructions utiles pour la publication, quand il ne
serait plus. C'était plus que sa vie, c'était son honneur
qu'il confiait à Moultou. Le dépôt était entre bonnes
mains : jamais ami plus fidèle et plus sûr ne fut chargé
d'une pareille mission.

Plus nous allons, plus la mémoire du sublime auteur
d'*Emile* grandit dans la pensée des générations et des sociétés. Elle se dégage petit à petit, grâce à l'érudition moderne, du limon fangeux de l'ignorance et de la calomnie.
Quant à son influence, on peut dire sans exagération
qu'elle agite et qu'elle réchauffe toutes les nations du
globe.

Juste retour des choses d'ici-bas, il a fallu la main délicate et le regard pénétrant d'une femme pour démêler
l'écheveau ténébreux des méchancetés que renferment
contre Rousseau les Mémoires de Mᵐᵉ d'Epinay. Nous le
savons maintenant, c'est Grimm, c'est Diderot qui, en
réalité, les ont mises dans ce livre. Mᵐᵉ d'Epinay a été
faible plus qu'elle n'a été mauvaise amie.

CHAPITRE XVII

LES ENFANTS DE J.-J. ROUSSEAU

Un Dossier de l'Assistance publique.

Lorsque M. Mesureur, ancien député de Paris, fut nommé, en septembre 1902, directeur de l'Assistance publique, à Paris, une de ses préoccupations fut aussitôt d'attirer l'attention sur les importantes archives de cette administration, et de mettre les érudits, les savants, les lettrés à même de consulter les documents qui y sont renfermés. Nous ne saurions trop le féliciter à ce sujet. Il y a là une mine féconde à explorer.

Parmi les documents des archives en question, nous avons trouvé un dossier fort intéressant qui se rapporte à Jean-Jacques Rousseau. Ce dossier est tout à l'avantage de Thérèse Levasseur, la femme du philosophe, qui, comme lui, a été misérablement calomniée, et qui, j'en ai le sentiment, valait mieux que la réputation de mégère hargneuse que lui ont faite les ennemis du grand homme.

M. A. Ranson, ancien conseiller municipal de Paris, dans un remarquable rapport présenté au Conseil municipal, résume ainsi les documents de ce dossier :

« Environ deux ans après la mort du célèbre et para-

doxal philosophe, sa veuve, Thérèse Levasseur, fit cession par acte notarié, à un ami de son mari, le sieur
Benoist, ancien contrôleur des Eaux et Forêts, de tous ses
droits de propriété sur les manuscrits de musique laissés
par Jean-Jacques Rousseau, à charge par le dit sieur
Benoist de réunir et de publier, sous le titre indiqué par
l'auteur, *Consolations des misères de ma vie*, tous les airs
inédits trouvés dans ses papiers. Le produit de la vente de
cette publication devait revenir à l'hospice des Enfants-
Trouvés. Thérèse Levasseur voulut ainsi que les dettes
que son mari avait contractées envers l'Administration
hospitalière fussent, après sa mort, payées avec le fruit de
son travail. »

M. Ranson, par cette dernière phrase, tire d'une façon
significative la moralité de l'acte de la veuve du philosophe, et c'est pour cette moralité, avant tout, que nous
écrivons ces pages. Les documents d'archives n'ont, à
notre avis, un intérêt véritable que s'ils jettent un rayon
de lumière à travers la conscience des personnages dispa-
rus, et nous aident à les juger sainement et en toute
vérité, pour la confusion des ignorants.

Rousseau, il l'a avoué dans les *Confessions*, commit la
faute vraiment impardonnable de porter ses cinq enfants
à l'hospice des Enfants-Trouvés. Il y a eu, à ce sujet, des
polémiques sans nombre, qui sont loin d'être épuisées.
Les uns ont prétendu que Rousseau n'était pas le père de
ces malheureux enfants; certains même, notamment une
femme écrivain de Londres, Mme Frédérika Macdonald,
sont allés jusqu'à dire que Thérèse n'avait pas eu d'enfant,
et que les aveux si pénibles de Jean-Jacques, soit dans les
Confessions, soit dans sa Correspondance, n'étaient qu'une
sorte de fanfaronnade ou de duperie.

L'acte de Thérèse, affectant à l'hospice des Enfants-
Trouvés le produit de la musique laissée par son mari,

afin d'effacer le passé dans la mesure de ses forces, vient
contredire ces hypothèses, qui, d'ailleurs, ne reposent sur
aucun fondement. Il confirme d'abord le récit des *Confessions*, et prouve que Rousseau a été sincère là comme
partout ailleurs. Il a fait l'aveu de sa faute ; c'est par lui,
en somme, que nous la connaissons, et, le premier, il a
essayé de la réparer en écrivant l'*Emile*. « Il a expié ces
jours d'erreur », dit George Sand, « par de longs et cuisants
remords. »

Thérèse aussi a eu des remords, puisqu'elle a voulu
expier le fatal abandon de ses enfants. Les suppositions
fantaisistes de Mme Macdonald et de divers autres critiques
tombent donc devant les pièces du dossier de l'Assistance
publique. Thérèse, qui était une simple d'esprit, mais non
une méchante femme, a donc éprouvé du repentir, comme
son mari, et, comme lui, elle a fait ce qu'elle a pu pour
réparer la faute commise. Que ceux qui sont sans péché,
suivant la parole si humaine de Jésus, lui jettent la première pierre !

.·.

Le dossier qui nous occupe renferme des actes notariés,
des listes de souscription où figurent les noms des personnages les plus haut placés de France et de l'étranger, un
prospectus imprimé, et enfin la délibération des administrateurs de l'hospice des Enfants-Trouvés « donnant quittance au sieur Benoist », dit M. le conseiller Ranson, « de
la somme de 34,000 livres, montant du produit brut de
l'entreprise ».

Voici d'abord l'acte de cession qui conférait pleins pouvoirs à M. Benoist pour mener à bonne fin la publication
de la musique de Rousseau :

« Par devant les Conseillers du Roy, notaires au Châ-
telet de Paris, soussignés,

« Fut présente dame Marie-Thérèse Levasseur, veuve
de Jean-Jacques Rousseau, demeurant actuellement au
Plessis-Belleville, près Dammartin, étant ce jour à Paris,
logée grande rüe du faubourg Saint-Denis, paroisse Saint-
Laurent,

« Laquelle a, par ces présentes, cédé et transporté à
Mᵉ Pierre-Antoine Benoit, ancien Controlleur général des
Domaines et Bois de la Généralité de Toulouze, demeurant
à Paris, rüe du Gros Chenet, paroisse Saint-Eustache, à ce
présent et acceptant : Plusieurs manuscrits contenans des
airs romans (*sic*) et autres fragmens de musique composés
par J.-J. Rousseau, dont le dit sieur Benoit est en possession par la remise que la dite dame ceddante lui en a faite ;

« Pour, par le dit sieur Benoit, disposer les dits manuscrits comme il avisera bon être, en conséquence les faire
publier en telle forme et de la manière qu'il lui plaira pour
l'honneur de la mémoire de l'auteur dont il était l'ami.
Cette cession est faite moyennant la somme de quatre
mille huit cent quatre livres dix-sept sols à compte de laquelle le dit sieur Benoit s'oblige de payer, à la dite dame
Rousseau, sur les premiers deniers qui procéderont de la
vente et distribution des dits manuscrits, après leur gravure, la somme de trois mille livres en deniers comptant
et non autrement, et à l'égard des dix-huit cent quatre
livres dix-sept sols de surplus, la dite dame Rousseau les
délègue par ces présentes aux souscripteurs d'Angleterre
qui ont souscrit pour le recueil des airs et romans (*sic*), et
dont la dite dame Rousseau a remis l'état au dit sieur
Benoit qui le reconnait, s'obligeant, en conséquence, le dit
sieur Benoit, à faire parvenir, aussytôt la gravure et l'impression des dits manuscrits, aux souscripteurs le nombre
d'exemplaires du recueil pour lequel ils ont souscrit et
payé à l'avance la dite somme de dix-huit cent quatre
livres dix-sept sols, et de faire en sorte que la dite dame
ceddante n'en soit inquiétée, poursuivie ni recherchée.

« Dans le prix cy dessus fixé est compris le privilège
que la dite dame Rousseau cedde au dit sieur Benoit qui
lui a été accordé par le Roy le vingt-six aoust dernier pour
la publication de la dite musique.

« Déclare, la dite dame, qu'au sujet de la souscription
proposée d'abord à l'addresse du sieur Le Marchand, marchand de musique, rüe de Grenelle Saint-Honoré, du recueil des romans (*sic*), il y a instance au Conseil dans l'effet
de laquelle la dite dame Rousseau subroge le dit sieur
Benoit pour exercer par lui tous les droits qui doivent
en résulter et de la manière qu'il avisera bon être.

« Et pour l'exécution des présentes et dépendances, les
parties élisant domicile à Paris où elles sont demeurantes
et logées auxquels lieux nonobstant, promettant, obligeant,
renonçant, fait et passé à Paris, ès étude, le treize janvier
mil sept cent quatre vingt avant midy, et ont signé la mi-
nutte des présentes demeurée à M. Provost, un des dits
notaires soussignés.

      « *Signé :* Levasseur, Benoit, Lambert, Provost. »

En résumé, c'est sur le conseil de quelques amis de
Rousseau, et notamment de M. Benoist, que Thérèse Levasseur songea à publier un recueil d'airs et de romances du
philosophe. L'affaire fut examinée dès le mois de décembre 1778, c'est-à-dire à peu près six mois après la
mort du grand homme. Elle avait pour but d'abord de
procurer quelques ressources à sa veuve.

Dans le courant de l'année 1779, la souscription fut
lancée et obtint du succès, en Angleterre surtout, car une
somme de 1,814 livres fut envoyée de ce pays. Thérèse la
conserva. M. Benoist ensuite prit seul la publication en
main, et c'est alors que fut signé l'acte que nous venons
de rapporter.

A ce moment aussi, entre Thérèse et M. Benoist, il fut
convenu que le produit nouveau de l'opération serait

versé à l'hôpital des Enfants-Trouvés. Ce fait résulte du
compte rendu de la souscription que l'ancien contrôleur
des Domaines présenta aux administrateurs de cet hôpital,
le 3 décembre 1781. Il dit nettement dans cette pièce qu'il
ne céda aux instances de Thérèse Levasseur que « dans
l'espérance de procurer à l'hôpital des Enfants-Trouvés
de Paris tout le bénéfice qui aurait pu résulter|de la sous-
cription|, et contribuer par ce moyen à une bonne œuvre
digne de M. Rousseau ».

Tel est l'acte de réparation voulu et accompli par la
veuve du philosophe de Genève. Il méritait, à notre avis,
d'être mis en lumière, et fera taire peut-être les calomnia-
teurs de Thérèse.

*
* *

Le dossier renferme d'autres pièces assez intéressantes,
indiquant que M. Benoist déploya une grande activité pour
faire réussir la souscription entreprise.

Ce M. Benoist m'inspire une sincère sympathie. C'était
un homme habile, ordonné, très consciencieux. Il avait
connu Rousseau, avait été son ami, professait un grand
respect pour sa mémoire, et, connaissant la faute terrible
de l'abandon des enfants, il était heureux de s'associer à
un acte d'expiation. Chez lui, aucune idée de lucre. Il est
poussé par une sorte d'instinct généreux, une sorte de
devoir qu'il s'est imposé, et il obéit à l'impulsion de sa
conscience.

Il faut dire qu'il semble obéir aussi à une promesse faite
à Rousseau de son vivant. En effet, dans le prospectus
imprimé d'août 1780, qu'il lança pour placer les exemplaires, je remarque ce passage extrêmement significatif :

« Un ami de l'auteur a acquis cette propriété, tant pour
assurer la publication de cet ouvrage, *que pour seconder
les intentions de l'auteur, en faisant tourner tout le béné-*

*fice qui en résultera au profit de l'Hôpital des Enfants-
Trouvés de Paris.* »

Ainsi Rousseau, à la fin de sa vie, était préoccupé encore
de réparer la faute de sa jeunesse, et donnait mission à
M. Benoist d'agir en ce sens après sa mort.

En post-scriptum, M. Benoist dit :

« L'ami qui s'est chargé gratuitement des soins de la
publication de cet ouvrage prend la liberté d'adresser à
M..... ce nouveau prospectus, dans l'espérance d'augmenter
le nombre des souscripteurs, et rendre par là le bénéfice
destiné aux Enfants-Trouvés le plus considérable qu'il lui
sera possible, la seule satisfaction qui doive le dédom-
mager des embarras qu'entraîne un pareil ouvrage. »

Comme nous le verrons plus loin, M. Benoist publia en
tête de l'ouvrage musical annoncé la liste de tous les
souscripteurs ; il y joignit cette note :

« L'Editeur a cru devoir à sa délicatesse de présenter
cette Liste pour rendre notoire le montant de tout le bénéfice qu'il a destiné à l'Hôpital des Enfants-Trouvés ; la
tâche qu'il s'était imposée étant remplie, il remettra aux
Administrateurs du dit Hôpital toutes les Planches gravées
pour qu'ils en disposent à leur volonté. »

Quel brave homme ! Rousseau eut ce bonheur de rencontrer, dans toutes les classes de la société, des cœurs
d'élite qui l'aimèrent sincèrement, depuis la comtesse
d'Houdetot, le prince de Conti, la maréchale de Luxembourg, Moultou, de Genève, le dévouement incarné, Du
Peyrou, de Neuchâtel, Mme de Verdelin, Mme de Latour-
Franqueville,... jusqu'au bon M. Mathas, qui, à Montmorency, lui loua la maison de Montlouis quand il quitta
l'Ermitage ; jusqu'au maçon Pilleu, son voisin, à la modeste table duquel, lui, l'auteur d'*Emile* et du *Contrat
social*, ne dédaignait pas de s'asseoir... et combien d'autres
encore il faudrait nommer !

∗
∗ ∗

Un des détails les plus curieux de la souscription des
Consolations des misères de ma vie consiste dans les rapports de M. Benoist avec la Cour. L'ancien fonctionnaire de
l'Etat avait compris que le nom de la reine et celui des
princesses, Madame et la comtesse d'Artois, produiraient
un excellent effet en tête de la liste. Il reçut avis de les
inscrire chacune pour un exemplaire, dont le prix était de
24 livres.

Trois exemplaires pour la Cour! C'était bien peu. L'idée
alors vint à M. Benoist d'attribuer dix exemplaires à Marie-
Antoinette, cinq exemplaires à Madame et cinq exemplaires
à la comtesse d'Artois. Ces chiffres en imposeraient et
seraient d'un exemple salutaire. Il ne réclamerait toutefois que le prix des trois exemplaires souscrits, soit
72 livres.

Il fit part de son intention à M. Campan, bibliothécaire
de la reine, par une lettre en date du 7 mars 1781, puis
par un rappel de lettre, le 24 mars. Il reçut la réponse
suivante :

« Versailles, le 25 mars 1781.

« J'avoue, Monsieur, que si vous ne m'aviez pas fait
l'honneur de m'écrire hier, votre lettre du 7 de ce mois
serait restée sans réponse, parce que je ne croyais pas
qu'elle en exigeât. Dans cette lettre du 7, vous m'annon-
ciez, comme décisive et prise sur vous, la résolution d'inscrire Sa Majesté dans la liste des souscripteurs pour dix
exemplaires, et Madame, ainsi que Mme la comtesse d'Artois, pour cinq chacune. Vous ajoutiez : « Cet arrange-
« ment dicté par l'honnêteté ne contrarierait en rien les
« premières intentions de la Reine et des deux prin-
« cesses. » Voyant, Monsieur, que, dans votre projet,

l'ordre que j'ai reçu n'était point excédé, je n'ai pas cru
devoir le soumettre de nouveau à la Reine et aux deux
princesses.

« De plus, je doute pouvoir leur en parler, car c'est
aujourd'hui dimanche et demain fête ; ces jours destinés
pour tenir la Cour sont peu favorables aux questions que
l'on ne peut faire aux princesses que dans leur intérieur.
Vous m'annoncez que c'est mardi sans faute que l'on im-
prime la liste des souscripteurs. Si je trouve un moment
libre pour cette question, je le saisirai, et j'ajouterai la
réponse en P.-S. à ma lettre que j'ai l'honneur de vous
écrire, à la réception de la vôtre, dès le matin, dans la
crainte de n'en pas trouver le temps dans le reste du jour.

« J'ai l'honneur d'être très parfaitement, Monsieur,
votre très humble et très obéissant serviteur.

« *Signé :* CAMPAN. »

Au recto de la seconde page de cette lettre, M. Campan
écrivit le post-scriptum annoncé ; le voici :

« Vous pouvez, Monsieur, comprendre la Reine et les
deux princesses pour la quantité d'exemplaires désignés
dans votre lettre du 7 mars, puisque vous imaginez que
cela peut honorer l'édition et la liste des souscripteurs, me
référant toujours à ce que vous me mandiez subséquem-
ment dans votre même lettre du 7 mars. »

Ainsi, la Cour consentait à l'inscription de vingt exemplaires de la musique de Rousseau, mais il était entendu
qu'elle n'en paierait en réalité que trois, soit 72 livres au
lieu de 480 livres. Le chiffre 20 ne serait sur la liste que
pour faire figure.

Franchement, c'était une mesquinerie, et nous avons
peine à croire que Marie-Antoinette et ses deux belles-
sœurs eussent été mises réellement au courant de la com-

binaison. M. Campan avait-il donné à la reine et aux princesses les explications utiles? Nous ne le pensons pas.

Marie-Antoinette était une fervente de Rousseau. Au mois de juin 1780, le 14, au moment où la souscription entreprise par M. Benoist battait son plein, elle était allée à Ermenonville méditer sur le tombeau de l'immortel écrivain; l'événement même avait été très commenté. Tout récemment, le 19 septembre de cette même année 1780, sur son charmant théâtre de Trianon, elle avait joué le rôle de Colette dans le *Devin du Village*. Est-il à supposer que cette reine eût lésiné pour quelques exemplaires d'un nouvel ouvrage du philosophe qu'elle admirait ainsi publiquement? Nous ne pouvons l'admettre.

M. Benoist, en tout cas, ne le crut pas. Suivant les conventions, il envoya les trois exemplaires souscrits, tandis que sa liste en portait vingt. Il fit appel en même temps à la générosité de la reine et des princesses. Malheureusement, M. Campan servait d'intermédiaire. C'était, certes, un homme correct, mais il n'avait ni l'ampleur de vue, ni l'autorité nécessaire afin de gagner d'un mot la cause de M. Benoist. Il eût fallu un cœur généreux pour instruire Marie-Antoinette de cette petite affaire, pour toucher l'âme aimante de cette reine infortunée, et, j'en suis sûr, elle eût envoyé une somme élevée, 500 à 1,000 livres au moins.

Au lieu de cette bonne aubaine, voici la lettre pointilleuse que l'honnête M. Benoist reçut du cérémonieux et sec M. Campan :

« Versailles, le 11 avril 1781.

« J'ai reçu, Monsieur, les trois volumes que vous m'avez adressés hier, contenant les romances de J.-J. Rousseau, pour la Reine, Madame et Mme la comtesse d'Artois. Dans votre lettre d'hier, Monsieur, vous me dites que vous espérez que Sa Majesté et les princesses, informées du

motif de l'éditeur, et de la destination du bénéfice sur le
produit de la souscription, se feront un plaisir de l'augmenter par leur générosité. Il me serait certainement
agréable, Monsieur, de seconder votre zèle pour les pauvres, mais je ne peux maintenant vous mettre en contradiction avec vous-même. Dans votre lettre du 7 mars,
vous me mandiez « qu'il vous paraissait décent (le frère
« du roy d'Angleterre souscrivant pour dix exemplaires)
« que la Reine y parût pour dix et les deux princesses
« chacune pour cinq, mais que cet arrangement ne con-
« trarierait en rien leurs premières intentions ».

« Pour faire agréer à la Reine et aux princesses de se
voir dans la liste des souscripteurs, pour plusieurs exemplaires, quand leur ordre n'avait été que pour un, il a fallu
que je leur aye lu votre lettre, et je ne peux aujourd'hui
réclamer contre cette lettre.

« Je peux encore moins être généreux pour mes maîtres
sans leurs ordres, mais je n'en ai pas besoin pour être
juste ; et comme il ne le serait pas qu'un bénéfice destiné
aux pauvres fût grevé des frais de reliure des exemplaires
que vous m'avez adressés hier, je vous prie, Monsieur, de
m'envoyer la note du coût des trois reliures, et de joindre
à ladite note le prix d'un exemplaire en feuilles, que vous
voudrez bien envoyer à la grand'poste, bien enveloppé à
mon adresse, au bureau de M. Dancour, à lui-même ou,
en son absence, à M. Lefeu, au même bureau. Mes ports
sont francs. Aussitôt, Monsieur, que je recevrai de vous
cette note, je vous enverrai un mandat du montant de
ladite en supplément à celui de 72 francs, que vous n'avez
pas encore fait recevoir.

« J'ai l'honneur d'être très parfaitement, Monsieur,
votre très humble et très obéissant serviteur.

« CAMPAN. »

Le brave M. Benoist comprit qu'il n'y avait qu'à se rési-

gner. Il écrivit en marge de la lettre de M. Campan cette
note attristée qui dégageait sa responsabilité sur le
chiffre 20 :

« Deux lettres de M. Campan justifiant qu'on n'a placé
que trois exemplaires, au lieu de vingt portés sur la liste,
sous le nom de la Reine, de Madame et Mme la comtesse
d'Artois. »

Si M. Benoist avait été mieux avisé, c'est le comte de
Vaudreuil qu'il aurait chargé de plaider sa cause auprès
de la reine : nul doute qu'elle n'eût été gagnée par cet
avocat dont Marie-Antoinette tenait l'éloquence secrète en
si particulière estime.

* * *

Nous avons trouvé encore, dans le dossier de l'Assistance publique, une lettre curieuse du comte d'Aranda,
ambassadeur d'Espagne. A la suite, sans doute, de quelque malentendu, un M. Pyrronetti avait fait inscrire ce
grand seigneur pour quatre exemplaires des *Consolations
des misères de ma vie.* Lorsqu'il fut averti, il refusa son
acquiescement, non pour la question d'argent, mais parce
qu'il avait été froissé qu'on disposât de son nom sans le
consulter. Voici l'épître qu'il écrivit à M. Benoist :

« A Marly, ce 14 may 1781.

« Monsieur, j'ai reçu votre lettre du 10, et je puis vous
répondre que je ne me suis douté jamais de l'éditeur des
œuvres de J.-J. Rousseau, sur le fait de la souscription
inventée pour M. Pyrronetti. Je voudrais bien découvrir
celui-ci pour lui faire connaître son excès de prendre mon
nom. Je n'aurai aucune difficulté de prendre les quatre
exemplaires suposés pour moi, et memme une douzaine,
autant pour l'objet qui doit jouir du produit, que pour le

célèbre auteur : mais m'étant fixé une règle de ne pas me conformer à rien qui fut fait à mon insçu, vous êtes, Monsieur, assez prudent pour ne pas me conseiller de la rompre.

« J'ai l'honneur d'être avec un parfait attachement, Monsieur, votre très humble et très obéissant serviteur.

« Le comte d'Aranda.

« A Monsieur Benoist, ancien contrôleur des Domaines, rue Montmartre, maison de M. Frary, à Paris. »

En même temps, le comte d'Aranda renvoyait avec sa lettre l'imprimé de souscription suivant, dont les blancs avaient été remplis à son insu :

Modèle de l'engagement.

« Je, soussigné, prendrai quatre exemplaires de la musique de chambre composée par J.-J. Rousseau, et proposée par souscription par sa veuve, et promets de payer la somme de 24 livres de France pour chacun des exemplaires que je demande, au moment où la remise m'en aura été faite à l'adresse suivante : M. Pyrronetti, pour M. le comte d'Aranda, rue Jacob, chez M. de la Tarde, près la Charité.

« Bon pour quatre exemplaires. »

*
* *

Les Consolations des misères de ma vie furent tirées à environ 600 exemplaires : 387 furent placés à Paris, 129 en province et 62 à Londres. Ce fut donc un succès.

J'ai pu, il y a quelques années, me procurer un exemplaire de cette œuvre posthume du maître, devenue une rareté en librairie. Le livre a le format in-folio et comprend 200 pages. Son titre exact est : *Les Consolations des misères de ma vie, ou Recueil d'airs, Romances et Duos, par J.-J. Rousseau*, Paris, 1781.

La première page, illustrée par C. Bénazech, qui fit le dessin et la gravure, est un hommage au grand homme. On y voit son buste sur un piédestal élevé qui porte cette inscription empruntée à Montaigne : « Nature est un doux guide. Je gueste partout sa piste : nous l'avons confondue de traces artificielles. » A droite, on voit une mère assise qui va donner le sein à son dernier né. Une suivante debout vient de l'apporter pour cette fonction sacrée. Les aînés, à gauche, enguirlandent de fleurs le buste du philosophe. Dans un médaillon, au bas, on aperçoit le tombeau de l'île des Peupliers, à Ermenonville. L'ensemble de cette gravure aquatintée est ravissant. Tout le symbolisme, tout l'attrait du xviiie siècle s'y trouvent exprimés.

Vient ensuite un *Avis de l'Editeur de ce Recueil*, c'est-à-dire du bon et fidèle M. Benoist. Il rappelle quelques idées de Rousseau, son goût pour la musique et la botanique, les souffrances qu'il endura, les malheurs qu'il eut à traverser. Ces pages sincères sont pleines d'une émotion communicative.

Après cet avis ou préface, est placée la liste des souscripteurs. Elle est intéressante, car on y retrouve des noms de personnages célèbres, ou qui ont joué un rôle important dans la vie de l'écrivain. Parmi les femmes, voici la princesse de Lamballe, la duchesse de Choiseul, la princesse de Pignatelli, la comtesse d'Egmont, la duchesse de Grammont, Mme de Montesson, Mme Necker, la comtesse de Tessé, la marquise de Villette... et combien d'autres noms illustres !

Parmi les hommes, je remarque quelques noms qui évoquent des souvenirs divers. Voici d'abord le prince de Beloselski, gentilhomme de la chambre de Sa Majesté impériale de Russie. Il s'était autrefois intéressé à Rousseau, lui avait écrit, et lui avait témoigné de la sympathie.

Deleyre, le futur Conventionnel, qui avait été l'ami du
philosophe, et en avait reçu de nombreuses lettres, sous-
crivit pour cinq exemplaires. Je note ensuite les noms de
Franklin, alors à Paris; de Grimm, qui prit deux exemplaires, dont l'un, je suppose, était destiné à Mme d'Epinay;
de M. de Malesherbes, du duc de Nivernois, du poète
Roucher, du comte de Vaudreuil, l'ami de Marie-Antoinette; puis, à Neuchâtel, de Du Peyrou, Moultou, colonel
Pury, les fidèles du grand homme, des cœurs d'or, des
amis comme il y en a peu; à Londres, du duc de Glo-
cester, frère du roi, qui retint dix exemplaires; de la duchesse de Portland, celle à qui Rousseau écrivit des lettres
si intéressantes sur la botanique... J'abrège, mais combien
encore mériteraient d'être cités!

Je croyais trouver dans la liste les noms de la comtesse
d'Houdetot et de Saint-Lambert, ainsi que celui de la maréchale de Luxembourg. Ils n'y figurent pas. Nul doute
que ces amis des anciens jours ne se soient procuré l'ouvrage par l'entremise des libraires.

Après cette liste, document fort curieux, commencent
les Airs et Romances de Rousseau. « On a réuni dans ce
Recueil », dit M. Benoist, « tous les petits morceaux de
musique échappés à M. Rousseau. Il faut les considérer
comme le fruit de ses délassements, ou plutôt, ainsi qu'il
le disait lui-même, comme sa consolation dans ses dis-
grâces. La plupart des airs sont sur des paroles de nos
anciens écrivains. M. Rousseau les aimait beaucoup; il
trouvait dans leurs ouvrages ce caractère de vérité qui
attache, ce ton de naïveté qui charme, enfin cette philosophie de la nature qui fait consister le bonheur dans la
tranquillité et qui fut toujours la sienne. »

Tels furent les motifs et les circonstances de la publication dont nous venons de parler. Nous l'avons dit au début,
cette publication fut une réparation qui fait honneur à
Thérèse Levasseur. La malheureuse femme a été assez

accablée, même par des amis de Rousseau, pour que nous mettions en relief un acte qui est à sa louange.

En terminant, je me rappelle une visite que je fis au mois de novembre 1897, au cimetière du Plessis-Belleville, dans l'Oise : c'est là que Thérèse dort son dernier sommeil. On me montra, sous des sapins, la place où elle est enterrée, et je me découvris, songeant que cette pauvre femme avait été la compagne d'un homme de génie, du père de la Révolution française, qu'elle avait égayé sa jeunesse, l'avait soigné courageusement dans ses souffrances et ses infirmités, et, sans le savoir sans doute, avait pris place dans l'histoire de l'esprit humain[1].

Au mois d'octobre 1908, une pierre tombale, en hauteur, fut placée, dans le cimetière du Plessis-Belleville, à la place où repose Thérèse Levasseur. Le Comité du monument d'Ermenonville en l'honneur de Rousseau, monument inauguré le 18 octobre, avait pris l'initiative de cet hommage à sa veuve. Sur la pierre sont gravés ces mots : *Ci-gît la dépouille mortelle de Thérèse Levasseur, compagne de J.-J. Rousseau, née à Orléans le 22 septembre 1721, décédée au Plessis-Belleville, 17 juillet 1801.*

Ce n'est pas le mot : *compagne* qu'il fallait inscrire sur cette tombe, mais bien le mot : *femme de J.-J. Rousseau.* C'est dans ce sens que parla la Constituante dans son décret du 29 novembre 1790, article II, ainsi conçu : *Marie-Thérèse Levasseur, veuve de J.-J. Rousseau, sera nourrie aux dépens de l'État. A cet effet, il lui sera payé annuellement, des fonds du Trésor public, une somme de 1,200 livres.* La Convention parla de même dans son décret du 14 avril 1794.

Nous espérons que cette erreur sera réparée bientôt, et que, sur le mausolée de Thérèse, on effacera une locution impropre, et qu'on se conformera à la vérité de l'histoire.

---

[1] Voir l'Appendice III.

JEAN-JACQUES ROUSSEAU.

Statuette en bronze. signée : *Houdon. f.* 1779. Hauteur : 0ᵐ,3ₓ.
Pièce inédite. — *Collection H. B.*

Le mariage de Rousseau est un fait avéré, devant lequel toujours les pouvoirs publics, même celui de Louis XVI, se sont inclinés. Il convient à tous, et surtout aux amis de Jean-Jacques, de le respecter aujourd'hui comme autrefois.

*
* *

En 1819, l'éditeur Petitain, qui s'apprêtait à publier à Paris une édition des œuvres de Rousseau, fit une sorte d'enquête afin de s'entourer de renseignements inédits sur le philosophe. Il écrivit justement aux administrateurs des hospices de Paris, au sujet de la publication des *Consolations des misères de ma vie*; il voulait savoir exactement ce qui s'était passé. Sa lettre, en date du 7 janvier 1819, ratifie l'affirmation de M. Benoist dans son prospectus d'août 1780, c'est-à-dire que Rousseau, avant de mourir, avait désiré la publication de sa musique au bénéfice des Enfants-Trouvés.

« Messieurs », dit M. Petitain, « excusez si j'entreprends de vous détourner de vos importants travaux, pour vous occuper d'un objet qui semble n'être que de pure curiosité. Peut-être penserez-vous, comme moi, qu'il se rattache à une vue de justice et d'humanité, qui n'est rien moins qu'indifférente pour la mémoire d'un écrivain célèbre, et sous ce rapport, vous pourrez ne pas le juger indigne de quelques moments d'attention.

« Je me suis chargé de donner mes soins à une édition nouvelle des œuvres de Jean-Jacques Rousseau, et j'y dois joindre des notes historiques, propres à donner sur sa personne et ses écrits tous les éclaircissements nécessaires. Faire ressortir tout ce qui peut honorer sa mémoire, ou affaiblir au moins les impressions fâcheuses résultant de ses fautes, entre dans mon devoir d'éditeur, et je veux m'en acquitter pleinement. »

M. Petitain arrive à la question de la musique posthume

de Rousseau, il rappelle les vues de M. Benoist, la publication, son but, et écrit :

« Il importerait beaucoup de savoir positivement ce qui en est résulté pour l'hôpital (des Enfants-Trouvés), et les lecteurs de mon édition ne l'apprendront certainement pas sans intérêt. Ce ne sera pas sans doute à leurs yeux plus qu'aux miens et aux vôtres, Messieurs, une réparation d'une grande faute, *mais un moyen quelconque d'atténuation, qu'il me sera d'autant plus permis de faire valoir pour la mémoire de Rousseau, qu'on peut bien assurer qu'en cela l'éditeur de sa musique n'a fait que se conformer à ses intentions.* J'EN AI DES PREUVES CERTAINES QU'IL SERAIT TROP LONG ICI DE VOUS FAIRE CONNAITRE. »

Voilà des paroles catégoriques qui prouvent quel fut le repentir de Rousseau. Les administrateurs des hospices de Paris répondirent à M. Petitain, et lui donnèrent les renseignements qu'il sollicitait.

Nous avons mis en relief les pièces essentielles du dossier de l'Assistance publique.

Elles apportent un rayon de lumière sur l'histoire de Rousseau et de ses œuvres. C'est un document que nous jetons dans le débat qui s'agite toujours autour de cette grande et immortelle mémoire.

CHAPITRE XVIII

ROUSSEAU ET ROBESPIERRE
SE SONT-ILS VUS?

Robespierre a-t-il vu J.-J. Rousseau? Cette question a été posée à différentes reprises dans les journaux et les revues. J'ignore si elle a été traitée à fond; je n'ai jamais eu sous les yeux des preuves nettes et claires, mais seulement des aperçus vagues et sans précision.

Il est intéressant, cependant, de savoir si le célèbre Conventionnel a vu l'auteur du *Contrat social*, si le disciple a rendu visite au maître, lui a parlé, a conservé le souvenir de l'entretien et en a laissé quelques vestiges.

Robespierre naquit à Arras le 6 mai 1758, et Rousseau mourut à Ermenonville le 2 juillet 1778, à l'âge de soixante-six ans. Le jeune homme prédestiné avait donc vingt ans au plus s'il s'est rencontré avec le puissant écrivain.

Je viens de consulter un ouvrage autorisé, la magnifique *Histoire de Robespierre*, par Ernest Hamel. — Avant d'aller plus loin, qu'il me soit permis de saluer ici, avec un affectueux respect, le souvenir de l'historien. Je l'ai connu dès ma première jeunesse, son accueil fut amical et paternel; il y avait en lui l'aménité d'un sage, l'énergie d'un stoïcien et la politesse de l'ancien temps. Après l'avoir entendu, je me sentais plus fort, plus courageux, plus fier de vivre. Jusqu'au tombeau, je garderai à sa mémoire la gratitude d'un fils.

Voici la page intéressante qu'Ernest Hamel écrit sur la question qui nous occupe :

« Il arrive souvent aux jeunes gens qui débutent dans la profession des lettres d'essayer d'entrer en relation avec les hauts dignitaires de la carrière qu'ils ambitionnent de parcourir. On voudrait recevoir d'eux comme un baptême littéraire. Il semble qu'une parole, un bout de lettre de ces princes de la littérature sera une sorte de passeport pour le succès, et qu'à l'aide de ce talisman on marchera plus sûrement dans sa voie. Presque toujours, on en reçoit un encouragement banal ou bien un conseil insolemment protecteur de ne pas tenter une route pleine d'écueils, comme si toute carrière en ce monde n'avait pas ses difficultés et ses périls ; mais quelquefois, par compensation, on en obtient un de ces serrements de main où tressaille une fibre même du cœur, et qui ajoute au patronage l'inappréciable prix d'une illustre amitié.

« Robespierre se sentit saisi de cette ambition de contempler face à face un grand homme. Un jour donc, ému comme on l'est à vingt ans pour un premier rendez-vous, il se rendit à Ermenonville, où, accablé de souffrances et dévoré d'une indéfinissable tristesse, Rousseau vivait ses derniers instants. L'entrevue eut lieu sans doute dans le grand parc aux arbres séculaires, muets témoins des promenades solitaires du philosophe. Que se passa-t-il entre le maître et le disciple ? Nul ne le sait. Personne n'a révélé ce que dit l'immortel Jean-Jacques à ce jeune inconnu, appelé à mettre en pratique ses théories sociales et qui, peut-être, soupçonnant l'avenir, venait chercher des avis sur l'application de ces théories. Il faut croire que le célèbre misanthrope, charmé du juvénile enthousiasme de

son admirateur, avait dépouillé sa sauvagerie habituelle,
car de cette visite Robespierre emporta un souvenir plein
d'orgueil, et probablement elle contribua à lui rendre deux
fois chère la mémoire de Jean-Jacques Rousseau. »

L'affirmation d'Ernest Hamel, sauf en ce qui touche
Ermenonville, est basée sur un document peu connu,
émanant de Robespierre même, et trouvé dans les papiers
laissés par sa sœur, Charlotte Robespierre, à l'historien
Albert Laponneraye, lorsqu'elle mourut, en 1834. Ce document a pour titre : *Dédicace de Maximilien Robespierre
aux mânes de Jean-Jacques Rousseau.*

Dans les Mémoires de Charlotte Robespierre, publiés
par les soins pieux de Laponneraye, esprit courageux et
cœur dévoué, se trouve le passage suivant :

« Je ne sais à quelle occasion mon frère aîné se rencontra avec Jean-Jacques Rousseau ; mais, ce qu'il y a de certain, c'est qu'il eut une entrevue avec lui. J'ignorerais
entièrement cette circonstance de la vie de Maximilien,
sans une dédicace qu'il adresse aux mânes du philosophe
de Genève. »

Voici donc cette pièce probante, cette *Dédicace* de
« l'Incorruptible » au penseur du *Contrat social* :

« C'est à vous que je dédie cet écrit, mânes du citoyen
de Genève ! Que s'il est appelé à voir le jour, il se place
sous l'égide du plus éloquent et du plus vertueux des
hommes. Aujourd'hui, plus que jamais, nous avons besoin
d'éloquence et de vertu. Homme divin ! tu m'as appris à me
connaître ; bien jeune, tu m'as fait apprécier la dignité de
ma nature, et réfléchir aux grands principes de l'ordre
social. Le vieil édifice s'est écroulé ; le portique d'un édifice nouveau s'est élevé sur ses décombres et, grâce à toi,
j'y ai apporté ma pierre. Reçois donc mon hommage ; tout
faible qu'il est, il doit te plaire ; je n'ai jamais encensé les
vivants.

29

« Je l'ai vu dans les derniers jours, et ce souvenir est
pour moi la source d'une joie orgueilleuse; j'ai contemplé les traits augustes, j'y ai vu l'empreinte des noirs chagrins auxquels l'avaient condamné les injustices des
hommes. Dès lors, j'ai compris toutes les peines d'une
noble vie qui se dévoue au culte de la vérité; elles ne
m'ont pas effrayé. La conscience d'avoir voulu le bien de
ses semblables est le salaire de l'homme vertueux; vient
ensuite la reconnaissance des peuples qui environne sa
mémoire des honneurs que lui ont donnés ses contemporains. Comme toi, je voudrais acheter ces biens au prix
d'une vie laborieuse, au prix même d'un trépas prématuré.

« Appelé à jouer un rôle au milieu des plus grands
événements qui aient jamais agité le monde; assistant à
l'agonie du despotisme et au réveil de la véritable souveraineté; près de voir éclater les orages amoncelés de toutes
parts, et dont nulle intelligence humaine ne peut deviner
tous les résultats, je me dois à moi-même, je devrai bientôt à mes concitoyens rendre compte de mes pensées et de
mes actes.

« Ton exemple est là, devant mes yeux. Tes admirables
Confessions, cette émanation franche et hardie de l'âme la
plus pure, iront à la postérité, moins comme un modèle
d'art que comme un prodige de vertu. Je veux suivre ta
trace vénérée, dussé-je ne laisser qu'un nom dont les
siècles à venir ne s'informeront pas; heureux si, dans la
périlleuse carrière qu'une Révolution inouïe vient d'ouvrir devant nous, je reste constamment fidèle aux inspirations que j'ai puisées dans tes écrits. »

Nous pensons que cette *Dédicace*, si remarquable par le
fond et par la forme, par les idées et par le style, a un intérêt considérable pour l'histoire de la Révolution, et pour
l'histoire de la pensée humaine en général. Qu'on se rappelle le rôle immense, prépondérant, joué par Robespierre

depuis l'ouverture des Etats généraux jusqu'au 9 Thermidor, et on comprendra l'importance qui réside dans ses sources d'inspiration, dans les souvenirs où il alimentait son enthousiasme, où il puisait son intrépidité et son stoïcisme.

Rousseau, on le voit clairement, était le foyer moral où le grand tribun réchauffait son âme, fortifiait sa pensée, et s'entraînait à l'action et à la lutte. C'est donc bien le génie de Rousseau qui jette sa réverbération bienfaisante sur ces jours formidables où sombrèrent les iniquités du vieux monde, où surgirent les principes sauveurs des temps nouveaux.

Certes, on sait cela par mille preuves, mais, pour la genèse et l'explication des événements, la *Dédicace*, selon nous, n'a pas reçu encore le relief nécessaire qu'elle mérite par sa précision et son éloquence : c'est le rayon de soleil qui enveloppe et pénètre tout de sa clarté ; elle illumine à fond la conscience de Robespierre.

A quelle date la *Dédicace* a-t-elle été composée ?

Et, d'abord, disons qu'elle nous semble être le début d'un ouvrage assez étendu, ses Mémoires peut-être, que Robespierre avait le dessein d'écrire, et que son orageuse destinée l'empêcha d'aborder. C'est ce que comprit trop bien un publiciste de 1830, Jos.-Ch. Reybaud, qui composa en effet des Mémoires qu'il ne craignit pas d'attribuer au chef de la Montagne, et en tête desquels il plaça cette *Dédicace*, dont la sœur de Maximilien avait dû lui laisser prendre copie, de telle sorte qu'un document vrai sert de prélude à des Mémoires faux.

Quoi qu'il en soit, la *Dédicace* a été écrite après la publication des *Confessions*, puisque Robespierre y exprime son admiration pour ce livre fameux. Or, l'ouvrage ne fut publié intégralement qu'en 1788, à Genève d'abord, puis en 1790, à Neuchâtel.

D'autre part, Robespierre, à n'en point douter, était

déjà revêtu d'un mandat législatif lorsqu'il écrivit son
magnifique hommage à Jean-Jacques, un des plus beaux
que le philosophe ait reçus. Il dit qu'il a été « appelé à
jouer un rôle » au sein de la Révolution, et « qu'il devra
bientôt à ses concitoyens compte de ses actes ». Je suppose
que, voyant l'Assemblée constituante arriver à la fin de sa
carrière, il songe qu'il aura avant peu à rendre compte de
son mandat à ses commettants, et il invoque, pour le guider, le souvenir de Rousseau. Dans ce cas, la *Dédicace*
daterait de l'été de 1791.

Ernest Hamel pense que Robespierre vit le philosophe
à Ermenonville. L'hypothèse est très vraisemblable. L'entrevue, dans ce cas, aurait eu lieu à la fin de mai, ou dans
le courant de juin 1778, car Rousseau quitta Paris le
20 mai, et mourut le 2 juillet.

Peut-être pourrait-on supposer aussi qu'il le vit à Paris,
dans son pauvre logis de la rue Plâtrière (la même qui
porte aujourd'hui son nom), avant le départ pour Ermenonville.

Un fait reste acquis : Jean-Jacques Rousseau, au terme
de la course, vit Maximilien Robespierre à son aurore.
Que de pensées envahissent l'esprit, quand on évoque
cette rencontre qu'allaient suivre bientôt tant d'événements grandioses et tragiques ! Quand le pâle adolescent
quitta le vieillard sublime, qui eût pu supposer qu'il emportait avec lui, dans les plis de son cœur, les destinées de
la Révolution française, et que les flots tumultueux de
l'histoire allaient jeter en pâture à toutes les disputes des
hommes ces deux noms immortels !

CHAPITRE XIX

LES PORTRAITS DE Mme DE WARENS

Quatre portraits importants de l'amie de Rousseau sont connus : deux portraits à l'huile, celui du musée de Lausanne et celui de Boston en Amérique ; un portrait au pastel récemment découvert en Angleterre ; enfin, une miniature qui est au musée de Cluny, à Paris.

I. — Le tableau qui est à Lausanne est ainsi désigné au Catalogue du musée de cette ville, publié par Emile Bonjour en 1887 :

« N° 152. — Auteur inconnu. Portrait de Mme de Warens. »

Après cette mention, Emile Bonjour ajoute que cette toile fut donnée par M. E. de Crousaz.

« C'est », dit-il, « le seul portrait authentique que l'on possède de Mme de Warens. Il est dans le goût du temps. Au premier abord, il déconcertera les lecteurs des *Confessions*. Est-ce bien là la femme que Jean-Jacques Rousseau a tant aimée, et dont il a fait une description si attendrie ? »

Qui ne se rappelle le portrait séduisant tracé par Rousseau ?

« Elle avait de ces beautés qui se conservent parce qu'elles sont plus dans la physionomie que dans les traits : un air caressant et tendre, un regard très doux, un sourire angélique, des cheveux cendrés d'une beauté peu commune et auxquels elle donnait un tour négligé qui la rendait très piquante. Il était impossible de voir une plus belle tête, un plus beau sein, de plus belles mains et de plus beaux bras. »

Emile Bonjour termine ainsi ses aperçus :

« En comparant les deux portraits, celui du peintre et celui de l'écrivain, on conviendra que l'écrivain a plus embelli son modèle que le peintre, et qu'il l'a paré de grâces que l'artiste n'a plus pu voir, ou pas su rendre. Ce portrait est attribué à Largillière. C'est, en tout cas, un document précieux souvent reproduit par la gravure. »

Emile de Crousaz, le donateur, avait trouvé cette toile dans l'héritage de sa grand'mère, Mme de Montholieu, contemporaine de Mme de Warens.

II. — Le portrait qui se trouve aux Etats-Unis, à Boston, appartient à Sir Samuel Hammond Russell. Il a une grande ressemblance avec le tableau de Lausanne, et il est sûrement de Largillière. A ce sujet, M. Durand-Gréville, connaisseur de mérite et critique d'art dont le témoignage fait autorité, publiait ce qui suit dans la *Gazette des Beaux-Arts* du 1er juillet 1887, au cours d'une étude sur la peinture aux Etats-Unis :

« Nous avons trouvé chez M. Hammond Russell, à Boston, un charmant portrait de Mme de Warens par Largillière, très authentique, fait au moment où cette honnête dame, à la fois sérieuse et folâtre, était dans tout l'éclat de la jeunesse, et même de la beauté, si le peintre n'a pas été trop complaisant. Elle a environ dix ans de plus dans le portrait qui se trouve au musée de Lausanne, et qui est fort analogue à celui-ci pour la pose et le costume. »

Quel attrait voltige autour de ce visage de jeune femme, consciente de sa beauté, de sa force d'entraînement, de sa poétique allure, de sa magie d'amour! C'est le charme infini des femmes du XVIII° siècle, l'élan de l'âme, le désir de la vie, la joie de respirer, je ne sais quelle sincérité active dans la grâce du visage, dans le regard, dans l'attitude.

M. Durand-Gréville, en correspondance avec l'érudit de Chambéry bien connu, M. Albert Metzger, écrivait à ce dernier le 4 septembre 1887 : « Ce portrait de Mme de Warens est remarquablement conservé, et comme valeur d'art peut rivaliser avec les bons Largillière. J'attache toujours, dans les questions d'authenticité, une assez grande importance à la valeur purement artistique de l'ouvrage examiné, car un habile imitateur peut s'assimiler jusqu'à un certain point la facture du peintre, mais il ne peut pas l'égaler au point de vue artistique, à moins d'être aussi fort que lui, auquel cas il ne s'amuserait pas à faire des pastiches. »

Voici, d'autre part, les notes rédigées par ce savant critique d'art pour le Catalogue des Galeries des Etats-Unis et du Canada :

« Portrait de Mme de Warens, chez M. Hammond Russell, à Boston.

« Peinture à l'huile, sur toile, a été maroufflé. Hauteur : 79 centimètres; largeur : 59 centimètres.

« Jeune femme de vingt-cinq à trente ans, tournée de trois quarts à gauche du spectateur, décolletée un peu en pointe; belle poitrine de statue; cheveux cendrés à demi poudrés, en large boucle sur le front, et tombant en repentirs sur les épaules. Robe de chambre bleue à manches pagodes coupées à la saignée du bras; les manches et le devant sont bordés d'une large bande de soie feuille morte brochée de fleurs d'or; la poitrine est un peu voilée par une dentelle à jolis dessins. Les bras sont pendants; les avant-bras, couverts de manches de linge blanc, sont coupés par le bord inférieur du cadre, de telle sorte qu'on ne voit pas les mains. Fond brun léger.

« L'exécution de cette peinture est délicate, avec des ombres légères et transparentes. L'œuvre est remarquable et peut passer pour un Largillière de la bonne époque. Le nom de Largillière était écrit par une main inconnue sur le dos de la toile de ce tableau, avant qu'il ne fût maroufié.

« Ce portrait ressemble beaucoup, pour le visage, à celui de Lausanne, mais il semble être moins près du modèle, un peu flatté, la taille amincie. Cependant, la différence essentielle provient de ce que le portrait de Boston a dû être fait une bonne dizaine d'années avant l'autre, si on en juge par l'âge probable du modèle représenté dans les deux tableaux. »

Ces notes sont intéressantes et instructives : elles nous permettent de juger le tableau de Boston, et même celui de Lausanne, en connaissance de cause. Elles restent un commentaire précieux pour les favorisés qui peuvent se trouver à même de voir les originaux, ou tout au moins les portraits gravés.

Sir Hammond Russell a acheté jadis son tableau à un Allemand nommé Theiss, professeur à l'Université Haward de Cambridge, aux Etats-Unis. Theiss est mort, et sa veuve n'a pu indiquer où et comment il avait acquis l'œuvre de Largillière. C'est en visitant le musée Arlaud de Lausanne, en 1875, que Sir Russell se rendit compte de la valeur historique du portrait qu'il avait acquis, et représentant, lui aussi, l'image de l'amie de Rousseau.

On s'est naturellement demandé comment Largillière avait pu peindre Mme de Warens : il n'est jamais allé en Savoie, il est vrai, mais la baronne est venue à Paris pendant l'été de 1730 ; elle y a fait un séjour assez long, et elle a pu poser devant l'artiste. En relations de sympathie et de protection avec la Cour de Sardaigne, il est permis de croire qu'on lui offrit de ce côté la gracieuseté d'un portrait.

Une autre hypothèse se présente à l'esprit : on a pu envoyer d'Annecy à Largillière un portrait fait en Savoie, qu'il aurait reproduit en y mettant la marque de son talent. Rousseau nous apprend dans un mémoire rédigé en 1742, et remis au père Boudet, Antonin, pour une Vie de Mgr de Bernex, évêque titulaire de Genève, que ce prélat témoignait beaucoup d'intérêt à Mme de Warens. A la fin, il dit : « M. de Bernex fit faire le portrait de cette dame, disant qu'il souhaitait qu'il restât dans sa famille, comme un monument honorable d'un de ses plus heureux travaux. Enfin, quoiqu'elle fut éloignée de lui, il lui a donné, peu de temps avant que de mourir, des marques de son souvenir, et en a même laissé dans son testament. »

Quel a été le sort du portrait fait pour l'évêque? Il est presque certain qu'après la mort du prélat, il fut offert en don par les héritiers au couvent de la Visitation d'Annecy, où Mme de Warens avait habité et s'était convertie au catholicisme. Ce souvenir devenait un témoignage de gloire et d'orgueil pour la maison. Ce qui nous confirme dans cette opinion, c'est le passage suivant, que nous trouvons à la page 30 du Registre de l'inventaire de la Visitation d'Annecy dressé en 1792-1793 :

« Du 12 juin mille sept nonante trois,

« Nous, Commissaires susdits assistés des mêmes qu'en notre précédent verbal, nous sommes transportés dans la grande chambre de l'infirmerie où l'on nous a représenté les effets mentionnés audit inventaire, à l'exception d'un tableau représentant la *bienfaitrice de Jean-Jacques*, qui a été remis au citoyen Hérault, représentant du peuple français. »

Hérault de Séchelles, on le sait, était à ce moment

commissaire de la Convention, avec Jagot et l'abbé Simon, dans le département du Mont-Blanc. Il eut donc en sa possession le portrait de la baronne, et, tout semble l'indiquer, le portrait même qu'avait possédé autrefois Mgr de Bernex. Admirateur de Rousseau, et s'intéressant à tout ce qui se rapportait à lui, ami des lettres et des arts, le Conventionnel dut prendre grand soin de la toile qui nous occupe. Que devint-elle après sa mort sur l'échafaud, le 5 avril 1794? Nous l'ignorons. Peut-être quelque érudit, avide de ressusciter le passé et qui nous lira, pourra trouver les documents utiles et résoudre la question.

Une bonne fortune nous est arrivée récemment. Au cours de nos investigations artistiques dans le vaste Paris, rempli toujours d'innombrables trésors ballottés par le flux et le reflux de l'occasion, nous avons trouvé un portrait à l'huile de Mme de Warens, d'une bonne facture, et portant bien la marque de l'époque, c'est-à-dire 1730 à 1740. C'est la même figure que dans les portraits de Boston et de Lausanne : seulement, ici, la baronne semble d'un âge intermédiaire, ni si jeune que dans le premier, ni tout à fait si mûre que dans le second. Il y a quelques différences dans la pose des bras; ici, on voit les mains, mais le costume et la toilette sont analogues.

Nous avons pu en obtenir une reproduction pour notre collection documentaire. Qui sait? C'est peut-être là le portrait que Mgr de Bernex fit faire de sa célèbre pénitente, et que posséda Hérault de Séchelles.

III. — Un troisième portrait de la baronne, ou du moins présumé tel, a été découvert en 1894, à Londres, par Lady Playfair. Il était exposé, sous le numéro 228, aux Grofta-Galleries, lorsque Lady Playfair, femme d'un savoir artistique étendu, le remarqua, l'étudia, en reconstitua l'historique, et arriva à cette conclusion qu'il représentait Mme de Warens.

C'est un fort beau pastel, attribué à La Tour. Il appartient à Sir Georges Pollemache Sinclair, baronnet. Est-ce bien là l'amie de Rousseau? Est-ce bien une œuvre de La Tour? Ces questions mériteraient d'être approfondies. A Londres, on n'hésite pas à répondre affirmativement. Jusqu'à plus ample examen, nous nous tiendrons sur la réserve.

Quoi qu'il en soit, ce portrait est plein de séduction, et on éprouve à le contempler un plaisir infini. Quel ensorcellement dans ce visage, ces yeux, cette gorge, ces boucles de cheveux! Gardons l'espoir que Lady Playfair ne s'est point trompée : il serait cruel de revenir d'une illusion si douce.

IV. — Un quatrième portrait, qui paraît beaucoup plus authentique, est la miniature originale qui figure dans un médaillon, à la salle des Ivoires, au musée de Cluny. Le savant chercheur M. François Mugnier en parle ainsi dans son beau livre consacré à Mme de Warens et à Jean-Jacques Rousseau : « Ce portrait a été donné au musée de Cluny, en 1861, par le professeur J. Cloquet, qui le tenait du comte de Leuzé. Il était parvenu à celui-ci par la famille Jurine, de Genève. Le docteur Louis Jurine, médecin et naturaliste, était né dans cette ville en 1751 ; il a donc pu apprendre de la bouche de ses parents le nom de la personne dont le médaillon reproduit les traits, et dont la physionomie répond bien à ce qui a été dit de Mme de Warens : yeux expressifs, gorge trop développée, taille un peu courte. Les cheveux de la dame sont gris ou poudrés, avec une coiffure dont les barbes descendent un peu sur le dos; elle porte au cou un ruban de velours noir; elle a une veste ou corsage de soie jaune, auquel s'assortit un nœud de la même couleur au sommet de la tête, dans l'échancrure du bonnet. Sur ses épaules est un vêtement plissé, très élégant. Ce peut fort bien être Mme de Warens, vers 1747, au temps de ses vastes entreprises, de ses grands espoirs. »

Sur ce point, ainsi que sur beaucoup d'autres, M. François Mugnier est porté au doute. Comme saint Thomas, il est avide de témoignages palpables et convaincants. Nous avons trouvé une preuve que la miniature du musée de Cluny est bien authentique; c'est un autre médaillon original représentant la baronne à la fin de sa vie, et où on reconnaît, malgré la différence de l'âge, le même visage, les mêmes traits, la même femme. Ce médaillon nous a été confié par son possesseur, et nous en avons fait faire une reproduction. Nous croyons qu'il y a lieu de conclure à l'identité. D'un côté, la femme dans la plénitude de la vie, vers l'âge de quarante ans, belle encore, et portant fièrement le reflet des passions mal éteintes. De l'autre, hélas! c'est la vieillesse avec sa maigreur et sa fatale décadence. Le charme a disparu, les joues se sont creusées et ont perdu leur fraîcheur, les yeux se sont agrandis, la beauté s'est envolée avec les illusions et l'espérance, mais c'est bien le même être humain, — du moins, nous le croyons, — ici au milieu du chemin de la vie, là au terme de la course, à la fin de la carrière.

V. — En dehors de ces quatre portraits autour desquels des preuves plus ou moins convaincantes d'authenticité existent, il en est d'autres encore qui représentent Mme de Warens, mais qui sont dus plutôt à la fantaisie des artistes qu'à l'étude des documents et de la réalité.

Le portrait gravé d'Ambroise Tardieu se rapproche du tableau de Lausanne et n'offre aucune particularité intéressante.

Le peintre Bateni a laissé un portrait de la baronne qui a été gravé par Lebeau et qui est charmant. C'est bien ainsi qu'en lisant les *Confessions* on se représente l'amie de Rousseau, intelligente, bonne, facile, l'œil noyé

d'amour. Cette image correspond tout à fait au portrait
tracé de main de maître par Jean-Jacques.

Le portrait fait par Pacini et gravé par La Guillermie
est une composition inspirée, à n'en point douter, par la
toile de Bateni, composition pleine de fraîcheur et de
grâce, et dans laquelle aussi revit l'idylle ensorcelante
des Charmettes. Ce dernier portrait a figuré en tête du
livre qu'Arsène Houssaye consacra jadis à la maison fortunée du vallon de Chambéry.

Pour être complet, citons encore le portrait de la baronne gravé par Gaillard, celui d'Achille Devéria, daté de
1824 et gravé par Chollet, et enfin celui qui fut gravé
en 1818 pour l'édition Perronneau des *Confessions*, ovale
séduisant où nous voyons Mme de Warens assise, promenant ses doigts sur un clavecin, et dans le fond le buste
du philosophe de Genève. Une fois de plus, on reconnaît
ici la figure des tableaux de Boston et de Lausanne.

Nous avons réservé, pour terminer cette nomenclature,
un portrait qui nous paraît plein d'intérêt et qui se trouve,
aux Charmettes de Chambéry, dans une pièce qui servait
jadis d'oratoire à Mme de Warens. Il est attribué à Jean-
Baptiste Peytavin, élève de David. C'est un petit tableau
peint à l'huile, et qui a 47 centimètres de hauteur sur 35 de
largeur. Le visage est vu de profil et rappelle aussi les
portraits dont nous avons parlé.

M. Albert Metzger en a fait une description très exacte
dans son livre plein d'érudition : *Les Pensées de Mme de
Warens*.

« Ce tableau », dit-il, « représente Mme de Warens à genoux, remerciant le ciel de l'avoir éclairée en la ramenant
à la vraie foi, sous la forme d'une femme grasse, fraîche,
rose et blanche, de trente à trente-cinq ans, les mains
étendues vers une clarté venant d'en haut. La dame est
vêtue d'une robe jaune or, drapée dans un grand manteau

rose; elle a la bouche entr'ouverte, l'œil grand et extatique. Ses cheveux sont d'un blond vénitien, bouclés, retenus par un bandeau en diadème de couleur gris perle. Elle est coiffée en châtelaine, avec deux nattes relevées sur le sommet de la tête et surmontées d'une couronne comtale, laquelle, formant un cercle d'or de neuf pointes allongées et semblables, est de celles désignées, en art héraldique, sous le nom de couronne antique. »

M. Albert Metzger fait remarquer avec raison que la figure de ce tableau répond en tous points au portrait tracé par M. de Conzié, de Chambéry, dans une lettre au comte de Mellarède : « La taille de Mme de Warens était moyenne, mais point avantageuse, eu égard qu'elle avait beaucoup et beaucoup d'embonpoint, ce qui lui avait arrondi un peu les épaules et rendu sa gorge d'albâtre aussi trop volumineuse; mais elle faisait aisément oublier ces défauts par une physionomie de franchise et de gaité intéressante. Son ris était charmant; son teint de lis et de rose, joint à la vivacité de ses yeux, annonçait celle de son esprit. » Cette description confirme de tous points celle de Rousseau, citée plus haut.

Tels sont les divers documents que nous avons pu recueillir et grouper sur les portraits de Mme de Warens. Ils permettent de reconstituer assez exactement le visage, l'air, la physionomie séduisante de cette femme enjouée et bonne, dont l'histoire oubliera les faiblesses pour se rappeler seulement qu'elle fut la bienfaitrice et l'éducatrice d'un homme de génie.

APPENDICES

APPENDICE PREMIER

ROUSSEAU ET LA COMTESSE D'EGMONT

Au chapitre IX de cet ouvrage, nous avons montré Rousseau lisant ses *Confessions* chez le comte d'Egmont, pendant l'hiver de 1771. Nous pouvons donner sur cette lecture, qui fit du bruit, quelques précisions intéressantes, à la suite d'un séjour qu'il nous a été donné de faire en Suède, et qui nous a permis de consulter des documents précieux, dont l'existence, d'ailleurs, nous était connue.

La Bibliothèque d'Upsal (le Versailles de Stockholm) possède la correspondance de la comtesse d'Egmont avec Gustave III. Ce n'est un secret pour personne que cette jeune femme n'aimait point son mari, et éprouvait une véritable passion pour le roi de Suède. Elle lui écrivait souvent et longuement, et lui racontait la vie qu'elle menait à Paris.

Or, voici le fragment que j'ai relevé dans une de ses lettres :

« Le 8 mai, au soir, 1771.

« J'oubliais de dire à Votre Majesté que j'avais passé cinq jours à la campagne, pour entendre les Mémoires de Rousseau. Il ne nous a lu que sa seconde partie, la première ne pouvant se lire à des femmes, m'a-t-il dit. Mon grand intérêt a été de vous entendre louer par quelqu'un digne de parler de vous. Son langage me semble être celui de l'héroïsme : il doit vous être consacré. »

La *campagne* dont parle ici la comtesse d'Egmont était le

30

magnifique château de Braisne, dans l'Aisne, à 18 kilomètres de
Soissons. C'est là que Rousseau se rendit, et c'est là qu'il fit
une lecture des *Confessions*, comme nous l'avons dit, devant le
comte et la comtesse d'Egmont, le prince de Pignatelli, la marquise de Mesmes et le marquis de Juigné. Cette lecture dut
avoir lieu dans le courant d'avril 1771.

C'est dans le parc et la forêt de Braisne que Rousseau fit
quelques herborisations avec Mme d'Egmont. Celle-ci ressentait
pour le philosophe une sympathie des plus vives : elle aimait
ses ouvrages, sa musique, sa conversation; elle trouvait, à n'en
point douter, dans la *Nouvelle Héloïse*, un aliment pour la royale
passion qui la dévorait.

Dans ses lettres à Gustave III, j'ai relevé encore ce passage :

« A Braisne, le samedi 13 juillet 1771.

« Rousseau a bien raison de dire qu'un sauvage, ignorant
l'art divin de l'écriture, se voit bien surpris de voir les effets que
produit une feuille sur laquelle quelques lignes sont tracées.
Ah! quel aurait été son étonnement quand j'ai reçu la lettre de
Votre Majesté! Vous le savez, mon visage exprime toujours les
impressions de mon âme, et jamais elle n'en avait reçu qui
puisse se comparer à celle que j'ai éprouvée en lisant l'expression de tous les sentiments qui sont contenus dans votre
lettre. »

La lettre classée à Upsal sous le numéro 8 renferme vingt
grandes pages d'une écriture serrée. J'ai noté ce passage :

« A Braisne, le 1er septembre 1771.

« Rousseau dit (et je sens combien il a raison) que, quand
on est pénétrée d'un sentiment, il est impossible d'être laco-
nique : on croit ne pouvoir jamais assez répéter ce qu'on désire
vivement de persuader, et quand le cœur est affecté, on ne
pense guère à l'esprit; que le premier soit le seul juge de cet
immense volume. »

L'amour flambe à travers toutes les lignes de ces vingt pages.
Dans le chœur nombreux des femmes sémillantes et pim-

pantes, mélancoliques et enjouées, qui se passionnèrent jadis
pour Rousseau, la comtesse d'Egmont est sûrement une des plus
sincères et des plus sympathiques.

En quittant la Bibliothèque paisible d'Upsal, j'allai me promener dans les beaux jardins qui l'environnent, et je me plus
longtemps à évoquer la douce mémoire de la comtesse d'Egmont, à ressusciter la grâce indicible de cette amie de Jean-
Jacques, qui mourut à trente-trois ans, en 1773, et que les dernières lignes des *Confessions* ont immortalisée.

APPENDICE II

LE DERNIER HERBIER DE J.-J. ROUSSEAU

Il y a quelques années, une revue d'érudition demandait où pouvait se trouver le dernier herbier de Jean-Jacques Rousseau. Un de ses correspondants lui envoya le renseignement qui suit :

« Je me souviens d'avoir eu sous les yeux, dans la bibliothèque d'Ermenonville, quand le château appartenait au marquis Ernest de Girardin (le sénateur), l'herbier de Jean-Jacques... Ma tante, qui était une des filles de notre hôte, me faisait, ce jour-là, les honneurs de la bibliothèque, et connaissant mes goûts de raffiné, eut la bonne pensée de m'offrir un fragment de pervenche, détaché de l'un des volumes de Rousseau, et que je conserve encore avec soin.

« Si la bibliothèque d'Ermenonville, à la mort du châtelain, n'a pas été vendue avec la terre, l'herbier de Jean-Jacques doit aujourd'hui se trouver à Paris, chez l'aîné des enfants, le marquis Stanislas de Girardin. »

Le correspondant, qui signe Ulric R.-D., a raison : l'herbier de l'auteur des *Confessions* fut longtemps, en effet, à Paris, en la possession du marquis Stanislas de Girardin, ainsi, d'ailleurs, qu'une maquette du tombeau de l'île des Peupliers, un buste très beau de Rousseau par Houdon, et un intéressant portrait à l'huile par Gérard, représentant Jean-Jacques en costume d'Arménien.

Le marquis Stanislas de Girardin est le descendant direct du marquis René de Girardin, créateur du domaine d'Ermenonville, où il offrit, comme on le sait, l'hospitalité à Rousseau, et que celui-ci a immortalisé par son séjour et par sa mort.

Ce dernier herbier du philosophe se compose de six cartons. Le premier contient 31 feuillets et environ 75 plantes, le second renferme 20 feuillets et des plantes de différente nature. Dans le troisième, on compte 88 feuillets et environ 100 plantes; dans le quatrième, 86 feuillets et également 100 plantes; dans le cinquième, environ 130 plantes, et enfin dans le sixième, 150 plantes. Toutes ces plantes sont en bon état, sauf celles du sixième carton, qui ont subi l'injure du temps ou de quelque accident.

Quant à l'authenticité de l'herbier, elle est hors de doute : les notes qui y sont contenues sont bien de l'écriture de Rousseau. Voici d'ailleurs une attestation que M. le marquis de Girardin nous remit jadis :

« Je certifie que cet herbier est celui que Jean-Jacques Rousseau recueillit à Ermenonville, chez mon arrière-grand-père, le marquis de Girardin. Cet herbier est connu sous le nom d'herbier de J.-J. Rousseau — flore d'Ermenonville.

« Je certifie, en outre, que les annotations qu'il contient sont de la main de J.-J. Rousseau, et que cet herbier me vient directement de ma famille, dont il n'est jamais sorti.

« Paris, ce 19 mai 1894.

« Marquis DE GIRARDIN. »

En présence de ces cartons, de ces feuillets, de ces plantes desséchées, que les mains de Rousseau ont cueillies et rassemblées, à la fin de mai et durant le mois de juin 1778, — il mourut le 2 juillet, — en présence du buste de Houdon et de la maquette du tombeau fameux, l'esprit et le cœur éprouvent je ne sais quelle indéfinissable émotion, où se mêlent des pensées de grandeur et de gloire.

La vie aventureuse de Rousseau, ses livres, sa renommée, ses amours... revivent tout à coup devant nos yeux, et nous croyons revoir les Héloïses et les Saint-Preux, les penseurs, les philosophes et les réformateurs que sa prose étincelante et enflammée captivait si profondément à la fin du xviiie siècle.

Devant ces souvenirs, nous nous rappelions la parole consolante de Carlyle : « Nous ne pouvons nous occuper, fût-ce imparfaitement, d'un grand homme sans gagner quelque chose avec lui ! »

APPENDICE III

UN SOUVENIR SUR THÉRÈSE LEVASSEUR

Jean-Jacques Rousseau, dans ses *Confessions*, nous fait connaître le rôle que Thérèse Levasseur joua dans sa vie. De nombreux écrivains se sont occupés de cette femme, qui partagea l'existence aventureuse du philosophe, de cette simple d'esprit devenue la compagne d'un homme de génie. Nous ne venons donc pas rappeler ce qu'elle a été, ni ce qu'elle a fait, tandis que Rousseau vivait. Le document que nous tenons à mettre en relief est un récit qui nous la montre après la mort de Jean-Jacques, et nous fait assister à ses derniers moments.

Ce récit émane de M. Victor Offroy, un lettré inconnu, un homme de bien, un poète sentimental, mort il y a une vingtaine d'années. Nous avons fait cette trouvaille dans les environs de Paris, chez un paysan qui avait été l'ami de Victor Offroy. Nous pensons que le lecteur trouvera dans ces souvenirs exhumés le charme que nous y avons trouvé nous-même.

Nous sommes en 1876. M. Victor Offroy, très âgé, raconte qu'il vient de faire une excursion dans le département de l'Oise, par un beau jour d'hiver. Il termine ainsi son récit, rappelant les faits de sa jeunesse lointaine :

« Je revins par le Plessis-Belleville, autrefois le Plessis-le-Vicomte (à quelques kilomètres d'Ermenonville). On n'y voit plus que deux pavillons de son vaste château ; il fut bâti dans le xvi⁰ siècle, par M. de Guénégaud, illustré par le prince de Conti, et détruit en 1814 par ses acquéreurs, MM. Bataille et

Brisset. Le Nôtre en avait dessiné les parcs; sa magnificence semblait demander grâce au marteau de la destruction; mais que peuvent les œuvres du génie, les merveilles de l'art contre les spéculations de l'intérêt?

« C'est dans cette commune qu'a vécu pendant vingt-trois ans, et qu'est décédée, à l'âge de quatre-vingt-un ans, Thérèse Levasseur, veuve de Jean-Jacques Rousseau. On trouve sur le registre de la mairie son acte de décès, ainsi conçu :

« Au 23 Messidor (23 juin 1801) an IX de la République fran-
« çaise une et indivisible, acte et décès de Marie-Thérèse Levas-
« seur, veuve de Jean-Jacques Rousseau, décédée ce jour sur
« les quatre heures de relevée, âgée d'environ quatre-vingt-un
« ans, née en la commune d'Orléans, le 21 septembre 1721, sur
« la déclaration à nous faite par le citoyen Jean-Henri Bailly,
« homme de confiance de ladite Marie-Thérèse Levasseur, domi-
« cilié en cette commune, assisté des citoyens Pierre Despote,
« boulanger, et Pierre Gibert, notaire public, lesquels ont signé
« le présent acte, lesdits jour et an que dessus; constaté par
« nous Étienne-Ambroise Lavaux, maire de cette commune,
« soussigné. »

« On sait qu'après la mort de son mari, arrivée le 2 juillet 1778, Thérèse Levasseur s'attacha au nommé Bailly, qui figure dans son acte de décès, et vécut avec lui dans la plus grande intimité. Elle avait alors cinquante-huit ans. Ils vinrent se retirer au Plessis-Belleville, où Bailly fut employé dans les serres du château. Thérèse jouissait d'une pension que lui faisaient les éditeurs des œuvres de son mari, et qui, plus tard, fut augmentée par celle de 1.200 francs que la Convention vota pour la veuve de l'auteur du *Contrat social*.

« Thérèse Levasseur était une petite femme, très propre dans sa mise, dans son ménage, bonne, généreuse, obligeante, mais peu économe et très simple d'esprit. Elle excellait dans les ouvrages de couture et de broderie, mais elle ne savait rien conserver, et se trouvait souvent la dupe du premier venu; ce qui fit que, malgré sa pension, elle fut, sur ses vieux jours, réduite à manquer du nécessaire, et finit par tomber dans l'avilissement. Elle venait à Dammartin, elle allait à Juilly, où vécut la veuve d'une autre célébrité, Mme Volney. Les pères de l'Oratoire lui donnaient à dîner, et aimaient l'ingénuité avec laquelle elle leur racontait différentes particularités de la vie de Rousseau.

« La veuve de Jean-Jacques était souvent visitée par ceux qui venaient honorer sa mémoire à Ermenonville. Les *Confessions* faisaient grand bruit alors, et tout le monde voulait connaître cette singulière Thérèse dont il est tant parlé dans ce livre. On a pensé qu'un jeune homme qui s'est suicidé peu après la mort de Rousseau, dans le voisinage de sa tombe, et deux autres jeunes gens qu'on voyait assidûment chez elle, au Plessis-Belleville, pouvaient bien être ses enfants.

« Thérèse Levasseur s'éteignit à quatre-vingt-un ans, sans infirmité, sans douleur et chrétiennement. Dans ses derniers moments, elle parlait souvent de son époux et se réjouissait, disait-elle, de la mort qui allait le lui rendre dans un autre monde. Je voulus voir sa tombe, mais rien ne l'indique dans le cimetière du Plessis-Belleville ; et celle dont le mari a un temple aujourd'hui pour tombeau, le Panthéon, n'a pas même une croix pour sa cendre[1]. Une bonne vieille, qui vint à passer, m'en désigna la place.

« — Thérèse? me dit-elle, en écartant quelques broussailles près d'un vieux buis, tenez, c'est là. C'était ma camarade. j'étais à son enterrement.

« — Vous parlait-elle quelquefois de son mari?

« — Oui, c'était un nommé Rousseau ; il est enterré dans l'étang d'Ermenonville, parce qu'il n'était pas de notre religion ; il paraît qu'il faisait des livres : ah! la pauvre femme, ça lui a fait bien du mal! Elle m'a dit qu'elle avait été obligée de s'enfuir avec lui je ne sais où. Malgré ça, elle n'était pas malheureuse avec lui, elle disait toujours que c'était un bien bon homme.

« La vieille continua son chemin, et je restai seul à rêver sur cette terre qui recouvrait la femme inconnue d'un homme universel.

« Je me remémorais cette Thérèse, si bien dépeinte par Rousseau, qui, dès l'âge de vingt-trois ans, partagea sa destinée, qui

---

[1] Au chapitre XVII, page 428, nous avons dit qu'une tombe avait été récemment élevée à la femme de Rousseau.

devint la mère malheureuse de ses cinq enfants, et lui donna
une paternité dont il sut mieux définir les devoirs que les remplir, qui fut la compagne et la consolatrice de toutes ses infortunes, qui le suivit en France, en Suisse, en Angleterre, partout
où le poursuivait l'envie, où le décrétaient les tribunaux, où
l'accueillait l'amitié, et qui, seule, vit s'éteindre le génie sublime,
entendit les dernières paroles, et reçut le dernier soupir de cet
homme qui, dans ses écrits, fut le précepteur du genre humain,
l'auteur le plus éloquent, le plus profond, le plus vrai et le plus
utile peut-être de son siècle.

« Ces deux époux, mieux unis que bien assortis, devaient
avoir une destinée bien différente; placés aux deux extrémités
de l'intelligence, l'un devait passer par toutes les vicissitudes du
génie, l'autre par toutes les misères de l'ignorance; à l'un, l'avenir réservait un monument éternel au temple de la gloire; à
l'autre, une tombe fragile sous le gazon de l'oubli. Ainsi le savoir
distingue les rangs, et la mort met tout à sa place. »

Tel est le curieux récit de M. Victor Offroy, qui, dans sa toute
jeunesse, rencontra une amie de Thérèse Levasseur, au Plessis-
Belleville, où elle dort son dernier sommeil.

La fin malheureuse de Thérèse nous rappelle celle de Mme de
Warens. Quoique appartenant à des classes bien différentes de
la société, — la première n'était que simple fille du peuple,
la seconde sortait de l'aristocratie, et en avait la séduisante élégance, — toutes deux virent s'écouler leurs derniers jours dans
la pauvreté et la misère.

Qui n'a le cœur navré en se souvenant que, pour manger du
pain, Mme de Warens en fut réduite, dans sa vieillesse, à donner
à quelques jeunes filles des leçons de musique et d'arithmé-
tique, et que, lorsqu'elle succomba, à soixante-trois ans, elle
était dans un dénûment absolu?

Où étaient les temps heureux, les Charmettes, la jeunesse de
Jean-Jacques, les vignes qui dominaient sa maison, et « ces
bêtes qui pâturaient plus haut encore, et à qui tant de fois,
avec Rousseau, elle donnait une poignée d'herbe fraîche, dans
sa blanche main » ?

Pauvre Madame de Warens! Pauvre Thérèse!

APPENDICE IV

LETTRE A L'ABBÉ THÉODORE DELMONT
AU SUJET DE ROUSSEAU

En novembre 1895, M. Hippolyte Buffenoir adressa la lettre
suivante à M. l'abbé Delmont, professeur aux Facultés catholiques de Lyon, auteur d'une très remarquable étude sur le
citoyen de Genève :

« Paris, le 4 novembre 1895.

« Monsieur l'abbé,

« J'ai reçu votre étude sur Jean-Jacques Rousseau. Je vous
remercie de me l'avoir envoyée.

« Je viens de lire attentivement votre œuvre. Elle est fort
bien documentée et ordonnée. Elle rendra, j'en suis sûr, des
services à tous ceux qui étudient la figure de Rousseau et le
xviiie siècle. Elle a dû vous coûter beaucoup de recherches et de
travail.

« Je suis loin de partager tous vos jugements sur le philosophe. Je vous trouve pour lui d'une sévérité qui va jusqu'à
l'injustice, permettez-moi le mot.

« D'ailleurs, à mon sens, tout ce que vous écrivez contre
Rousseau est infirmé par une seule ligne de la fin de votre
étude.

« Cette ligne, c'est celle-ci : « L'écrivain seul est grand dans
« Rousseau. »

« Pour qu'un écrivain soit grand, il faut nécessairement qu'il ait une grande âme et exprime des vérités qui s'imposent. Jamais l'homme vulgaire, et à plus forte raison l'homme vil, n'a eu des idées élevées, un beau style, des accents entraînants, et n'a mérité le titre de *grand écrivain*.

« Jamais celui dont la plume n'exprime que le mensonge, la futilité ou l'erreur, n'a eu le don d'émouvoir et de convaincre, et n'a mérité non plus ce titre enviable.

« Être grand écrivain, c'est être grand penseur, et ceux-là seuls pensent grandement qui ont l'esprit et le cœur haut placés et, en même temps, ressentent la passion du Vrai, du Beau, du Juste.

« Vous convenez que Jean-Jacques, comme écrivain, a la grandeur. Pourquoi lui refuser les autres grandeurs que suppose celle-là, qui même existent avant celle-là, et sans lesquelles absolument elle ne serait pas?

« Il y a là une logique inflexible qui doit vous entraîner malgré vous.

« Excusez-moi de vous présenter ces réflexions, mais je suis surpris de voir un critique et un écrivain de votre valeur se placer en état de contradiction, admettre l'effet et rejeter la cause.

« Certes, je fais la part des faiblesses de Rousseau. Il était homme. Mais que sont-elles en face de son génie? Et puis, sans ses *Confessions*, les aurions-nous connues? Faut-il reprocher à un pénitent l'aveu de ses fautes?

« Votre éloge final est le cri de votre cœur, le cœur humain libre. Il est, en même temps, la condamnation éloquente de vos critiques qui, elles, ne viennent pas du cœur.

« Je crois que personne n'arrivera à porter à Rousseau le coup fatal : la force des choses s'y oppose. Le citer, parler de lui, c'est le faire aimer. C'est là, du moins, ma conviction.

« Je n'en trouve pas moins votre étude très remarquable.

« Encore une fois, veuillez me pardonner ma franchise, et croyez à mes sentiments dévoués.

« Hippolyte BUFFENOIR. »

APPENDICE V

―――――

POÉSIES EN L'HONNEUR DE ROUSSEAU

―――――

Je crois devoir compléter ces appendices par les deux pièces de vers suivantes, l'une inspirée par la mort si touchante de Mᵐᵉ de Warens, et écrite en 1875, à l'heure où je débutais dans les lettres, à l'aube déjà si lointaine de ma jeunesse; l'autre composée en l'honneur de Rousseau, à l'occasion de l'érection de sa statue sur la place du Panthéon, en 1889.

J'y joins quelques passages de mes *Mémoires* inédits, consacrés au souvenir du grand homme.

I

LA MORT DE Mᵐᵉ DE WARENS.

Paris, 1875.

A soixante-trois ans, malheureuse. isolée.
Dans un réduit obscur. sans fleur et sans soleil,
Héroïque, elle entra dans la sombre vallée,
Et s'en alla dormir son éternel sommeil!

Ne regrettiez-vous pas. ô femme inconsolée,
Vos Charmettes, vos bois, votre horizon vermeil,
Vos vergers, vos amours.... la jeunesse envolée,
Jean-Jacques qui venait vous sourire au réveil?

O Rousseau, qu'as-tu fait? — Tu laissas ta maîtresse
Mourir dans l'abandon; tu ne vins pas fermer
Ses yeux si beaux jadis, en la saison d'aimer !

Tu ne recueillis pas sa dernière caresse,
Son suprême baiser... le reste du flambeau,
Et des indifférents la mirent au tombeau !

———————

II

LA GLOIRE DE JEAN-JACQUES ROUSSEAU.

Paris, 1889.

I

Comme un Libérateur, rayonnant de génie,
Qui vient pour accomplir d'héroïques travaux,
Jean-Jacques, sans trembler devant la calomnie,
Avide de Beauté, de Gloire, d'Harmonie.
Apparaît, et se dresse au seuil des temps nouveaux.

De ses mâles accents, de ses combats sans trêve,
Qui pourrait oublier le fécond souvenir?
Quelle âme n'a senti sa chaleur et sa sève?
Quel regard, fasciné par l'éclat de son rêve,
N'a vu plus lumineux les jours de l'avenir?

Quand le peuple, courbé sous un vil esclavage,
Résolut de briser sa longue oppression,
C'est au nom de Rousseau, c'est devant son image
Qu'il proclama la fin de l'antique servage,
Et que, stoïque, il fit la Révolution!

Son ardente pensée activa les colères
De la France éblouie, entrevoyant ses droits;
Et, par elle inspirés, les tribuns populaires
Surent anéantir les abus séculaires
Qui nous avaient, hélas! écrasés sous leur poids!

Il fut, il est encor, il restera sans cesse
L'ami des justiciers et des réformateurs!...
Tel le divin Platon, enseignant la sagesse,
Il possède à jamais l'immortelle jeunesse,
Qui charme les esprits, et qui séduit les cœurs!

II

Ce n'est point seulement par sa raison puissante.
Elevant des autels au Droit ressuscité.
Que Jean-Jacques Rousseau. lumière éblouissante.
S'impose à notre race. à peine renaissante
Des maux qu'elle a soufferts, du joug qu'elle a porté!

Il est aussi l'ami fervent de la Nature.
Le peintre sans rival de ses mille trésors,
De ses champs, de ses bois à la frêle verdure,
De ses eaux arrosant avec un frais murmure
Les arbres et les fleurs répandus sur leurs bords!

Qui chanta mieux que lui les grâces de l'aurore.
La joie et le frisson du jour. à son réveil.
Les splendeurs qu'une nuit de printemps fait éclore.
Toute la vie enfin d'un rivage sonore.
Illuminé d'amour et rempli de soleil?

L'amour! — Ah! qui jamais, ivre de sa folie.
A su mieux le décrire, et l'a mieux célébré
Dans ses fougueux transports et sa mélancolie.
Dans son espoir tremblant comme un roseau qui plie,
Dans ses aveux naïfs et son trouble adoré?

Que de fois j'ai relu la page incomparable
Où d'une main baisée il dit la volupté.
Et peint si noblement le bonheur ineffable
Dont frémit l'être entier, quand une femme aimable
S'attendrit de nous voir admirer sa beauté!...

III

Et pourtant, ô grand homme, étincelant génie,
Malgré tes généreux et bienfaisants labeurs,
Quelques esprits chagrins conservent la manie
De ne parler de toi qu'avec ignominie,
Et de te reprocher l'aveu de tes malheurs!

Écrivains malveillants, sans idée et sans style,
Femmes poussant des cris de lugubre impudeur.
Ils espèrent troubler, de leur rage stérile,
Le temple vénéré, le poétique asile
Où la foule pensive évoque ta grandeur !

Mais leur fureur expire au pied de la statue
Dont Genève et Paris ont voulu t'honorer !
Le peuple, enorgueilli de l'entrave abattue.
Te donne, chaque jour, la gloire qui t'est due,
En ne cherchant ton nom qu'afin de l'admirer !

Nous sommes tous les fils de ton intelligence !...
Nous nous reconnaissons dans tes récits charmants.
Et retrouvons en eux, avec surabondance,
Nos désirs les plus chers, nos vœux d'indépendance,
Nos faiblesses sans nombre et nos secrets tourments !

Nous t'aimons, ô Rousseau, du meilleur de notre âme.
Et ne comprenons point qu'on ose t'outrager,
Parce que ton destin fut pareil à la flamme,
Et qu'en toi tout nous dit, nous révèle et proclame
Que jamais rien d'humain ne te fut étranger !

III

SYMPATHIE INSTINCTIVE.

De mes *Mémoires* :

. . . .

« Dès mon enfance, je me suis senti attiré vers Jean-Jacques Rousseau. Les pages que je lisais de lui, dans les *Morceaux choisis* mis entre mes mains d'écolier, me transportaient d'enthousiasme. Je reconnaissais là d'instinct je ne sais quelle généreuse chaleur pour mon cœur et mon esprit, et je m'enivrais déjà des splendeurs de sa pensée et de l'harmonie de son style.

« Ce fut bien le reste quand, plus tard, je me rendis compte de son influence prépondérante sur l'épopée de la Révolution, sur

les destinées de notre littérature, sur les mœurs du XVIIIe et du
XIXe siècle. Tous, nous sommes plus ou moins fils de Jean-Jacques, soit par notre culte pour la nature, soit par les inquiétudes de notre intelligence, soit par l'immense besoin de justice
qui nous tourmente, soit par la poésie mystérieuse qui chante
en nous, soit enfin par la volupté et l'angoisse de nos amours,
quelquefois, hélas ! par toutes ces fièvres réunies dévorant notre
être, et faisant de nous des *enfants du siècle*, suivant le mot de
Musset !

« J'avais lu les *Confessions*, à vingt ans, en Bourgogne, dans
l'admirable édition in-4o de 1792, enrichie des gravures de
Moreau le Jeune, dignes du grand penseur, et j'avais été secoué
dans toutes mes fibres, et conquis définitivement. Cette lecture
fut un événement important de ma vie morale, et je n'en puis
évoquer le souvenir sans attendrissement.

« J'habitais alors la jolie petite ville d'Auxonne, et j'étais logé,
hasard singulier, dans une vaste chambre occupée jadis par
Napoléon Bonaparte, lieutenant d'artillerie. Je me vois encore
assis à une petite table ronde, l'immense volume des *Confessions*
ouvert devant moi. Je dévorais ces pages ardentes, et longtemps
je rêvais devant les gravures accompagnant le texte : Rousseau
enfant faisant un aqueduc, Rousseau adolescent se présentant
chez Mme de Warens, le jour de Pâques fleuries, ou, près de
Lyon, couchant à la belle étoile, ou jetant des cerises à Mlles Gal-
let et de Graffenried ; Rousseau enfin, âgé de quarante ans, aux
pieds de Mme d'Houdetot dans le parc d'Eaubonne, et la vue des
immortelles Charmettes, et la maison de Montmorency, et les
coteaux d'Ermenonville.....

« Mille chimères me hantaient, et l'illusion dorait de ses douces
clartés l'horizon de l'avenir. Je fortifiais en moi cet amour de
l'indépendance absolue qui m'a toujours guidé dans toutes mes
actions.

« Depuis mon arrivée à Paris, j'avais souvent visité les lieux
habités par Jean-Jacques. Plus d'une fois, dans le quartier Latin,
j'avais franchi le seuil de l'ancien hôtel Saint-Quentin, au coin
de la misérable rue des Cordiers. C'est là que l'auteur d'*Emile*
avait connu Thérèse, et avait lié sa vie à celle de cette simple
d'esprit.

« Hôtel consacré par de nombreux souvenirs littéraires ! Balzac aussi avait logé là, et George Sand, et Proudhon, et Vallès, tous les irréguliers célèbres des temps modernes. Il semble que la mémoire de Rousseau les attirait là par la magie puissante du malheur et de la gloire. Quand je le vis, cet hôtel avait l'aspect lamentable des choses vieillies qui touchent à leur déclin suprême. Il est démoli aujourd'hui, et les admirateurs à venir de Jean-Jacques ne trouveront plus ce toit qui avait abrité sa pauvreté et son nom inconnu encore ! »

. . . .

Voici un autre passage de mes *Mémoires*; je raconte que, séjournant dans un château de la Haute-Marne, en hiver, je me mis à relire les *Confessions*, en 1872 :

« ... Au dehors, la neige tombait, fouettée par le vent; un pâle soleil éclairait la campagne, au loin les arbres apparaissaient comme de blancs fantômes. J'entendais mon feu moutonner, signe de grand froid et de tempêtes glaciales.

« Je dévorais les pages où Rousseau raconte son enfance malheureuse, puis sa jeunesse vagabonde. Je frémissais d'admiration, de sympathie et de plaisir. Dans sa sensibilité, je reconnaissais la mienne; dans le récit de ses aventures, je trouvais un enchantement qui m'était inconnu; dans sa vie aux Charmettes de Chambéry, je voyais réalisé un idéal séducteur qui parfois me hantait. Je comprenais son caractère, sa sincérité, ses espérances, le mirage de ses rêves, ses enthousiasmes, son amour de la vie champêtre, son culte de la nature, les impressions de bonheur ou de délicieuse tristesse qu'il ressentait à la vue du soleil levant, des bois, des prairies, des vignes, des lacs, des montagnes, des mille aspects de l'univers. Et me promenant dans ma chambre, les yeux perdus dans le ciel chargé de neige, je m'écriais :

« — Comment! C'est là ce merveilleux génie, dont mes maîtres abusés n'osaient parler jadis qu'avec des périphrases mauvaises et de venimeuses réticences! Comment! c'est lui, que de vils et obscurs barbouilleurs d'histoire nous représentent sous les traits noirs d'un corrupteur, d'un être de malfaisance et de perdition! Quel grand homme! Quelle âme sublime! Quel divin enchanteur!

« Et je me replongeais dans ma lecture.

« Après les *Confessions*, que j'achevai en trois semaines, je pris la *Nouvelle Héloïse* : ce fut un éblouissement. La lecture en dura plus longtemps, j'en eus pour jusqu'à la fin de l'hiver. Je prenais des notes, je copiais des passages, parfois des pages entières ; je les apprenais par cœur. Plus d'une fois, les larmes me tombèrent des yeux, aux accents de Saint-Preux, aux tendresses de Julie. Chaque soir, dans mon lit, jusqu'à une heure avancée de la nuit, je m'enivrais du chef-d'œuvre, et je m'en sentais tout illuminé.

« Dans les premiers jours de mai, j'achevai cette *Héloïse* enflammée. La lettre de Julie d'Etange, qui termine le roman, me fit éprouver une émotion comme jamais livre, avant et depuis, n'en produisit sur moi. Je pleurais, comme si j'avais perdu moi-même cette incomparable amie, cette amante adorable, cette épouse, cette mère si tendre et si dévouée. Alors, j'interrompis mes lectures, et, sous les ombrages frais éclos du parc attenant au château, je me mis à méditer sur les deux puissants ouvrages que je venais de parcourir dans une espèce de fièvre. »

(Extraits de mes *Mémoires* inédits.)

H. B.

APPENDICE VI

PROCÈS-VERBAL D'OUVERTURE
DES SARCOPHAGES ET CERCUEILS DE VOLTAIRE
ET DE ROUSSEAU
Au Panthéon, le 18 décembre 1897.

Ce jourd'hui, dix-huit décembre mil huit cent quatre-vingt-dix-sept, les membres de la commission nommée par M. le Ministre de l'Instruction publique et des Beaux-Arts (Rambaud) :

MM. Ernest Hamel, sénateur, président ; Georges Berger, député ; Pascal, inspecteur général des Beaux-Arts ; Le Deschault, architecte du Panthéon ; Grand-Carteret, homme de lettres ; Auguste Castellant, adjoint à la commission ;

En présence de MM. Roujon, directeur des Beaux-Arts, représentant le Ministre de l'Instruction publique et des Beaux-Arts ; Raguet, conservateur du Panthéon, et Berthelot, commissaire de police du cinquième arrondissement ;

De M. Lardy, ministre plénipotentiaire de la Suisse ; de M. Berthelot, sénateur, membre de l'Académie des sciences ; de M. Claretie, de l'Académie française ; de M. Charles Monod, membre de l'Académie de médecine ; de M. Louis Monod, docteur-médecin ; de MM. Julien Ponsin et Adolphe Badin, délégués de Montmorency ; des représentants de la presse et de nombreuses notabilités parisiennes ;

Se sont réunis, à deux heures de relevée, au Panthéon, et sont immédiatement descendus dans la crypte, à l'extrémité de laquelle se trouvent, dans la partie Nord, le sarcophage de J.-J. Rousseau, et dans la partie Sud, le sarcophage de Voltaire, où ils avaient été placés, Voltaire en 1791, et J.-J. Rousseau en 1794.

A deux heures vingt minutes, il a été procédé à l'enlèvement du sarcophage de Voltaire.

Nous avons constaté la présence du cercueil tel qu'il est décrit dans les procès-verbaux officiels du 24 décembre 1821 et du 4 septembre 1830. Le cercueil ouvert, est apparu un couvercle convexe peu épais en bois blanc. Le couvercle ayant été soulevé, nous avons trouvé le squelette de Voltaire légèrement désagrégé, et dont le crâne est absolument conforme au buste du sculpteur Pigalle.

La même opération ayant été faite pour le sarcophage de Jean-Jacques Rousseau, est apparu un cercueil en plomb portant gravée dans l'épaisseur du plomb, sur le plat, cette inscription :

Hic jacent ossa Joannis-Jacobi Rousseau, 1778.

Le premier cercueil en plomb ouvert, est apparu un second cercueil en chêne de forte épaisseur, sur le plat duquel se trouvaient deux plaques de plomb répétant l'inscription, en français et en latin, gravée sur le premier cercueil.

Ce second cercueil en contenait un troisième en plomb, où reposait le squelette de J.-J. Rousseau en parfait état de conservation, les bras croisés sur la poitrine, la tête légèrement inclinée à gauche, comme un homme endormi. Il était couché sur le linceul encore reconnaissable. Le crâne était intact, sans aucune trace de perforation ni de fracture.

Après la visite de toutes les personnes présentes, et des représentants de la presse, autour des cercueils ouverts, les deux cercueils ont été refermés et scellés par les soins de M. Le Deschault, architecte du Panthéon ; le concierge du Panthéon, M. Rigaut, ayant été choisi comme gardien des scellés.

Cette double opération terminée à cinq heures de relevée, nous avons clos et signé le présent procès-verbal.

Paris, le 18 décembre 1897.

Ont signé : Ernest Hamel, Georges Berger, J.-L. Pascal, E. Le Deschault, J. Grand-Carteret, Aug. Castellant.

APPENDICE VII

UN OSSEMENT DE J.-J. ROUSSEAU DANS LE MONUMENT D'ERMENONVILLE

On sait que, le 18 octobre 1908, un monument en l'honneur de Rousseau fut inauguré sur une place publique d'Ermenonville. C'est un monument très beau, en pierre, œuvre du sculpteur Henri Gréber, né à Beauvais. M. Henri Bazaud, un fidèle de Jean-Jacques, en fut l'architecte, comme il fut celui de la tombe de Thérèse Levasseur. au Plessis-Belleville. Rousseau est représenté assis et méditant.

Un petit fait, qui a son importance, et que peu de personnes connaissent, précéda l'inauguration. Le samedi 10 octobre, avant que la statue du philosophe ne fût installée, divers souvenirs furent déposés et scellés dans une petite excavation du piédestal. On y mit une liste des souscripteurs, quelques médailles, et, *relique précieuse, un ossement même de Jean-Jacques Rousseau*.

Cet ossement avait été dérobé le 18 décembre 1897, au Panthéon, lors de l'ouverture du cercueil du grand homme. L'auteur de ce pieux larcin s'était laissé entraîner par son zèle : il conserva fidèlement la relique jusqu'au jour où, trouvant l'occasion de réparer son acte, il la confia au socle de la statue d'Ermenonville. Nous ne pouvons que l'approuver pour cette réparation.

Je fus mis sur la piste de ce fait par le passage suivant d'un journal de Crépy-en-Valois, l'*Echo Républicain* du 18 octobre 1908 :

« Il est bien regrettable que la brièveté et la sécheresse d'un

compte rendu de journal nous obligent à être discrets et à
écourter; mais nous pouvons assurer les souscripteurs du monument que celui-ci renferme leurs noms à l'intérieur. Nous
pouvons même ajouter que, si le mausolée de l'île des Peupliers
n'occupe plus que la place où reposa le corps du grand homme,
le monument qui est érigé au cœur même d'Ermenonville contient quelques souvenirs palpables et précieux qui appellent le
salut de tout citoyen qui passe. »

J'allai aux informations : j'appris que, bien qu'il fût question
d'un monument élevé par souscription publique, un procès-verbal, resté mystérieux et caché, avait été rédigé; et, non sans
peine, je finis par savoir ce qui s'était passé en secret le 10 octobre, à Ermenonville, c'est-à-dire qu'un ossement de Rousseau,
dérobé jadis dans le cercueil du Panthéon, avait été déposé dans
le piédestal du monument, inauguré le 18, en grande solennité.

La devise du maître : *Vitam impendere vero*, sera toujours
notre lumière et notre guide.

TABLE DES GRAVURES

32

TABLE DES MATIÈRES

Versailles. — Imprimerie Aubert, 6, avenue de Sceaux.

Imprimé en France
FROC031859200120
23227FR00012B/107/P

9 782329 357263